PESQUISA QUALITATIVA
EM ESTUDOS ORGANIZACIONAIS

Paradigmas, Estratégias e Métodos

www.editorasaraiva.com.br

Christiane Kleinübing Godoi | Rodrigo Bandeira-de-Mello
Anielson Barbosa da Silva
(Organizadores)

PESQUISA QUALITATIVA EM ESTUDOS ORGANIZACIONAIS
Paradigmas, Estratégias e Métodos

ISBN 978-85-02-10243-9

CIP-BRASIL. CATALOGAÇÃO NA FONTE
SINDICATO NACIONAL DOS EDITORES DE LIVROS, RJ.

P564

Pesquisa qualitativa em estudos organizacionais : paradigmas, estratégias e métodos / Anielson Barbosa da Silva, Christiane Kleinübing Godoi, Rodrigo Bandeira-de-Mello (organizadores). – [2.ed.]. – São Paulo : Saraiva, 2010.

ISBN 978-85-02-10243-9

1. Pesquisa qualitativa. 2. Pesquisa social – Metodologia. I. Silva, Anielson Barbosa da. II. Godoi, Christiane Kleinübing, 1968-. III. Bandeira-de-Mello, Rodrigo

10-0934

CDD: 001.42
CDU: 001.81

Rua Henrique Schaumann, 270
Pinheiros – São Paulo – SP – CEP: 05413-010
PABX (11) 3613-3000

SAC 0800-0117875
De 2ª a 6ª, das 8h30 às 19h30
www.editorasaraiva.com.br/contato

Diretora editorial	Flávia Alves Bravin
Gerente editorial	Rogério Eduardo Alves
Planejamento editorial	Rita de Cássia S. Puoço
Editores	Jean Xavier
	Patricia Quero
Assistente editorial	Marcela Prada Neublum
Produtores editoriais	Alline Garcia Bullara
	Amanda Maria da Silva
	Daniela Nogueira Secondo
	Deborah Mattos
	Rosana Peroni Fazolari
	William Rezende Paiva
Comunicação e produção digital	Mauricio Scervianinas de França
	Nathalia Setrini Luiz
Suporte editorial	Juliana Bojczuk
Produção gráfica	Liliane Cristina Gomes
Revisão	Temas e Variações Editoriais
Arte e produção	Zeta Design Studio
Capa	Zeta Design Studio
Impressão e acabamento	Gráfica Paym

Copyright © Anielson Barbosa da Silva, Arilda Schmidt Godoy, Carolina Andion, Christiane Kleinübing Godoi, Cristiano José Castro de Almeida Cunha, Cristina Pereira Vecchio Balsini, Elisa Yoshie Ichikawa, Henrique Freitas, Izidoro Blikstein, Janaina Macke, João Roman Neto, Lucy Woellner dos Santos, Mário Aquino Alves, Maurício Serva, Mirian Oliveira, Paulo Freire Vieira, Pedro Lincoln C. L. de Mattos, Rodrigo Bandeira-de-Mello, Sérgio Luís Boeira
2010 Editora Saraiva
Todos os direitos reservados

2ª edição
1ª tiragem: 2010
2ª tiragem: 2012
3ª tiragem: 2015

Nenhuma parte desta publicação poderá ser reproduzida por qualquer meio ou forma sem a prévia autorização da Editora Saraiva. A violação dos direitos autorais é crime estabelecido na lei nº 9.610/98 e punido pelo artigo 184 do Código Penal.

353.890.003.003

Sobre os autores

Anielson Barbosa da Silva

Professor do Departamento de Administração e do Programa de Pós-Graduação em Administração (PPGA) da Universidade Federal da Paraíba. Doutorado em Engenharia de Produção, pela Universidade Federal de Santa Catarina (UFSC). Mestrado em Administração com área de concentração em Organizações e Recursos Humanos, pela Universidade Federal da Paraíba (UFPB). Interesse de pesquisa nas áreas de Gestão de pessoas, Comportamento organizacional, Ensino e Pesquisa em Administração, Competências e Aprendizagem.

Arilda Schmidt Godoy

Professora do Programa de Pós-Graduação em Administração de Empresas da Universidade Presbiteriana Mackenzie. Doutorado, mestrado e graduação em Educação, pela Universidade de São Paulo (USP). Atuou na área de treinamento e desenvolvimento de recursos humanos no Senac (SP) e Cesp (SP). Lecionou na Escola Superior de Agricultura Luiz de Queiroz (USP) e na Unesp/campus de Rio Claro. Interesse de pesquisas nas áreas de Administração de Recursos Humanos; Ensino-Aprendizagem; Currículo; Planejamento e Avaliação Educacional, Competências e Aprendizagem Individual e Organizacional.

Carolina Andion

Professora do Centro de Ciências da Administração (ESAG) da Universidade do Estado de Santa Catarina (UDESC). Doutora em Ciências Humanas pela Universidade Federal de Santa Catarina. Mestre em Administração pela École des Hautes Études Commerciales de Montreal (HEC). Pesquisadora do Centro Internacional de Pesquisa e Informação sobre a Economia Pública, Social e Cooperativa (CIRIEC). Interesse de pesquisa em Economia Social e Solidária, Responsabilidade Social, Desenvolvimento Territorial Sustentável e Teoria das Organizações, especialmente na sua interface com as ciências sociais.

Christiane Kleinübing Godoi

Professora do Programa de Pós-graduação em Administração da Universidade do Vale do Itajaí (Univali–SC). Doutorado em Engenharia de Produção, pela Universidade Federal de Santa Catarina (UFSC); doutorado-sanduíche na Universidade do Minho, Portugal; mestrado em Administração, pela Universidade Federal de Santa Catarina (UFSC). Autora de *Psicanálise das organizações: Contribuições da teoria psicanalítica aos estudos organizacionais* (Univali, 2005). Interesse de pesquisas nas áreas de Metodologia da Pesquisa; Epistemologia e Gestão da Subjetividade nas Organizações.

Cristiano José Castro de Almeida Cunha

Professor do Departamento de Engenharia de Produção e Sistemas da Universidade Federal de Santa Catarina (UFSC). Doutorado em Ciências Econômicas e Sociais pela Universidade Técnica de Aachen, Alemanha. Interesse de pesquisas nas áreas de Adaptação Estratégica, Aprendizagem Gerencial e Planejamento Estratégico.

Cristina Pereira Vecchio Balsini

Mestranda do Programa de Mestrado Acadêmico em Administração (PMA), da Universidade do Vale do Itajaí (SC). Interesse de pesquisas nas áreas de Metodologia da Pesquisa e Comportamento Organizacional.

Elisa Yoshie Ichikawa

Professora e pesquisadora na Universidade Estadual de Maringá (UEM). Doutorado em Engenharia de Produção pela Universidade Federal de Santa Catarina (UFSC). Mestrado em Administração pela Universidade Federal de Santa Catarina (UFSC), e graduação em Administração de Empresas pela Universidade Estadual de Londrina (UEL). Interesse de pesquisas nas áreas de Administração de Ciência e Tecnologia Organizações; Gestão e Avaliação da Inovação Tecnológica; Planejamento em Ciência e Tecnologia e Administração de Recursos Humanos.

Henrique Freitas

Professor do Programa de Pós-Graduação em Administração da Escola de Administração da Universidade Federal do Rio Grande do Sul (PPGA/EA/UFRGS). Pesquisador do Conselho Nacional de Desenvolvimento Científico e Tecnológico (CNPq). Pós-doutorado na University of Baltimore (Estados Unidos). Doutorado em Gestão pela Université Pierre Mendès-France Ècole Supérieure des Affaires (França). Mestrado em Administração pela Universidade Federal do Rio Grande do Sul (UFRGS). Interesse de pesquisas nas

Sobre os autores

áreas de Sistema de Informação e Decisão; Tecnologia da Informação – Uso e Impactos; Comércio Eletrônico; Sistemas para Análise de Dados.

Izidoro Blikstein

Professor e consultor de Comunicações Empresariais da Fundação Getulio Vargas de São Paulo. Professor titular de Semiótica e Linguística do mestrado e doutorado da Universidade de São Paulo (USP). Livre-docência e doutorado pela Universidade de São Paulo (USP). Mestre em Linguística Comparativa pela Universidade de Lyon, (França). Autor de *Técnicas de comunicação* (Ática) e *Kaspar Hauser ou A fabricação da realidade* (Cultrix). Interesse de pesquisas nas áreas de Comunicação, Teoria e Análise Linguística e Linguística Histórica.

Janaina Macke

Professora da Universidade de Caxias do Sul (UCS). Doutorado em Administração e mestrado em Engenharia de Produção pela Universidade Federal do Rio Grande do Sul (UFRGS). Interesse de pesquisas nas áreas de Planejamento, Projeto e Controle de Sistemas de Produção; Administração da Produção; Administração de Recursos Humanos; Terceiro Setor.

João Roman Neto

Mestre em Administração pela Universidade do Vale do Itajaí (Univali-SC).

Lucy Woellner dos Santos

Analista de C&T no Instituto Agronômico do Paraná (Iapar). Doutorado em Engenharia de Produção e Sistemas e mestrado em Administração pela Universidade Federal de Santa Catarina (UFSC). Especialização em História pela Universidade Estadual de Londrina (UEL). Graduação em Sociologia pela Universidade Federal do Paraná (UFPR). Interesse de pesquisas nas áreas de História da Pesquisa Agrícola no Brasil, Planejamento e Gestão de Institutos de Pesquisa, Sociologia da Ciência, Administração e Gestão da Inovação Tecnológica.

Mário Aquino Alves

Professor da FGV-EAESP, onde leciona Teoria das Organizações, Comunicações, Organizações da Sociedade Civil e Terceiro Setor nos cursos de graduação e pós-graduação (mestrado e doutorado). Bacharel em Administração Pública pela FGV-EAESP e em Direito pela USP. É mestre e doutor em Administração pela FGV-EAESP. Foi pesquisador visitante no Centre for Voluntary Organisation da London School of Economics and Political Science. Interesse de pesquisas nas áreas de Teoria das Organizações; Comunicação nas Organizações; Política e Planejamento Governamentais; Responsabilidade Social Corporativa; Pesquisa Qualitativa.

Maurício Serva

Professor da Universidade Federal de Santa Catarina (UFSC). Presidente, no Brasil, do Centro Internacional de Pesquisa e Informação sobre a Economia Pública, Social e Cooperativa (CIRIEC). Doutor e mestre em Administração pela EAESP/FGV. Pós--doutorado em Autonomia e Gestão Social na HEC, Montreal (Canadá). Interesse de pesquisas nas áreas de Epistemologia da Administração, Ação Coletiva, Desenvolvimento Territorial Sustentável.

Mírian Oliveira

Professora do mestrado em Administração e Negócios da Faculdade de Administração, Contabilidade e Economia da Pontifícia Universidade Católica do Rio Grande do Sul (MAN/FACE/PUC-RS). Doutora em Administração pela Universidade Federal do Rio Grande do Sul (UFRS). Interesse de pesquisas nas áreas de E-business, Sistema de Informação, Métodos de Pesquisa e Qualidade.

Paulo Freire Vieira

Professor do Departamento de Ciências Sociais da Universidade Federal de Santa Catarina (UFSC). Pós-doutorado na Ècole des Hautes Études en Sciences Sociales, Paris (França). Doutorado em Ciência Política pela Universitat Munchen (Ludwig-Maximilians), LMUM, Munich 22 (Alemanha). Interesses de pesquisa nas áreas de Políticas Públicas; Epistemologia; Teoria Política; Fundamentos do Planejamento Urbano e Regional; Comportamento Político.

Pedro Lincoln C. L. de Mattos

Professor Titular da Universidade Federal de Pernambuco. Pesquisador do CNPq. Pós--doutorado em Filosofia da Linguagem (PUC-RJ). Ph.D. pela The London School of Economics. Licenciado em Filosofia (UCP). Bacharel (UFPE) e mestre em Administração (EBAP-FGV). Coordenador da Divisão de Ensino e Pesquisa da Anpad (2005-2006). Interesse de pesquisas na área de Metodologia do Conhecimento em Administração (na pesquisa, no ensino, na consultoria e na gestão).

Rodrigo Bandeira-de-Mello

Professor Adjunto de Estratégia na Escola de Administração de Empresas de São Paulo da Fundação Getúlio Vargas (FGV-EAESP). Pós-Doutorado na Universidade Paris Dauphine (França). Doutorado e mestrado em Engenharia de Produção e Sistemas, área de Gestão de Negócios, pela Universidade Federal de Santa Catarina (UFSC) e Doutorado-sanduíche na The Wharton School, University of Pennsylvania (EUA). Interesse de pesquisas nas áreas de Gestão Estratégica, Gestão dos Stakeholders, Estratégias de Pesquisa Qualitativa.

Sérgio Luís Boeira

Professor do mestrado em Administração e do mestrado Profissionalizante em Gestão de Políticas Públicas da Universidade do Vale do Itajaí (Univali-SC). Doutor em Ciências Humanas (UFSC). Autor do livro *Atrás da cortina de fumaça* (2002); coautor de *Estudos interdisciplinares em Ciências Humanas* (2003); e coautor e organizador de *Democracia & Políticas públicas* (2005). Interesse de pesquisas nas áreas de Ecologia Política; Sociologia Ambiental; Desenvolvimento Sustentável; Ética; Educação Ambiental; Cultura Organizacional.

Apresentação

A obra *Pesquisa Qualitativa em Estudos Organizacionais: paradigmas, estratégias e métodos* reúne quinze trabalhos de pesquisadores dedicados à reflexão e à sistematização da prática científica no campo dos estudos organizacionais. Distantes da pretensão de dominação e manipulação dos objetos, os trabalhos admitem o conhecimento científico como autoconhecimento, como processo de reformulação de crenças, e identificam-se com o fato de que a abertura à experiência do saber modifica e constrói o próprio pesquisador.

Resultado de cinco anos de planejamento, organização, autorreflexão e interação com os autores, esta publicação nasceu do interesse no debate epistemológico e metodológico no campo organizacional. Situado entre a retomada de textos publicados e a necessidade de prosseguir com textos inéditos, a construção do livro foi acompanhada pela criação lenta e tácita de uma visão qualitativa integrada. Os debates nas sessões de pesquisa dos encontros científicos, nos últimos anos, permitiram, por meio da discussão e da aproximação entre as pessoas, o surgimento da identificação e do entendimento comum entre os autores acerca do objeto do livro: a visão qualitativa nos estudos organizacionais.

A concepção das estratégias e métodos de pesquisa propostos na obra indica que compreender fenômenos organizacionais exige práticas que conduzam a construção de um conhecimento intersubjetivo e compreensivo. Portanto, os capítulos tendem a indicar caminhos para examinar as produções significativas dos próprios sujeitos – discursos, relatos, imagens, representações – geradas e construídas por atores, de forma dialógica, revelando experiências vivenciadas em seus próprios contextos sociais e históricos.

Destinada a pesquisadores e estudantes que começam a perceber modificações em seus pressupostos durante a realização de pesquisa, questionando suas certezas prévias e produzindo novas concepções, a obra *Pesquisa Qualitativa em Estudos Organizacionais* introduz a incerteza da compreensão e da interpretação no interior das estratégias e métodos de pesquisa analisados. A intenção dos autores é compartilhar experiências metodológicas de forma sistematizada, mas sem a ilusão de prescrever, uma vez que a criação de práticas de pesquisa é protagonizada pela própria comunidade científica, constituindo a pluralidade metodológica e incentivando o debate epistemológico.

Organizadores

Sumário

Introdução

Pesquisa qualitativa e o debate sobre a propriedade de pesquisar 1
Christiane Kleinübing Godoi, Rodrigo Bandeira-de-Mello e Anielson Barbosa da Silva

PARTE I ESTUDOS ORGANIZACIONAIS E DILEMAS PARADIGMÁTICOS

Capítulo 1
Estudos organizacionais: dilemas paradigmáticos
e abertura interdisciplinar 17
Sérgio Luís Boeira e Paulo Freire Vieira

Introdução 17
1.1 Revolução científica e seus reflexos nas teorias das organizações . . 19
    1.1.1 Aspectos da escola clássica da administração 24
    1.1.2 Aspectos da escola das relações humanas 26
    1.1.3 O Grande Paradigma do Ocidente (GPO) 27
1.2 Paradigma: da ciência normal à matriz disciplinar 30
1.3 Fenomenologia, paradigma disjuntor-redutor e complexidade 34
    1.3.1 Fenomenologia e ambivalência 34
    1.3.2 Paradigma disjuntor-redutor 36
    1.3.3 Paradigma da complexidade 40
1.4 Teorias organizacionais e complexidade: abertura interdisciplinar . . 42
1.5 Considerações finais e hipóteses para debate 47

Capítulo 2

Perspectiva multiparadigmática nos estudos organizacionais 53
Anielson Barbosa da Silva e João Roman Neto

Introdução 53
2.1 Perspectiva paradigmática nos estudos organizacionais 55
2.2 A difusão de uma perspectiva multiparadigmática
    nos estudos organizacionais 66
    2.2.1 Posições multiparadigmáticas 68
2.3 Implicações da perspectiva multiparadigmática
    na pesquisa qualitativa 77
2.4 Reflexões finais sobre a utilização de paradigmas
    nos estudos organizacionais 80

Capítulo 3

A pesquisa qualitativa nos estudos organizacionais brasileiros:
uma análise bibliométrica 89
Christiane Kleinübing Godoi e Cristina Pereira Vecchio Balsini

Introdução 89
3.1 A visão qualitativa nos estudos organizacionais:
    elementos metodológico-epistemológicos 91
3.2 A visão qualitativa nos estudos organizacionais: elementos
    metodológico-técnicos 96
3.3 Pesquisa qualitativa e os estudos
    organizacionais brasileiros 99
3.4 Considerações finais 107

PARTE II ESTRATÉGIAS DE PESQUISA EM ORGANIZAÇÕES

Capítulo 4

Estudo de Caso qualitativo 115
Arilda Schmidt Godoy

Introdução 115
4.1 Breve histórico 117
4.2 Definição e características 118
4.3 Tipos de estudo de caso 123
4.4 Quando usar o estudo de caso 127
4.5 A realização de um estudo de caso 128

Sumário

4.5.1.	Escolhendo uma unidade de análise	128
4.5.2	Definindo o papel da teoria	129
4.5.3.	Revendo a literatura	131
4.5.4	Conduzindo a coleta de dados	133
4.5.5	Analisando os dados.	137

4.6 A questão do rigor no estudo de caso qualitativo. 138
4.7 Características de habilidade do pesquisador. 141
4.8 Considerações finais 143

Capítulo 5
A etnografia e os estudos organizacionais 147
Carolina Andion e Maurício Serva

Introdução 147
5.1 A etnografia e a necessidade de novos lugares epistemológicos. . 148
5.2 Particularidades da postura etnográfica. 153
    5.2.1 Dialética sujeito/objeto 154
    5.2.2 Dialética indivíduo/sociedade ou particular/geral. 154
    5.2.3 Dialética subjetividade/objetividade 155
5.3 *Momentos* da pesquisa etnográfica
    e sua aplicação nos estudos organizacionais 156
    5.3.1 Concepção do campo temático de estudo 156
    5.3.2 Realização do trabalho de campo. 159
    5.3.3 Elaboração do texto. 163
5.4 Etnografia e estudos organizacionais: sugestões de temas
    de pesquisa 166
    5.4.1 Redes organizacionais 166
    5.4.2 Inscrição social do mercado e das empresas 169
    5.4.3 Trajetória dos grupos empresariais 171
    5.4.4 Racionalidade nas organizações. 172
    5.4.5 Processos de desenvolvimento territorial 174
5.5 Considerações finais 176

Capítulo 6
Contribuições da história oral à pesquisa organizacional 181
Elisa Yoshie Ichikawa e Lucy Woellner dos Santos

Introdução 181
6.1 O que é a história oral 182

	6.1.1	Como tudo começou	183
6.2	A história oral no Brasil.		185
6.3	Sobre o *status* da história oral: disciplina, método ou técnica?		188
6.4	A entrevista de história oral		193
	6.4.1	O que é a entrevista de história oral	194
	6.4.2	A transcrição da entrevista e suas formas	198
6.5	Possibilidades da história oral nos estudos organizacionais.		200
6.6	Considerações finais		202

Capítulo 7

A pesquisa-ação como estratégia de pesquisa participativa 207
Janaina Macke

Introdução			207
7.1	A pesquisa-ação como estratégia de pesquisa organizacional		208
	7.1.1	Características da pesquisa-ação	215
	7.1.2	O processo de intervenção	220
7.2	Explorando as fronteiras da pesquisa-ação com estudo de caso e com atividades de intervenção profissional		222
7.3	A construção de conhecimento na pesquisa-ação.		227
7.4	Análise de uma pesquisa realizada a partir da estratégia de pesquisa-ação		228
	7.4.1	Primeira fase da intervenção: a compreensão do referencial conceitual.	230
	7.4.2	Segunda fase da intervenção: A identificação de alternativas de mudança	231
	7.4.3	Terceira fase da intervenção: A execução da mudança estrutural planejada	232
	7.4.4	Quarta fase da intervenção: Avaliação do processo de intervenção.	232
	7.4.5	Modelo de intervenção construído	233
7.5	Considerações finais		236

Capítulo 8

Grounded theory. 241
Rodrigo Bandeira-de-Mello e Cristiano José Castro de Almeida Cunha

Introdução		241
8.1	Barney Glaser e Anselm Straus: as origens da *grounded theory*	242

Sumário

XVII

8.2 A influência do interacionismo simbólico 244
8.3 A teoria que emerge dos dados 247
    8.3.1 Criatividade e objetividade 249
    8.3.2 Circularidade entre as fases de coleta e de análise 250
    8.3.3 Interação entre o pesquisador e a realidade dos sujeitos . . 254
8.4. Avaliação da qualidade da teoria substantiva 255
8.5. Aplicações nos estudos organizacionais:
    finalidades e riscos 258

Capítulo 9
A fenomenologia como método de pesquisa
em estudos organizacionais 267
Anielson Barbosa da Silva

Introdução 267
9.1 A experiência vivida como ponto de partida e de chegada
    na trajetória da pesquisa fenomenológica. 269
9.2 A fenomenologia e a hermenêutica delimitando
    a trajetória da pesquisa 273
9.3 Investigando a experiência vivida 279
9.4 Análise fenomenológica: uma atividade hermenêutica 281
9.5 A escrita fenomenológica – revelando o fenômeno de forma
    compreensiva interpretativa 288
9.6 Mantendo uma relação forte e orientada 291
9.7 A relação entre as partes e o todo no contexto
    da pesquisa fenomenológica 292
9.8 Considerações finais 293

PARTE III MÉTODOS DE COLETA E ANÁLISE DE MATERIAL EMPÍRICO

Capítulo 10
Entrevista qualitativa: instrumento de pesquisa e evento dialógico 301
Christiane Kleinübing Godoi e Pedro Lincoln C. L. de Mattos

Introdução 301
10.1 Entrevista qualitativa: tentativas (e riscos) de definição formal . . . 303
10.2 Revendo alguns procedimentos metodológicos de praxe
    na entrevista qualitativa 307
    10.2.1 Quantas e quais pessoas entrevistar? 308

XVIII — Pesquisa qualitativa em estudos organizacionais: paradigmas, estratégias e métodos

10.2.2 O relacionamento entrevistador-entrevistado:
facilitação ou inibição 311
10.2.3 Acordo inicial, roteiro e outros aspectos procedimentais . . 312
10.3 Superando o formalismo: a entrevista como evento dialógico . . . 314
10.4 Considerações finais 320

Capítulo 11

Focus group: instrumentalizando o seu planejamento 325
Mírian Oliveira e Henrique Freitas

Introdução 325
11.1 *Focus group*: vantagens e desvantagens 327
11.2 Usos do *focus group* no desenho da pesquisa 328
11.3 Etapas para a realização do *focus group* 331
11.3.1 Planejamento para a realização do *focus group* 332
11.3.2 Condução das sessões do *focus group* 340
11.3.3 Análise dos dados obtidos com o *focus group* 342
11.4 Considerações finais 343

Capítulo 12

Análise de entrevistas não estruturadas: da formalização
à pragmática da linguagem 347
Pedro Lincoln C. L. de Mattos

Introdução 347
12.1 Qual o exato escopo deste ensaio metodológico? 350
12.2 O que tem acontecido à análise de conteúdo?
Um "diálogo" com L. Bardin 351
12.3 "Um divisor de águas" ao analisar entrevistas 354
12.3.1 A prática da objetividade 355
12.3.2 Onde procurar o significado? 356
12.4 A entrevista como conversação e sua análise 359
12.4.1 Uma inter-ação linguística 359
12.4.2 Elementos de análise da conversação 360
12.4.3 O momento decisivo da interpretação 363
12.5 Sugestões para a análise de entrevistas 364
12.5.1 Advertência para um risco 364
12.5.2 O nível de análise que interessa aqui 365
12.5.3 Um modelo de apoio em cinco fases 366

Sumário

12.5.4 O julgamento de pares sobre consistência da análise . . . 370
12.6 Considerações finais 370

Capítulo 13
Perspectivas de análise do discurso nos estudos organizacionais 375
Christiane Kleinübing Godoi

Introdução 375
13.1 As primeiras perspectivas da análise do discurso:
análise do conteúdo e análise semiótica. 379
13.2 A terceira perspectiva da análise do discurso:
a interpretação social dos discursos 382
13.3 Análise do discurso e teoria psicanalítica.
Sobre a interpretação do discurso na investigação social 389
13.4 Considerações finais 397

Capítulo 14
Análise da narrativa 403
Mário Aquino Alves e Izidoro Blikstein

Introdução 403
14.1 O conceito de narrativa em uma abordagem
semiótica-linguística 405
14.1.1 A narrativa e suas funções. 407
14.1.2 Os tipos de narrativas e sua condição ideológica. 410
14.1.3 Dialogismo, polifonia, silêncio e intertextualidade
na narrativa 413
14.2 Narratologia: a análise narrativa propriamente dita. 417
14.2.1 Exemplo de narratologia 418
14.2.2 A narrativa no contexto das organizações 421
14.3 Considerações finais 426

Capítulo 15
Softwares em pesquisa qualitativa 429
Rodrigo Bandeira-de-Mello

Introdução 429
15.1 Um pouco de história 430
15.2 Uma proposta de classificação dos *softwares* 431
15.3 CAQDAS: possibilidades e limitações 433

15.4 Uma aplicação do Atlas/ti como apoio
à *grounded theory* 438
    15.4.1 O *software* Atlas/ti. 439
    15.4.2 Utilizando o Atlas/ti na geração de teoria substantiva . . . 443
15.5 Considerações finais 457

Introdução

Pesquisa qualitativa e o debate sobre a propriedade de pesquisar

Christiane Kleinübing Godoi
Rodrigo Bandeira-de-Mello
Anielson Barbosa da Silva

Até a década de 1990, o debate epistemológico pertencia aos domínios da filosofia das ciências e da história das ciências, ao saber especializado de filósofos e sociólogos. Gradativamente, os cientistas passaram a adquirir interesse filosófico, a problematizar sua prática, a preocupar-se com as condições sociais e os contextos culturais dos modelos de investigação científica.

Com o privilégio da reflexão epistemológica, foi possível identificar, na modernidade, aquilo que Santos (2004) chamou de uma ciência *feita no mundo*, mas não *feita de mundo*, uma ciência que, para intervir eficazmente no mundo, precisava distanciar-se dele. O amadurecimento histórico permitiu a ultrapassagem, tanto do pensamento mágico – que imaginava que o que dizemos sobre as coisas coincide com as próprias coisas –, quanto do pensamento moderno – crédulo de que aquilo que dizemos é uma representação das coisas. Com base nessa dupla superação, a noção de que os enunciados, mais do que produzir apenas uma representação do mundo, criam o mundo, e que o ponto de vista constrói o objeto, como já insistiam Saussere, Bachelard e tantos outros, tornou-se hoje um truísmo.

Ainda assim, frequentemente nos deparamos – e hesitamos – com as clássicas, insolúveis e recursivas questões como: existe uma realidade exterior a nós? O mundo só se constitui quando eu falo dele ou penso sobre ele? Mais do que saber se existe ou não uma *realidade real*, o que se tornou importante é saber *como se pensa essa realidade*. O pensamento e o discurso não são capazes de revelar uma *verdade* sobre a realidade ou de compreender essa realidade em toda a sua espessura, tornando mal formuladas e prescindíveis as interrogações sobre o estatuto ontológico da realidade. Ao nos afastarmos do *essencialismo* – o pensamento que acreditava que a realidade tinha uma essência própria –, passamos, como sujeitos históricos, a enxergar o mundo como um jogo de relações entre as coisas e as categorias construídas.

O conhecimento científico da modernidade foi um conhecimento desencantado e triste, narra Santos (2003), que transformava a natureza num autômato ou num interlocutor estúpido. O aviltamento da natureza acabava por reduzir o próprio pesquisador, na medida que excluía o diálogo e propunha um exercício de prepotência sobre a natureza.

A fim de trilhar o percurso da passagem da epistemologia da ciência moderna à pós-moderna – expressão tão inadequada quanto autêntica –, passaremos a considerar dois momentos: *o período de dominação do objeto*, que inclui tanto a concepção de *exterioridade racionalista do objeto* quanto a *metafísica do sujeito*, também conhecida como filosofia da consciência, ambos envolvidos com a *lógica da dominação*; e, posteriormente, o *período de relativismo*, que inclui o relativismo epistemológico e a epistemologia social, ambos envolvidos com a *lógica da emancipação*. Rorty (1997), Heiddeger (2004), Gadamer (2003), Palmer (1988), Santos (2001; 2003; 2004), Grün e Costa (2002) e, principalmente, Veiga-Neto (2002) influênciaram a formação da visão histórico-epistemológica apresentada a seguir, para ilustrar o momento epistemológico atual de rompimento da dicotomomia *dominação-emancipação*.

No primeiro período – o de *dominação do objeto* –, os atos de conhecer e dominar os objetos de conhecimento eram inseparáveis, o que atribuía ao pensamento científico, um poder de manipulação sem limites. A dominação dos objetos conhecidos era a condição necessária da *objetividade* científica. A esse movimento denominamos concepção da *exterioridade racionalista do objeto*.

Aparentemente oposta ao objetivismo, a metafísica do sujeito, ou a filosofia centrada na consciência, acreditava que o estatuto do mundo se fundamentava na subjetividade humana. A metafísica ocidental, inaugurada por Descartes, foi construída, portanto, com base em uma noção de que a verdade residia na equivalência entre a consciência humana e os objetos. Entre a abordagem objetivadora das ciências modernas e o movimento metafísico, posteriormente chamado por Heidegger de *síndrome do subjetismo moderno* (que é diferente de subjetivismo), encontramos poucas distinções no que se refere ao envolvimento com a *dominação*. Isso porque, a partir de Gadamer, as experiências de verdade deixam de ser consideradas fatos ou experiências conceituais, e acontecem como momento estético ou como evento linguístico.

A metodologia objetificadora das ciências sociais e a abordagem da consciência humana como fundamento último da certeza estavam, portanto, indissociavelmente ligadas como faces do mesmo período epistemológico: o chamado *fundacionalismo moderno* ou *tradição fundacional da filosofia ocidental*, colocado em cheque somente com Nietzsche no início do século XX. Para essa concepção, um conhecimento só podia ser considerado verdadeiro se tivesse um *fundamento absoluto*.

O segundo período, aqui denominado *período de relativismo*, inicia com o movimento *antifundacional*, que inclui Gadamer, Foucault, Derrida, Rorty, dentre outros. Logicamente, esse movimento não buscava a verdade; não estava preocupado em dominar e manipular objetos nem em *obter* ou *adquirir* conhecimento de maneira instrumental. Não se constituiu exatamente como um movimento coeso, mas foi capaz de aglutinar em torno da posição antifundacional muitos pensadores contemporâneos pós-modernistas, assinalando o segundo período epistemológico aqui considerado, o *período do relativismo*, transpassado pela *lógica da emancipação*.

Heidegger estabeleceu uma crítica intensa à metafísica pelo fato de ela conceber o estatuto do mundo exclusivamente na subjetividade humana. Para ele, o processo de compreender não era um processo mental de dominação de objetos, mas um processo temporal, intencional e histórico. Objetivar passou a ser, então, um ato de poder excessivo, e as pretensões de objetividade das ciências modernas sofreram seus primeiros ataques.

A hermenêutica filosófica de Heidegger e Gadamer pretendia recuperar o caráter dinâmico da *compreensão* e operou uma guinada radical, que foi da autoconsciência à linguisticidade, já livre da obsessão por um fundamento sólido. A compreensão começou a ser vista como um empreendimento no qual nos lançamos desprovidos da possibilidade de saber, *a priori*, as consequências desse ato. Essa *insegurança* epistemológica – inerente ao que Gadamer denomina de *abertura à experiência* – restaura no campo científico a *dificuldade da vida* e torna-se a antítese da concepção científica do método como corretor, ou remédio, para as dificuldades. A vida humana é concebida como um horizonte de possibilidades não decididas.

A *abertura à experiência* modifica o próprio pesquisador em favor do discurso ou da situação, ou seja, o pesquisador é invadido e construído pela experiência. A *epistemologia social*, expressão proposta por Popkewitz (1994) na qual pesquisador e objeto são construídos na experiência, tenta dar conta desse jogo entre o pesquisador e a sua pesquisa. A hermenêutica visa, portanto, situar o *locus* do significado na linguagem e no texto e não mais no sujeito. A atenção reside na capacidade do sujeito de se entregar aos objetos e deixar que estes, de forma recursiva, o redefinam. Os pesquisadores começam a observar que vão se modificando durante a sua pesquisa, redefinindo seus horizontes de sentido, questionando suas certezas prévias e produzindo novas concepções. A tarefa de compreensão e interpretação dos sentidos impregnados nas práticas é vista como infinita. A postura hermenêutica implica estarmos não apenas abertos, mas expostos às novas possibilidades presentes nos objetos.

Não há mais o risco de um *eu* autotranscendente pois, no encontro com o *outro* e com a linguagem, há sempre a perda do *eu*. É essa perda e transformação do *eu*, na relação com o *outro*, que impede a objetificação e a dominação dos objetos pelo sujeito. Se no fundacionalismo cartesiano o mundo era concebido a partir do sujeito, na hermenêutica o sujeito é constituído a partir do mundo, mais precisamente a partir da *tradição de sentido* onde ele está situado. O *eu* é entendido em termos de sujeito não centrado e o *outro* é a própria *tradição epistemológica*, na qual o sujeito está inserido e tem de dialogar. A tarefa da hermenêutica consiste em extrair a compreensão das proposições nas quais já estamos vivendo. Por meio da concepção hermenêutica podemos dizer que a tarefa da pesquisa não é descobrir objetos absolutos, mas prosseguir a construção dos sentidos da conversação.

Assim, o movimento antifundacional é o lugar onde o conceito de interpretação foi redefinido. Abandonou-se definitivamente a esperança de haver um lugar privilegiado a partir do qual se possa olhar e compreender objetivamente as relações do mundo. Não se trata exatamente de um *relativismo epistemológico*, no sentido de Rorty, mas de uma epistemologia regional e fundada na contingência. A expressão *epistemologia social* trouxe para o conceito elementos que até então lhe eram estranhos, tais como o poder e o interesse. Na noção de epistemologia social há dois aspectos complementares importantes: a questão da impossibilidade do distanciamento e da assepsia metodológica ao lançarmos olhares sobre o mundo; e o fato de que somos necessariamente parte daquilo que analisamos e, muitas vezes, tentamos modificar.

Essa tensão dinâmica entre *regulação* e *emancipação* social, no entanto, passou por um processo histórico de degradação caracterizado justamente pela transformação das energias emancipatórias em energias regulatórias, ou seja, a concepção da emancipação foi absorvida pela da regulação. Com a diluição da emancipação na regulação, o paradigma da modernidade deixou de poder renovar-se, entrou em colapso e em crise final. O fato de ainda permanecer como paradigma dominante é atribuído à natural inércia histórica, como justifica Santos (2003), que faz com que o pensamento epistemológico caminhe sempre à frente das práticas de pesquisa.

Sobrevivemos a um estilhaçamento paradigmático profundo e, possivelmente, irreversível, resultante de uma multiplicidade da interação de condições sociais e teóricas. Assistimos a uma crise, iniciada em meados do século XIX e atravessou todo o século XX, que desestruturou as noções clássicas de verdade, razão, identidade e objetividade, bem como desinstituiu as grandes narrativas fundadoras com seus sistemas totalizantes e explicações generalizáveis e definitivas. Chegamos ao fim de um ciclo do pensamento científico.

No lugar em que hoje nos situamos, sabemos que os objetos têm fronteiras pouco definidas e que a experiência rigorosa tornou-se irrealizável diante da complexidade, pois exigiria um dispêndio infinito de atividades humanas. O rigor científico objetualizou, desqualificou, degradou e caricaturizou os fenômenos: para afirmar a personalidade do cientista destruiu a personalidade da natureza. O conhecimento ganhava em rigor o que perdia em riqueza. O que esperamos hoje é menos conversa sobre rigor e mais sobre originalidade, para que o conhecimento recupere o seu encantamento.

Santos (2003) indica que todo conhecimento científico é autoconhecimento, pois o objeto é uma forma de prolongamento do sujeito. Ao admitirmos que a ciência não descobre, cria, e que o ato criativo é protagonizado por cada cientista e pela comunidade científica, torna-se cada vez mais necessário conhecer-se interiormente antes de pretender conhecer aquilo que se pode conhecer do real. Trata-se de um conhecimento compreensivo e íntimo que não nos separa, mas nos une pessoalmente ao que estudamos. Ressubjetivado, o conhecimento científico ensina a viver e se traduz em um saber prático.

A ciência moderna nos ensinou pouco sobre a maneira de *estar no mundo*; fez do cientista um *ignorante especializado* e do cidadão comum um *ignorante generalizado*; constituiu-se contra o *senso comum* – considerado superficial, ilusório e falso. A ciência pós-moderna procura destituir a distinção hierárquica entre conhecimento científico e senso comum, e reabilitar o senso comum por reconhecer, nessa forma de conhecimento, amplas possibilidades de enriquecer a nossa relação com o mundo. O fato de o conhecimento traduzir--se em autoconhecimento evidencia a prudência na nossa aventura científica, prudência originada no reconhecimento da insegurança, que resulta do fato de a nossa reflexão epistemológica ser muito mais avançada e sofisticada que a nossa prática científica.

Em relação ao que tínhamos na modernidade, não adquirimos apenas uma melhor observação dos fatos mas, sobretudo, uma nova visão do mundo e da vida. Reconhecemos a ação humana como subjetiva e a ciência social como uma ciência subjetiva. Jogo, palco, texto ou biografia – o mundo é comunicação e, por isso, a lógica existencial da ciência pós-moderna é promover a situação comunicativa, como idealizava Habermas.

Sendo total, o conhecimento é também local; constitui-se ao redor de temas que, em determinado momento, são adotados por grupos sociais concretos como projetos de vida locais. A fragmentação pós-moderna, portanto, não é disciplinar mas temática, como lembra Santos (2003). O conhecimento avança à medida que o seu objeto transdisciplinar se amplia. Trata-se de um conhecimento sobre as condições de possibilidade da ação humana projetadas no mundo a partir de um espaço-tempo local; de um conhecimento relativamente imetódico, constituído a partir de uma pluralidade metodológica.

Não há mais espaço para a noção de pensamento e linguagem como desconectados do meio ambiente. Ao reinterpretarmos objetividade como intersubjetividade ou como *solidariedade*, na proposição de Rorty (1997), abdicamos definitivamente de nos colocarmos em contato com a realidade, independentemente da mente e da linguagem. Quando buscávamos objetividade, nos distanciávamos

Pesquisa qualitativa e o debate sobre a propriedade de pesquisar

das pessoas ao redor, através da nossa vinculação solitária a algo que podia ser descrito sem referência a nenhum ser humano específico. Substituímos a auto-imagem formada e guiada pela razão, pela imagem de um cientista que conta com um sentido de solidadariedade com o resto de sua profissão.

Não temos mais a possibilidade de nos lançarmos para além das comunidades humanas. Substituir o *desejo de objetividade* pelo *desejo de solidariedade* com a comunidade significa desenvolver hábitos de confiança, de respeito pela opinião dos colegas, de curiosidade e zelo pelos novos dados e ideias – únicas virtudes que os cientistas têm. A ciência engendra em si um modelo de solidariedade humana, mas a investigação no interior das sociedades é diferente da investigação sobre as coisas. Podemos ser melhores do que somos, no sentido de sermos melhores teóricos, cientistas, cidadãos ou amigos. Acreditamos que toda e qualquer visão coerente é tão boa quanto qualquer outra. Escapamos da forquilha de Hume ao nos lembrarmos constantemente que somos responsáveis pelo que está fora de nós.

Na prática da pesquisa, trabalhamos somente com as mais tênues e superficiais formulações de critérios, apenas com padrões mais soltos e flexíveis possíveis, à medida que vemos a investigação como reformulação de crenças em vez de descobrimento da natureza dos objetos. Assumimos a pesquisa como processo de mudança das nossas crenças. Aprendemos que o melhor caminho para encontrar algo em que acreditar é escutar tantas sugestões e argumentos quantos forem possíveis.

Não louvamos os cientistas por serem mais objetivos, lógicos, metódicos ou devotos à verdade do que outras pessoas. O poder sobre os objetos deixou de ser a mais elogiável característica de um pesquisador, e não nos sentimos mais envaidecidos em receber um elogio como "você domina o seu objeto de pesquisa". A imagem que temos de um grande cientista não é a de alguém que aprendeu algo corretamente, mas a de alguém que fez algo novo.

Compreender grande parte dos fenômenos organizacionais exige, em vez de um conhecimento objetivo e explicativo, métodos que visam à obtenção de um conhecimento intersubjetivo e compreensivo. Nossa visão tende, assim, primeiro a dar conta do horizonte das formas simbólicas nas quais se desenvolvem as ações sociais, formas essas que assumem uma aparência codificada – linguagens –, mas cujo estudo nos interessa não por sua gramática ou estrutura interna, mas por seu caráter comunicativo de mediador e formador das experiências e das necessidades sociais. E, segundo, a examinar as produções significativas dos próprios sujeitos – discursos, relatos, imagens, representações etc. – geradas e construídas por atores, no diálogo direto com eles, em seus próprios contextos situacionais, sociais e históricos.

A epistemologia nos estudos organizacionais prosperou em período de crise, como previu Piaget (1980), e o campo da pesquisa qualitativa está, hoje, repleto de entusiasmo, criatividade, agitação intelectual e ação, como concordam Gergen e Gergen (2000). Os cientistas dedicam-se à epistemologia dos métodos, às relações com participantes e à criação de novos modos de crescimento dos métodos qualitativos em importantes campos substantivos. Nesta proposta de reconhecimento e superação do formalismo na pesquisa, a questão residual, e mais importante, versa agora sobre que tipo de seres humanos desejamos nos tornar.

Este livro está estruturado em três partes. Na parte inicial, Estudos organizacionais e dilemas paradigmáticos, os leitores encontrarão reflexões epistemológicas, um "pano de fundo" dos demais capítulos. Pretendemos levar os leitores a refletir acerca dos fundamentos filosóficos da pesquisa qualitativa, à medida que expandem seu escopo de análise no sentido de uma integração paradigmática. Esperamos que essa reflexão revele oportunidades para pesquisas qualitativas sérias e de qualidade no âmbito dos estudos organizacionais.

O primeiro capítulo, de Sérgio Luís Boeira e Paulo Freire Vieira, inicia a reflexão sobre a construção do conhecimento em estudos organizacionais, abordando dilemas paradigmáticos e abertura interdisciplinar. Inicialmente, os autores apontam traços histórico-filosóficos e ambivalentes da concepção dominante de ciência na modernidade e seus reflexos na escola clássica e na das relações humanas. O capítulo reexamina o conceito de paradigma proposto por Thomas Kuhn e questiona sua utilização para o entendimento dos estudos organizacionais. Os autores exploram as influências do debate sobre a complexidade sistêmica no desenvolvimento dos estudos organizacionais para reforçar o ponto de vista a partir do qual a concepção de paradigma de Edgar Morin é mais coerente com o desenvolvimento histórico das pesquisas sobre organizações, marcado por uma crescente abertura interdisciplinar. Uma análise comparativa de algumas das ideias centrais de Guerreiro Ramos, Gareth

Morgan e Edgar Morin é apresentada para melhor compreender a relação entre a teoria das organizações e paradigma da complexidade.

No Capítulo 2, Anielson Barbosa da Silva e João Roman Neto também abordam a noção de paradigmas, mas partindo da perspectiva desenvolvida por Burell e Morgan, e abordam a difusão de uma pesquisa multiparadigmática nos estudos organizacionais. Nesse segundo capítulo, os autores apresentam várias posições metateóricas relacionadas a múltiplos paradigmas – incomensurabilidade, integração e cruzamento, e o paradigma do cruzamento indica quatro estratégias: sequencial, paralela, de ligação e de interação. Também discutem as implicações da perspectiva multiparadigmática na pesquisa qualitativa e destacam algumas reflexões finais em torno da utilização dos paradigmas nos estudos organizacionais.

Christiane Kleinübing Godoi e Cristina Pereira Vecchio Balsini, no Capítulo 3, iniciam sua investigação empírica partindo do argumento que é central e comum aos capítulos desta parte: a visão dicotômica e reducionista entre o qualitativo e o quantitativo não contribui para o avanço do entendimento dos complexos fenômenos organizacionais. A análise documental da produção científica brasileira em estudos organizacionais revelou a deficiência dos autores em declarar suas escolhas metodológicas. Não obstante, estudos de caso exploratórios que utilizaram técnicas de coleta por meio de entrevistas parecem ser o delineamento mais típico.

A designação *estratégias de pesquisa* foi preferida à clássica denominação métodos de pesquisa, termo este indissociável do campo metodológico moderno. O pós-modernismo, explica Rosenau (1992), substituiu *método* por *estratégias*, no sentido de aproximação do objeto de pesquisa. Não se trata mais, portanto, de uma simples opção semântica, mas de uma postura crítica com relação à ausência de aproximação entre sujeito e objeto. O termo *estratégia de pesquisa* compreende aqui um pacote de concepções, práticas e habilidades que o pesquisador emprega para mover-se do paradigma ao mundo empírico, definem Denzin e Lincoln (2000). Ao colocarem os paradigmas em movimento, as estratégias situam os paradigmas no espaço empírico local. A Parte II, Estratégias de pesquisa em organizações, marca a intermediação entre a discussão paradigmática tecida na Parte I e as práticas de coleta e análise do material empírico que compõem a Parte III.

Dentre as estratégias abordadas, a primeira é a do estudo de caso, seguida da etnografia, história oral, pesquisa-ação, *grounded theory* e fenomenologia. Seus pressupostos, características definidoras e critérios de avaliação do rigor são discutidos. Nesta segunda parte, o leitor também encontrará possibilidades de utilização dessas estratégias de pesquisa nos estudos organizacionais, bem como a discussão acerca da importância do pesquisador na condução desse processo. Há uma preocupação comum entre os autores da Parte II em localizar epistemologicamente as respectivas estratégias. E, consoante a reflexão iniciada na Parte I, discutem possibilidades de utilização da pesquisa qualitativa ou de uma integração paradigmática.

No Capítulo 4, Arilda Schmidt Godoy discute as características do estudo de caso interpretativo e apresenta, com um viés pragmático, as etapas de desenvolvimento dessa estratégia de pesquisa, bem como seu relacionamento com outras estratégias, como a *grounded theory* discutida no Capítulo 8.

Carolina Andion e Maurício Serva apresentam no Capítulo 5 a etnografia à luz de uma discussão epistemológica: a visão polarizada natureza--cultura ou objetivismo-subjetivismo deve ser modificada no sentido de uma perspectiva multidisciplinar para o estudo da complexidade da realidade organizacional. Neste capítulo, os autores discutem aspectos importantes aos estudos organizacionais, como os conceitos de *tecelagem etnográfica* e o *fato social total*, a complementaridade entre sujeito e objeto e a relevância do texto etnográfico. Finalmente, sem ter a pretensão de serem exaustivos, os autores discutem possibilidades de pesquisa etnográfica nos estudos organizacionais.

No Capítulo 6, Elisa Yoshie Ichikawa e Lucy Woellner dos Santos mostram a importância da história para o entendimento dos fenômenos organizacionais. Partindo da relevância dos eventos passados e da contextualização histórica da etnografia, o leitor depara-se com a proposta deste capítulo sobre história oral: a consideração da *história do tempo presente*, de um processo histórico ainda inacabado por meio da narrativa de atores sociais que nem sempre aparecem na história "oficial". As autoras salientam a necessidade de aprofundamento da discussão metodológica sobre a história oral no país, comentam as características da prática da entrevista na história oral e apontam possibilidades de pesquisa na Administração.

No Capítulo 7, Janaina Macke apresenta as características da pesquisa--ação como uma forma de pesquisa-participativa que favorece a interdisciplinaridade. A autora explicita a diferença entre a pesquisa-ação e a consultoria, objeto de frequente confusão na aplicação deste tipo de estratégia, e explora a questão de como se constrói conhecimento a partir das intervenções de uma pesquisa-ação.

No Capítulo 8, Rodrigo Bandeira-de-Mello e Cristiano Cunha apresentam os fundamentos da *grounded theory* e discutem a lógica da teoria que "emerge dos dados". Como fruto da experiência dos autores, eles proporcionam ao leitor uma avaliação crítica das possibilidades e os riscos da aplicação dessa estratégia nos estudos organizacionais.

A Parte II encerra-se com a discussão entre a fenomenologia e a hermenêutica elaborada por Anielson Barbosa da Silva, em torno dos significados das experiências vividas. Neste nono capítulo, o autor sugere etapas para a investigação e análise de pesquisa utilizando o método fenomenológico-hermenêutico. São apresentadas especificidades do processo de investigação e um ciclo de análise compreensiva interpretativa para a elaboração do texto fenomenológico.

Na terceira e última parte do livro, Métodos de coleta e análise de material empírico, entramos na discussão de elementos metodológico-técnicos referentes à coleta de dados e à análise das informações coletadas. Inicia-se com o método, ou técnica, de coleta mais utilizado em pesquisa qualitativa nos estudos organizacionais: a entrevista em profundidade, seja individual ou em grupo, na forma de um *focus group*. No âmbito da análise do material empírico, quatro possibilidades são discutidas: a pragmática, a análise do discurso, a análise da narrativa e a utilização de *softwares* como apoio ao pesquisador.

No Capítulo 10, Christiane Kleinübing Godoi e Pedro Lincoln C. L. de Mattos iniciam a crítica ao formalismo na pesquisa, que encontra uma de suas principais manifestações na preocupação exagerada com *instrumentos* de pesquisa. A entrevista qualitativa é analisada, pelos autores, por meio do contraste entre o tratamento da entrevista como **instrumento e a prática da pesquisa como** *eventos discursivos complexos* sujeitos a critérios diferenciados de práxis e validação.

O *focus group* é apresentado, no Capítulo 11, como uma entrevista coletiva em profundidade. Mírian Oliveira e Henrique Freitas discutem as especificidades da aplicação do método na prática, em especial seu planejamento. Questões acerca do tamanho do grupo, número de sessões e papel do moderador são discutidas pelos autores. A entrevista coletiva é o cerne da sessão de *focus group* e ganha, neste capítulo, ênfase especial.

A crítica ao formalismo na pesquisa tem seu aprofundamento no Capítulo 12, no qual Pedro Lincoln C. L. de Mattos discute a análise pragmática da conversação. Assim como no Capítulo 10, a entrevista é também entendida como forma especial de conversação e interação. Após o diálogo com a análise do conteúdo e com a análise da conversação, o autor propõe um modelo de apoio ao pesquisador para a análise de um conjunto de entrevistas com base na análise pragmática.

A análise do discurso é discutida por Christiane Kleinübing Godoi no Capítulo 13, que realiza uma aproximação à variedade de abordagens e modelos de análise do discurso a partir de três perspectivas: a informacional--quantitativa (análise do conteúdo); a estrutural-textual (análise semiótica) e a social-hermenêutica (interpretação social dos discursos), com destaque para a terceira perspectiva em virtude das possibilidades de abertura aos estudos organizacionais. A autora recorre à teoria psicanalítica naquilo em que ela possa ampliar a compreensão da interpretação discursiva.

Mário Aquino Alves e Izidoro Blikstein apresentam, no Capítulo 14, as características das narrativas e explicitam suas diferenças e semelhanças com o discurso. A análise de narrativas – a busca pelo significado deste tipo de discurso – é proposta neste capítulo por meio dos instrumentos da semiótica: possibilitam ao pesquisador compreender as diversas facetas do texto, o dito e o não dito, bem como suas finalidades. Os autores concluem o capítulo com exemplos de aplicação da análise de narrativa nos discursos empresariais.

Por fim, Rodrigo Bandeira-de-Mello discute as possibilidades e limitações do uso de um grupo de *softwares* conhecido por Computer-Assisted Qualitative Data Analysis Software (CAQDAS) ou análise de dados qualitativos assistida pelo computador, na pesquisa qualitativa, com base na literatura especializada e na sua experiência com o uso de *softwares* em projetos de pesquisa. O autor apresenta também a aplicação de um programa, o Atlas/ti, como apoio à operacionalização do método da *grounded theory*.

Referências

DENZIN, N. K. e LINCOLN, Y. S. Introduction: The discipline and practice of qualitative research. In: DENZIN, N. K. e LINCOLN, W. S. *Handbook of Qualitative Research*. London: Sage Publications, 2000.

GADAMER, H.-G. *Verdade e método*. Petrópolis: Vozes, 2003, v. 1.

GERGEN, M. M. e GERGEN, K. J. Qualitative inquiry: Tensions and transformations. In: DENZIN, N. K. e LINCOLN, Y. S. *Handbook of Qualitative research*. London: Sage Publications, 2000.

GRÜN, M. e COSTA, M. V. A aventura de retomar a conversação: hermenêutica e pesquisa social. In: COSTA, M. V. (Org.). *Caminhos investigativos I*: novos olhares na pesquisa em educação. Rio de Janeiro: DP&A, 2002.

HEIDDEGER, M. *O caminho da linguagem*. Petrópolis: Vozes, 2004.

PALMER, R. E. *Hermenêutica*. Lisboa: Edições 70, 1988.

PIAGET, J. (Org.). *Lógica e conhecimento científico*. Porto: Civilização, 1980.

POPKEWITZ, T. S. História do currículo, regulação social e poder. In: SILVA, T. T. *O sujeito da educação*: estudos foucaultianos. Petrópolis: Vozes, 1994.

RORTY, R. *Objetivismo, relativismo e verdade*. Rio de Janeiro: Relume-Dumará, 1997.

ROSENAU, P. M. *Post-modernism ant the social science*: insights, inroads and intrusions. Princeton: Princeton University Press, 1992.

SANTOS, B. S. *A crítica da razão indolente*: contra o desperdício da experiência. São Paulo: Cortez, 2001.

_____. *Um discurso sobre as ciências*. São Paulo: Edições Afrontamento, 2003.

SANTOS, B. S. (Org.). *Conhecimento prudente para uma vida decente*. São Paulo: Cortez, 2004.

VEIGA-NETO, A. Olhares... In: COSTA, M. V. (Org.). *Caminhos investigativos*: novos olhares na pesquisa em educação. Rio de Janeiro: DP&A, 2002.

Estudos Organizacionais
e Dilemas Paradigmáticos

PARTE I

| Capítulo 1 | # Estudos organizacionais: dilemas paradigmáticos e abertura interdisciplinar |

Sérgio Luís Boeira
Paulo Freire Vieira

Introdução

Na literatura disponível sobre metodologia de pesquisa, teorias, estudos organizacionais ou ciência da administração aparecem muitas vezes associados aos *paradigmas* "positivista" e "fenomenológico" (Easterby-Smith *et al.*, 1999, p. 27; Roesch, 1999). Há autores que optam por utilizar o termo *método* em lugar de paradigma, inclusive ao tratarem do chamado método dialético, ao lado do hipotético-dedutivo e do fenomenológico (Vergara, 2000, p. 12). De modo geral, considera-se que a filosofia positivista teria sido afirmada como *paradigma* desde meados do século XIX, fundamentando o desenvolvimento de pesquisas quantitativas e experimentais, enquanto a filosofia fenomenológica – como "novo paradigma" ou método de pesquisa nas ciências sociais – teria sido desenvolvida "nos últimos cinquenta anos" (Easterby-Smith *et al.*, 1999, p. 24), gerando um volume considerável de pesquisas com perfil qualitativo.

Sabe-se que, por outro lado, nas ciências sociais as ideologias, as teorias mais duradouras e os "paradigmas" têm sido associados às obras dos clássicos, como Marx (marxismo), Weber (weberianismo) e Durkheim (funcionalismo, positivismo); diversas escolas, como a de Frankfurt ou a de Chicago, são tomadas eventualmente como paradigmas ou fonte de referencial teórico-metodológico. Burrell e Morgan (1979; Burrell, 1999), por exemplo, distinguem quatro paradigmas no interior da análise social: humanista radical, estruturalista radical, interpretativista e funcionalista. Entretanto, está fora de nosso propósito abordar todas estas categorias.[1]

Um dos objetivos deste capítulo, a ser tratado na seção 1.1, é apontar traços histórico-filosóficos mais antigos e ambivalentes da concepção dominante de ciência na modernidade e seus reflexos nas duas principais correntes da ciência das organizações – a escola clássica e a escola das relações humanas. Recorreremos, para tanto, à noção de Grande Paradigma do Ocidente (GPO).[2]

Na bibliografia especializada relativa ao tratamento do conceito de paradigma na metodologia das ciências naturais e sociais (por exemplo, Alves-Mazzotti e Gewandsznajder, 2002), a obra de Thomas Kuhn (*The structure of scientific revolutions*) comparece com o maior número de citações. Todavia, esse autor não reconheceu a existência de paradigmas no campo das ciências sociais, acentuando seu estágio pré-paradigmático. Além disso, suas posições iniciais acabaram sendo redefinidas no transcurso dos debates suscitados pela publicação e disseminação desta obra (Kuhn, 1989; 1970). Decorre daí o segundo objetivo deste capítulo, a ser tratado na seção 1.2: reexaminar o conceito de paradigma proposto por Kuhn e desaconselhar sua utilização no campo dos estudos organizacionais.

Um terceiro e último objetivo, a ser tratado na seção 1.3, consiste numa exploração das influências do debate sobre a complexidade sistêmica no desenvolvimento dos estudos organizacionais. A linha de argumentação, baseada nas contribuições seminais de Edgar Morin, reforça o ponto de vista segundo o qual sua concepção de paradigma é mais coerente – comparando-a com a kuhniana – com o desenvolvimento histórico das pesquisas sobre organizações. Estas são caracterizadas por uma crescente abertura interdisciplinar, especialmente após o surgimento de duas obras capitais: *Uma nova ciência das*

---

[1] Para uma abordagem mais recente da problemática proposta por Burrel (1999), ver o capítulo seguinte, de Silva e Roman Neto.

[2] Está fora de nosso propósito, portanto, abordar aqui as várias escolas, modelos ou enfoques teóricos nos estudos organizacionais ou suas técnicas de pesquisa (Motta e Vasconcelos, 2002; Caldas *et al.*, 1998; Flick, 2004). Também não se faz uma distinção, para efeitos deste capítulo, entre ciência da administração, teoria(s) das organizações ou estudos organizacionais. Ver, a propósito, o capítulo seguinte, de autoria de Silva e Roman Neto.

organizações (Ramos, 1981) e *Imagens da organização* (Morgan, 1986; 1996). Ambas ampliam o diálogo entre diversas disciplinas, a exemplo da sociologia, da psicologia, da antropologia, da ecologia, da biologia, da economia, da ciência política e da filosofia – bem como entre campos de integração interdisciplinar, a exemplo da pesquisa de sistemas, da cibernética e das teorias da informação e da comunicação. Por fim, algumas hipóteses são apresentadas como contribuição ao aprofundamento progressivo do debate sobre este tema.

■ 1.1 Revolução científica e seus reflexos nas teorias das organizações

A seguir, oferecemos um esboço da trajetória evolutiva da concepção dominante de ciência na modernidade, destacando não só seus aspectos ambivalentes e contraditórios, mas também a convergência paradigmática que se afirma entre o século XVI e as primeiras décadas do século XX, repercutindo até a atualidade. Destacamos aspectos das duas principais correntes da ciência das organizações – a escola clássica e a escola das relações humanas – e introduzimos a noção de Grande Paradigma do Ocidente (GPO), de Edgar Morin, a fim de evidenciar que ambas fazem parte desse mesmo paradigma.

Partimos da constatação de que, em contraste com o pensamento medieval, predominantemente teocêntrico, o pensamento moderno aos poucos afirmou-se com um viés decididamente antropocêntrico. No mundo contemporâneo, vivemos o dilema (reflexividade, autoconfronto) entre a tradição e a emergência (hipotética ou potencial) de uma era centrada na *ecologia dos saberes e das temporalidades* (Santos, 2004).

A ciência floresce e torna-se mais complexa na modernidade, emancipando-se da filosofia e gerando uma representação mecanicista e matematizada da natureza. Desta forma, acabou legitimando uma percepção dualista da relação entre o mundo natural-objetivo e o mundo humano-subjetivo. Já no transcurso do século XVII e, portanto, antes do surgimento da contribuição de Isaac Newton, as contribuições de Galileu Galilei e René Descartes sugeriam que a natureza e o universo já haviam sido transformados em objetos privilegiados de descrição e elaboração matemática.

Se parece fora de dúvida que na época medieval as artes liberais do *Quadrivium* formavam um campo exclusivamente matemático, do qual faziam parte a aritmética, a geometria, a astronomia e a música, importa reconhecer que tais "artes matemáticas" constituíam, na realidade, instrumentos de compreensão de uma natureza e de um universo de caráter fundamentalmente qualitativo (Soares, 2001, p. 33).

A ruptura com essa representação qualitativa acontece na época do Renascimento, mediante a retomada do ideal platônico e pitagórico de "matematização do mundo" (internalizado por Copérnico e Kepler). Como se sabe, no transcurso do século XVII, a elite europeia abandona gradualmente o latim, criando assim condições propícias para a adoção das diferentes línguas nacionais. Ao mesmo tempo, com base nas contribuições de Descartes e Gassendi, a comunidade científica internacional passa a dispor de uma nova linguagem – a lógica – na busca de revelação da essência perene do "mundo".

Recorde-se que, para Platão, se o homem permanecesse dominado pelos sentidos, só poderia aspirar a ter um conhecimento imperfeito do mundo real, restrito ao mundo das aparências, em fluxo permanente. A esse tipo de conhecimento ele denomina *doxa* (opinião). Em contraste, o verdadeiro conhecimento – a *episteme* (ciência) – consistiria no alcance, por meio da razão, do mundo das ideias, o *locus* das essências imutáveis de todas as coisas (Aranha e Martins, 1993, p. 136). Desse ponto de vista, o conhecimento sensível deveria fundamentar-se no conhecimento matemático, considerado como uma etapa intermediária (*dianoia*) na construção do conhecimento verdadeiro; este, ainda segundo o platonismo, deveria promover a conjugação do intelecto e das emoções, da razão e das qualidades morais. Em síntese, a *episteme* seria fruto da combinação de inteligência e amor (Platão, 1996, p. 24, 26).

De acordo com o historiador português Vitorino Godinho (1990, p. 34), os algarismos indo-arábicos foram introduzidos na cristandade a partir do século XIII. Todavia, pelo menos até o século XVI, sua utilização permaneceu restrita a pequenos grupos. A disseminação de uma mentalidade quantitativista foi, segundo este pesquisador, condicionada por dois fatores predominantes: a construção progressiva do Estado moderno (com a criação de exércitos profissionais permanentes e a contabilidade pública) e o desenvolvimento da economia de mercado. Da confluência desses dois fatores emerge a *estatística*.

Para Alfred Crosby (1997), historiador norte-americano, ao final da Idade Média (entre os séculos XIII e XIV, por volta do ano 1250), ocorre a transição da *percepção qualitativa* para a *percepção quantitativa* da realidade, em decorrência de uma série de fatores socioculturais e socioeconômicos. Por exemplo, a construção do primeiro relógio mecânico (que data de aproximadamente 1270) desempenhou um papel de destaque no processo de *quantificação do tempo*, enquanto um novo tipo de carta marítima (denominada *portolano*, de 1296) influenciou decisivamente na *quantificação do espaço*. Da mesma forma, vale a pena mencionar a invenção da técnica da escrituração contábil, a partir de registros concisos e exatos das atividades econômicas (Crosby, 1997, p. 206).

Na trajetória de desenvolvimento da ciência moderna, ao lado das convergências que lhe concedem a indispensável coerência interna (na sua versão dominante), podemos identificar também um amplo espectro de divergências entre alguns de seus precursores mais ilustres, como Galileu Galilei, Isaac Newton, René Descartes e Francis Bacon. Certamente, as contribuições de muitos outros autores críticos ou desviantes da cultura moderna teriam sido objeto de um exame mais minucioso, caso o objetivo deste capítulo fosse a compreensão das contradições da *cultura moderna* enquanto contexto da *ciência moderna*.

No debate travado pelos autores considerados pioneiros da ciência moderna, destaca-se, por exemplo, a divergência entre Newton e Descartes quanto à experimentação entendida como método científico. No século XVIII, segundo Soares (2001, p. 49), os cartesianos reconhecem a superioridade da perspectiva newtoniana e procuram incorporar a experimentação em sua visão dedutivista do processo de construção do conhecimento. Embora Newton e Galileu sejam classificados como neoplatônicos, tal como Descartes, as perspectivas dos dois primeiros podem ser caracterizadas como indutivistas, contrárias ao dedutivismo essencialista de corte cartesiano.

O indutivista Bacon praticamente ignora os princípios da mecanização e da matematização da natureza, além de assumir uma representação muito mais qualitativa do que quantitativa daquilo que constitui a "experiência". Referindo-se ao sistema heliocêntrico de Copérnico, ele questiona a tese (supostamente "absurda") relativa ao movimento da Terra e à utilização de teorias matemáticas apriorísticas, que não se baseiam na observação. Para Soares (2001, p. 46), Bacon constitui-se, de fato, no último grande nome do racionalismo crítico-experiencial, ao propor que, se dispusermos do método adequado, a própria mente "será guiada a cada passo e tudo será feito como que por uma maquinaria" (Roszak, 1988, p. 316).

Numa síntese lúcida das características gerais da ciência moderna, o historiador holandês Reyer Hooykaas (1986, p. 167) destaca, em primeiro lugar, que ela não reconhece autoridades, excetuando a da própria natureza (isto é, a ideia de natureza). Em caso de conflito entre as expectativas criadas pela imaginação do investigador e os registros de suas observações e experiências, sua razão terá que se adaptar aos dados fornecidos pela natureza (a rigor, pela interpretação dos mesmos, mas de tal maneira que parecesse uma simples adaptação aos dados "fornecidos pela natureza"). Dessa forma, na ciência moderna o empirismo (indutivismo) racional e crítico predomina sobre o racionalismo concebido como autossuficiência da razão teórica. Em segundo lugar, a ciência moderna não se baseia apenas na observação – direta ou indireta – da natureza. A realização de experiências controladas desempenha um papel decisivo no processo da pesquisa. Esta concepção de ciência conquista a natureza pela prática e obtém dela informações genuínas por interferência de meios artificiais. Em terceiro lugar, a ciência moderna estaria associada à formação de uma imagem mecanicista de mundo, explicando os fenômenos naturais, tanto quanto possível, por analogia com a dinâmica de funcionamento de sistemas artificiais. Finalmente, a versão dominante da ciência moderna procura descrever ou explicar fenômenos observáveis – direta ou indiretamente – por meio da linguagem matemática.

A concepção organicista de natureza, predominante na pré-modernidade – pela qual se atribuía ao todo, ao conjunto, ao grupo, um valor superior à parte isolada, ao indivíduo – cede espaço a uma concepção mecanicista, atomístico-individualista (Marchant, 1980; Fernandez, 2004, p. 28). O novo modelo, inspirado na metáfora da máquina, pressupõe que as partes atomizadas da natureza são intercambiáveis e podem ser conhecidas ou controladas de forma objetiva. A natureza seria pura e simplesmente matéria em movimento, passível de ser reduzida a algumas poucas leis, que seriam tanto mais seguras ou confiáveis quanto mais traduzíveis na linguagem abstrata da matemática.

A chamada *revolução científica* provocou também o nascimento das ciências particulares, especialmente aquelas que lidam com fenômenos "naturais". Estas últimas, ao idealizarem seu desligamento da filosofia e da metafísica medieval, assumem um papel relativamente funcional ao desenvolvimento das *sociedades centradas no mercado* (Ramos, 1981). Alimentam, assim, especialmente a partir da Revolução Francesa, a promessa burguesa de progresso civilizatório, centrado nos ideais de liberdade, igualdade e fraternidade.

Nesse contexto de gênese da *episteme*, a matemática e a lógica são entendidas como ciências formais, porque seus objetos não são coisas ou processos, mas *entes formais*, que viabilizam a construção de raciocínios válidos, prescindindo, assim, do critério de objetividade. "Na matemática, a verdade consiste na coerência entre um enunciado dado e um sistema de ideias admitido previamente. A verdade matemática não é absoluta, mas sim relativa a esse sistema" (Moreira, 2002, p. 2-3).

Por sua vez, a física, a química, a biologia, a economia e suas ramificações são chamadas ciências factuais, adequando-se, portanto, ao postulado de objetividade. Quando os fatos investigados dizem respeito à estrutura e à dinâmica do mundo natural, constituem o objeto das ciências naturais ou físicas; quando envolvem o ser humano ou a sociedade, constituem o objeto das ciências humanas ou sociais. A física, a química e a biologia são tidas como protótipos das ciências naturais, enquanto a história, a antropologia, a sociologia e o direito fazem parte do campo das ciências humanas e sociais. Moreira (2002, p. 3) observa que o caso da psicologia é mais controvertido, na medida em que conjuga as abordagens experimental (natural) e social (fenomenológica). Pode-se dizer a mesma coisa da administração: por um lado é reconhecida como uma ciência factual derivada das ciências humanas e sociais mais antigas, mas sua vertente clássica foi fortemente influenciada pela engenharia e incorporou alguns dos métodos utilizados nas ciências físicas.

Estas últimas compartilham duas premissas: a primeira estipula que existe uma realidade única a ser apreendida, considerada externa a todos os pesquisadores; e a segunda estipula que o conhecimento científico transcende o nível da simples observação dos fatos. Neste sentido, os cientistas inventam conceitos, como o de átomo, campo, massa, energia, adaptação, integração, seleção, classe social ou tendência histórica. Embora os conceitos adquiram sentido somente se guardarem ligação com o contexto no qual foram concebidos, devemos considerá-los como componentes indispensáveis do chamado método científico. Em outras palavras, os conceitos não são *observáveis fisicamente;*

antes, sua existência é *inferida* (portanto intuída, imaginada) a partir de fatos experimentais (Moreira, 2002, p. 6).

A partir da profusão de novas descobertas gestadas no Renascimento exprimindo o anseio pela construção progressiva de um mundo mais seguro, previsível e controlável, a modernidade encontrou na filosofia de Descartes e no positivismo de Auguste Comte dois de seus principais pontos de referência. Como se sabe, o sistema de Comte pressupõe que a evolução do nosso conhecimento do mundo obedece a uma trajetória linear: a fase teológica (fetichismo, politeísmo e monoteísmo) teria sido suplantada pela fase metafísica e esta, por sua vez, teria gradualmente cedido espaço para o advento da ciência moderna – voltada para a observação sistemática, para a experimentação e para a formulação de explicações baseadas em "leis científicas".

Apesar de terem sido questionados por inúmeros estudiosos da história, da sociologia e da antropologia da ciência, tais pressupostos constituem ainda o núcleo do pensamento dominante nas instituições de pesquisa e ensino do mundo contemporâneo, fundamentando os vários desdobramentos da teoria das organizações até o presente (Vergara e Peci, 2003).

1.1.1 Aspectos da escola clássica da administração

No início do século XX surgem as ideias dos fundadores da chamada "escola clássica", entre os quais estão Taylor, Fayol, Gulick, Urwick, Gantt e Gilbreth, com destaque para os dois primeiros.

O norte-americano Frederick Winslow Taylor publica em 1903 o livro *Administração de oficinas*. Em 1911, emerge sua obra mais relevante, intitulada *Princípios de administração científica* e baseada em sua experiência como mecânico-chefe da empresa Midvale Steel, na qual desenvolve experimentos visando aumentar a produtividade do trabalho. Seu pensamento é claramente indutivista e mecanicista, e sua concepção de natureza humana foi fortemente marcada pela premissa do *homo oeconomicus*. A gerência taylorista baseava-se na imposição de controles rigorosos da funcionalidade das linhas de produção, relegando o trabalhador à condição de peça descartável de uma engrenagem. Os movimentos desta eram cronometrados e as metas eram fixadas segundo padrões ideais, inspirados no rendimento de operários considerados exemplares.

Segundo Gabor (2001, p. 60), as oposições ao pensamento de Taylor são temporárias. O taylorismo tem sido um raro fenômeno que não conhece fronteira geográfica nem ideológica. Em grande medida, na opinião de Gabor (2001, p. 21), "a reengenharia é o mais recente legado do taylorismo causador de discórdia".

O engenheiro Henri Fayol (nascido na Turquia, mas radicado na França) publica, em 1916, o livro intitulado *Administração industrial e geral*, guardando sintonia com o trabalho de Taylor. Ao focalizar a racionalização da estrutura administrativa por meio de uma análise lógico-dedutiva, Fayol identifica as cinco funções básicas que todo administrador deveria desempenhar: planejar, organizar, coordenar, comandar e controlar. Deduz, a partir delas, os princípios da administração, entre os quais se destacam o da unidade de comando, o da divisão do trabalho, o da especialização e o da amplitude de controle (Motta, 2001, p. 8).

A chamada ciência da gestão (*management science* – MS) pode ser definida como a aplicação do método científico e do raciocínio analítico ao processo de tomada de decisões dos executivos no controle de sistemas comerciais e industriais. A maior parte dos estudiosos do tema atribui a ascensão da ciência da administração ao surgimento da pesquisa operacional (*operational research* – OR), na Inglaterra, na década de 1930 (Eilon, 1996, p. 74).

As aplicações da OR/MS, dando continuidade ao ideário taylorista/fordista, concentram-se no controle da produção e dos inventários da indústria fabril, difundindo-se nas últimas três décadas do século XX para muitas outras funções empresariais, como marketing, distribuição, finanças, recursos humanos, gerência de projetos e qualquer outra atividade que envolvesse alocação de recursos escassos.

Organizações como a Operational Research Society (ORS), a Operations Research Society of América (ORSA) e o Institute of Management Sciences (TIMS), criadas no início da década de 1950, são exemplos de grupos dominantes operando no âmbito da *comunidade científica* envolvida com a ciência da administração, em escala mundial. A literatura e os programas acadêmicos costumam destacar certos instrumentos analíticos de base matemática que são marcos da OR/MS, como a teoria da probabilidade e os métodos estatísticos, os cálculos de variações, as programações lineares e não lineares, a programação dinâmica, as análises e escalas combinatórias, a teoria da variação, a teoria dos jogos, a análise de redes e técnicas correlatas. Algumas destas técnicas têm sido superadas em parte pelo uso da simulação por computador (Eilon, 1996, p. 75).

1.1.2 Aspectos da escola das relações humanas

Enquanto a escola clássica concebe a organização como máquina e como instrumento de dominação, a escola (ou movimento) das relações humanas adota a metáfora do organismo e do sistema político (Morgan, 1996). A primeira pressupõe a ideologia do *homo oeconomicus* e a segunda valoriza a noção de *homo socialis*.

Deste ponto de vista, mais complexo e menos dualista, o ser humano é condicionado, simultaneamente, pelo sistema social e pelas pulsões ancestrais de ordem biológica. Fruto de bilhões de anos de evolução biológica, ele é o animal que produz ideias e cultura. Na interface entre os níveis biofísico e sociocultural, e apesar das flagrantes diferenças individuais, caracteriza-se pelo fato de possuir necessidades intangíveis – segurança, afeto, aprovação social, prestígio e autorrealização existencial.

Os principais representantes dessa escola são George Elton Mayo, Mary Parker Follet, Douglas McGregor, Kurt Lewin, Eric Berne, Isabel Briggs-Myers, Robert Blake e Jane Mouton, Roethlisberger e Dickson, Abraham Chester Barnard, entre outros (Meireles e Paixão, 2003; Motta e Vasconcelos, 2002). Em contraste com a escola clássica, aqui a contribuição das ciências humanas e sociais – e mais especificamente da psicologia e da sociologia – assume um papel decisivo. No estudo de grupos informais nas organizações passaram a ser utilizados uma série de métodos e técnicas que vão desde a simples observação até a sociometria e as diversas versões da dinâmica de grupo.

Todavia, os limites dessa primeira geração de teóricos das relações humanas tornaram-se evidentes a partir do momento em que o foco das pesquisas recaiu na relação entre moral e produtividade: eles enfatizaram a motivação como o principal fator de integração entre as organizações formais e os funcionários. Para que isso ocorresse, os trabalhadores não poderiam ser obrigados a realizar tarefas cujos fins desconhecessem. Deveriam, pelo contrário, participar

Estudos organizacionais: dilemas paradigmáticos e abertura interdisciplinar

mais ativamente das decisões, embora este envolvimento fosse recomendado com restrições pelos estudiosos dessa escola.

Enquanto os behavioristas aprofundaram a crítica endereçada pela escola de relações humanas à escola clássica, com base em estudos laboratoriais sobre o comportamento humano, os estruturalistas, divergindo do movimento das relações humanas, propuseram que o mesmo fosse integrado ao enfoque da *administração científica* inspirado em Weber e Marx (Motta e Vasconcelos, 2002, p. 69).

Industriais, psicólogos e sociólogos também criticam o movimento das relações humanas. Do ponto de vista da análise sociológica, expresso de forma exemplar por Guerreiro Ramos (1981), esse movimento teria sido responsável pela justificação ideológica da estrutura institucional vigente, desviando a atenção do enfrentamento sistêmico dos problemas sociais para o desenho oportunista de técnicas específicas de ajustamento da personalidade às exigências funcionais de diferentes tipos de organização.[3]

1.1.3 O Grande Paradigma do Ocidente (GPO)

Os aspectos destacados anteriormente das duas escolas são úteis (e, ao nosso ver, suficientes) para evidenciar reflexos ambivalentes ou dualistas da revolução científica nas teorias organizacionais, à luz do Grande Paradigma do Ocidente (GPO). Entretanto, para desenvolvermos com clareza este ponto de vista, seria adequado resgatar brevemente a perspectiva cartesiana.

Na noite de 10 de novembro de 1619, Descartes, na época com apenas vinte anos, teve uma série de sonhos que, em grande medida, mudaram o curso de sua vida e, por implicação, do conjunto do pensamento moderno. Segundo suas próprias palavras, em seu sonho um "anjo da verdade" teria revelado um segredo que iria "assentar os fundamentos de um novo método de compreensão e de uma nova e maravilhosa ciência" (Roszak, 1998, p. 314). Passou então a trabalhar intensamente na redação de um ambicioso tratado epistemológico,

---

[3] Para uma abordagem crítica do taylorismo, do fordismo e do fayolismo em suas diversas variantes, bem como das interações destas com o movimento das relações humanas, ver Heloani (2003).

intitulado *Regras para a direção da mente*. Na opinião de Roszak, os enfoques epistemológicos desenvolvidos desde a época de Descartes têm sido muito engenhosos, iluminando muitos aspectos obscuros do funcionamento da mente. Não obstante, todos omitem o "anjo da verdade", como fez o próprio autor de *Discurso sobre o método*, que não voltou a reconhecer nos seus escritos o papel dos sonhos e da intuição como fontes do pensamento. Pelo contrário, Descartes prestou mais atenção aos procedimentos lógicos e formais que, supostamente, partem de uma atitude de dúvida metódica radical. Se há regras a seguir para a produção de conhecimento confiável, elas funcionam apenas no sentido de deixar a mente aberta e receptiva ao estranho, ao periférico, ao evanescente. A cultura humana seria muito pobre sem as "ideias-mestras", que "incorporam grandes reservas de experiência acumulada". O autor conclui que "é difícil ver agora como a mente poderia funcionar se não tivesse grandes concepções, como verdade, bondade e beleza, para iluminar seu caminho" (Roszak, 1988, p. 316).

O dualismo cartesiano é apontado por Edgar Morin como fundamento de uma visão disjuntiva-redutora – o chamado Grande Paradigma do Ocidente (GPO) – cujas características básicas são delineadas na seção 1.3.2. O GPO é "imposto pelos desenvolvimentos da história europeia desde o século XVII" (Morin, 1991, p. 194). Separa não só o sujeito do objeto investigado, cada um com sua esfera própria, mas também a filosofia (investigação reflexiva) da ciência (investigação objetiva). Esta dissociação prolonga-se, "atravessando o universo de um lado ao outro", diz Morin, que aponta dois conjuntos de conceitos em polaridades que constituem o GPO (Quadro 1.1):

Quadro 1.1 Polaridades do GPO

Sujeito	Objeto
Alma	Corpo
Espírito	Matéria
Qualidade	Quantidade
Finalidade	Causalidade
Sentimento	Razão
Liberdade	Determinismo
Existência	Essência

Fonte: Morin (1991, p. 194).

Segundo Morin, o GPO pode ser considerado, de fato, um *paradigma*, na medida em que determina os conceitos soberanos e prescreve a disjunção como sendo a relação lógica fundamental. Para o GPO, a não obediência a esta disjunção só pode ser clandestina, marginal, desviante. O GPO determina uma dupla visão do mundo: por um lado, há um conjunto de objetos submetidos a observações, experimentação, manipulações. Por outro, há um conjunto de sujeitos que colocam a si próprios problemas existenciais, de comunicação, de consciência, de destino (Morin, 1991, p. 194). Deste ponto de vista, o GPO comandaria a dupla natureza da *praxis* ocidental: de um lado, o culto do individualismo e do racismo; de outro, a ênfase na ciência e na técnica como objetivas e norteadas – obsessivamente – pelo tratamento quantitativo dos dados empíricos considerados relevantes. Dessa forma, os desenvolvimentos antagonistas da subjetividade, da individualidade, da alma, da sensibilidade, da espiritualidade, por um lado, e os da objetividade, da ciência, da técnica, por outro, "dependem do mesmo paradigma" (Morin, 1991, p. 195).

Há dois universos que disputam entre si a sociedade, a vida, o espírito; partilham o terreno, mas excluem-se mutuamente; um só pode ser considerado positivo quando o outro se torna negativo; um só pode ser considerado real se remete o outro para a esfera das ilusões. Num deles, o espírito não é mais do que uma eflorescência, um fantasma, uma superestrutura, enquanto no outro a matéria não é mais do que uma aparência, um peso, uma cera moldada pelo espírito. O humanismo ocidental, diz Morin, consagra a disjunção entre os dois universos, apesar de ter se instalado em ambos. A ciência, por um lado, elimina o sujeito e, por outro, torna-se seu instrumento de dominação. O humanismo é uma

> [...] mitologia que tenta articular a ciência que nega o homem com o homem que procura ser todo-poderoso. Assim, sob o efeito da ciência, o homem tende cosmicamente para o zero, mas, sob o efeito do humanismo, ele tende antropologicamente para o infinito [...]. (Morin, 1991, p. 195.)

O universo da religião, da mística, da poesia, da literatura, da ética, da metafísica, da vida privada, da exaltação, do sentimento, do amor, da paixão, torna-se o complemento *de fato*, um contrapeso necessário ao universo hiperobjetivo, pragmático, empírico, prosaico, técnico e burocrático. Em resumo, o tipo de cultura criada com base na disjunção entre sujeito e objeto necessita migrar de um estado para o outro, transpor as barreiras que dividem os dois universos (Morin, 1991, p. 196).

Assim, por serem considerados disjuntos, o sujeito e o objeto jogam às escondidas, ocultam-se e manipulam-se mutuamente. "A esquizofrenia particular da nossa cultura dá a cada um pelo menos uma dupla vida", afirma Morin: por um lado, uma vida existencial e moral, com a presença e a intervenção da experiência interior, uma visão das coisas e dos acontecimentos segundo a subjetividade (qualidades, virtudes, vícios, responsabilidade), a adesão aos valores, as impregnações e contaminações entre juízos de fato e juízos de valor – os juízos globais. Por outro, uma vida sustentada por explicações deterministas e mecanicistas, por visões setorializadas e disciplinares, pela disjunção entre juízos de fato e juízos de valor. Assim, "a vida cotidiana de cada um é ela própria determinada e afetada pelo grande paradigma" (Morin, 1991, p. 196).

Pelo que se percebe, os conflitos entre a escola clássica e a escola das relações humanas são compreensíveis como *tendências epistemológicas parciais entre as polaridades do GPO*. Predominam na primeira os valores vinculados a objeto, corpo, matéria, quantidade, causalidade, razão, determinismo e essência. Na segunda predominam os valores vinculados a sujeito, alma, espírito, qualidade, finalidade, sentimento, liberdade e existência, ainda que de forma subordinada à primeira. Como estas duas escolas repercutem em várias outras, incluindo as atuais, entende-se que a abordagem da noção de paradigma deveria ser mais bem examinada.

A seguir, trata-se da concepção de paradigma em Kuhn, antes de voltar-se ao enfoque de Morin.

1.2 Paradigma: da ciência normal à matriz disciplinar

De acordo com Thomas Kuhn (1970), a consulta à literatura disponível poderia sugerir, à primeira vista, que o conhecimento do mundo adquirido por meio da pesquisa científica evolui no tempo de forma cumulativa, gradual e

Estudos organizacionais: dilemas paradigmáticos e abertura interdisciplinar

linear. Cada período da história das ideias e dos métodos científicos é reconhecido como um passo necessário no sentido de uma aproximação cada vez mais apurada de uma descrição do universo considerada como a última verdade a respeito dele. Trata-se, neste caso, da imagem da "ciência normal". No entanto, uma análise mais detalhada e mais lúcida da história e da filosofia da ciência nos revelaria uma outra imagem, segundo a qual os avanços obtidos pelas várias disciplinas científicas especializadas "não nos aproximam necessariamente de uma descrição mais apurada da realidade" (Grof, 1987, p. 2).

Um paradigma, diz Grof (1987, p. 2), pode ser definido como uma constelação de crenças, valores e técnicas compartilhadas pelos membros de uma determinada comunidade científica. Alguns conservam um viés filosófico, permanecendo genéricos e abrangentes; outros governam o pensamento científico em áreas de pesquisa mais restritas e específicas. Estes últimos dependem daqueles. Esta distinção inspira-se nas ideias de Kuhn (1989, p. 354): o termo "paradigma" pode ser utilizado num sentido globalizante, abarcando todos os esforços compartilhados por uma dada comunidade científica; ou num sentido que isola um conjunto mais específico de esforços, que se torna um subconjunto do primeiro. No prefácio de *Structure of scientific revolutions* (1962), Kuhn havia destacado que "paradigmas [são] as realizações científicas universalmente reconhecidas que, durante algum tempo, fornecem problemas e soluções modelares a uma comunidade de praticantes de uma ciência".

Há, portanto, grandes e pequenos paradigmas – uma hipótese confirmada por outros intérpretes (Freire-Maia, 1997, p. 106). Todos eles são constituídos tanto por crenças, valores e técnicas quanto por obras universalmente reconhecidas, que formam tradições, como a *Física* de Aristóteles, a *Química* de Lavoisier, os *Principia* e a *Óptica* de Newton.

O resgate da história das práticas de pesquisa em astronomia, física, química ou biologia "não evoca as controvérsias sobre fundamentos que atualmente parecem endêmicas entre, por exemplo, psicólogos ou sociólogos" (Kuhn, 1970, p. 13). Por não obterem consensos paradigmáticos, as ciências sociais seriam imaturas ou "pré-paradigmáticas". No entanto, a própria pesquisa do autor é claramente transdisciplinar, incluindo, além da história da física e da biologia, entre outras ciências naturais, também a psicologia da percepção (*Gestalt*), a filosofia da ciência e da linguagem; além disso, termina por reconhecer a relevância da investigação sociológica sobre a estrutura e a dinâmica das comunidades científicas.

Reconhecendo o caráter esquemático de sua obra face à complexidade embutida no conceito de paradigma, Kuhn apresenta várias versões dele e algumas permanecem contraditórias. Margareth Masterman (1970) identifica 21 diferentes interpretações possíveis do conceito de paradigma, apoiadas em distintas passagens da obra capital de Kuhn. O termo designa, por exemplo, mito, constelação de perguntas, manual ou obra clássica de referência, tradição, analogia, especulação metafísica bem-sucedida, fonte de instrumentos de análise, ilustrações recorrentes, instituição política, modelo que distingue ciência de metafísica, princípio gestáltico que organiza a percepção, ponto de vista epistemológico, algo que define uma ampla extensão da realidade e novo modo de ver. Feijó (2003, p. 66) ressalta que, em resposta à autora, o próprio Kuhn reconheceu a ambiguidade do conceito e propôs substituí-lo pela noção mais elaborada de *matriz disciplinar*.

Refletindo sobre esta noção de matriz disciplinar, Gerard Fourez (1995), doutor em física teórica com formação em filosofia, observa que, no início do século XIX, a física trabalha em sintonia com o paradigma newtoniano. A forma de agir da comunidade dos físicos corresponde ao conceito de ciência normal. Todavia, a partir do final do século XIX o conceito de espaço na teoria newtoniana torna-se cada vez mais questionado, em meio a um intenso debate intelectual, inaugurando assim uma fase de revolução paradigmática na física. O mesmo tipo de análise poderia ser feito no campo da biologia molecular, alimentando assim o chamado paradigma relativista.[4]

Ainda na opinião de Fourez, quando ocorre uma revolução paradigmática numa dada disciplina científica, ela redefine seu objeto e suas práticas. O processo é antecedido por uma fase pré-paradigmática e sucedido por uma fase pós-paradigmática. Na fase pré-paradigmática, as regras que norteiam as práticas de pesquisa são relativamente flexíveis, integrando o fator existencial e as demandas sociais como dimensões mais importantes do que a obediência

---

[4] Lacey (1998), nesse aspecto, critica a noção de revolução paradigmática, sustentando que "a estratégia de pesquisa continua materialista", na passagem da física newtoniana à física relativista de Einstein.

Estudos organizacionais: dilemas paradigmáticos e abertura interdisciplinar

aos cânones disciplinares. Além disso, nesta fase não existiriam ofertas consolidadas de formação acadêmica especializada para futuros pesquisadores.

Por sua vez, na fase paradigmática, o objeto da disciplina é construído de maneira relativamente estável, e as técnicas de construção do conhecimento são formuladas de forma cada vez mais rigorosa. Além disso, a definição de prioridades de pesquisa deixa de ser condicionada decisivamente por demandas externas, de origem social. A comunidade científica ganha identidade enquanto *traduz* as questões da vida cotidiana em termos paradigmáticos, ou seja, técnicos, e vice-versa. Na medicina, por exemplo, cólicas abdominais tornam-se hiperacidez gástrica, ou algo semelhante. Ao prescrever remédios, os médicos precisam novamente traduzir os termos técnicos aos pacientes (Fourez, 1995, p. 121). Institui-se o espaço do *laboratório*: um espaço abstrato (no sentido etimológico da palavra, isto é, retirado) e privilegiado, no qual os experimentos controlados tornam-se viáveis. Fourez acrescenta que um laboratório é construído de maneira tal que as experiências que nele se realizam podem ser analisadas em sintonia com conceitos e técnicas definidas no paradigma.

O terceiro período – pós-paradigmático – emerge quando a disciplina perde contato com as demandas que a sociedade apresenta às comunidades científicas. Nesse caso, duas possibilidades se abrem. Ou a disciplina se torna crescentemente inadequada e se vê confrontada com problemas "recalcitrantes" e "anomalias" – é possível que os pressupostos estejam sendo revolucionados por um novo paradigma; a outra possibilidade é que a disciplina responda de forma convincente às questões apresentadas, abrindo-se a um ciclo pós-paradigmático. Neste caso, ela se torna tecnologia intelectual acabada, e não há mais interesse em fazer avançar as pesquisas, restando apenas a sua reprodução por meio do ensino ou das aplicações práticas. Exemplos neste sentido podem ser encontrados na trigonometria, em certas classificações dos minerais, vegetais e animais, ou em certas análises químicas.

Fourez (1995, p. 122) conclui que existe simultaneamente força e debilidade nas abordagens kuhnianas sobre paradigmas: elas são fortes porque, sem elas, não seria possível resolver a metade das questões concretas vividas na modernidade; ao mesmo tempo, podem ser consideradas débeis porque, separando-se cada vez mais da existência cotidiana, elas apenas serviriam para a resolução de problemas concebidos pelos especialistas, desconsiderando-se aqueles que correspondem às vivências cotidianas dos cidadãos. A força da ciência provém de que seus paradigmas "simplificam suficientemente o *real* a fim de poder estudá-lo e agir sobre ele. Porém, é também em seu período paradigmático que se começa a criticar a ciência por se separar dos problemas da sociedade" (Fourez, 1995, p. 122).

Dessa forma, e em síntese, as transformações do conceito de paradigma sugeridas por Kuhn, em direção à ideia de matriz disciplinar, o tornam *menos* e não *mais* atrativo para as ciências sociais – e especialmente para o campo dos estudos organizacionais. Pois além deste campo abrigar inúmeras disputas de natureza teórica e epistemológica, Kuhn acabou seguindo uma trajetória de estreitamento e normalização graduais do seu próprio conceito de paradigma.

■ 1.3 Fenomenologia, paradigma disjuntor-redutor e complexidade

Neste tópico pretende-se abordar brevemente, por um lado, a ambivalência do enfoque fenomenológico, entendido como vertente filosófica que tem fundamentado várias trajetórias de desenvolvimento das ciências sociais. Por outro, o paradigma disjuntor-redutor, concebido como paradigma científico hegemônico que está sendo questionado pelo paradigma emergente ou da *complexidade* (na terminologia de Edgar Morin).

■ 1.3.1 Fenomenologia e ambivalência

Boaventura Santos (2000) aponta duas vertentes principais nas ciências sociais em relação ao paradigma disjuntor-redutor – a positivista e a fenomenológica. A primeira está claramente compromissada com o paradigma dominante, que se condensou no positivismo. A vertente positivista em ciências sociais norteia-se pelo ideal regulativo da *física social* – o ponto de vista segundo o qual a experiência de construção e complexificação das ciências naturais constitui um modelo que deveria ser seguido pelos pesquisadores vinculados ao campo das ciências humanas e sociais. Predomina aqui a diretriz de *unidade metodológica das ciências*.

A segunda vertente, fenomenológica ou interpretacionista, apresenta-se, em suas variantes mais moderadas ou mais extremistas, como alternativa ao modelo das ciências naturais, reivindicando para as ciências sociais um estatuto metodológico próprio (Santos, 2000, p. 67). O argumento central é o de que o entendimento das ações humanas pressupõe, de forma inescapável, uma referência à dimensão subjetiva ou autorreflexiva, ao contrário dos fenômenos naturais. Neste sentido, a vida em sociedade não pode ser descrita, e muito menos explicada, apenas levando-se em conta as características exteriores e objetiváveis do comportamento humano. A ciência social só pode compreender realmente as relações sociais ao incorporar em seus enfoques analíticos o universo interior dos indivíduos – e, sobretudo, a dimensão do sentido que os mesmos conferem às suas ações. Os métodos qualitativos e interpretativos seriam, assim, preferíveis aos quantitativos, visando-se obter conhecimento intersubjetivo, descritivo e compreeensivo, em vez de um padrão de conhecimento supostamente "objetivo" e formulável em termos quantitativos.

Todavia, como ressalta Santos (2000, p. 67), a partir de uma reflexão mais aprofundada esta concepção "revela-se mais subsidiária do modelo de racionalidade das ciências naturais do que parece. Partilha com este modelo a distinção natureza/ser humano e, tal como ele, tem da natureza uma visão mecanicista". O autor critica a fenomenologia por rejeitar as hipóteses disponíveis sobre os condicionantes biológicos do comportamento humano, ao mesmo tempo em que, paradoxalmente, utiliza "argumentos biológicos para fixar a especificidade do ser humano" (Santos, 2000, p. 67).

O conflito entre estas duas vertentes confirmaria o caráter "pré-paradigmático" das ciências sociais, por inviabilizar a formação de consensos paradigmáticos típicos das ciências da natureza. Santos (2000, p. 68) reconhece, entretanto, que a segunda vertente representa, no âmbito do paradigma dominante (que segundo ele, tal como para Morin, inclui todas as formas de ciência), um "sinal de crise", contendo "alguns dos componentes da transição para um outro paradigma científico".

Entretanto, seria plausível admitir que Santos estaria exagerando ao ressaltar aspectos contraditórios da fenomenologia, omitindo a relevância da contribuição oferecida por esta vertente filosófica no que se refere ao diálogo inter e transdisciplinar, ainda que limitado ao âmbito da filosofia e das ciências humanas e sociais. Com efeito, tornaram-se sabidamente notórios os desenvolvimentos alcançados na psicologia, na antropologia, na ciência política e na sociologia à luz do enfoque fenomenológico.[5]

Pode-se concluir, portanto, que a fenomenologia é *ambivalente, contraditória e complexa*, ainda que sua complexidade seja limitada às ciências sociais e à filosofia. Quanto à percepção meramente dicotômica entre pesquisas de tipo quantitativo e qualitativo, caberia considerar o contexto histórico e a hegemonia do quantitivismo, com o intuito de enfatizar a relevância das pesquisas qualitativas e quali-quantitativas.

1.3.2 Paradigma disjuntor-redutor

Morin critica e revisa o conceito de paradigma proposto por Thomas Kuhn, embora conserve dele alguns aspectos, inclusive a distinção entre grandes e pequenos paradigmas. Como pode ser constatado na leitura de sua principal obra, *La Méthode*, Morin desenvolveu (ao longo de três décadas) a hipótese de que poderia ser construída uma alternativa ao paradigma disjuntor-redutor.

No quarto volume, ele define a noção de paradigma afirmando que esta contém, para todos os discursos que se efetuam sob seu domínio, os conceitos fundamentais ou as categorias mestras da inteligibilidade, e também o tipo de relações lógicas de atração/repulsão (conjunção, disjunção, implicação ou outras) entre esses conceitos ou categorias. Portanto, os indivíduos conhecem, pensam e agem segundo os paradigmas internalizados em suas culturas. "Os sistemas de ideias são radicalmente organizados em virtude dos paradigmas" (Morin, 1991, p. 188). As características básicas de todo e qualquer paradigma podem ser esquematizadas como no Quadro 1.2 (Morin, 1991, p. 191-192):

---

[5] Moreira (2002, p. 73) aponta cinco tendências filosóficas dominantes no movimento fenomenológico: a fenomenologia descritiva, a realista, a constitutiva, a existencial e a hermenêutica. André Dartigues (2002) faz uma abordagem introdutória e comparativa dessas tendências; Dermot Moran (2000) amplia e aprofunda tal enfoque.

Estudos organizacionais: dilemas paradigmáticos e abertura interdisciplinar

Quadro 1.2 Características básicas dos paradigmas na perspectiva de Morin

1	O paradigma (indicado aqui pela sigla PR) não é passível de falsificação, isto é, encontra-se ao abrigo de qualquer verificação empírica, embora as teorias científicas que dele dependem sejam passíveis de refutação.
2	O PR dispõe do princípio de autoridade axiomática. Embora não se confunda com os axiomas, é o seu fundador, e a autoridade do axioma legitima retroativamente o PR.
3	O PR dispõe de um princípio de exclusão: exclui não só os dados, os enunciados e ideias que não se ajustam ao que ele prescreve, mas também os problemas que não reconhece. Assim, um PR de simplificação (disjunção ou redução) não pode reconhecer a existência do problema da complexidade.
4	Aquilo que o PR exclui por não existir torna-se um ponto cego. Assim, segundo o PR estruturalista, o sujeito e o devir seriam ficções e, segundo o PR epistemo-estruturalista de Foucault, o homem não passaria de uma simples invenção epistêmica. Nestas condições, todo o discurso "humanista" desqualifica aquele que o faz.
5	O PR é invisível. Situado na ordem inconsciente e na ordem sobreconsciente, ele é o organizador invisível do núcleo organizacional visível da teoria, em que dispõe de um lugar invisível. É assim invisível na organização consciente que controla. É invisível por natureza porque é sempre virtual. O PR nunca é formulado como tal; ele só existe nas suas manifestações. É um princípio sempre virtual que constantemente se manifesta e se encarna no que gera. Não se pode falar dele senão a partir das suas atualizações, as quais, como diz o sentido grego da palavra, o exemplificam: ele só aparece através dos seus exemplos.
6	O PR cria a evidência auto-ocultando-se. Como é invisível, aquele que lhe está submetido pensa obedecer aos fatos, à experiência, à lógica, quando a verdade é que é a ele que obedece em primeiro lugar.
7	O PR é cogerador do sentimento de realidade, visto que o enquadramento conceptual e lógico do que é percebido como real tem a ver com a determinação paradigmática. Assim, aquele que obedece ao PR da Ordem-Rei pensa que todos os fenômenos deterministas são fatos reais, e que os aleatórios são apenas aparências.
8	A invisibilidade do PR torna-o invulnerável. Contudo, seu calcanhar de aquiles pode ser identificado: em toda sociedade, em todo grupo, existem indivíduos desviantes, anômicos, em relação ao PR reinante. Além disso, por raras que sejam, há revoluções de pensamento (paradigmáticas).

(continua)

(continuação)

9	Há incompreensão e antinomia entre PRs, isto é, entre pensamentos, discursos, sistemas de ideias comandadas por PRs diferentes.
10	O PR está recursivamente ligado aos discursos e sistemas que ele gera. Ele apoia aquilo que o apoia. Como em toda organização recursiva viva, o gerador tem constantemente necessidade de ser regenerado pelo que ele gera, e tem, portanto, necessidade de confirmação, provas etc. Ele deve atualizar-se constantemente com conhecimentos, reconhecimentos, verificações. Assim, o determinismo tem necessidade de confirmar constantemente os determinismos adquiridos e descobrir constantemente novos determinismos. É o esgotamento da confirmação, ou a irrupção não reprimida dos dados ou argumentos que contradizem as suas leis, que criam as condições prévias para uma revolução paradigmática. Assim, atualmente, a ordem soberana absoluta está em crise, e procura salvar-se tornando-se constitucional, tolerante aqui e ali para com desordens pouco importantes, estatisticamente absorvíveis ou localmente isoláveis.
11	Um grande PR determina, via teorias e ideologias, uma mentalidade, uma *mindscape*, uma visão de mundo. É por isso que uma mudança no PR se ramifica pelo conjunto do nosso universo. Uma revolução paradigmática modifica o nosso mundo. Nossas visões do mundo têm um componente quase alucinatório. Um grande PR comanda a visão da ciência, da filosofia, da razão, da política e da moral.
12	Invisível e invulnerável, um PR não pode ser atacado, contestado ou vencido diretamente. É preciso que ele tenha fissuras, erosões, corrosões no edifício das concepções e teorias que sustenta, diante dos fracassos constatados nas restaurações e reformas secundárias. É preciso que surjam, por último, novas teses ou hipóteses que deixem de obedecer a esse PR, e que se multipliquem as verificações e confirmações de novas teses ali onde fracassaram as antigas; é preciso, em suma, ida e volta corrosiva/crítica dos dados, observações, experiências, para que, então, possa ocorrer o desmoronamento integral do edifício minado, arrastando consigo o PR, cuja morte poderá, tal como a sua vida, manter-se invisível...

Fonte: Adaptado a partir de Morin (1991, p. 191-192).

No Quadro 1.3, são apresentadas algumas características do paradigma disjuntor-redutor da ciência moderna (clássica), o chamado *paradigma da simplificação*.

Estudos organizacionais: dilemas paradigmáticos e abertura interdisciplinar

Quadro 1.3 Princípios do paradigma disjuntor-redutor da ciência moderna

1	Princípio de universalidade: "só há ciência do geral". Expulsão do local e do singular como contingentes ou residuais.
2	Eliminação da irreversibilidade temporal, e, mais amplamente, de tudo o que é eventual e histórico.
3	Princípio que reduz o conhecimento dos conjuntos ou sistemas ao conhecimento das partes simples ou unidades elementares que os constituem.
4	Princípio que reduz o conhecimento das organizações aos princípios de ordem (leis, invariâncias, constâncias etc.), inerentes a essas organizações.
5	Princípio de causalidade linear, superior e exterior aos objetos.
6	Soberania explicativa absoluta da ordem, ou seja, determinismo universal e impecável: as aleatoriedades são aparências devidas à nossa ignorância. Assim, em função dos princípios 1, 2, 3, 4 e 5, a inteligibilidade de um fenômeno ou objeto complexo reduz-se ao conhecimento das leis gerais e necessárias que governam as unidades elementares de que é constituído.
7	Princípio de isolamento/separação do objeto em relação ao seu ambiente.
8	Princípio de separação absoluta entre o objeto e o sujeito que o percebe/concebe. A verificação por observadores/experimentadores diversos é suficiente não só para atingir a objetividade, mas também para excluir o sujeito cognoscente.
9	Eliminação de toda a problemática do sujeito no conhecimento científico.
10	Eliminação do ser e da existência por meio da quantificação e da formalização.
11	A autonomia não é concebível.
12	Princípio de confiabilidade absoluta da lógica para estabelecer a verdade intrínseca das teorias. Toda a contradição aparece necessariamente como erro.
13	Pensa-se inscrevendo ideias claras e distintas num discurso monológico.

Fonte: Adaptado a partir de Morin (1998, p. 330-331).

1.3.3 Paradigma da complexidade

O conjunto da obra de Morin, na qual se destaca *La Méthode*, constitui uma das mais extensas e profundas contribuições à construção progressiva e coordenada de um pensamento e de um paradigma complexos. Sua concepção de paradigma dispõe de um substrato filosófico que pode ser encontrado na história da filosofia tanto ocidental quanto oriental. Ele reconhece numerosos precursores do pensamento sobre a problemática da complexidade, recuando para tanto até Heráclito e Lao Tsé. Além disso, *reconhece que vários paradigmas podem coexistir*, dispondo para isso de espaços diferenciados, ainda que mantenham relações conflitantes e permaneçam cegos uns em relação aos outros. De certa forma, a concepção de Morin transcende e engloba a noção de Kuhn, ao mesmo tempo em que a critica como confusa e limitada.

Interpretando de forma abrangente a relação entre essas duas linhas de pensamento, pode-se dizer que a *racionalidade científica* (Kuhn) é concebida como *racionalização* (Morin) na chamada *ciência normal* (Kuhn), que expressa, à medida que avança no sentido da *tecnociência* (Morin), a *esquizofrenia* do GPO, tornando-se excludente e contribuindo para uma concepção de mundo simplificadora, ética e politicamente irresponsável.

A abordagem de Morin beneficia-se de uma longa história de pesquisas sobre múltiplos autores, vinculados a diversas áreas de conhecimento especializado (física quântica, teoria dos sistemas, química, biologia, astrofísica, cibernética, teoria da comunicação, antropossociologia e outras). Esse extraordinário acervo de conhecimentos sobre a natureza humana tem sido integrado-analisado por meio de macroconceitos, como o de *auto-eco-organização* – que sintetiza o de *auto-geno-feno-eco-ego-re-organização* (Morin, 1977; 1980; 1986; 1991; 2002). No Quadro 1.4 esboçamos suas principais ideias sobre o novo paradigma.

Esses princípios fundamentam o chamado *pensamento complexo*. Não se trata aqui de expulsar a certeza com a incerteza, a separação com o princípio holista-especulativo, a lógica com a abertura para todas as transgressões. Trata-se, antes, de um ir e vir constantes entre certezas e incertezas, entre o elementar e o global, entre o separável e o inseparável. A intenção, portanto, não seria abandonar os princípios de ordem, de separabilidade e de lógica – mas integrá-los numa concepção mais rica e abrangente, segundo a qual o paradigma da complexidade "pode ser enunciado não menos simplesmente que o da simplificação: este impõe separar e reduzir, aquele une enquanto distingue" (Morin, 2000).

Quadro 1.4 Síntese dos princípios do paradigma da complexidade

1	Princípio sistêmico ou organizacional: liga o conhecimento das partes ao conhecimento do todo. A ideia sistêmica é oposta à reducionista ("o todo é mais do que a soma das partes"). A organização do todo (átomo, partícula, órgão) produz qualidades novas em relação às partes consideradas isoladamente: as emergências. Mas o todo é também menos do que a soma das partes, cujas qualidades são inibidas pela organização do todo.
2	Princípio hologramático: coloca em evidência o aparente paradoxo dos sistemas complexos, nos quais não somente a parte está no todo, mas também este se inscreve nas partes. Cada célula é parte do corpo e a totalidade do patrimônio genético está em cada célula; a sociedade, como todo, aparece em cada indivíduo, por meio da linguagem, da cultura, das normas.
3	Princípio do anel retroativo: rompe com o princípio de causalidade linear, na medida em que a causa "age" sobre o efeito e este sobre a causa, como no sistema de aquecimento no qual o termostato regula a situação da caldeira. Inflacionistas ou estabilizadoras, as retroações são numerosas nos fenômenos econômicos, sociais, políticos, psicológicos ou ecológicos.
4	Princípio do anel recursivo: supera a noção de regulação com a de autoprodução e auto-organização. Constitui-se como um anel gerador, no qual os produtos e os efeitos são produtores e causadores daquilo que os produz. Os indivíduos humanos produzem a sociedade nas suas interações, mas a sociedade, enquanto todo emergente, produz a humanidade desses indivíduos fornecendo-lhes a linguagem e a cultura.
5	Princípio de auto-eco-organização (autonomia/dependência): os seres vivos são auto-organizadores, gastando para isso energia. Como têm necessidade de extrair energia, informação e organização do próprio meio ambiente, sua autonomia é inseparável dessa dependência – por isso é imperativo concebê-los como auto-eco-organizadores.

(continua)

(continuação)

6	Princípio dialógico: une dois princípios ou noções que se excluem, embora permaneçam indissociáveis numa mesma realidade. Sob formas diversas, a dialógica entre ordem, desordem e organização, por meio de inumeráveis inter-retroações, está constantemente em ação nos mundos físico, biológico e humano. A dialógica permite assumir racionalmente a associação de noções contraditórias para conceber um mesmo fenômeno complexo (a exemplo da necessidade de ver as partículas ao mesmo tempo como corpúsculos e como ondas).
7	Princípio da reintrodução daquele que conhece em todo conhecimento: esse princípio opera a restauração do sujeito nos processos de construção do conhecimento e ilumina a problemática cognitiva central – da percepção à formação de teorias científicas, todo conhecimento é uma reconstrução/tradução por um espírito/cérebro numa certa cultura e num determinado horizonte temporal.

Fonte: Adaptado a partir de Morin (2000, p. 32-34).

■ 1.4 Teorias organizacionais e complexidade: abertura interdisciplinar

Neste tópico procura-se aproximar e comparar, ainda que brevemente, algumas das ideias centrais de três autores – Guerreiro Ramos, Edgar Morin e Gareth Morgan – que não se referenciam em suas respectivas obras, na tentativa de compreender melhor a relação entre as teorias organizacionais e o paradigma da complexidade.

Em seu clássico estudo *A nova ciência das organizações*, datado de 1981, Guerreiro Ramos considera que a teoria organizacional dominante não desenvolveu a capacidade analítica necessária ao exame crítico de seus alicerces epistemológicos e teóricos (Ramos, 1981, p. 118). Na sua opinião, as organizações são ao mesmo tempo sistemas cognitivos, sistemas epistemológicos e cenários sociais. Elas têm sido interpretadas, predominantemente, como sistemas mecanomórficos, fundados na razão instrumental, no contexto de sociedades centradas na regulação pelo mercado.

Estudos organizacionais: dilemas paradigmáticos e abertura interdisciplinar

Diante disso, o autor desenvolve uma abordagem sistemática da teoria organizacional com base na racionalidade substantiva, que inclui duas missões distintas:

a) o desenvolvimento de um tipo de análise capaz de detectar os fundamentos epistemológicos dos vários cenários organizacionais;
b) o desenvolvimento de um tipo de análise organizacional expurgado de padrões distorcidos de linguagem e conceptualização (Ramos, 1981, p. 118).

Guerreiro Ramos argumenta basicamente que os cenários sociais desenhados sem inclusão de considerações substantivas acabam deformando a linguagem e os conceitos mediante os quais a realidade é aprendida. Decorrem daí os "pontos cegos da atual teoria da organização", sintetizados no Quadro 1.5.

Quadro 1.5 Aspectos críticos da teoria organizacional dominante

1	O conceito de racionalidade predominante na teoria organizacional parece afetado por um viés ideológico que faz da dimensão econômica o eixo central da interpretação da natureza humana.
2	A teoria não distingue sistematicamente entre o significado substantivo e o significado formal das organizações. A organização econômica formal não pode ser considerada um paradigma no estudo das formas de organizações – passadas, presentes e emergentes.
3	Os teóricos da organização não dispõem atualmente de uma compreensão adequada do papel desempenhado pela interação simbólica no conjunto dos relacionamentos interpessoais.
4	A teoria apoia-se atualmente numa visão mecanomórfica da atividade produtiva do homem, e isso fica patente através de sua incapacidade de distinguir entre trabalho e ocupação.

Fonte: Adaptado a partir de Ramos (1981, p. 121).

O autor atribui, ao que ele denominou "síndrome comportamentalista", a incapacidade de análise da teoria organizacional frente à complexidade dos sistemas sociais organizados. As sociedades contemporâneas alcançaram, na sua opinião, o ponto culminante de uma experiência histórica, "a esta altura já velha de três séculos, que tenta criar um tipo nunca visto de vida humana associada, ordenada e sancionada pelos processos autorregulados do mercado" (Ramos, 1981, p. 52). Como resultado, paga-se a melhoria material com a perda do senso pessoal de auto-orientação.

Guerreiro Ramos propõe um novo paradigma, que ele denomina de paraeconômico – ou teoria da delimitação dos sistemas sociais. O cerne desse modelo multidimensional é a noção de delimitação organizacional, que envolve:

a) uma visão da sociedade como uma variedade de enclaves (dos quais o mercado é apenas um), na qual o homem se empenha em tipos diferentes de atividades substantivas;
b) um sistema de governo social capaz de formular e implementar as políticas e decisões distributivas requeridas para a promoção do tipo ótimo de transações entre tais enclaves sociais (Ramos, 1981, p. 14).

A teoria proposta parte da "conceituação das categorias delimitadoras" – anomia (e motim), economia, isonomia, fenonomia e isolamento. As alternativas sociais apontadas pelo autor concentram-se no que ele conceitua como isonomias e fenonomias, que designam atividades criativas, automotivadas, autônomas e gratificantes. Enquanto nas isonomias predomina o sentido comunitário, com relações interpessoais primárias, em pequenos grupos, nas fenonomias há espaço para a invenção e criação também individual, em duplas, ou em pequenos grupos. Não há uma separação rígida entre as categorias delimitadoras de Ramos, mas há uma clara distinção entre economia (compensadora em razão de resultados extrínsecos) e interação simbólica (intrinsecamente compensadora).

Torna-se plausível esboçar a complementaridade entre as ideias deste ilustre e pouco conhecido sociólogo brasileiro com as de Morin, com o objetivo de vincular mais claramente a teoria da organização à problemática epistemológica. Para este último, à razão instrumental corresponde a racionalização ou falsa racionalidade (produto do paradigma disjuntor-redutor),

Estudos organizacionais: dilemas paradigmáticos e abertura interdisciplinar

enquanto que à razão substantiva de que trata Guerreiro Ramos corresponde o pensamento complexo.

Guerreiro Ramos procura evidenciar, predominantemente, a diversidade na unidade das formas organizacionais, para além da forma econômica ou mercadocêntrica, visando a emancipação ou autorrealização humana numa sociedade multicêntrica, em equilíbrio dinâmico e coevolutivo com as demais espécies em ecossistemas. Morin, por sua vez, procura mostrar, predominantemente, a unidade na diversidade nas formas de se pensar o fenômeno organizacional, as interações e retroações entre ordem, desordem e reorganização, visando a emancipação ou autorrealização humana ("hominização") numa sociedade também multicêntrica, em equilíbrio dinâmico e coevolutivo com as demais espécies em ecossistemas. Razão substantiva e pensamento complexo condensam aspectos éticos, críticos, científicos e políticos, embora não redutíveis uns aos outros.

Estes autores, em suma, buscam compreender a unidade na diversidade, bem como a diversidade na unidade como dois aspectos nucleares dos fenômenos que examinam.

A abordagem que busca a complementaridade entre a teoria da delimitação de sistemas sociais e o paradigma da complexidade, aqui apenas esboçada, guarda sintonia (em termos gerais, aproximativos) com a clássica obra *Imagens da organização*, de Morgan (1986; 1996), na medida em que este autor faz uma crítica multifacetada às ideias predominantes nos estudos organizacionais. A construção da teoria organizacional tem sido dominada pelas perspectivas funcionalistas, segundo as quais as organizações são concebidas como máquinas ou organismos vivos. Morgan amplia o campo de visão, ao conceber organizações simultaneamente como máquinas, organismos, culturas, cérebros, sistemas políticos, prisões psíquicas, fluxo e transformação e instrumentos de dominação.

Para este autor, as imagens ou metáforas são "teorias" ou "arcabouços conceituais", e "a prática não está nunca livre da teoria, uma vez que se encontra sempre orientada por uma imagem ou por aquilo que se está tentando fazer" (Morgan, 1996, p. 343). Ele sustenta uma posição que "tenta reconhecer o paradoxo de que a realidade é, ao mesmo tempo, subjetiva e objetiva" (Morgan, 1996, p. 388; Morgan e Smircich, 1980).

É possível decompor cada organização em conjuntos de variáveis relacionadas, como as estruturais, técnicas, políticas, culturais, humanas, ecológicas etc. Mas isto "não faz justiça à natureza do fenômeno", porque as dimensões estruturais e técnicas de uma organização são simultaneamente humanas, políticas e culturais – a divisão entre as diferentes dimensões "está nas nossas mentes, muito mais do que nos fenômenos propriamente ditos" (Morgan, 1996, p. 347).

Uma diferença significativa entre Morgan, por um lado, e Morin, por outro, é que o primeiro busca compreender a complexidade das organizações produtivas como unidades nucleares das sociedades, ainda que paradoxais e multidimensionais, enquanto o último busca compreender as formas organizacionais constituídas pelas sociedades humanas em seu conjunto e contexto (sociedade, indivíduo, espécie). Guerreiro Ramos, por sua vez, ocupa-se tanto das organizações econômicas, fenonômicas e isonômicas quanto das formas organizacionais das sociedades e da natureza humana em seu conjunto.

Esses autores compartilham a abordagem inter e transdisciplinar, mas com diferentes graus de abertura interdisciplinar (diálogos entre disciplinas): dos três, Morgan é o que menos se distancia do paradigma disjuntor-redutor e do pensamento mercadocêntrico; sua proposta de "enfrentar e gerir a contradição e o paradoxo, em lugar de fingir que estes não existem" (Morgan, 1996, p. 345) permanece subdesenvolvida, em parte reduzida a uma psicologia *gestáltica* agregada a uma filosofia pragmatista (manifestada na sua proposta de *imaginização*). Entretanto, cabe observar a riqueza transdisciplinar e as múltiplas teorias que o autor mobiliza por meio da proposição de cada uma de suas metáforas, que podem ser vistas como pequenos paradigmas relativamente incomensuráveis. Um pensamento complexo, ou seja, de associação sem fusão e distinção sem separação (considerando-se os sete princípios da complexidade vistos anteriormente), entre os diferentes conjuntos de teorias reunidos sob as oito metáforas correspondentes, é um desafio intelectual que está ainda por ser enfrentado.

Guerreiro Ramos mantém-se preso a um aspecto significativo do paradigma disjuntor-redutor – revelado pela prioridade concedida à noção de "delimitação" de sistemas –, mas afasta-se claramente do pensamento mercadocêntrico em direção a um pensamento multidimensional. Também

Estudos organizacionais: dilemas paradigmáticos e abertura interdisciplinar

neste caso, o pensamento complexo – resumido nos sete princípios – *nos--e-entre* os enclaves do paradigma paraeconômico encontra-se também em estágio embrionário.

Apesar de publicadas na década de 1980, as citadas obras de Guerreiro Ramos (Paes de Paula, 2004) e Morgan permanecem atuais e desafiadoras. Quanto à obra de Morin, só recentemente passou a ser incorporada ao campo dos estudos organizacionais (Silva e Rebelo, 2003; Bauer, 1999; Etkin, 2003) e à literatura especializada em metodologia científica inter e transdisciplinar (Vasconcelos, 2002).

■ 1.5 Considerações finais e hipóteses para debate

Neste capítulo, sem dúvida limitado em função do seu perfil ensaístico e deliberadamente provocativo, focalizamos inicialmente a *primeira revolução científica*. Apontamos brevemente alguns elementos que nos permitiram resgatar o contexto de sua gênese histórico-filosófica e algumas de suas ambivalências (dualismo cartesiano), além de suas conexões com o surgimento do positivismo do século XIX. Mas não foi possível, por razões de espaço, abordar as outras "duas revoluções científicas" ocorridas no século XX, uma delas associada à irrupção do debate sobre desordem, imprevisibilidade e incerteza – devida especialmente aos surpreendentes avanços na física quântica; e a outra condicionada pela emergência das ciências que operam recomposições polidisciplinares (Morin, 2001, p. 564). Em todo caso, lançamos um olhar crítico sobre a escola clássica e a escola das relações humanas, tomando-as como eixos de inovação conceitual e teórica, cujos fundamentos epistemológicos permaneceram – do nosso ponto de vista – atrelados ao Grande Paradigma Ocidental (GPO).

Para concluir, reiniciando uma reflexão sobre este tema, defendemos a hipótese segundo a qual a escola clássica e a escola das relações humanas estão limitadas, em grande medida, às polaridades criadas pelo Grande Paradigma do Ocidente (GPO), caracterizando os estudos organizacionais como um campo que, desde sua criação, tem sido marcado por intensas disputas de natureza epistemológica, teórica e disciplinar. Acreditamos que tais escolas contêm, em si, aspectos inter e transdisciplinares, pois a engenharia, a sociologia, a psicologia e a economia formam a base da ciência da administração e/ou dos estudos organizacionais.

No segundo tópico, questionamos a fecundidade dos conceitos de *paradigma* e *matriz disciplinar* no que diz respeito ao avanço do conhecimento nas ciências sociais em geral e dos estudos organizacionais em particular. Isso na medida em que estes últimos constituem um campo de conhecimento marcado por controvérsias de fundo em termos epistemológicos, teóricos e disciplinares. Argumentamos nesse sentido que Thomas Kuhn acabou perseguindo uma trajetória de estreitamento e normalização graduais do conceito originário de paradigma. Diante disso, propomos, por hipótese, que Kuhn não compreendeu a amplitude, a ambiguidade e a complexidade do paradigma disjuntor-redutor da ciência moderna, identificando-o com o paradigma positivista das ciências naturais; por isso, a popularização de suas teses contribuiu com o processo de marginalização das ciências sociais. A flexibilização da tese de incomensurabilidade entre os paradigmas, por sua vez, parece ter contribuído mais para a vulgarização do conceito de paradigma do que com o reforço de alguma forma de transformação paradigmática nas ciências sociais.

No terceiro tópico, mesmo correndo o risco de um tratamento excessivamente genérico do enfoque fenomenológico, destacamos a ambivalência paradigmática desta importante corrente da filosofia moderna. Por outro lado, sugerimos por hipótese que a fenomenologia, com sua ambivalência, reforçou a dicotomia entre ciências naturais e sociais, apesar de ter reaproximado a filosofia destas últimas e favorecido, assim, a ocorrência de diálogos interdisciplinares, ainda que restritos a este campo. Constatamos ainda que algumas obras de metodologia científica reforçam a dicotomia promovida por Kuhn – e também pela tradição fenomenológica – não somente entre ciências naturais e sociais, mas também entre pesquisa quantitativa e qualitativa, na medida em que contrapõem ao paradigma positivista o "paradigma" fenomenológico. Ora, a fenomenologia não se constitui como paradigma justamente por sua ambivalência, ou seja, por contribuir apenas parcialmente para a consolidação tanto do paradigma disjuntor-redutor quanto do paradigma da complexidade.

Por fim, ainda no terceiro tópico, comparamos brevemente o pensamento de Guerreiro Ramos, Morgan e Morin, na tentativa de explicitar a relação que se estabelece atualmente entre os estudos organizacionais e o paradigma da complexidade. Concluímos que os três autores, compartilhando a percepção de que uma abordagem integrativa do fenômeno organizacional tornou-se atualmente ineludível, acabam incorporando diferentes graus de abertura à integração interdisciplinar.

Referências

ALVES-MAZZOTTI, A. e GEWANDSZNAJDER, F. *O método nas ciências naturais e sociais*. Pesquisa quantitativa e qualitativa. 2ª ed. São Paulo: Pioneira Thomson, 1999. 203 p.

ARANHA, M. e MARTINS, M. *Filosofando*: introdução à filosofia. 2ª ed. São Paulo: Moderna, 1993.

BAUER, R. *Gestão da mudança*. Caos e complexidade nas organizações. São Paulo: Atlas, 1999.

BURRELL, G. Ciência normal, paradigmas, metáforas, discursos e genealogia da análise. In: CALDAS, FACHIN e FISCHER (Org.). *Handbook de estudos organizacionais*. Modelos de análise e novas questões em estudos organizacionais. Vol. 1. São Paulo: Atlas, 1999.

_____. e MORGAN, G. Part 1: In search of a fragmework. In: BURRELL e MORGAN (Ed.). *Sociological paradigms and organizational analysis*: elements of sociology of corporate life. London: Heinemann, 1979.

CROSBY, A. W. *A mensuração da realidade*: a quantificação e a sociedade ocidental (1250-1600). São Paulo: Unesp, 1997.

DARTIGUES, A. *O que é fenomenologia?* 8ª ed. São Paulo: Centauro, 2002. 174 p.

EASTERBY-SMITH, M. *Pesquisa gerencial em administração*. Uma guia para monografias, dissertações, pesquisas internas e trabalhos em consultoria. São Paulo: Pioneira, 1999. 172 p.

EILON, S. Ciência da administração. In: OUTHWAITE e BOTTOMORE (Ed.). *Dicionário do pensamento social do século XX*. Rio de Janeiro: Jorge Zahar, 1996.

ETKIN, J. R. Gestión de la complejidad en un entorno competitivo. La complicada relación entre la eficácia y los valores sociales. *Revista de Ciências da Administração* (UFSC), v. 5, n. 10, p. 11-21. Florianópolis, jul./dez. 2003.

FEIJÓ, R. *Metodologia e filosofia da ciência*. Aplicação na teoria social e estudo de caso. São Paulo: Atlas, 2003.

FERNANDEZ, B. P. M. O devir das ciências: isenção ou inserção de valores humanos? Por uma ciência econômica ética, social e ecologicamente comprometida. Tese (Doutorado em Ciências Humanas). Programa de Doutorado Interdisciplinar em Ciências Humanas. Centro de Filosofia e Ciências Humanas, Universidade Federal de Santa Catarina. Florianópolis, 2004.

FLICK, U. *Uma introdução é pesquisa qualitativa*. 2ª ed. Porto Alegre: Bookman, 2004. 331 p.

FOUREZ, G. *A construção das ciências*. Introdução à filosofia e ética das ciências. São Paulo: Unesp, 1995. 319 p.

FREIRE-MAIA, N. *A ciência por dentro.* 4ª ed. Petrópolis: Vozes, 1997.

GABOR, A. *Os filósofos do capitalismo.* Rio de Janeiro: Campus, 2001. 430 p.

GODINHO, V. *Les découvertes.* XVe-XVIe: une révolution des mentalités. Paris: Autrement, 1990.

GROF, S. *Além do cérebro:* nascimento, morte e transcendência em psicoterapia. São Paulo: McGraw-Hill, 1987, 327 p.

HELOANI, R. *Gestão e organização no capitalismo globalizado:* História da manipulação psicológica no mundo do trabalho. São Paulo: Atlas, 2003. 240 p.

HOOYKAAS, R. Contexto e razões do surgimento da ciência moderna. In: DOMINGUES, F. e BARRETO, L. (Org.). *A abertura do mundo.* Estudos de história dos descobrimentos europeus. Vol. 1. Lisboa: Presença, 1986.

KUHN, T. *A estrutura das revoluções científicas.* 5ª ed. São Paulo: Perspectiva, 1970. *The structure of scientific revolutions.* Chicago: University of Chicago Press, 1962.

_____. *The essential tension:* selected studies in scientific tradition and change. Chicago: University of Chicago, Lisboa: Edições 70, 1997. (A edição brasileira de *A tensão essencial* é de 1989).

LACEY, H. *Valores e atividade científica.* São Paulo: Discurso Editorial, 1998. 222 p.

MASTERMAN, M. The nature of a paradigm. In: LAKATOS, I. e MUSGRAVE, A. *Criticism and the growth of knowledge.* Cambridge: Cambridge University Press, 1970.

MEIRELES, M. e PAIXÃO, M. *Teorias da administração:* clássicas e modernas. São Paulo: Futura, 2003.

MERCHANT, C. (1980). *The death of nature:* women, ecology and the scientific revolution. San Francisco: Harper Collins, 1990.

MORAN, D. *Introduction to phenomenology.* London: Routledge, 2000. 568 p.

MOREIRA, D. A. *O método fenomenológico na pesquisa.* São Paulo: Pioneira, 2002. 152 p.

MORGAN, G. e SMIRCICH, L. The case for qualitative research. Pennsylvania State University, *Academy of Management Review,* v. 5, n. 4, p. 491-500, 1980.

_____. *Imagens da organização.* São Paulo: Atlas, 1996. *Images of organization.* California: Sage Publications, 1986.

MORIN, E. (Org.). *A religação dos saberes.* O desafio do século XXI. Rio de Janeiro: Bertrand Brasil, 2001. 588 p.

_____. Da necessidade de um pensamento complexo. In: MARTINS, F. e SILVA, J. M. (Org.). *Para navegar no século XXI.* 2ª ed. Porto Alegre: Sulina e Edipucrs, 2000.

_____. *O método.* Vol. 5 Porto Alegre: Sulina, 2002.

_____. *O método.* Vol. 1 (1977), vol. 2 (1980), vol. 3 (1986) e vol. 4 (1991). Publicações Europa-América.

MOTTA, F. P. e VASCONCELOS, I. G. *Teoria geral da administração.* São Paulo: Pioneira Thomson, 2002.

MOTTA, F. P. *Teoria das organizações.* Evolução e crítica. 2ª ed. São Paulo: Pioneira Thomson, 2001.

PAES DE PAULA, A. Guerreiro Ramos: resgatando o pensamento de um sociólogo crítico das organizações. III Eneo – Encontro de Estudos Organizacionais, Atibaia (SP), jun. 2004. CD-ROM.

PLATÃO. *Platão:* vida e obra. São Paulo: Nova Cultural, 1996. 191 p. Coleção Os Pensadores.

Estudos organizacionais: dilemas paradigmáticos e abertura interdisciplinar

RAMOS, A. G. *A nova ciência das organizações:* uma reconceituação da riqueza das nações. Rio de Janeiro: FGV, 1981.

ROESCH, S. M. *Projetos de estágio e de pesquisa em administração.* 2ª ed. São Paulo: Atlas, 1999. 301 p.

ROSZAK, T. *O culto da informação.* O folclore dos computadores e a verdadeira arte de pensar. São Paulo: Brasiliense, 1988. 335 p.

SANTOS, B. S. *A crítica da razão indolente.* Contra o desperdício da experiência. São Paulo: Cortez, 2000.

_____. Para uma sociologia das ausências e uma sociologia das emergências. In: SANTOS, B. S. (Org.). *Conhecimento prudente para uma vida decente.* Um discurso sobre as ciências revisitado. São Paulo: Cortez, 2004. 821 p.

SILVA, A. B. e REBELO, L. A emergência do pensamento nas organizações. Rio de Janeiro. *Revista de Administração Pública*, v. 37 (4), p. 777-796, jul./ago. 2003.

SOARES, L. C. O nascimento da ciência moderna: os diversos caminhos da revolução científica nos séculos XVI e XVII. In: SOARES, L. C. (Org.). *Da revolução científica à big (business) science:* cinco ensaios de história da ciência e da tecnologia. São Paulo: Hucitec, Niterói: Eduff, 2001. 255 p.

VASCONCELOS, E. M. *Complexidade e pesquisa interdisciplinar.* Epistemologia e metodologia operativa. Petrópolis: Vozes, 2002. 343 p.

VERGARA, S. e PECI, A. Escolhas metodológicas em estudos organizacionais. *Revista Organização & Sociedade*, v. 10, n. 27, mai./ago. 2003.

VERGARA, S. C. *Projetos e relatórios de pesquisa em administração.* 3ª ed. São Paulo: Atlas, 2000. 92 p.

| Capítulo 2 | **Perspectiva multiparadigmática nos estudos organizacionais** |

Anielson Barbosa da Silva
João Roman Neto

Introdução

A utilização de paradigmas nos estudos organizacionais tem sido objeto de debates e embates no campo da pesquisa organizacional (Pfeffer, 1993; Bryman, 1996; Rodrigues Filho, 1997; Cabral, 1998; Lima, 1999; Clegg e Hardy, 1999).

Neste capítulo, discutiremos a difusão dos paradigmas no campo das organizações, cujo termo "é utilizado em sentido metateórico ou filosófico para denotar uma visão implícita ou explícita da realidade" (Morgan, 1980, p. 606) – é uma perspectiva geral ou uma maneira de pensar que reflete as crenças fundamentais e os pressupostos sobre a natureza das organizações (Gioia e Pitre, 1990).

Guba e Lincoln (1994) também consideram um paradigma como um sistema de crenças básicas ou visões de mundo que orientam o pesquisador, não apenas nas escolhas dos métodos, mas nas trajetórias ontológicas e epistemológicas fundamentais. Burrell (1998, p. 448) ratifica o posicionamento de Guba e Lincoln (1994) ao destacar que os paradigmas definem "uma forma de ver o mundo e como este deveria ser estudado".

O paradigma é uma *teoria ampliada*, formada por leis, conceitos, modelos, analogias, valores e regras para a avaliação de teorias e formulação de problemas, entre outros aspectos. Os paradigmas servem como norteadores da atividade de pesquisa, pois instituem teorias (Alves-Mazzotti; Gewandsnajder, 1998).

Para Morgan (1980, p. 607), qualquer análise adequada das regras do paradigma na teoria social deve descobrir os pressupostos centrais que caracterizam e definem determinada visão de mundo, tornando possível compreender o que é comum na perspectiva dos teóricos que trabalham com outra visão.

A visão de mundo, ou seja, a forma como a realidade social é percebida, sofre a influência do paradigma filosófico adotado. Para os *funcionalistas*, essa realidade é concreta, objetiva. Para os *interpretativistas*, a realidade é subjetiva; e para os *marxistas*, a construção social é histórica.

A dicotomia na visão de mundo institucionalizada por cada paradigma trouxe mais problemas do que soluções, uma vez que não se debatia as possibilidades de conversações entre eles, o que gerou muitas divergências e embates no campo das organizações.

Astley e Van de Ven (1983), por exemplo, promovem um debate sobre as perspectivas centrais relacionadas à teoria das organizações, enfatizando que diversas escolas classificaram, conforme o nível micro e macro, as análises organizacionais, com premissas deterministas em oposição às voluntaristas acerca da natureza humana.

A partir do estabelecimento das dimensões analíticas (nível de análise e premissas), Astley e Van de Ven (1983) estabeleceram quatro visões da organização e da gestão: visão sistêmico-estrutural, visão da escolha estratégica, visão da seleção natural e visão da ação coletiva, ressaltando a existência de uma justaposição das quatro perspectivas identificadas e sistematizadas por meio de debates teóricos. Muito embora também destaquem alguns pontos opostos nessa revisão dialética, compartilham uma reconciliação ativa, pois debates encontrados na literatura são contemplados somente de maneira singular e isolada, conquanto seja possível estarem integrados em um nível metateórico.

O debate em torno das possibilidades de interação das teorias organizacionais como um caminho para a delimitação de futuras configurações do mundo organizacional, Astley e Van de Ven (1983, p. 270) se baseiam em Ritzer (1980) para afirmar que as "ciências multiparadigmáticas", assim como a teoria das organizações, têm uma função política, à medida que os

Perspectiva multiparadigmática nos estudos organizacionais

proponentes de cada paradigma se engajam em esforços políticos para dominar a disciplina, como uma forma de impor as suas próprias concepções de realidade aos eventos práticos da vida social.

Em seu artigo sobre a construção de teorias, a partir de múltiplos paradigmas, Lewis e Grimes (1999) destacam um questionamento preconizado por Pondy e Boje (1981, p. 84), considerado um problema de fronteira enfrentado pela teoria das organizações: "como conduzir investigações baseadas em vários paradigmas?".

Neste capítulo, discute-se a necessidade de ampliar os estudos no campo das organizações, por meio da difusão de uma perspectiva multiparadigmática, que tem sua origem nos paradigmas metateóricos propostos por Burrell e Morgan (1979).

Inicialmente, abordaremos a proposta por Burrell e Morgan (1980) de paradigma no campo da teoria organizacional, caracterizando cada paradigma, e efetuando uma análise das críticas e da contribuição da perspectiva no campo das organizações. Em seguida, indicamos a ascensão de uma perspectiva multiparadigmática, que introduz várias posições metateóricas e várias abordagens relacionadas aos múltiplos paradigmas. Na seção seguinte, abordamos as implicações da perspectiva multiparadigmática na pesquisa qualitativa. Finalmente, são emitidas algumas reflexões finais, com destaque para os debates e embates em torno das perspectivas apresentadas nas seções anteriores.

2.1 Perspectiva paradigmática nos estudos organizacionais

A noção de paradigmas para a análise organizacional foi introduzida por Burrell e Morgan (1979) como uma forma de discutir a teoria social em geral e a teoria das organizações em particular (Morgan, 1980). É uma perspectiva de estudos em organizações, que rompe com o positivismo como enfoque científico prevalecente de pesquisa (Bryman, 1996). Para Goles e Hirschheim (2000, p. 5), em 1979, a publicação do livro "ampliou a consciência de pesquisadores, por meio da introdução da tipologia de paradigmas para a análise organizacional e social".

Burrell e Morgan (1979) propuseram quatro amplas visões de mundo (paradigmas) e cada uma delas contemplou um conjunto de pressupostos teóricos sobre a natureza da ciência (objetiva-subjetiva) e a natureza da sociedade (regulação-mudança radical), a partir dos quais o conhecimento do mundo social pode ser concebido como sendo objetivo ou subjetivo, ou ser visto em termos de ordem ou conflito (Morgan, 1980; Gioia e Pitre, 1990; Lewis e Grimes, 1999).

Ao abordarem a dicotomia existente entre a objetividade e a subjetividade, Lewis e Grimes destacam que:

> [...] a objetividade pressupõe a existência de uma realidade externa, com relações deterministas e previsíveis, enquanto que a subjetividade pressupõe limites contextuais e construções sociais mutáveis. A regulação suscita relações sociais harmônicas e ordenadas, enquanto que a mudança radical pressume assimetrias de poder e conflitos. (1999, p. 673-674.)

Essas quatro visões de mundo foram denominadas paradigmas funcionalista, interpretativo, humanista radical e estruturalista radical (Burrell e Morgan, 1979), e refletem uma rede de escolas de pensamento, diferenciadas em abordagem e perspectiva, mas que compartilham pressupostos comuns e fundamentais sobre a natureza da realidade de que tratam. Cada um dos paradigmas estabelece fundamentos de modos opostos de análise social e possui implicações radicalmente diferentes para os estudos organizacionais (Morgan, 1980).

Sua finalidade era possibilitar a melhor compreensão do fenômeno organizacional. Dessa forma, os paradigmas foram agrupados em uma matriz 2x2, e considerados mutuamente excludentes (Burrell, 1998), o que acabou gerando várias críticas que se concentravam na impossibilidade de a teoria social e organizacional serem agrupadas em quatro categorias estáticas (Rodrigues Filho, 1997).

O modelo teórico dos quatro paradigmas propostos por Burrell e Morgan (1979) está exposto na Figura 2.1.

Para Burrell e Morgan (1979), os quatro paradigmas são enfoques incomensuráveis para o estudo das organizações. Cada paradigma deve ser separadamente desenvolvido e aplicado, sendo, portanto, compreendido como exclusivo ou excludente (Rodrigues Filho, 1997). A visão fragmentada pode ser percebida na matriz apresentada na Figura 2.1, que reforça uma tendência funcionalista e determinista com dimensões opostas e impermeáveis.

Figura 2.1 Os quatro paradigmas de Burrell e Morgan

Mudança Radical

Paradigma Humanista Radical (Teoria crítica)	Paradigma Estruturalista Radical (Marxismo e teoria social russa)
Paradigma Interpretativista (Hermenêutica, etnometodologia e interacionismo simbólico fenomenológico)	Paradigma Funcionalista (Teoria dos sistemas sociais, teoria da ação social, behaviorismo, determinismo e empiricismo abstrato)

Subjetivo — Objetivo

Regulação

Fonte: Morgan (1980).

Mesmo assim, consideramos que os paradigmas metateóricos propostos por Burrell e Morgan (1979) auxiliaram a teoria organizacional porque delimitaram pressupostos sobre a natureza do fenômeno organizacional (ontologia), a natureza do conhecimento sobre tais fenômenos (epistemologia), e a natureza das formas pelas quais podemos estudar os fenômenos (metodologia) (Gioia e Pitre, 1990). A difusão dos paradigmas despertou os pesquisadores para a existência de realidades ou visões de mundo alternativas nas ciências sociais.

A maneira como Burrell e Morgan (1979) delimitaram os pressupostos de cada paradigma, de forma segmentada e incomensurável, desencadeou várias críticas sobre a contribuição de ambos para o desenvolvimento teórico no campo organizacional.

O paradigma *funcionalista* pressupõe que a sociedade tem uma existência real, concreta e um caráter sistemático, orientado para produzir um sistema social ordenado e regulado. É uma epistemologia que procura explicar o que acontece no mundo social na busca de regularidades e relações causais entre seus elementos constituintes (Burrell e Morgan, 1979). Essa abordagem da teoria social foca sobre o entendimento do papel dos seres humanos na sociedade. O comportamento é percebido como algo delimitado pelo contexto, em mundo real de relações sociais tangíveis e concretas (Morgan, 1980). Esse paradigma predomina nos estudos organizacionais (Clegg e Hardy, 1998; Lewis e Grimes, 1999). Os debates sobre a construção e as contribuições de uma teoria foram confinados, em grande parte, dentro das fronteiras do paradigma funcionalista (Gioia e Pitre, 1990).

Outro paradigma estabelecido por Burrell e Morgan (1979) no campo organizacional foi o *interpretativista*. Ele parte do princípio que o mundo social tem *status* ontológico precário e a realidade social não existe em termos concretos, mas é um produto de experiências subjetivas e intersubjetivas dos indivíduos.

Essa orientação paradigmática entende a sociedade do ponto de vista do participante em ação, em vez do observador (Morgan, 1980). O paradigma interpretativo desafia a preocupação com a certeza que caracteriza a perspectiva funcionalista, mas mantém a preocupação com a regulação social comum ao paradigma funcionalista, embora do ponto de vista subjetivista, pois se fundamenta na visão de que as pessoas constroem e mantêm simbólica e socialmente suas próprias realidades organizacionais. Dessa maneira, a unidade básica de análise nesse campo de estudo é o encontro entre os sujeitos (face a face), não percebendo as organizações como unidades concretas (Rodrigues Filho,1997).

Já o paradigma humanista radical está estruturado na combinação da visão subjetivista das ciências sociais com a teoria de mudança radical da sociedade. Vê o mundo social de uma perspectiva que tende a ser nominalista, antipositivista, voluntarista e ideográfica. Seu quadro de referência está ligado a uma visão da sociedade que enfatiza a importância de destruir ou de transcender as limitações dos arranjos sociais existentes (Burrell e Morgan, 1979). Dessa perspectiva, o processo da criação da realidade pode ser influenciado

Perspectiva multiparadigmática nos estudos organizacionais

por processos físicos e sociais que canalizam, restringem e controlam a mente dos seres humanos, de maneira a aliená-los em relação às potencialidades inerentes à sua verdadeira natureza humana (Morgan, 1980). O humanismo radical coloca ênfase na mudança radical, nos modos de dominação, emancipação, potencialidade e privação (Burrell e Morgan, 1979).

> A crítica contemporânea ao humanismo radical focaliza os aspectos
> da alienação dos vários modos de pensar e agir que caracterizam a
> vida em uma sociedade industrial [...] o humanista radical está preocu-
> pado em descobrir como as pessoas podem unir pensamento e ação
> (prática) como meio de transcender sua alienação. (Morgan, 1980,
> p. 609.)

Para Rodrigues Filho (1997, p. 5), "em comum com o estruturalismo radical, este paradigma compreende a ordem social como sendo o produto de coerção e não consentimento". Enquanto os proponentes do paradigma interpretativo se preocupam em entender como uma realidade social particular é construída e mantida, os humanistas radicais questionam o porquê da necessidade da construção dessa realidade e quais os interesses servidos por ela (Rodrigues Filho, 1997). Assim, o objetivo das teorias desse paradigma é livrar os membros da organização de fontes de dominação, alienação, exploração e repressão, criticando a estrutura social existente com a intenção de mudá-la. A teoria crítica surge como o enfoque predominante, sendo a fonte e o recurso de ideias e práticas avançadas comprometidas com a construção de uma sociedade mais racional (Morgan, 1980).

Por fim, apresentamos o paradigma *estruturalista radical,* que combina a filosofia objetivista das ciências sociais com a teoria de mudança radical da sociedade (Burrell e Morgan, 1979). Esse paradigma se fundamenta na teoria marxista, pois está vinculado à concepção materialista do mundo social definida por estruturas ontologicamente concretas e reais (Morgan, 1980, p. 609). Desta maneira, afasta-se da perspectiva funcionalista, já que as contradições dentro das estruturas estabelecidas são consideradas fundamentais, ao tornarem a reprodução da dominação altamente instável. Essas contradições estruturais, por sua vez, explicam a presença de conflitos e tensões recorrentes nas organizações e na sociedade e contêm dentro delas um potencial para mudança radical, libertadas sempre que as estruturas não são mais capazes de regular essa instabilidade (Rodrigues Filho, 1997).

Para Burrell e Morgan (1979), enquanto o humanismo radical forja sua perspectiva para a *consciência*, o estruturalismo radical se concentra nas relações estruturais dentro de um mundo social real. Os estruturalistas enfatizam o fato de que a mudança radical se constrói na natureza e estrutura verdadeiras da sociedade contemporânea, e buscam prover explanações das inter-relações básicas dentro do contexto total das formações sociais.

Essa realidade é percebida como sendo uma característica de tensão e contradição entre elementos distintos, que inevitavelmente conduzem a uma mudança radical no sistema como um todo. O estruturalismo radical preocupa-se com o entendimento dessas tensões intrínsecas e como os vários modelos de dominação se manifestam na sociedade. A sua ênfase está na importância da prática como um meio de transcender essa dominação (Morgan, 1980, p. 609).

Golles e Hirschheim (2000) também corroboram com Morgan (1980) em relação à transcendência da dominação, mas também usam o termo "derrubar" para indicar a necessidade de transpor as limitações colocadas nos arranjos sociais e organizacionais existentes.

Para Cabral (1998), a abordagem de paradigmas de Burrell e Morgan (1979) traz implícita a crença de que não há apenas diferenças científicas, mas divergências filosóficas, em termos de suas características epistemológicas e ontológicas, que constituem a essência das distinções entre as formas de análise. De acordo com Clegg e Hardy (1998), a implicação do trabalho de Burrell e Morgan (1979) é mais que uma forma classificatória e teoria de conhecimento, uma vez que tem a aspiração de ser uma estratégia defensiva capaz de legitimar um espaço em que enfoques de pesquisa pudessem se desenvolver em contrapartida aos estudos funcionalistas.

Morgan e Smircich (1980, p. 493), ao discutirem o problema da epistemologia, mostram que diferentes suposições em relação à ontologia causam problemas de epistemologia. As visões globais diferentes que eles refletem implicam diferentes campos para o conhecimento sobre o mundo social. Uma visão *objetivista* do *mundo social como uma estrutura concreta* encoraja

Perspectiva multiparadigmática nos estudos organizacionais

uma posição epistemológica que enfatiza a importância de estudar a natureza das relações entre os elementos que constituem aquela estrutura. Nessa perspectiva, o conhecimento do mundo social implica uma necessidade de entender e traçar a estrutura social com ênfase na análise empírica de relações concretas em um mundo social externo.

Por outro lado, a visão *subjetivista* encara a realidade como *uma projeção da imaginação humana* (Morgan e Smircich, 1980, p. 493, grifos dos autores), cuja epistemologia enfatiza a importância de compreender os processos pelos quais os seres humanos concretizam sua relação com seu próprio mundo. O Quadro 2.1 procura fazer algumas suposições sobre a natureza da ciência social e natureza da sociedade (cf. Goles e Hirschheim, 2000, p. 252-253).

Outro ponto de destaque se refere à intersubjetividade, ou seja, a relação entre a subjetividade dos seres humanos que, uma vez reconhecida por estes, passa a ser objetiva. Assim, é possível compreender a intersubjetividade como a subjetividade que se objetiva da relação entre as subjetividades, ou seja, como resultado da interação entre as subjetividades (Berger e Luckmann, 1985). A intersubjetividade, consequentemente, pode proporcionar, através da interação dos seres humanos, mudanças e transformações dos significados sociais (Harmon e Mayer, 1986).

Nesse contexto, vale ressaltar que as duas visões da natureza da ciência social (objetiva-subjetiva) situam-se em dois extremos de um *continuum*, mas existem abordagens ligadas às ciências sociais que se encontram em posições intermediárias e cada uma delas apresenta uma proposta de construção da realidade social (cf. Morgan e Smircich, 1980, p. 492-496). Essa colocação pode ser observada no Quadro 2.1.

Vale ressaltar que esse *continuum* não tem fronteiras demarcadas entre as diversas suposições ontológicas e de natureza humana, além da postura epistemológica. Mas existiria a possibilidade de se promover a interação entre essas abordagens?

Quadro 2.1 Rede de suposições caracterizando o debate subjetivo-objetivo na ciência social

Suposições em torno do debate subjetivo-objetivo nas ciências sociais

Abordagem subjetiva para a ciência social					Abordagem objetiva para ciência social
←					→
Suposições ontológicas fundamentais	Realidade como projeção da mente humana.	Realidade como construção social.	Realidade como domínio do discurso simbólico.	Realidade como campo conceitual de informação.	Realidade como processo concreto.	Realidade como estrutura concreta.
Suposições sobre a natureza humana	O humano como espírito puro, consciência total, essência.	O humano como construtor social, o criador do símbolo.	O humano como ator, o usuário do símbolo.	O humano como processador de informação.	O humano como adaptador.	O humano como respondente (reagindo).
Postura epistemológica básica	Obter insights fenomenológicos, revelação.	Entender como a realidade social é construída.	Entender os padrões de discurso simbólico.	Mapear contextos.	Estudar sistemas, processos, mudanças.	Construir uma ciência positivista.
Algumas metáforas conhecidas	Transcendental.	Jogos de linguagem, realização, texto.	Teatro, cultura.	Cibernética.	Organismo.	Máquina.
Métodos de pesquisa	Fenomenologia.	Hermenêutica.	Interacionismo simbólico.	Análise contextual gestáltica.	Análise histórica.	Experimentos de laboratório, exames, inspeções, relatório, levantamento.

Fonte: Morgan e Smircich (1980, p. 492).

Perspectiva multiparadigmática nos estudos organizacionais

Em decorrência da evolução e das revoluções ocorridas e ainda em curso, os estudos organizacionais têm variado da ciência normal para a contra-ciência; do *mainstream* para o desconstrucionismo, da modernidade para a pós-modernidade (Cabral, 1998, p. 1). Porém, com o aparecimento de novas perspectivas, surgem oportunidades de se iniciar novas conversações. Como consequência, observa-se uma maior diversidade, discordância e, em contrapartida, mais pontos de interseção, e mais motivos para o diálogo, debate e disputa (Clegg e Hardy, 1998).

Percebe-se, então, a crescente divergência, em vez de convergência, de perspectivas que caracterizam o campo organizacional. Os textos mais progressistas sobre administração e organizações destacam que o contexto em que os vários enfoques teóricos acabam por disputar vigorosamente deriva da percepção de como os pesquisadores aderem a diferentes visões de mundo, gerando uma variedade de perspectivas alternativas e impondo diferentes interpretações (Cabral, 1998). Prevalece, assim, como enfatiza Rodrigues Filho (1997), uma intensa competição entre paradigmas à medida que defensores de posições teóricas diversas tentam persuadir outros da intrínseca superioridade de seus vocabulários conceituais. O resultado é uma fragmentação.[1] Por isso pouco se fala da ciência da organização; fala-se mais em estudos organizacionais.

Isso traz à tona o fato de que o campo de estudo das organizações não compartilha do consenso que caracteriza disciplinas paradigmaticamente mais desenvolvidas (Pfeffer, 1993). Esse argumento é utilizado para justificar o caráter de ciência social aplicada da Administração.[2] De um lado, sugere Lima (1999), há uma lógica da produção das matrizes como forma de retratar a realidade e facilitar a leitura por parte do mundo empresarial; de outro, há confrontos de paradigmas que não são exclusivos da área da administração, mas que revelam privilégio ao paradigma funcionalista, coerente com essa lógica das matrizes no plano operacional. Como sugere Bryman (1996), esse embate

---

[1] Desta forma, em relação ao estado de fragmentação da disciplina, Rodrigues Filho (1997) indica que os autores oferecem uma das duas possíveis explicações: a ciência organizacional pode simplesmente estar num estágio pré-paradigmático de desenvolvimento ou a ciência organizacional pode ser uma disciplina multiparadigmática.

[2] Whitley (1984) destaca que essa problemática traz um fundamento implicado ao mesmo tempo de modo ontológico e de modo epistemológico, no sentido de estabelecer um ordenamento do mundo natural, do mundo da vida e do mundo social, de modo que haveria uma teoria geral do conhecimento aplicável a esses mundos.

acaba ocasionando o confronto e também dificulta o diálogo, na medida em que se considera um confronto entre os aspectos científicos e não científicos da prática de pesquisa científica.

O contexto em que se encontram os estudos organizacionais pode ser compreendido como um reflexo do paradoxo axiomático da competição entre paradigmas, essencialmente refletindo uma questão de maior amplitude que é a disputa e o conflito entre as abordagens quantitativas e qualitativas. Segundo Lima (1999), este fato também está presente na produção científica nacional, que apresenta a tendência de ser mais calcada na perspectiva de aplicação[3], como uma conexão imediata entre ciência e tecnologia aplicada, e destaca ainda a discussão que traz implícito um confronto entre os pontos de vista positivista e não positivista.

Esta questão complexa remonta a estudos do início dos anos de 1980.[4] Já na década seguinte e nos últimos Encontros Nacionais da Anpad – Associação Nacional de Pós-Graduação e Pesquisa em Administração (Enanpads) –, alguns trabalhos tidos como metatrabalhos têm abordado a problemática da metodologia de pesquisa em Administração.

A discussão sobre a perspectiva paradigmática proposta de Burrell e Morgan (1979) foi difundida a partir do trabalho de Machado-da-Silva *et al.* (1990) sobre o estado da arte da produção acadêmica na área da administração, utilizando os paradigmas de análise sociológica. Outros trabalhos também deram a sua contribuição, como o de Rodrigues Filho (1997), que fez uma apreciação sobre o desenvolvimento de diferentes perspectivas teóricas para a análise das organizações; as reflexões da Cabral (1998) sobre a superação da supremacia de enfoques positivistas nos estudos organizacionais; e as

---

[3] Quanto à razão para a sua existência, a pesquisa pode, de forma geral, ser classificada como sendo de motivação intelectual (pesquisa pura), aquela que decorre do desejo de conhecer pela própria satisfação de conhecer, ou de motivação prática (pesquisa aplicada), aquela que decorre do desejo de conhecer com vistas a fazer algo de maneira mais eficiente ou eficaz.

[4] Através do debate aberto no XXII Enanpad, que se voltava para o delineamento de aspectos que visavam à busca de excelência nas pesquisas, trabalhos de autores como Bertero (1984), que buscava estimular o debate sobre o ensino de metodologia de pesquisa em administração, entre outros trabalhos como o de Souto-Maior (1984), Garcia *et al.* (1984), Zajdaznajer (1984), Szenészi (1984), enfatizam a problemática (Lima, 1999).

de Carrieri e Luz (1998), que efetuaram uma avaliação do emprego de paradigmas nos estudos organizacionais.

Ainda podemos citar os trabalhos de Lima (1999) envolvendo a pesquisa qualitativa, e outros que abordaram a qualidade e a contribuição da produção científica nacional em várias áreas de conhecimento (Vergara e Carvalho Jr., 1995; Bertero *et al.*, 1998; Vergara e Pinto, 2000; Caldas, 2003; Quintella, 2003; Leal *et al.*, 2003; Vieira, 2003; Bertero *et al.*, 2003, Hoppen *et al.*, 2003; Tonelli *et al.*, 2003; Caldas e Tinoco, 2004; Meirelles e Hopen, 2005).

Caldas e Vergara (2005) fazem uma reflexão sobre a abordagem interpretacionista que se mostra uma alternativa ao funcionalismo; e Caldas e Fachin (2005) abordam novas teorias funcionalistas, bem como as suas influências nos estudos organizacionais brasileiros.

Esses trabalhos contribuem para a discussão em torno da qualidade da produção do conhecimento em várias áreas e, também, da evolução de suas bases epistemológicas. Por fim, vale ressaltar a iniciativa da *Revista de Administração de Empresas – RAE*, no ano de 2005, que publicou artigos clássicos como o de Hannan e Freeman (1977), Morgan (1980); Astley e Van de Ven (1983), Dimaggio e Powell (1983), Daft e Weick (1984) e Lewis e Grimes (1999). Alguns desses artigos discutem a questão dos paradigmas nos estudos organizacionais e as perspectivas centrais envolvendo a teoria das organizações, com o intuito de resgatar a contribuição desses autores na produção científica, além de incentivar o debate em torno de uma perspectiva multiparadigmática (Lewis e Grimes, 1999) e das possibilidades de interação entre as teorias organizacionais. No capítulo seguinte, Godoi e Balsini apresentam uma análise da produção científica brasileira sobre a utilização da metodologia qualitativa nos estudos organizacionais, realizada entre 1997 e 2004.

Os paradigmas propostos por Burrell e Morgan (1979) foram objeto de críticas de vários autores (Clegg e Hardy, 1998; Goles e Hirschheim, 2000; Burrell, 1998). Por outro lado, a obra de Burrell e Morgan (1979) também trouxe um aspecto positivo, na medida em que ressaltou

> [...] a falência do campo da teoria organizacional com seus grupos conflitantes, e em demonstrar que sua orientação funcionalista, enquanto popular, politicamente superior e comum, não era de forma

alguma a única estrada possível aberta para a análise organizacional [...]. (Burrell, 1998, p. 448.)

A contribuição dos paradigmas propostos por Burrell e Morgan (1979) no desenvolvimento de estudos e pesquisas no campo das organizações é incontestável, sobretudo porque abriram a possibilidade de difusão de perspectivas mais subjetivas e menos reguladoras. Não devemos acusar Burrell e Morgan (1979) de terem desenvolvido uma visão mais ampla para se entender fenômenos organizacionais, partindo de princípios funcionalistas, já que a noção de incomensurabilidade está presente na proposição de ambos e, por esse motivo, é uma obra reducionista. Eles foram fundamentais porque abriram espaço para a difusão de outras correntes de pensamento. Goles e Hirscheim (2000) destacam que a maior contribuição desses autores foi legitimar (ou pelo menos fornecer ímpetos para a legitimação de) abordagens alternativas para o estudo nas organizações, uma vez que promoveu o crescimento da insatisfação com o paradigma dominante – o funcionalista.

Qual seria o *status* do conhecimento no campo das organizações sem a proposta de paradigmas desses autores? Será que o conhecimento sobre as organizações seria melhor? Não se pretende entrar no mérito da questão, mas suscitar uma reflexão sobre as possibilidades da utilização dos paradigmas nos estudos organizacionais numa perspectiva multiparadigmática. A difusão dessa perspectiva representa um avanço na proposição inicial, e pode ajudar muitos pesquisadores a desenvolver estudos utilizando a triangulação de métodos e técnicas de pesquisa, embasadas em uma visão de mundo que entende a natureza do fenômeno organizacional como multifacetada. Gioia e Pitre (1990) questionam: será que as fronteiras dos paradigmas podem ser transpostas?

■ 2.2 A difusão de uma perspectiva multiparadigmática nos estudos organizacionais

Para tentar minimizar o embate originado da categorização incomensurável dos paradigmas proposta por Burrell e Morgan (1979), surgiram algumas perspectivas denominadas multiparadigmáticas. Os estudos de Gioia e Pitre

(1990); Schultz e Hatch (1996) e Lewis e Grimes (1999), entre outros, difundem essa perspectiva e indicam várias posições metateóricas relacionadas a múltiplos paradigmas (incomensurabilidade, integração e cruzamento).

Lewis e Grimes (1999, p. 673) utilizam o termo "mutiparadigmáticas" para denotar perspectivas paradigmáticas distintas e "metaparadigmática"para indicar uma visão mais holística, que vai além das distinções paradigmáticas, revelando as disparidades e complementaridades".

As perspectivas multiparadigmáticas oferecem a possibilidade de criar novos *insights* porque partem de diferentes bases ontológicas e epistemológicas, o que implica a possibilidade de vislumbrar diferentes facetas do fenômeno organizacional e produzir diferenças marcantes e informações sobre visões teóricas ou fenômenos em estudo (Gioia e Pitre, 1990).

Bericat (1998) ressalta que a ciência social, desde a sua origem, é multiparadigmática. Para o autor, existem vários modos de se perceber e conceber a realidade social, fornecendo ao pesquisador várias possibilidades de investigação da realidade.

A perspectiva multiparadigmática questiona o paradigma da incomensurabilidade, argumentando que, enquanto as suposições centrais de cada paradigma são, de fato, incompatíveis, as fronteiras entre eles são permeáveis (Goles e Hirschheim, 2000, p. 258). Esses autores citam a tese de Gioia e Pitre (1990), na qual as perspectivas originárias de diferentes paradigmas devem ser conectadas para produzir uma visão mais ampla do fenômeno organizacional. Eles reconhecem a existência de fronteiras entre os paradigmas, mas as consideram definidas de forma *patológica*. Na realidade, os autores acreditam que é muito difícil, quase impossível, estabelecer exatamente onde um paradigma termina e onde o outro começa.

Alguns estudos que reconhecem a perspectiva multiparadigmática adotam uma postura pós-moderna (Schultz e Hatch, 1996) que defende a existência de várias formas de compreensão da realidade social e a integração de várias perspectivas teóricas que ampliam "as lentes" ou visões utilizadas para se olhar um fenômeno social. Isso não quer dizer que o "vale tudo" toma conta das ciências sociais. Muito pelo contrário, uma vez que o olhar multiparadigmático demanda um elevado nível de conhecimento acerca das bases ontológicas, epistemológicas e metodológicas que fundamentam esse olhar.

O olhar pós-moderno não se contrapõe totalmente aos paradigmas modernistas, mas apresenta um novo modo de vislumbrar a sua utilização no desenvolvimento de uma teoria. Para Schultz e Hatch, o pós-modernismo inspira a interação entre os paradigmas.

> Quando delineados dentro de paradigmas contrários, os pós-modernistas ou ignoram as fronteiras dos paradigmas como simples convenções modernistas, ou desconstrõem os paradigmas para expor oposições oprimidas. (1996, p. 530.)

Abordaremos a difusão de uma perspectiva multiparadigmática a partir dos estudos realizados por Gioia e Pitre (1990), Schultz e Hatch (1996), Lewis e Grimes (1999) e Goles e Hirschheim (2000), e destacaremos que a leitura desses artigos fornecerá inúmeros *insights* sobre o desenvolvimento de estudos a partir de perspectivas multiparadigmáticas, uma vez que ilustram vários exemplos de pesquisas empíricas realizadas no campo das organizações. Nossa preocupação, neste capítulo, é teórica e não iremos utilizar exemplos de estudos empíricos.

■ 2.2.1 Posições multiparadigmáticas

Schultz e Hatch (1996) destacam a existência de três posições metateóricas relacionadas aos múltiplos paradigmas, vinculados à teoria organizacional: o paradigma da incomensurabilidade, a integração dos paradigmas e o cruzamento dos paradigmas.

■ 2.2.1.1 O paradigma da incomensurabilidade

O paradigma da *incomensurabilidade* é o ponto de partida da maioria dos debates dentro da teoria organizacional. Ele exclui a possibilidade de integração efetiva entre os paradigmas (Schultz e Hatch, 1996). A questão da incomensurabilidade dos paradigmas foi tratada por Kuhn (1978). Para o autor, ela é decorrente de mudanças radicais que ocorrem durante uma revolução científica, originando mudança nos significados; na visão de mundo ou na forma de interpretar os fenômenos; nos aspectos delimitadores dos problemas relevantes; nas técnicas para resolvê-los e nos critérios para avaliar as teorias. Essa visão de Kuhn (1978) acerca da incomensurabilidade está vinculada à uma "revolução científica". No campo das organizações, essa visão é atribuída a Burrell e Morgan (1979), que assumiram o posicionamento de que existem diferentes bases ontológicas, epistemológicas e metodológicas, assim como pressupostos sobre a natureza humana que implicaram a criação de barreiras entre as perspectivas paradigmáticas. Isso significa que:

> [...] cada paradigma se engaja em uma perspectiva única, na qual conceitos são definidos e teorias são desenvolvidas, impedindo combinações de conceitos ou métodos analíticos entre as fronteiras dos paradigmas [...]. (Schultz e Hatch, 1996, p. 532.)

Isso indica que cada paradigma cria um domínio para o desenvolvimento de teorias que dificulta e não permite a comunicação entre os paradigmas.

Com base nos preceitos da incomensurabilidade, percebe-se que a natureza da ciência e a natureza da sociedade delimitadoras dos paradigmas funcionalista, interpretativo, humanista radical e estruturalista radical eram mutuamente excludentes. Os proponentes da incomensurabilidade discutem a separação e o desenvolvimento distinto e a aplicação de cada paradigma (Goles e Hirschheim, 2000, p. 258).

2.2.1.2 Integração paradigmática

A *integração* paradigmática sintetiza contribuições de diferentes paradigmas em uma tentativa de adquirir um modelo mais geral da teoria (Goles e Hirschheim, 2000). Para esses autores, não existe nenhuma vantagem importante nessa posição metateórica. Mesmo que os paradigmas reduzam as suas bordas, continuam atuando de forma competitiva e com pressupostos irreconciliáveis. Os que defendem essa posição metateórica

> [...] frequentemente subestimam ou omitem completamente as implicações de misturar conceitos e argumentos fundados em diferentes

paradigmas, enquanto ignoram os pressupostos incompatíveis sobre os quais são baseados [...]. (Goles e Hirschheim, 2000, p. 259.)

Para Schultz e Hatch (1996), a integração paradigmática permite avaliar e sintetizar uma série de contribuições. Por outro lado, ela ignora as diferenças entre abordagens e seus pressupostos paradigmáticos. "Em alguns casos, a posição de integração representa uma simples resistência ao pensamento multiparadigmático" (Schultz e Hatch, 1996, p. 532-533).

2.2.1.3 Cruzamento dos paradigmas

O cruzamento paradigmático enfatiza os relacionamentos interdependentes entre paradigmas pela ênfase nos contrastes e nas conexões paradigmáticas. O engajamento de um pesquisador no cruzamento paradigmático implica reconhecer e confrontar múltiplos paradigmas, ao invés de ignorá-los, como na posição de integração paradigmática, ou se recusar a confrontá-los, como na posição metateórica da incomensurabilidade (Schultz e Hatch, 1996).

Para Schultz e Hatch (1996), a utilização de uma perspectiva multiparadigmática utilizando o cruzamento entre paradigmas tem sido realizada a partir de quatro estratégias: *sequencial*, *paralela*, de *ligação* e de *interação*, esta última sugerida pelos autores.

a) Estratégia sequencial

Considera que paradigmas específicos são mutuamente complementares, assim como o são exclusivos. No campo das organizações, a difusão dessa perspectiva ocorre quando os resultados de um estudo centrado nos pressupostos de um paradigma conduzem ao desenvolvimento de um estudo adicional cujas bases ontológicas, epistemológicas e metodológicas estão vinculadas a outro paradigma. Schultz e Hatch (1996, p. 533) destacam que a estratégia sequencial permite que um paradigma influencie o outro. Entretanto, essa influência ocorre em uma direção. "A estratégia sequencial constrói o relacionamento entre os paradigmas como linear e unidirecional, embora possa se mover em ambas direções" (Schultz e Hatch, 1996, p. 533) como, por exemplo, do funcionalista para o interpretativista, e vice-versa.

b) Estratégia paralela

Nesta estratégia, vários paradigmas são aplicados ao mesmo tempo, em termos iguais, para um problema particular (Goles e Hirschheim, 2000, p. 259), e não em sequência, como indicada na primeira estratégia. Nesse sentido, pode-se desenvolver um estudo sobre determinado fenômeno organizacional, como a cultura, utilizando várias perspectivas paradigmáticas ao mesmo tempo. Cada uma delas implicará um olhar sobre tal fenômeno. Segundo Schultz e Hatch:

> [...] de acordo com essa estratégia, manter uma atitude de tolerância é advogada, para enriquecer o campo dos estudos organizacionais com a diversidade produzida pela aplicação de diferentes paradigmas [...]. (1996, p. 533.)

Para os autores, essa estratégia leva os pesquisadores a fazer comparações entre os paradigmas, enfatizando mais diferenças e conflitos entre eles, em vez de suas similaridades.

c) Estratégia de ligação

Essa estratégia considera que "as fronteiras entre os paradigmas são mais permeáveis, o que era inconcebível para os defensores da incomensurabilidade" (Schultz e Hatch, 1996, p. 533). A estratégia de ligação indica a existência de uma *zona de transição*, ou regiões intermediárias, com linhas móveis de demarcação entre os paradigmas (Gioia e; Pitre, 1990). A Figura 2.2 apresenta uma nova forma de vislumbrar a tipologia de Burrell e Morgan (1979), com zonas de transição entre os quatro paradigmas.

Como afirmam Gioia e Pitre (1990), as zonas de transição podem ser transpostas. Como exemplo, pode-se citar o trabalho de Giddens sobre a teoria do estruturalismo, na qual o autor rejeita a natureza dualística da dicotomia objetivo-subjetivo, argumentando que os sujeitos (pessoas) e os objetos (estrutura) não integram realidades separadas, mas, até certo ponto, uma dualidade dentro da mesma realidade. A estrutura é simplesmente "os traços da memória da mente humana". Nesse caso, a teoria do estruturalismo encurta o local central no *continuum* objetivo-subjetivo, transpondo efetivamente a zona de transição entre os dois extremos (Goles e Hirschheim, 2000, p. 259). Schultz e Hatch (1996, p. 534) complementam que "dentro das zonas de transição, os paradigmas se tornam indistinguíveis para o pesquisador. Assim, a estratégia de ligação enfatiza as similaridades entre os paradigmas, ao invés das diferenças".

Figura 2.2 Os quatro paradigmas de Burrell e Morgan com zonas de transição

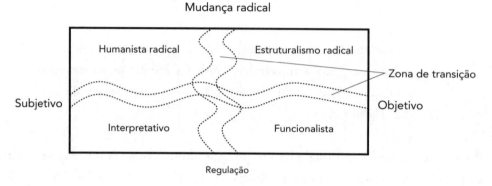

Fonte: Goles e Hirschheim (2000, p. 259).

A proposta da zona de transição parece ser uma alternativa viável para dirimir algumas críticas atribuídas a Burrell e Morgan (1979). Por outro lado, também pode provocar uma série de contestações principalmente da ortodoxia que defende o paradigma funcionalista, no intuito de preservar "o capital intelectual que forma a base do seu poder" (Clegg e Hardy, 1998, p. 35).

Schultz e Hatch (1996) propõem uma quarta estratégia, considerada uma nova forma de conduzir o cruzamento entre os paradigmas, denominada estratégia de interação.

d) Estratégia de interação

A interação é uma estratégia de cruzamento entre paradigmas que pode contribuir para o debate dentro dos estudos organizacionais, uma vez que se utiliza dos contrastes e das conexões entre os paradigmas para compreender a natureza de um fenômeno no campo das organizações. A interação, segundo Schultz e Hatch (1996), reconhece as diferenças e as similaridades entre os paradigmas que são enfatizados pelas estratégias paralela (constrastes) e de ligação (conexões). Uma forma de ilustrar a estratégia de interação é apresentada na Figura 2.3.

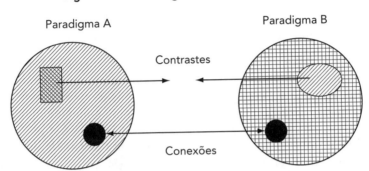

Figura 2.3 Estratégia básica de interação

Fonte: Schultz e Hatch (1996, p. 534).

Schultz e Hatch (1996) desenvolvem teoricamente a estratégia de interação entre paradigmas ao efetuarem uma análise de estudos sobre a cultura organizacional, para ilustrar as diferenças e similaridades entre o funcionalismo e interpretativismo.

Golles e Hirshheimm (2000, p. 260), após analisarem a proposta de Schultz e Hatch (1996), destacam que a estratégia de interação utiliza uma predisposição para a interpretação de uma situação centrada no *ambos-e* ao invés de *ou-ou*, para produzir um novo estado de consciência. Isso é efetuado em duas etapas. Primeiro, o pesquisador concentra-se em três séries de contrastes e conexões entre paradigmas: generalização/contextualização; clareza/ambiguidade; e estabilidade/instabilidade. Após a identificação e comprovação dos contrastes, e conexões vinculadas à questão de pesquisa que norteou a análise, a etapa seguinte é caracterizada por um movimento entre paradigmas para a exploração dos contrastes e conexões em termos de uma ou outra dimensão oposta.

O que torna possível o desenvolvimento de uma estratégia de interação é a percepção de que as fronteiras entre os paradigmas são permeáveis e também a possibilidade de promover combinações entre os contrastes e as conexões entre os paradigmas.

Um ponto a ser considerado nessa estratégia envolve o nível de domínio do pesquisador em relação às bases ontológicas e epistemológicas inerentes a cada paradigma, o que pode facilitar ou dificultar a adoção de uma estratégia multiparadigmática. Schultz e Hatch afirmam que:

> [...] quando o pesquisador primeiro desenvolve ou explora um novo paradigma, a estratégia paralela oferece a vantagem de separação completa, que minimiza as chances de confusão entre paradigmas, por proporcionar um ponto de diferenciação com relação a outro paradigma [...]. (1996, p. 535.)

Finalmente, Schultz e Hatch reconhecem a necessidade dos paradigmas (ou outras orientações similares) para os pesquisadores manterem e fazerem

> uso da diversidade que caracteriza o campo dos estudos organizacionais. Se eles aceitam a perspectiva multiparadigmática, a estratégia de interação oferece um meio de fazer uma análise das vantagens das tensões entre os paradigmas e, desta forma, gerar novas formas de compreensão [da realidade social]. (1996, p. 553.)

A proposta de Shultz e Hatch (1996) de estratégia de interação entre os paradigmas que implica o reconhecimento de contrastes e conexões é similar ao conceito de uma visão mais holística ou metaparadigmática proposta por Lewis e Grimes (1999).

A partir das abordagens citadas anteriormente, percebe-se que alternativas estão sendo propostas, não para se contrapor de forma rígida aos paradigmas metateóricos propostos por Burrell e Morgan (1979), mas para promover avanços em seus pressupostos.

Outra análise da perspectiva multiparadigmática foi realizada por Lewis e Grimes (1999), que efetuaram uma investigação multiparadigmática e constataram que exames mais acurados dessa realidade ainda são escassos. Eles apresentam um guia de modelos, a partir de várias abordagens, que foram sintetizadas no Quadro 2.2.

Quadro 2.2 Abordagens e modelos multiparadigmáticos

Abordagem	Objetivo	Técnica	Foco	Contribuição
Revisão multiparadigmática	Revelar o impacto da ênfase em algumas premissas, muitas vezes dadas como certas pelos teóricos em suas representações sobre fenômenos organizacionais.	Agrupamento	Propõe a diferenciação entre os vários conjuntos de premissas para se familiarizar com elas e aplicar as tradições, as linguagens e os métodos de um paradigma específico.	• Permite que os teóricos ignorem determinados aspectos de fenômenos complexos e se concentrem nas facetas e questões de interesse particular. • Explicita premissas divergentes, determinando as distinções paradigmáticas e facilitando o conhecimento, a utilização da crítica e perspectivas alternativas.
		Ligação	Propõe zonas de transição: visões teóricas que ligam os paradigmas. Considera que, apesar das premissas dos paradigmas serem conflitantes, esses limites são vagos e permeáveis.	• Fomenta a integração e interpretação dos paradigmas e enfatizam as similaridades entre eles, podendo privilegiar algum lado numa situação dualista (ex.: objetividade ou subjetividade). • Demonstra as possibilidades e o valor da comunicação entre os paradigmas.
Pesquisa multiparadigmática	Realizar estudos empíricos utilizando paradigmas múltiplos (métodos e seus respectivos focos) na coleta e análise dos dados, e no cultivo das variadas representações de um fenômeno complexo.	Paralela	Preserva os conflitos teóricos ao descrever vozes, imagens e interesses organizacionais, ampliados por lentes em oposição.	• Demonstra as possibilidades de desenvolvimento de estudos de caso multifacetados, elaborados a partir de premissas contrastantes.
		Sequencial	Cultiva diversas representações para informar uns aos outros, de forma proposital. Os resultados de um estudo, a partir de determinado paradigma, proporcionam insumos para estudos subsequentes utilizando outro paradigma.	• Ilustra as possibilidades de estudos sequenciais em que os pressupostos de um paradigma utilizados em uma pesquisa empírica podem subsidiar o desenvolvimento de um estudo adicional, utilizando os pressupostos de outro paradigma. Esses estudos sequenciais podem ajudar os pesquisadores a refinar seus pontos de vista distintos, porém complementares.

(continua)

(continuação)

Abordagem	Objetivo	Técnica	Foco	Contribuição
Construção de teorias multiparadigmáticas	Auxiliar os teóricos na administração de suas racionalidades limitadas e, assim, na acomodação das visões opostas em uma perspectiva multiparadigmática, bem como a construção de um campo de ação mais rico, holístico e contextualizado.	Metateorização	Fresume que os paradigmas apresentam verdades parciais, frequentemente enraizadas em diferentes espaços e tempos.	• Ajuda os pesquisadores a explorar padrões que ligam interpretações conflitantes. • Auxilia "testes" de metaconjecturas: proposições interpretáveis de múltiplos paradigmas. • Auxilia os teóricos a explicar constructos em um nível metaparadigmático e a construir um sistema referencial teórico capaz de unir as representações contrastantes.
		Interação	Reconhece os contrastes e as conexões entre os paradigmas.	• Ajuda os teóricos a desenvolver habilidades nas teorias metaparadigmáticas e interpretá-las. • Reconhece que as contradições e interdependências invocam uma tensão criativa capaz de inspirar os teóricos e questionar os dualismos paradigmáticos.

Fonte: Elaborado a partir de Lewis e Grimes (1999).

Vale ressaltar algumas especificidades em relação à análise realizada por Lewis e Grimes (1999) com a proposta por Schultz e Hatch (1996). Algumas estratégias para cruzamento entre os paradigmas propostas por Schultz e Hatch (1996) são denominadas técnicas por Lewis e Grimes (1999). Outra diferença envolve a abordagem. Enquanto Lewis e Grimes (1999) partem de abordagens centradas na revisão, na pesquisa e na construção de teorias multiparadigmáticas, Schultz e Hatch (1966) se preocupam em definir e explicar as diversas posições multiparadigmáticas. Os autores têm uma preocupação em comum, que é difundir a emergência de um novo olhar para a utilização de paradigmas no campo das organizações.

A partir da apresentação e análise dessas abordagens, Lewis e Grimes (1999) propõem a metatriangulação como um mapa do processo de construção de teorias e se utilizam do conceito de Gioia e Pitre (1990), que definem a metatriangulação como um processo de construção de teorias, a partir de múltiplos paradigmas, ligeiramente análogo ao processo de triangulação tradicional (isto é, de um único paradigma).

A utilização da metatriangulação na pesquisa organizacional demanda a necessidade de utilização de vários paradigmas, com o objetivo de explorar suas disponibilidades e interações, visando compreender de forma ampla e esclarecedora o fenômeno em estudo, assim como os paradigmas utilizados no processo investigativo.

Lewis e Grimes (1999, p. 687) consideram que "a metatriangulação é particularmente apropriada para a investigação dos amplos domínios da teoria organizacional, marcada por debates e achados contraditórios".

Em seguida, vamos abordar as implicações das perspectivas multiparadigmáticas na pesquisa qualitativa.

2.3 Implicações da perspectiva multiparadigmática na pesquisa qualitativa

No desenvolvimento de estudos teóricos ou teórico-empíricos no campo das organizações, a delimitação da natureza (ontologia) e do conhecimento de um fenômeno (epistemologia), além das formas pelas quais podemos estudá-lo (metodologia), ajuda o pesquisador a entender que o desenvolvimento de um estudo científico deve estar embasado em pressupostos teóricos e na definição clara de uma questão de pesquisa que norteará a investigação científica. A perspectiva multiparadigmática ilustra que existem várias abordagens e modelos que podem ajudar os pesquisadores a delimitar a sua trajetória na busca da construção do conhecimento.

A teoria social utilizada por um pesquisador, decorrente de sua visão multiparadigmática, além de determinar a forma como a realidade social será analisada, poderá implicar resultados mais amplos ou mais restritos, o que não deve ser motivo para dar maior ou menor relevância ao estudo.

> A utilização de conhecimentos gerados por paradigmas diferentes daquele utilizado pelo pesquisador é ainda mais comum. Embora a análise desses conhecimentos deva ser feita em função da metodologia adotada na pesquisa que os gerou, dificilmente um pesquisador pode, ao construir seu problema de pesquisa ou ao comentar seus resultados, ignorar o conhecimento acumulado por pesquisas anteriores na mesma área, pelo fato de estas estarem vinculadas a outros paradigmas. (Alvez-Mazzotti, 1997, p. 143.)

Toda discussão envolvendo a questão multiparadigmática, levantada até o momento, serve para alertar os pesquisadores a não dar tanta ênfase à distinção objetivo-subjetivo, quantitativo-qualitativo. Como afirmam Morgan e Smircich (1980, 499), "deve existir uma reflexão mais aprofundada acerca da dicotomização entre as abordagens quantitativas e qualitativas e com isso tentar compreender melhor a natureza da pesquisa social".

Minayo (1995), ao discutir a questão da pesquisa qualitativa, deixa claro que a diferença entre o quantitativo e o qualitativo é de natureza. Os que utilizam procedimentos baseados na pesquisa quantitativa estudam os fenômenos na região visível e concreta, enquanto os que utilizam procedimentos ligados à pesquisa qualitativa procuram adentrar no mundo dos significados. São duas formas diferentes de "ler" uma realidade. Isso demonstra que a dicotomia quantitativo-qualitativo não existe, e que os dois podem ser complementares, como indicam as abordagens e modelos multiparadigmáticos

(Lewis e Grimes, 1999). "A realidade abrangida por eles interage dinamicamente" (Mynaio, 1995, p. 22).

Essa assertiva é ratificada por Demo, ao afirmar que:

> [...] todo fenômeno quantitativo é dotado também e naturalmente de faces qualitativas e vice-versa. Parto do ponto de vista de que entre quantidade e qualidade não existe dicotomia, pois são faces diferenciadas do mesmo fenômeno. Métodos quantitativos e qualitativos precisam ser tomados como complementares e como regra. Dependendo do objeto e dos propósitos da pesquisa, pode-se preferir um procedimento mais qualitativo, mas seria equivocado não perceber que "dados" qualitativos também são, de alguma forma, "dados", ou seja, possuem referências como tamanho, frequência, escala, extensão [...]. (2001, p. 8.)

A dicotomia entre quantitativo e qualitativo não é conveniente porque são modos diferenciados de manifestação, funcionamento e dinâmica (Demo, 2001, p. 16) para entender um fenômeno ou compreender a realidade. Isso indica que um dos aspectos que diferencia a prática de uma pesquisa quantitativa de uma qualitativa é a visão de mundo do pesquisador. Na pesquisa qualitativa, por exemplo, podemos

> [...] considerar o pesquisador como o principal instrumento de investigação e a necessidade de contato direto e prolongado com o campo, para poder captar os significados dos comportamentos observados [...]. (Alves-Mazzotti e Gewandsznajder, 1998, p. 132.)

Os estudos no campo das organizações atravessam um momento em que a multiplicidade de abordagens permite a análise de vários fenômenos dentro de várias perspectivas. Para Morgan (1980, p. 607), qualquer paradigma metateórico ou visão de mundo pode incluir diferentes escolas de pensamento que têm, frequentemente, modos diferentes de se aproximar de uma realidade compartilhada ou de uma visão de mundo. As perspectivas multiparadigmáticas (Gioia e Pitre, 1991; Schultz e Hatch, 1996; Lewis e Grimes, 1999) podem ampliar a visão de Morgan (1980), uma vez que indicam várias posições metateóricas relacionadas aos múltiplos paradigmas propostos por Burrell e Morgan (1979).

Na qualidade de pesquisadores, devemos nos conscientizar de que nenhum método de pesquisa é melhor que outro. Tudo depende da visão de mundo e da questão de pesquisa que se deseja responder. Essa questão será diferente para o mesmo objeto a ser pesquisado em função da perspectiva multiparadigmática adotada. É evidente que, para cada um desses grandes paradigmas, existem outros que estão vinculados a eles, mas que necessariamente não devem se contrapor aos demais, já que podem ser complementares. Cada um deles tem pontos positivos e negativos, o que reforça, de certa forma, a necessidade de complementaridade. Isso também é válido para os paradigmas que orientam os estudos organizacionais propostos por Burrell e Morgan (1979), como foi discutido anteriormente.

■ 2.4 Reflexões finais sobre a utilização de paradigmas nos estudos organizacionais

O apogeu sobre a questão dos paradigmas no campo das organizações ocorreu na década de 1980, mas continua no epicentro de grandes discussões e exercendo influência, tanto na legitimação de determinados conteúdos e perspectivas, como na própria institucionalização da área de conhecimento.

A partir da introdução do conceito de Kuhn (1978) e da análise sociológica das organizações proposta por Burrell e Morgan (1979) dos paradigmas metateóricos (Morgan, 1980), percebe-se que esses autores deram início a grandes debates e embates nas ciências sociais, desencadeando o surgimento de novas abordagens para o tema em questão, como sugere Cabral (1998), contribuindo para o debate tanto do *status* da teoria organizacional como disciplina, quanto para a abertura de conversações sobre os estudos organizacionais, já que evidenciam a pluralidade de enfoques paradigmáticos.

Percebendo os paradigmas dominantes como referenciais que permitem uma compreensão apenas parcial da organização, alguns cientistas sociais equacionam diversidade com oportunidade. Diante dessa constatação, a introdução de uma perspectiva multiparadigmática (Gioia e Pitre, 1991; Schultz e Hatch, 1996; Lewis e Grimes, 1999) é interessante, uma vez que apresenta três posições metateóricas: incomensurabilidade, integração e cruzamento (sequencial, paralelo, de ligação, de interação) entre os paradigmas.

Na utilização de uma estratégia metateórica de interação, por exemplo, deve-se ter o cuidado de não cometer uma indisciplina filosófica. Para evitá--la, o pesquisador deve estar ciente de que ontologia, epistemologia e visão da natureza humana fundamentarão o seu estudo.

A metodologia é uma etapa secundária nesse processo e tem a função de delimitar os procedimentos que nortearão a realização da investigação científica, principalmente os instrumentos de coleta de dados, o processo de coleta e a interpretação dos resultados.

Sendo assim, pode-se afirmar que não se deve colocar no epicentro do processo de investigação científica o embate entre o quantitativo e o qualitativo, mas a definição clara dos pressupostos paradigmáticos ou multiparadigmáticos que nortearão o seu estudo.

Alves-Mazzoti e Gewandsznajder (1998) destacam que não se deve falar em "paradigma qualitativo", pois ele pode contribuir para a falsa apreciação da oposição quantitativo-qualitativo, até porque a realidade social não se baseia no método, mas na visão de mundo que se tem dele. Dessa forma, não há fundamentação para se afirmar que uma dada perspectiva de pesquisa é mais apropriada que uma outra qualquer ou para se invalidar estratégias menos ortodoxas (Morgan, 1980), sugerindo que explorar as possibilidades é a estratégia que resta na busca de uma solução para o problema do conhecimento. Superar a clássica lacuna entre o prático e o filosófico (Cabral, 1998) torna-se o desafio do pesquisador.

Como destacou Morgan (1980), visões mais contemporâneas buscam ir além dessa perspectiva em um esforço não de negação, mas de superação, pois não necessariamente negam o passado, tampouco o reverenciam, mas, em vez disso, celebram o futuro por seu potencial de oferecer novos *insights* e novas formas de compreensão que podem tanto complementar quanto substituir velhos paradigmas e, acima de tudo, oferecer uma perspectiva plural do fenômeno organizacional.

Gioia e Pitre (1990) alertam que a difusão de uma perspectiva multiparadigmática pode levar à proliferação de visões teóricas. Eles defendem a difusão de uma proliferação positiva e afirmam que "uma maior abundância de teorias pode contribuir para nossa compreensão das multifacetadas realidades organizacionais; a incomensurabilidade dos paradigmas frequentemente leva à fragmentação e ao provincialismo no campo", uma vez que os pesquisadores que defendem um paradigma se recusam a aceitar teorias originárias de outro.

É difícil encontrar teoristas organizacionais que advogam abertamente uma posição integracionista; existem muitos que praticam a integração pela fusão de paradigmas sem respeitar as suas diferenças (Schultz e Hatch, 1996). Isso ratifica a importância de os pesquisadores entenderem os pressupostos de cada teoria e as possibilidades de promover uma interação entre os paradigmas. As abordagens e os modelos multiparadigmáticos apresentados anteriormente podem auxiliar nessa compreensão.

Outro ponto de reflexão indica que estudos organizacionais estão em um processo de reformulação, abrindo espaço para uma perspectiva multidimensional (Ramos, 1989; Rodrigues Filho, 1997). Portanto, é necessário que se estabeleça uma conversação reflexiva em busca da superação da supremacia dos enfoques positivistas. Como afirma Cabral:

> [...] a busca de novos caminhos não exime o pesquisador de trilhar as rotas tradicionais de pesquisa, tampouco o autoriza a descartá-las. Ao contrário, ela pressupõe a sua superação pela adoção de uma postura científica diferenciada, mais crítica, mais reflexiva, menos intransigente [...]. (1998, p. 11.)

A utilização de diferentes enfoques pode ampliar o aprendizado sobre determinado campo de estudo. A fragmentação, por outro lado, abre espaço para a contestação da ordem vigente (Rodrigues Filho, 1997).

Entende-se que a perspectiva multiparadigmática vem se tornando uma realidade, e uma das razões que justificam a difusão dessa perspectiva, sobretudo no contexto brasileiro, é que ela apresenta abordagens que permitem ao pesquisador lidar com a diversidade de pressupostos, além de demonstrar a inviabilidade de se determinar a supremacia de qualquer estratégia de pesquisa, o que corrobora para vislumbrar os estudos organizacionais como conversações

Perspectiva multiparadigmática nos estudos organizacionais

que visem construir uma ciência social mais ética e consciente (Cabral, 1998). O autor ainda destaca que a pesquisa é cíclica e contínua, que nunca se completa, pois existem várias formas de pensar sobre um determinado tema. Os resultados de uma pesquisa suscitam questões adicionais, que originam novas pesquisas para ratificar, refutar ou complementar as "visões construídas", possibilitando o acúmulo de experiências e o avanço do conhecimento. Essa linha de pensamento vai ao encontro da difusão de uma perspectiva multiparadigmática, que permite uma visão circular pautada na contradição, na convergência e na complementaridade, fundamentais na construção de uma teoria.

Essas considerações corroboram a visão evolutiva dos estudos organizacionais de Motta (2001), embasada no conceito de racionalidade demonstrado por Ramos (1989), ressaltando que a administração deve resgatar a racionalidade substantiva em sua essência e, assim, superar o domínio da razão instrumental que tem provocado a degradação do ser humano ao considerá-lo unidimensional. Ao estimular e possibilitar que o espaço organizacional se transforme no *locus* privilegiado para o desenvolvimento e a satisfação do ser humano, a partir do resgate de sua multidimensionalidade, como enfatizam Morin *et al.* (2003) e Rebello e Silva (2003), torna-se relevante vislumbrar as possibilidades de utilização do pensamento complexo nos estudos organizacionais.

> Temos de compreender que a revolução de hoje trava-se não tanto no terreno das ideias boas e verdadeiras, opostas em uma luta de vida e de morte às ideias más e falsas, mas no terreno da complexidade do modo de organização das ideias [...]. (Morin, 2001, p. 292.)

As ciências sociais aplicadas aos estudos organizacionais fazem emergir debates e embates entre os pesquisadores em torno dos melhores métodos para compreender um fenômeno social aplicado. Esses pesquisadores devem estar conscientes de que a evolução de uma ciência é resultado de estudos de diversas perspectivas teóricas e empíricas que tornam a realidade muito mais complexa, multifacetada, dinâmica, interativa e, por que não dizer, multiparadigmática. A conversação, a troca de experiências e o intercâmbio de informações são aspectos determinantes para a consolidação de uma comunidade de pesquisadores comprometida com a evolução dos estudos organizacionais. De acordo com Rodrigues Filho:

> [...] as diversas dimensões complexas das organizações necessitam de uma ampla variedade de perspectivas analíticas que possam contribuir para aprofundar uma reflexão crítica da sociedade, fugindo da utilização de um conhecimento estreitamente instrumental, politicamente conservador e ecologicamente destrutivo [...]. (1997. p. 9.)

Ao procurar dar continuidade ao debate sobre a qualidade da produção científica no campo das organizações, constata-se que esse debate pode estar associado a algumas deficiências da academia e contribuir, assim, com o desenvolvimento da produção científica nacional. Por fim, a consciência de que a competência dos avanços organizacionais cabe aos debates acadêmicos internos e externos, através de sua interação, para assim possibilitar a evolução dos estudos organizacionais.

Lima (1999, p. 4) ressalta que um ponto importante na prática científica é o modo de fazer ciência, por meio da interação e do diálogo entre grupos de pesquisa de unidades diferentes.

Ressaltamos a importância de eventos, como os vinculados à Associação Nacional dos Programas de Pós-Graduação em Administração, que promovam um fórum de debates de grande importância para o desenvolvimento de teorias no campo das organizações. Como vimos anteriormente, vários pesquisadores brasileiros realizaram trabalhos sobre estudos desenvolvidos nos vários campos de conhecimento e destacaram a necessidade de avanços na qualidade das pesquisas no contexto brasileiro. A difusão de estudos abordando o processo de construção de teorias, a partir de diferentes perspectivas teóricas, pode contribuir para incentivar estudos mais críticos sobre a produção do conhecimento.

A introdução de uma perspectiva multiparadigmática pode contribuir para a melhoria da qualidade da produção científica e do desenvolvimento de teorias no campo das organizações. Como afirmam Lewis e Grimes (1999, p. 687), "a investigação multiparadigmática conta com um considerável e pouco utilizado potencial de expandir as atuais interpretações de fenômenos complexos e paradoxais". Os pesquisadores devem se conscientizar de que os avanços nos estudos realizados em organizações dependem da introdução de um grande debate no interior das universidades, nos centros de pesquisa, nos grupos de pesquisa e nos fóruns de divulgação da produção científica nacional, que incentivem e promovam a formação de uma rede de agentes[5] interinstitucionais, visando o desenvolvimento da produção científica nacional embasada em pressupostos teóricos consistentes e orientados por uma perspectiva multiparadigmática. Para tanto, é preciso romper fronteiras, evitar o egocentrismo e criar um clima de convivência que possibilite o reconhecimento de diversas posições metateóricas que contribuam para tal evolução.

Referências

ALVES-MAZZOTTI, A. J. e GEWANDSZNAJDER, F. *O método nas ciências naturais e sociais:* pesquisa quantitativa e qualitativa. São Paulo: Pioneira, 1998.

ASTLEY, G. W. e VAN DE VEN, H. A. Central perspectivas and debates in organization theory. *Administrative Science Quaterly,* v. 28, p. 245-273, 1983.

AXELROD, R. E. e COHEN, M. D. *Harnessing complexity:* organizational implications of a scientific frontier. New York: The Free Press, 2000.

BERGER, P. L. e LUCKMANN, T. *A construção social da realidade.* 6ª ed. Petrópolis: Vozes, 1985.

BERICAT, E. *La integración de los métodos cuantitativo y qualitativo en la investigación social.* Barcelona: Editorial Ariel, 1998.

BERTERO, C. O; CALDAS, M. P. e WOOD JR., T. Produção científica em administração de empresas: provocações, insinuações e contribuições para um debate local. In: Enanpad, 22, 1998, Foz do Iguaçu. *Anais...* Foz do Iguaçu, Anpad, 1998, 1 CD-ROM.

BRYMAN, A. *Quantity and quality in social research.* 5ª ed. London: Routledge, 1996.

BURRELL, G. Ciência normal, paradigmas, metáforas, discursos e genealogia da análise. In: CLEEG, S. R.; HARDY, C. e NORD, W. R. (Org.). *Handbook de estudos organizacionais:* modelos de análise e novas questões em estudos organizacionais. São Paulo: Atlas, 1998. p. 439-462.

_____. e MORGAN, G. *Sociological paradigms and organizational analysis:* elements of the sociology of corporate life. London: Heinemann, 1979.

---

[5] Um agente mantém estreita relação com o ambiente, por meio de estratégias, e possui capacidade para lidar com outros agentes. Cada agente tem um conjunto de propriedades, incluindo o local (onde o agente opera), as capacidades (como o agente pode afetar o mundo) e a memória (que impressões um agente pode trazer do seu passado) (Axelrod e Cohen, 2000). Pode-se considerar um agente como uma pessoa ou um grupo de pessoas; uma organização ou um grupo de organizações.

CABRAL, A. C. A. Reflexões sobre a pesquisa nos estudos organizacionais: em busca da superação da supremacia dos enfoques organizacionais. In: Enanpad, 22, 1998, Foz do Iguaçu. Anais... Foz do Iguaçu, Anpad, 1998, 1 CD-ROM.

CALDAS, M. P. e TINOCO, T. Pesquisa em gestão de recursos humanos nos anos 90: um estudo bibliométrico. Revista de Administração de Empresas, v. 44, n. 3, p. 100-114, 2004.

_____.; VERGARA, S. C. e HOPPEN, F. S. Paradigma interpretacionista: a busca da superação do objetivismo funcionalista nos anos 1980 e 1990. Revista de Administração de Empresas, v. 45, n. 1, out./dez. 2005.

_____. e FACHIN, R. C. Paradigma funcionalista: desenvolvimento de teorias e institucionalismo nos anos 1980 e 1990. Revista de Administração de Empresas (FGV), São Paulo, v. 45, n. 2, p. 46-51, 2005.

_____. et al. Produção acadêmica em Recursos Humanos no Brasil: 1991 – 2000. Revista de Administração de Empresas, v. 43, n. 1, p. 105-220, jan./fev./mar. 2003.

CARRIERI, A. P. e LUZ, T. R. Paradigmas e metodologias; não existe pecado do lado de baixo do Equador. In: Enanpad, 1998, Foz do Iguaçu. Anais... Foz do Iguaçu, Anpad, 1998, 1 CD-ROM.

CLEEG, S. R. e HARDY, C. Organização e estudos organizacionais. In: CLEEG, S. R.; HARDY, C. e NORD, W. R. (Org.). Handbook de estudos organizacionais: modelos de análise e novas questões em estudos organizacionais. São Paulo: Atlas, 1998, p. 27-57.

DAFT, D. L. e WEICK, K. E. Towards a modelo of organizations as interpretation systems. Academy of Management Review, v. 9, n. 2, p. 284-295, 1984.

DEMO, P. Pesquisa e informação qualitativa. Campinas: Papirus, 2001.

DIMAGGIO, P. J. e POWELL, W. W. The iron cage revisited: institutional isomorphism and colletive rationality in organizational fields. American Sociological Review, v. 48, p. 147-160, 1983.

GIOIA, D. A. e PITRE, E. Multiparadigm perspectives on theory building. The Academy of Management Review, v. 15, n. 4. Oct. 1890.

GOLES, T. e HIRSCHHEIM, R. The paradigm is dead, the paradigm is dead... long live the paradigm: the legacy of Burrell and Morgan. Omega – The International Journal of Management Science, v. 28, p. 249-268, 2000.

GUBA, E. G. e LINCOLN, Y. S. Competing paradigms in qualitative research. In: DENZIN, N. K. e LINCOLN, Y. S. Handbook of qualitative research. London: Sage Publications, 1994, p. 105-117.

HANNAN, M. T. e FREEMAN, J. H. The population ecology of organizations. American Journal of Sociology, n. 83, p. 929-984, 1977.

HARMON, M. M. e MAYER, R. T. Organization theory for public administration. Boston: Little, Brown and Company, 1986.

HOPPEN, N.; AUDY, J. L. N. e ZANELA, A. I. C. et al. Sistemas de informação no Brasil: uma análise dos artigos científicos dos anos 90. In: Enanpad, 22, 1998, Foz do Iguaçu. Anais... Foz do Iguaçu, Anpad, 1998, 1 CD-ROM.

KUHN, T. A estrutura das revoluções científicas. 2ª ed. São Paulo: Perspectiva, 1978.

LEAL, R.; OLIVEIRA, J. e SOLURI, A. Perfil da pesquisa em finanças no Brasil. Revista de Administração de Empresas, v. 43, n. 1, p. 91-104, 2003.

LEWIS, M. e GRIMES, A. J. Metatriangulation: building theory from multiple paradigms. Academy of Management Review, v. 24, n. 4, p. 672-690, 1999.

LIMA, J. B. Pesquisa qualitativa e qualidade na produção científica em Administração de Empresas. In: Enanpad, 23, 1999, Foz do Iguaçu. Anais... Foz do Iguaçu, Anpad, 1999, 1 CD-ROM.

Perspectiva multiparadigmática nos estudos organizacionais

MACHADO-DA-SILVA, C. L.; CUNHA, V. C. e AMBONI, N. Organizações: o estado da arte da produção acadêmica no Brasil. In: Enanpad, 14, 1990, Belo Horizonte. *Anais...* Belo Horizonte, Anpad, 1990, 1 CD-ROM.

MEIRELLES, F. S. e HOPPEN, N. Sistema de informação: a pesquisa científica brasileira entre 1990-2003. *Revista de Administração de Empresas*, v. 45, n. 1, jan./mar. 2005.

MINAYO, M. C. S. *et al. Pesquisa social:* teoria, método e criatividade. Petrópolis: Vozes, 1995.

MORGAN, G. e SMIRCICH, L. The case for qualitative research. *Academy of Management Review*, v. 5, n. 4, p. 491-500, 1980.

MORGAN, G. *Imagens da organização.* São Paulo: Atlas, 1996.

_____. Paradigm, metaphors, and puzzle solving in organization theory. *Administrative Science Quaterly*, v. 25, p. 605-622, 1980.

MORIN, E. *O método IV:* as ideias, habitat, vida, costumes, organização. São Paulo: Sulina, 2001.

_____; CIURANA, E. R. e MOTTA, R. D. *Educar na era planetária:* o pensamento complexo com um método de aprendizagem pelo erro e incerteza humana. São Paulo: Cortez, Brasília: Unesco, 2003.

MOTTA, F. C. P. *Teoria das organizações:* evolução crítica. 2ª ed. São Paulo: Pioneira Thomson Learning, 2001.

PFEFFER, J. Barriers to the advance of organizational science: paradigm development as a dependent variable. *Academy of Management Review*, v. 18, n. 4, p. 599-620, 1993.

PONDY, L. e BOJE, D. M. Bring the mind back in. In: EVAN, W. *Frontiers in organization and management.* New York: Praeger, 1981, p. 83-101.

QUINTELLA, R. Encontro Nacional da Anpad x Meeting of AOM: lições, questionamentos e especulações. *Revista de Administração de Empresas*, v. 43, n. 3, p. 107-115, 2005.

RAMOS, G. A. *A nova ciência das organizações:* uma reconceituação da riqueza das nações. Rio de Janeiro: FGV, 1989.

RITZER, G. *Sociology:* a multiple paradigm science. Boston: Allyn and Bacon, 1980.

RODRIGUES FILHO, J. Desenvolvimento de diferentes perspectivas teóricas para análise das organizações. In: Enanpad, 21, 1997, Angra dos Reis. *Anais...* Angra dos Reis, Anpad, 1997, 1 CD-ROM.

SCHULTZ, M. e HATCH, M. J. Living with multiple paradigms: the case of paradigm interplay in organizational culture studies. *The Academy of Management Review*, v. 21, n. 2. April 1996.

SILVA, A. B. e REBELO, L. M. B. A emergência do pensamento complexo nas organizações. *Revista de Administração Pública*, Rio de Janeiro, v. 37, n. 4, p. 777-796, jul./ago. 2003.

TONELLI, M. J.; CALDAS, M.; LACOMBE, B. e TINOCO,T. Produção acadêmica em recursos humanos no Brasil: 1991-2000. *Revista de Administração de Empresas*, v. 43, n. 1, p. 105-122, 2003.

VERGARA, S. C. e CARVALHO Jr., D. S. Nacionalidade dos autores referenciados na literatura brasileira sobre organizações. In: Enanpad, 19, 1995, João Pessoa. *Anais...* João Pessoa, Anpad, 1995, 1 CD-ROM.

VERGARA, S. C. e PINTO, M. C. S. Nacionalidade das referências teóricas em análise organizacional: um estudo das nacionalidades dos autores referenciados na literatura brasileira. In: Eneo, 1, 2000, Curitiba. *Anais...* Curitiba, Anpad, 2000.

WHITLEY, R. The scientific status of management research as pratically-oriented social science. *Journal of Management Studies*, v. 21, n. 4, 1984.

| Capítulo 3 | # A pesquisa qualitativa nos estudos organizacionais brasileiros: uma análise bibliométrica |

Christiane Kleinübing Godoi
Cristina Pereira Vecchio Balsini

■ Introdução

Reconhecer o caráter fundamental da visão interpretativa nos estudos organizacionais não nos obriga a produzir uma reafirmação do qualitativo – fenômeno evidenciado, nas últimas décadas, não apenas no âmbito das ciências sociais. Se não adentramos em uma defesa ideológica da metodologia qualitativa, a despeito de seu suposto "sepultamento pelo deslumbramento tecnológico" (Alonso, 1998, p. 17), tampouco iniciaremos uma comparação reducionista entre o método qualitativo e o quantitativo. A discussão da supremacia de uma metodologia sobre a outra encontra sua diluição nas perspectivas de integração dos métodos propostos, por exemplo, por Bericat (1998), Bryman (1996) e Sogunrro (2001).

A distinção popular quantitativo/qualitativo está enraizada simplesmente na separação entre representações numéricas e representações não numéricas (Stablein, 2001). Esse comprometimento com a "enumeração", para utilizar a expressão de Kirk e Miller (*apud* Sampaio, 2001), reduz a natureza da pesquisa qualitativa ao não quantitativo e, consequentemente, estabelece a matriz empírico-formal como a única referência epistemológica possível.

A discussão comparativa torna-se insipiente, não apenas pelo seu caráter simplista mas, fundamentalmente, porque, entre métodos, não se trata de uma mera escolha voluntariosa do pesquisador. As eleições dos procedimentos metódicos são inextricavelmente derivadas das posturas adotadas anteriormente nos níveis ontológico e epistemológico. Amarração que torna inconsistente qualquer descrição de aspectos *metodológico-técnicos* à revelia dos aspectos *metodológico-epistemológicos*, de acordo com as designações diferenciadoras de Valles (1997).

O caráter multiparadigmático dos estudos organizacionais – abordado nos capítulos anteriores – implica a coexistência de diferentes modos de acesso e conceituação da realidade. Essa multiplicidade de formas de compreensão atinge, antes dos enunciados teóricos e técnicos, as posições ontológicas, metateóricas e epistemológicas, ou seja, o que é, como se pode compreender e sob que condições se pode conhecer a realidade social (Bericat, 1998).

Os pressupostos ontológicos, epistemológicos e teóricos do pesquisador determinam a coerência entre a noção de sujeito e as relações de objeto, e acabam por definir a "escolha" metodológica da investigação. Possivelmente em virtude desta complexa amarração, a investigação qualitativa tenha se caracterizado, tal como assinalam Denzin e Lincoln (2000), primordialmente pelas tensões, contradições e vacilações.

A visão qualitativa nos estudos organizacionais aparece a partir da década de 1960, dentro do movimento metodológico mais amplo das ciências sociais, em contraposição à predominância de enfoques de pesquisas tributárias do positivismo (Rocha e Ceretta, 1998). Roesch (2001) destaca o fato de que áreas tradicionalmente técnicas, mais próximas da consultoria do que da pesquisa, como a administração da produção, a administração da informação e a contabilidade gerencial, também tenham sido transpassadas pela difusão de delineamentos qualitativos.

Apesar da crescente difusão da pesquisa qualitativa no campo organizacional (Lima *et al.*, 2002), ainda existem controvérsias sobre a natureza, os critérios de adequação metodológica e os parâmetros de avaliação desse tipo de pesquisa. A discussão sobre o rigor científico e os aspectos particulares da pesquisa qualitativa em organizações, empreendida no Brasil por Rocha e Ceretta (1998), Carrieri e Luz (1998), Hoppen (1998), Bertero, Caldas e Wood Jr. (1999), Lima (1999), Lima *et al.* (2002), e Patrício e Pinto (1999), para mencionar alguns mais, assume a postura crítica diante da constatação da fragilidade metodológico-epistemológica dos trabalhos.

A pesquisa qualitativa nos estudos organizacionais brasileiros: uma análise bibliométrica

Orientado pela interrogação sobre a natureza dos métodos qualitativos utilizados nos estudos organizacionais brasileiros, este capítulo apresenta uma pesquisa documental que buscou analisar a produção científica brasileira, publicada em quatro dos principais periódicos da área, durante o período entre 1997 e 2004. Utilizou-se como critérios de sistematização dos estudos qualitativos a estratégia de pesquisa (Denzin e Lincoln, 2000); o tipo de estudo de caso (Yin, 2001), logicamente na ocorrência dessa estratégia; e as técnicas de coleta do material empírico (Miles e Huberman, 1994).

No momento em que a pesquisa qualitativa estabelece o seu lugar, a busca pelo aprimoramento na pesquisa em organizações passa também pela discussão da cientificidade na pesquisa qualitativa. Este capítulo situa-se no espaço da reflexão sobre a propriedade de pesquisar em estudos organizacionais, considerando que científico não é o que foi verificado, mas o que se mantém discutível (Demo, 2001).

■ 3.1   A visão qualitativa nos estudos organizacionais: elementos metodológico-epistemológicos

Há uma diversidade de designações para a pesquisa qualitativa: etnopesquisa, antipositivista, fenomenológica, etnometodológica, experiencial, existencial, ideográfica, participativa, antropológica, dialética, pragmática, subjetiva, intensiva, *soft* e alta em contexto (Stablein, 2001). Outros termos são também usados: pesquisa naturalística, pesquisa interpretativa, pesquisa indutiva e etnografia (Merriam, 2002). E há ainda outras denominações que, por vezes, a tomam por seus próprios métodos: pesquisa participante, pesquisa-ação, história oral, observação etnometodológica, hermenêutica (Demo, 2000).

Pesquisa qualitativa é um conceito "guarda-chuva", que abrange várias formas de pesquisa e nos ajuda a compreender e explicar o fenômeno social com o menor afastamento possível do ambiente natural (Merriam, 2002). Nesse cenário não se buscam regularidades, mas a compreensão dos agentes, daquilo que os levou singularmente a agir como agiram. Essa empreitada só é possível se os sujeitos forem ouvidos a partir da sua lógica e exposição de razões. Quando muito, pode-se identificar crenças mais ou menos compartilhadas por grupos sociais, ou seja, a cultura, sem pressupor que ela seja uma categoria estática no tempo e no espaço, mas uma categoria analítica em permanente transformação (Sampaio, 2001).

A perspectiva qualitativa é influenciada pelas transformações geradas pela filosofia da linguagem, na qual a própria função da linguagem passa da representação à ação, e o nível de análise deixa a interioridade psíquica para se situar na interação. Ao ocupar-se das formas simbólicas, a visão qualitativa passa a interessar-se não pela sua gramática ou estrutura interna, mas pelo seu caráter comunicativo de mediador e formador das experiências e das necessidades sociais.

Aqui já não nos situamos mais no nível manifesto do diretamente observável, quantificável, analisável e explicável mediante o registro e a operação estatística, nem tampouco no nível latente das estruturas e das representações sociais, analisáveis mediante um método compreensível que reconstrua as ações dos atores dentro dos sistemas sociais (Alonso, 1998, p. 49). Ao descrever o campo no qual agora nos encontramos, localizado no nível profundo do social, o campo não do verificável, mas do interpretável mediante a atribuição de um sentido, Alonso (1998) elabora uma reunião, sintética e densa, das categorias básicas para a investigação social: as motivações – atitudes motrizes do comportamento do ator social, profundas, difusas e dificilmente verbalizáveis, que se assentam sobre valorações, crenças e desejos no imaginário coletivo – e as imagens – condensações simbólicas que articulam em uma única representação, bem seja linguística (a metáfora ou a metonímia), bem seja figurativa (como mensagens icônicas), as projeções afetivas e intertextuais dos sujeitos sobre a realidade social.

O interesse pela investigação qualitativa ou pela preocupação metodológica centrada no controle experimental é determinado pela concepção epistemológica acerca da relação entre sujeito e objeto. O pressuposto positivista-empirista da realidade constituída por fatos puros que se refletem como se sempre estivessem ali e o pesquisador apenas recolhe e descreve o objeto seguramente não encontrará sua coerência metodológica na investigação qualitativa. Toda interpretação, exatamente pelo fato de sê-la, nem reflete nem traduz a realidade. Por sua vez, tampouco encontra respaldo o radicalismo oposto presente na concepção de uma realidade inventada pela criatividade arbitrária do pesquisador.

Entre a exterioridade absoluta do objeto – completamente separado do sujeito (investigador), em que a realidade é objetivamente apreensível – e o seu extremo oposto da aleatoriedade da interpretação subjetivista, há que se considerar antes a existência de um realismo crítico. Referimo-nos aqui à perspectiva bachelardiana (1998) de construção do objeto, refutadora da vertigem empirista de objetivação, na qual os objetos já estão dados *a priori*. Na concepção de objeto construído *a posteriori*, o pesquisador constrói aquilo que não lhe é dado e formula o desconhecido. A ciência constrói seus dados e fatos, uma vez que não há o fato puro. A noção de construção do objeto substitui a observação dos fenômenos pela elaboração dos objetos de pensamento. O imediato cede ao construído. Todos os tipos de pesquisa qualitativa, aponta Merriam (2002), se baseiam na visão de que a realidade é construída pela interação de indivíduos com o seu mundo social.

O posicionamento epistemológico em relação ao objeto deriva, em grande parte, da origem histórica de uma disciplina ou teoria, ou seja, depende do campo do saber ao qual determinada perspectiva está vinculada, da raiz intelectual de uma perspectiva ou de um estilo de investigação qualitativa. Patton (1990) – mantendo a dicotomia clássica – associa sinteticamente os paradigmas das ciências sociais aos métodos de investigação, através da descrição da oposição fundamental:

1) o *positivismo-lógico*, que usa métodos experimental e quantitativo para testar a generalização hipotético-dedutiva,
2) a *investigação fenomenológica*, usando abordagens naturalística e qualitativa para compreender holística e indutivamente a experiência humana no ambiente contextual específico.

Destrinchando os paradigmas, Patton (1990) apresenta uma primeira identificação de perspectivas, cingida ao emparelhamento com as disciplinas matrizes. Por exemplo, a perspectiva etnográfica associa-se diretamente à disciplina antropologia; a perspectiva fenomenológica à disciplina filosofia; a perspectiva etnometodológica à sociologia, e assim por diante, oferecendo uma variedade pobre, encapsulada e estática, como critica Valles (1997).

Reconhecendo a diversidade de estilos de investigação presentes dentro de uma única perspectiva que poderia então estar vinculada a mais de uma disciplina, Patton (1990) situa, não mais em uma conexão linear, mas através de uma ramificação mais complexa, o lugar das metodologias qualitativas. Nessa classificação, a fenomenologia passa a ter o estatuto de uma disciplina – raiz intelectual de diversas perspectivas e estilos de investigação qualitativa, assim como a linguística e a antropologia.

Burrell e Morgan (1979) popularizaram o termo *interpretativo* no campo organizacional. Há, porém, uma variedade de ciências sociais interpretativas: hermenêutica, construcionismo, etnometodológica, cognitiva, idealista, fenomenológica, subjetivista e sociologia qualitativa. A abordagem interpretativa do significado da ação social ocorre através da observação direta detalhada das pessoas no ambiente natural, a fim de chegar à compreensão e interpretação de como as pessoas criam e mantêm o seu mundo social. Para o pesquisador interpretativo, o objetivo da pesquisa social é desenvolver a compreensão da vida social e descobrir como as pessoas constroem significado no contexto natural. Ação social é a ação na qual as pessoas atribuem significado subjetivo (Neuman, 2000).

Além do interpretativismo, o paradigma qualitativo é também baseado no construtivismo. Do ponto de vista ontológico, há múltiplas realidades ou múltiplas verdades baseadas na construção da realidade e na sua constante transformação. No nível epistemológico, não há acesso à realidade independente da mente humana. O observador e o objeto de estudo estão interativamente ligados de tal forma que as descobertas são mutuamente criadas dentro do contexto da situação em que se configura a pesquisa (Guba e Lincoln, 1994; Denzin e Lincoln, 2000). Pesquisadores qualitativos se interessam por compreender o significado que as pessoas constroem, isto é, como elas criam o sentido do seu mundo e a experiência que têm no mundo (Merriam, 2002).

Para compreender a atitude do pesquisador diante da multiplicidade de abordagens metodológicas, pode-se recorrer à classificação de atitudes elaboradas por Morgan (1983):

a) *supremacia*: pretende estabelecer uma perspectiva como a melhor, por cima de todas as demais;

b) *síntese*: tenta buscar modos de combinação que maximizem as forças de ambas as perspectivas e minimizem suas debilidades;

A pesquisa qualitativa nos estudos organizacionais brasileiros: uma análise bibliométrica

c) *contingência*: o investigador analisa as circunstâncias e idiossincrasias do contexto e do fenômeno sob estudo para selecionar então a perspectiva que melhor se adapte;

d) *dialética*: trata-se de aproveitar as diferenças como estímulo para construir novos futuros modos de apreensão da realidade social;

e) *vale tudo*: corresponde à posição sustentada por Feyerabend, ao defender que não há ideia, por absurda que seja, que não seja capaz de arrojar certa luz sobre nosso conhecimento da realidade social.

Deslocamos a tipologia de Morgan (1983) para situações específicas em que se faz necessária a reflexão acerca da atitude diante da multiplicidade de abordagens metodológicas. Seguramente que o pesquisador é conduzido pelo objeto e pela sua própria formação a atravessar as bifurcações dos caminhos metodológicos, realizando "escolhas" epistêmicas constantes. No entanto, em alguns momentos, principalmente diante da diversidade das abordagens dentro de uma mesma teoria, torna-se necessária a eleição de uma abordagem, em outros momentos, a abertura à integração de mais de uma abordagem e, até mesmo, a utilização conjunta de conceituações advindas de campos diferentes do saber.

A posição de *síntese* é a base de uma visão interdisciplinar e atravessa hoje todo o campo das ciências sociais. Um objeto complexo não pode ser compreendido com alguma integralidade a partir de uma visão unidisciplinar, não-sintética. A postura *contingencial* reside mais no campo da atitude propriamente dita, como predisposição interior a agir, do que ao ato em si. Trata-se de uma abertura às implicações de cada investigação, independentemente do campo de origem. Postura *contingencial* é o respeito pelas determinações advindas do próprio objeto e suas derivações epistêmicas. É através da postura *dialética*, no entanto, que se atribui sentido às anteriores. Não haveria razão para a *contingência* e, principalmente, para a *síntese*, a não ser que resultem em um avanço para os campos que sofreram integração. A postura *dialética* torna possível o convívio das diferenças, e a *síntese* das diferenças deixa de ser o objetivo para se tornar o impulso inicial de transformação e aperfeiçoamento da investigação social.

As posições de *supremacia* e de *vale tudo* não nos parecem ser exatamente posturas integradoras. Uma vez que se pretenda adotar uma perspectiva como a melhor, o caráter hegemônico da *supremacia* gera a perda do vínculo interdisciplinar. Por sua vez, a postura de *vale tudo* parece corresponder a uma pluralidade gratuita, desprovida da construção e da reelaboração epistêmica necessárias a toda tentativa de aproximação entre visões de mundo. Bericat (1998), da mesma forma, descarta essas duas perspectivas de Morgan (1983), a de *supremacia*, por sua parcialidade, e a de *vale tudo*, pela sua evidente falta de rigor.

■ 3.2 A visão qualitativa nos estudos organizacionais: elementos metodológico-técnicos

A ênfase da pesquisa qualitativa é nos processos e nos significados (Sale, Lohfeld e Brazil, 2002). Dados qualitativos são representações dos atos e das expressões humanas. O objetivo da pesquisa qualitativa é interpretar os significados e as intenções dos atores (Sivesind, 1999). Métodos qualitativos emergem de paradigmas fenomenológicos e interpretativos, são frequentemente interativos, intensivos e envolvem um compromisso de longo prazo.

Os pesquisadores geralmente tendem a construir um relacionamento social com os membros da organização e, consequentemente, recebem mais *insights* na sua compreensão coletiva por compartilhar a experiência ativamente (Cassel e Symon, 1994). Entretanto, levando em conta a matriz hermenêutico-fenomenológica, o termo "pesquisa qualitativa" assume dimensões bastante diferentes diante da construção teórica. Na concepção de Glase e Strauss (1967), por exemplo, métodos qualitativos são estratégias de pesquisa naturalística, indutiva com aproximação do ambiente sem hipóteses predeterminadas; a teoria emerge da experiência de campo e é fundamentada em dados.

Empregando a estratégia indutiva na descoberta de temas, categorias e conceitos derivados de dados empíricos, a pesquisa qualitativa apresenta as seguintes características: o ambiente natural como sua fonte direta de dados; a preocupação-chave é a compreensão do fenômeno a partir da perspectiva dos participantes, e não dos pesquisadores; o pesquisador é um instrumento primário para a coleta e análise de dados; supõe o contato direto e prolongado do pesquisador com o ambiente e a situação que está sendo investigada; focaliza processos, significados e compreensões; o produto do estudo qualitativo é ricamente descritivo (Merriam, 2002).

Há três situações descritas por Lazarsfel, nas quais se presta atenção particular a indicadores qualitativos:

a) situações em que a evidência qualitativa substitui a simples informação estatística relacionadas a épocas passadas;
b) situações nas quais a evidência qualitativa é usada para captar dados psicológicos que são reprimidos ou não facilmente articulados, como atitudes, motivos, pressupostos e quadros de referência;
c) situações nas quais observações qualitativas são usadas como indicadores do funcionamento complexo de estruturas e organizações complexas que são difíceis de submeter à observação direta.

Nas pesquisas de cunho qualitativo, tanto a delimitação quanto a formulação do problema possuem características próprias. Ambas exigem do pesquisador a imersão no contexto que será analisado. As análises do passado e do presente são cruciais para que haja maior isenção do investigador para com o fenômeno social que pretende desvendar (Rocha e Ceretta, 1998.)

Entre as diversas formas que pode assumir uma pesquisa qualitativa, duas *estratégias* se destacam: *a pesquisa etnográfica* e o *estudo de caso*. Um teste bastante simples para determinar se um estudo pode ser chamado de etnográfico, propõe Wolcott (*apud* Ludke, 1986, p. 14), é verificar se a pessoa que lê esse estudo consegue interpretar aquilo que ocorre no grupo estudado tão apropriadamente como se fosse um membro desse grupo.

Apesar da difusão do *estudo de caso* entre os estudos organizacionais, Bryman (1996) destaca como o mais conhecido dos métodos qualitativos a *observação participante* – inerente à *estratégia etnográfica* –, que vincula a imersão sustentada do pesquisador entre aqueles que ele busca estudar. No entender de Bryman (1996), a própria pesquisa qualitativa tende a ser associada com a observação participante e não estruturada. Inclusive se considerarmos a característica da pesquisa qualitativa de imersão do pesquisador no contexto, a observação participante assumiria uma capacidade de representação do paradigma interpretativo superior à do estudo de caso.

Nos primeiros dias dos estudos organizacionais, os *estudos de caso* eram uma importante estratégia de pesquisa. No final dos anos 1960, há evidência de um declínio na confiabilidade de casos. Entretanto, há evidências de aumento de interesse em estudos de caso nas décadas de 1980 e 1990 nos Estados Unidos e na Europa (Stablein, 2001). No Brasil, Patrício e Pinto (1999) identificaram que os tipos de estudos qualitativos mais usados na produção de conhecimento são: a etnografia, a etnometodologia, o estudo de caso, o estudo documental e a teoria fundamentada em dados (*grounded theory*).

Pozzebon e Freitas (1998) apresentam uma comparação entre três estratégias de pesquisa qualitativa: *descrição de aplicação, pesquisa-ação e estudo de caso*. A *descrição de aplicação* detalha a experiência do autor do estudo na implementação de aplicação particular. Os resultados geralmente são de sucesso e o trabalho é concluído com uma lista de recomendações. Nesse caso, o autor não conduziu uma pesquisa, mas uma implementação. Na *pesquisa-ação*, o autor participa da implementação de um sistema e, simultaneamente, realiza certa intervenção técnica. Existe uma intenção original de desenvolver uma pesquisa. O pesquisador possui dois objetivos: agir para resolver determinado problema e contribuir para um conjunto de conceitos. Em *estudos de caso*, o objetivo claro é a condução de uma pesquisa, e os pesquisadores são investigadores-observadores, não participantes.

Além da *observação participante* – ora descrita como método ora como técnica – outras técnicas usadas nos estudos qualitativos são a entrevista em profundidade e o *focus group* (Sale, Lohfeld e Brazil, 2002). Apesar da variedade de designações utilizadas para termos afins (entrevista aberta, focalizada, intensiva, dentre outras), a expressão "entrevista em profundidade" é equiparada por muitos autores, tal como Sierra (1998), à entrevista qualitativa, incluindo em sua tipologia sobre este conceito a entrevista focalizada e outras variantes.

O processo e o contexto constituem elementos inseparáveis do tema da pesquisa qualitativa. O processo é o elemento longitudinal implícito que é ao mesmo tempo sintoma e causa de uma concepção da vida social como processual (Bryman, 1996; Rousseau e Fried, 2001). O contexto é o mundo físico e social que interage com o texto para criar o discurso (Cook, 1990). O contexto, então, é a dimensão mais ampla do texto, o suporte das interpretações que envolve as subjetividades, as ações, os objetos e os efeitos discursivos. O contexto é criado pelo próprio texto para constituir o discurso.

A pesquisa qualitativa nos estudos organizacionais brasileiros: uma análise bibliométrica

■ 3.3 Pesquisa qualitativa e os estudos organizacionais brasileiros

Com o objetivo de identificar o *design* predominante nos estudos organizacionais brasileiros e, fundamentalmente, descrever as estratégias e os métodos qualitativos utilizados, estruturou-se uma pesquisa documental que analisou a produção científica nacional publicada em quatro periódicos Nacionais A (Qualis-Capes) na área: *Revista de Administração Pública* (RAP); *Revista de Administração* (RAUSP); *Revista de Administração de Empresas* (RAE) e *Revista de Administração Contemporânea* (RAC). Foram analisados 1.096 artigos publicados no período compreendido entre 1997 e 2004.

Inicialmente, foram definidos os critérios de classificação dos artigos, estruturando-se a análise documental dentro das seguintes etapas:

1) classificação dos artigos segundo o *tipo de pesquisa* (quantitativo, qualitativo, quali-quantitativo e ensaio teórico);
2) eliminação dos artigos classificados como pesquisa quantitativa e ensaio;
3) classificação das pesquisas qualitativas e quali-quantitativas de acordo com a *estratégia de pesquisa* (estudo de caso, multicasos, etnográfica, pesquisa-ação e participante, *grounded theory*, documental e estratégia não identificada);
4) classificação das pesquisas orientadas por estratégias de estudos de caso e multicasos dentro da *tipologia de estudos de caso* (descritiva, exploratória e explanatória);
5) classificação das pesquisas qualitativas e quali-quantitativas conforme a *técnica de coleta do material empírico* (entrevista, questionário aberto, observação, análise documental, *focus group* e técnica não identificada).

Nas etapas de seleção dos artigos qualitativos e quali-quantitativos (1ª e 2ª etapas) e na de classificação dos estudos de caso dentro da tipologia de Yin (4ª etapa) foram utilizados os conceitos da literatura para a identificação e interpretação das tipologias presentes, de forma implícita, nos artigos e enquadramento do material. Entretanto, nas demais classificações (estratégias e métodos de coleta do material empírico), preservaram-se as nomenclaturas explicitadas pelos autores dos artigos analisados. As categorias *estratégia não identificada* e *técnica não identificada* foram criadas para alocar as pesquisas desprovidas da nomeação, por parte dos autores, da estratégia ou do método, tornando desconhecida a origem dos dados e dos resultados, ou que não tenham revelado características implícitas suficientes para a alocação dentro de alguma estratégia ou método.

A discussão e classificação paradigmática subjacente à classificação da predominância qualitativo/quantitativo não foi empreendida neste trabalho em razão da dificuldade de identificação explícita e implícita de elementos epistemológicos nos textos analisados.

Segue-se a apresentação dos resultados da pesquisa, mantendo-se a sequência das etapas de realização da pesquisa documental.

Foram analisados 1.096 artigos publicados nos quatro periódicos definidos, durante o período consecutivo de oito anos, tal como ilustra a Quadro 3.1.

Quadro 3.1 Quantidade de artigos analisados

Periódicos	1997	1998	1999	2000	2001	2002	2003	2004	Total	%
RAP	44	56	44	51	42	28	37	31	333	30,4
RAUSP	38	38	32	42	40	33	25	32	280	25,5
RAE	29	27	33	36	28	32	32	30	247	22,5
RAC	19	24	23	23	41	29	43	34	236	21,6
Total	130	145	132	152	151	122	137	127	1096	100,00

Fonte: RAP, RAUSP, RAE e RAC.

A maior parte dos artigos foi classificada como ensaio (Quadro 3.2), ou seja, trabalhos resultantes de pesquisa bibliográfica exclusiva, ou de pesquisa bibliográfica acompanhada das seguintes possibilidades:

a) referência ou análise de pesquisas de campo realizadas em outros estudos (dados secundários);

b) relatos de trabalhos de intervenção (explicitados pelo autor);

c) análise de dados sociológicos;

d) proposição de modelos desprovida de coleta de dados primários;

e) discussão sobre índices, indicadores e modelos preexistentes.

Quadro 3.2 Classificação dos artigos analisados quanto ao tipo de pesquisa

Tipos de pesquisa	1997	1998	1999	2000	2001	2002	2003	2004	Total	%
Ensaio	71	91	69	81	65	49	65	35	526	48,0
Quantitativa	30	35	36	42	51	41	41	50	326	29,8
Qualitativa	21	11	20	18	18	24	21	36	169	15,4
Quali-quanti	8	8	7	11	17	8	10	6	75	6,8
Total	130	145	132	152	151	122	137	127	1096	100,00

Fonte: RAP, RAUSP, RAE e RAC.

O predomínio da categoria *ensaio* enfatiza a percepção de Bertero, Caldas e Wood Jr. (1999) de que este estilo de reflexão que exclui os trabalhos empíricos e a manipulação de dados revela uma tendência "epistemologizante" na natureza da produção brasileira, ainda que nos pareça precoce utilizar alguma adjetivação epistêmica para a simples ausência do empírico. Rodrigues e Carrieri (2001), utilizando uma amostra com publicações de periódicos e dos anais do Enanpad, diferentemente, encontraram superioridade quantitativa dos *estudos de caso* sobre os trabalhos teóricos. Os autores interpretam esses resultados como indícios de uma tendência pragmática, nesse sentido contrapondo a orientação epistemologizante identificada por Bertero, Caldas e Wood Jr. (1999).

Excluídos os *ensaios* (48%) e os estudos de caráter *quantitativo* (29,8%), foram classificadas para as etapas posteriores da análise as pesquisas qualitativas (15,4%) e *quali-quantitativas* (6,8%), ou seja, aquelas que trabalham com a técnica de triangulação entre métodos ou técnicas qualitativas e quantitativas. Nesta etapa, os documentos foram reduzidos a 22,2% do total inicial.

Observou-se no Quadro 3.2 um relativo equilíbrio na produção brasileira entre o uso de métodos quantitativos e qualitativos, ainda com ligeiro predomínio dos estudos quantitativos (29,8%). A análise da evolução do período não permite inferir o declínio ou crescimento de algum tipo de investigação.

A constatação do equilíbrio na quantidade de trabalhos caracterizados como qualitativos e quantitativos não nos permite divergir de Carvalho e Vergara (2002) e Bertero, Caldas e Wood Jr. (1999), em seus posicionamentos de que grande parte da produção acadêmica no Brasil ampara-se em abordagens positivistas e de cunho prescritivo, em detrimento de orientações fenomenológicas e interpretativas. E aqui surge o questionamento: a utilização de técnicas qualitativas estaria incorrendo em inconsistência e fragilidade metodológicas capazes de desvincular os elementos metodológico-técnicos dos paradigmas e fundamentos epistemológicos? O aumento do número de trabalhos qualitativos nos últimos anos, verificado por Lima *et al.* (2002), não tem vindo acompanhado do engendramento da visão qualitativa e do paradigma interpretativo nos estudos organizacionais? Tratar-se-ia, em grande parte, do reflexo do movimento pós-positivista?

Não existe consenso entre os autores sobre o aumento da produção de pesquisas qualitativas. As amostras retiradas de publicações do Enanpad, por exemplo, apresentam características bastante distintas daquelas encontradas neste estudo com artigos publicados em periódicos. Lima *et al.* (2002), analisando estudos sobre cultura e mudança nos Anais do Enanpad, constataram que dos 36 artigos analisados, 29 eram de natureza qualitativa. Rodrigues e Carrieri (2001) também encontraram predominância da metodologia qualitativa. Bartunek e Seo (2002) declaram que grande maioria dos artigos sobre comportamento organizacional usa metodologias qualitativas, indicando a dificuldade de concluir acerca dessa questão sem considerar as características da publicação, do país, da área e da temática analisada.

A maior parte dos trabalhos qualitativos analisados utiliza a estratégia de *estudo de caso* (44%). Em razão da dificuldade de interpretação e, principalmente, a fim de não contrapor as indicações explicitadas pelos autores dos artigos, omitiu-se a diferenciação entre estudo de casos múltiplos e análise comparativa de casos (Yin, 2001), agrupando ambos os tipos na categoria *multicasos*. Os *estudos de casos* e *multicasos* representam a quase totalidade (70,6%) dos trabalhos analisados (Quadro 3.3).

A pesquisa qualitativa nos estudos organizacionais brasileiros: uma análise bibliométrica

Quadro 3.3 Estratégias de pesquisa utilizadas pelos estudos qualitativos

Estratégias	1997	1998	1999	2000	2001	2002	2003	2004	Total	%
Estudo de caso	13	10	12	13	15	10	18	16	107	44,0
Multicasos	10	5	8	9	12	12	3	6	65	26,6
Etnográfica	1	0	0	0	1	0	2	1	5	2,0
Pesquisa-ação	0	0	0	1	0	0	0	0	1	0,4
Pesquisa participante	0	0	0	1	0	0	0	0	1	0,4
Grounded theory	0	0	2	0	0	1	0	1	4	1,6
Documental	0	1	2	1	2	3	3	6	18	7,4
Não identificada	5	3	3	4	5	6	5	12	43	17,6
Total	29	19	27	29	35	32	31	42	244	100,00

Fonte: RAP, RAUSP, RAE e RAC.

O percentual surpreendentemente reduzido da pesquisa-ação e pesquisa participante deve-se à opção dessa pesquisa em ater-se às estratégias declaradas pelos autores, por esse motivo registrando-se somente uma ocorrência de 1 (um) trabalho de pesquisa-ação, e 1 (um) de pesquisa participante. Sem dúvida, produz-se aqui um viés sobre a percepção das práticas de pesquisa e intervenção organizacional, nas quais a expressão *pesquisa-ação* parece constituir um rótulo que cobre uma variedade de abordagens e serve de justificativa para a pesquisa superficial e imprecisa, tal como alertam Eden e Huxham (2001). Ocorre que uma vez que o autor não declara utilizar e, simultaneamente, não usa a metodologia da *pesquisa-ação* e/ou *pesquisa participante*, tal como definida por Thiollent (1997); Zuber-Skerritt (2002); Eden e Huxham (2001); Macke (2002), não se poderia inferir a ocorrência da estratégia simplesmente pelo fato de o artigo conter dados obtidos durante a intervenção. Preferimos incorrer no risco do esvaziamento da categoria *pesquisa-ação*, respeitando o critério definido neste estudo, do que "produzir" a ilusão da construção de mais uma estratégia frágil de pesquisa. Resultado semelhante foi encontrado no levantamento realizado por Roesch (2001) em periódicos nacionais. A autora afirma que apenas 1 (um) artigo relata o uso da *pesquisa-ação*.

Demo (1995) também não distingue as estratégias de *pesquisa participante* e *pesquisa-ação*, porque acredita que o compromisso com a prática é o mesmo em ambas. Eden e Huxham (2001) somente admitem o uso da expressão *pesquisa-ação* para incorporar a pesquisa que, amplamente, resulta do envolvimento do pesquisador com os membros de uma organização, em torno de um assunto que tem genuíno interesse para eles e no qual há intenção dos membros da organização de agir com base na intervenção.

As estratégias qualitativas requerem que os pesquisadores gastem muitas horas de contato pessoal direto com os seres estudados (Neuman, 2000), uma vez que o centro da questão qualitativa é o fenômeno participativo (Demo, 1995). O processo de imersão do pesquisador inerente ao paradigma fenomenológico parece ter sido abolido na fugacidade e efemeridade da designação *estudos de casos*.

Sabe-se que uma grande parte dos estudos classificados como estudo de caso/multicasos constitui o que Merriam (1998) chama de *estudo qualitativo básico ou genérico*, referindo-se a estudos que contêm algumas características da pesquisa qualitativa, mas não se focalizam sobre a cultura ou construção de *grounded theory*; não são estudos de caso intensivo; simplesmente buscam descobrir e compreender um fenômeno, um processo, ou a perspectiva de visão de mundo das pessoas envolvidas; os dados são coletados através de entrevistas, observações e análise documental; a análise geralmente resulta na identificação de categorias, fatores, variáveis e temas. Trata-se da forma mais comum da pesquisa qualitativa em educação e, ao que parece, também predominante nos estudos organizacionais, e não se caracteriza como estudo de caso.

A esfera qualitativa dos estudos organizacionais brasileiros encontra-se distante da perspectiva participante, que caracteriza a visão qualitativa, e marcada pelo predomínio de um tipo de *estudo de caso genérico* no qual se mistura uma *pesquisa-ação não participante* – denominação inúmeras vezes mencionadas pelos autores.

Os *estudos de caso e multicasos* (172 artigos) foram classificados de acordo com a tipologia de Yin (2001). Foram respeitadas as indicações dos autores e inferida a classificação na ausência de sugestão do autor. Não foi identificado

A pesquisa qualitativa nos estudos organizacionais brasileiros: uma análise bibliométrica

nenhum caso *explanatório* ou causal (aquele que visa identificar relações causais entre variáveis, busca do "como" e "por quê") e apenas 15,7% dos casos foram considerados *descritivos* (aqueles que partem de um conhecimento preexistente para descrever o comportamento de uma variável em uma população; busca do "quanto", "quando", "onde", "quem"). Em razão da natureza qualitativa do material, considera-se coerente que a grande maioria dos casos (84,3%) seja *exploratória* (os que procuram compreender o fenômeno, busca do "o quê"), como pode ser observado no Quadro 3.4.

Quadro 3.4 Tipos de estudo de caso entre os estudos qualitativos

Tipos de estudos de caso	1997	1998	1999	2000	2001	2002	2003	2004	Total	%
Exploratório	22	15	19	17	23	21	15	13	145	84,3
Descritivo	1	0	1	5	4	1	6	9	27	15,7
Total	23	15	20	22	27	22	21	22	172	100,00

Fonte: RAP, RAUSP, RAE e RAC.

Trabalhou-se com a identificação da ênfase *descritiva* ou *exploratória*, evitando-se, pela dificuldade de precisão, a classificação descritivo-exploratória. Ainda que se reconheça que alguns estudos quali-quantitativos teriam origem descritivo-exploratória, a fim de não tornar essa categoria um guarda-chuva para a dúvida na classificação, optou-se por não utilizá-la e manter a identificação da ênfase. Não apenas pela adequação à gênese qualitativa, mas também em virtude da ausência de delineamento metodológico preciso, modelos teóricos claros e categorias analíticas, o tipo de *estudo de caso exploratório* concentrou a quase totalidade dos trabalhos. Triviños (1987) ressalta que os estudos *descritivos* exigem do investigador uma precisa delimitação de técnicas, métodos, modelos e teorias que orientem a coleta e a interpretação dos dados.

Ainda que a pesquisa qualitativa seja mais exploratória do que confirmatória, e mais descritiva do que explanatória (Denzin e Lincoln, 2000) – tal como observado neste estudo –, não se pode deixar de evidenciar a confusão existente nos estudos organizacionais acerca da compreensão do que seja um *estudo descritivo*. O termo "descritivo" é utilizado com diferentes significados. Lima *et al.* (2002), por exemplo, ao analisarem os estudos qualitativos sobre cultura e mudança, nos Anais do Enanpad, entre 1999 e 2001, verificam que os estudos *descritivos* são dominantes. Provavelmente não se trata da expressão *descritivo* dentro da tipologia de estudos de caso proposta por Yin (2001). Lüdke, André (1986) e Merriam (1998) utilizam conscientemente o termo "descritivo" para definir e caracterizar a pesquisa qualitativa, para referir-se à riqueza do materialismo e ao detalhamento das descrições de pessoas, situações e acontecimentos a que deve se ater o pesquisador. Entretanto, essa "transcrição" de um elevado número de elementos da realidade somente contribui para o descobrimento e a construção do objeto, para a investigação do *o que* característico da pesquisa qualitativa-exploratória.

As categorias e dimensões de análise qualitativa que emergem da exploração dificilmente existem previamente para serem descritas pois, neste caso, quase sempre se destinam ao método hipotético-dedutivo e à mensuração. Há uma proximidade quase analógica entre exploração e indução. Como reafirma Patton (1990), os métodos qualitativos são particularmente orientados para a exploração, descoberta e lógica indutiva. A pesquisa qualitativa é usualmente exploratória ou diagnóstica (Sampson *apud* Sampaio, 2001).

O número total de métodos de coleta do material empírico encontrados é superior ao de estratégias, pelo fato de que, em alguns trabalhos, foi utilizado mais de um método na obtenção de dados primários, caracterizando, por vezes, a triangulação. Esses casos foram registrados quase sempre em *entrevista* e *questionário aberto*. No Quadro 3.5, pode-se verificar que "grande parte das pesquisas qualitativas utiliza apenas *entrevista* na coleta de dados primários (56,6%)", apesar de, em muitos casos, enunciar a utilização também de *observação* e *documentos*. Quer por se tratar de coleta de dados secundários (no caso da técnica documental) quer pela ausência de rigor na utilização da técnica de *observação*, não se poderia falar em triangulação, e sim em instrumentos complementares à entrevista. Além disso, os trabalhos que enunciam várias técnicas quase invariavelmente não apresentam os dados e resultados originados pelas técnicas.

A pesquisa qualitativa nos estudos organizacionais brasileiros: uma análise bibliométrica

Quadro 3.5 Técnicas de pesquisa utilizadas pelos estudos qualitativos

Técnicas de pesquisa	1997	1998	1999	2000	2001	2002	2003	2004	Total	%
Entrevista	21	9	17	17	25	16	24	30	159	56,6
Questionário	3	1	3	5	5	1	3	5	26	9,3
Observação	2	0	2	1	1	1	4	4	15	5,3
Focus group	2	1	0	2	0	1	3	2	11	3,9
Análise documental	0	1	2	1	2	3	4	6	19	6,8
Técnica não identificada	7	7	10	6	7	10	1	4	51	18,1
Total	35	19	34	32	40	32	39	51	281	100,00

Fonte: RAP, RAUSP, RAE e RAC.

Não foi possível questionar a qualidade e o rigor da provável multiplicidade de formas de instrumento e operacionalização daquilo que 159 trabalhos denominam *entrevista*. Concordamos com Stablein (2001), que o termo "entrevista" é usado tão livremente que o único aspecto comum entre suas diferentes utilizações é simplesmente a fala. Não se sabe se caracterizam entrevista em profundidade ou focalizada (Sierra, 1998; Valles, 1998), pois a maioria continua descrevendo o tipo de entrevista simploriamente a partir da forma do roteiro construído. Ainda assim, um percentual representativo dos trabalhos, 18,1%, não mencionou a utilização de qualquer tipo de técnica, inviabilizando a compreensão sobre a origem dos dados.

3.4 Considerações finais

A pergunta inicial sobre os métodos qualitativos utilizados nos estudos organizacionais brasileiros encontrou poucas respostas e muitos problemas. Pretendia-se, em princípio, apenas classificar as pesquisas, e não analisá-las e julgá-las. A crítica foi construída pela própria dificuldade dos trabalhos utilizados como documentos em definirem-se diante da literatura sobre metodologia.

A fragilidade da metodologia amorfa não deve ser confundida com a flexibilidade da metodologia emergente, típica da investigação qualitativa. O *design* da pesquisa qualitativa, descreve Patton (1990), não pode ser completamente especificado antes da pesquisa de campo. Não pode ser dado *a priori*, ele deve emergir, desenvolver-se, desabrochar, complementam Guba e Lincoln (1982). A flexibilidade do *design* é coerente com a postura construtiva da visão qualitativa, no entanto, alicerçada por sólidos pilares metodológico-epistêmicos.

A proporção dos resultados quantitativos aqui encontrados possui validade e representação apenas para amostras semelhantes. As diferenças de resultados encontradas em relação a pesquisas anteriormente publicadas devem-se, provavelmente, ao tipo de veículo escolhido. Notadamente, os resultados encontrados na análise dos Anais do Enanpad distinguem-se daqueles encontrados em estudos com periódicos científicos e também daqueles derivados da análise de teses e dissertações. O caráter multiforme da produção científica, com diferentes tendências, sem dúvida constitui uma dificuldade na formação de uma percepção mais homogênea entre os autores que dela se ocupam. Porém, parece que a ausência de consenso nas análises e interpretações deriva justamente da dificuldade em estabelecer os critérios de classificação. A tipologia faz concessões à fragilidade em graus distintos. Classificar os tipos de estratégias ou técnicas transformou-se de um simples levantamento em um desafio metodológico. E, consequentemente, a atribuição da classificação passou de um trabalho descritivo a uma inevitável análise crítica.

Para enfrentar a complexidade do mundo real e detectar as estruturas invisíveis é preciso adotar métodos. Sem métodos, a ciência não progride, as organizações menos ainda, declaram Pozzebon e Freitas (1998). A proposta metodológica é a força de controle da pesquisa, ratifica Patton (1990), preocupado também com a banalização do tratamento qualitativo que se arrisca a ver qualidade em tudo, independentemente da adequação ao tema e ao objeto.

Parece evidente que a proliferação das pesquisas qualitativas entre os estudos organizacionais não obteve correspondência em termos de qualidade. Sofremos hoje, no que se refere à visão qualitativa, de uma *antimetodologia não intencional*. Investigações acerca dos métodos qualitativos em periódicos científicos internacionais (não exclusivamente de proveniência anglo-saxônica, pela evidente ênfase quantitativista) poderiam nos contextualizar diante dessa discussão.

A reflexão acerca das causas produtoras da ausência de clareza metodológica nos estudos qualitativos abre duas ordens de possibilidades. A primeira diz respeito ao uso de métodos qualitativos na fronteira entre a pesquisa acadêmica e a consultoria em gestão (Gumesson, 1991; Roesch, 2001). A permissividade de divulgação de resultados sem nenhuma referência sistemática à pesquisa empírica denuncia que a confusão entre pesquisa e intervenção se consolida justamente pela tolerância dos padrões de pesquisa exigidos (Eden e Huxham, 2001).

A segunda ordem de possibilidades é mais um fator constitutivo das ciências do que um obstáculo a ser vencido. A pesquisa qualitativa em ciências sociais desenvolve-se tradicionalmente nos campos das ciências da linguagem, da psicologia (principalmente social e cognitiva), da antropologia, da história e da teoria psicanalítica (Alonso, 1998; Valles, 1997; Cáceres, 1998). A visão qualitativa em ciências sociais se constrói fundalmentalmente a partir de duas disciplinas – a psicanálise e as ciências da linguagem, afirma Alonso (1998). As áreas constitutivas do saber qualitativo em ciências sociais apresentam-se bastante distanciadas do campo do saber organizacional. A questão fundamental que se coloca é como seria possível fazer pesquisa científica qualitativa ignorando-se as áreas que compõem a gênese constitutiva e a essência do desenvolvimento dessa esfera metodológica.

O grau de aprofundamento no campo das ciências da linguagem exigido pela metodologia qualitativa da análise do discurso e suas técnicas conversacionais de entrevista em profundidade e grupo de discussão, por exemplo, praticamente impedem o desenvolvimento de um trabalho unidisciplinar qualitativo no campo organizacional.

Não se pretende ignorar a preocupação social, a necessidade de avaliação e aperfeiçoamento de programas e o imperativo da resolução de problemas empíricos que caracterizam essência aplicada dos estudos organizacionais, fundamentalmente dos mais comprometidos com o gerencialismo. No entanto, há uma parte desses estudos afinados com a pesquisa básica (Patton, 1990), capaz de contribuir para o conhecimento fundamental e a teoria. Possivelmente, esses estudos, em virtude da proximidade com as ciências sociais e humanas, tenham maiores oportunidades de buscar as raízes epistemológicas necessárias à cientificidade dos estudos organizacionais.

A questão da validade dos estudos qualitativos passa, de acordo com Miles e Huberman (1994), pelas seguintes interrogações: os resultados encontrados no estudo fazem sentido? São confiáveis para os indivíduos estudados e para outros leitores? Temos uma autêntica descrição do objeto estudado? Outros autores recomendam a combinação de metodologias no estudo do mesmo fenômeno, ou seja, o uso da triangulação para melhorar o *design* do estudo (Denzin, 1978; Fielding e Fielding, 1986; Patton, 1990). A triangulação que visa aumentar a validade interna não reside na simples mistura e no uso conjunto de varias técnicas, ampliando-se, por vezes, a dificuldade de manejo do material discursivo.

O defrontamento com a hegemonia de *estudos de caso qualitativos genéricos* (Merriam, 1998), com *descrição de aplicação* (Pozzebon e Freitas, 1998), em uma amostra representativa dos estudos organizacionais brasileiros, não se dá sem surpresa, indignação e compromisso. Da curiosidade inicial acerca dos principais métodos qualitativos de investigação utilizados no campo organizacional fomos lançados pela realidade à autorreflexão e à cumplicidade com os autores de trabalhos semelhantes que nos antecederam. Definitivamente, um dos mais relevantes papéis da ciência reside na possibilidade de pensar e questionar a si própria, ou seja, epistemologizar.

Referências

ALONSO, L. H. *La mirada cualitativa en sociología*. Madrid: Fundamentos, 1998.

BACHELARD, G. *Epistemologia*. Rio de Janeiro: Zahar, 1983.

BARTUNEK, J. M. e SEO, M. G. Qualitative research can add new meanings to quantitative research. *Journal of Organizational Behavior*, v. 23, p. 237-242, 2002.

BERICAT, E. *La integración de los métodos cualitativo y cuantitativo en la investigación social*: significado y medida. Barcelona: Ariel, 1998.

BERTERO, C. O; CALDAS, M. P. e WOOD Jr., T. Produção Científica em Administração de Empresas: Provocações, Insinuações e Contribuições para um Debate Local. *Revista de Administração Contemporânea*. Rio de Janeiro, v. 3, n. 1, p. 147-178, jan./fev. 1999.

A pesquisa qualitativa nos estudos organizacionais brasileiros: uma análise bibliométrica

BRYMAN, A. *Quantity and Quality in Social Research.* London: Routlege, 1996.

BURRELL, G. e MORGAN, G. *Sociological paradigms and organizational analysis.* London: Heinemann, 1979.

CARVALHO, J. L. F. e VERGARA, S. C. A fenomenologia e a pesquisa dos espaços de serviços. *Revista de Administração de Empresas.* São Paulo, v. 42, n. 3, p. 78-91, jul./set. 2002.

CARRIERI, A. P. e LUZ, T. R Paradigmas e metodologias: não existe pecado do lado de baixo do Equador. In: XXII Enanpad. *Anais...* Foz do Iguaçu, 1998.

CASSEL, C. e SYMON, G. Qualitative research in a work contexts. In: CASSEL, C. e SYMON, G. (Org.). *Qualitative methods in organizational research.* London: Sage, 1994.

COLTRO, A. A fenomenologia: um enfoque metodológico para além da modernidade. *Cadernos de Pesquisa em Administração.* São Paulo, v. 1, n. 11, 2000.

DEMO, P. *Metodologia científica em ciências sociais.* 3ª ed. São Paulo: Atlas, 1995.

_____. *Metodologia do conhecimento científico.* São Paulo: Atlas, 2000.

_____. *Pesquisa e informação qualitativa:* aportes metodológicos. São Paulo: Papirus, 2001.

DENZIN, N. K. *The research act.* New York: McGraw-Hill, 1978.

_____. e LINCOLN, Y. S. *Handbook of qualitative research.* London: Sage, 2000.

EDEN, C. e HUXHAM, C. Pesquisa-ação no estudo das organizações. In: CLEGG, S. R. *et al.* (Org.). *Handbook de estudos organizacionais.* São Paulo: Atlas, 2001.

FIELDING, N. G. e FIELDING, J. L. *Linking data.* Beverly Hills (CA): Sage, 1978.

GLASER, B. G. e STRAUSS, A. L. *The discovery of grounded theory.* Chicago: Aldine, 1967.

GUBA, E. G. e LINCOLN, Y. Epistemological and methodological bases of naturalistic inquiry. *Educational Communication and Technology,* v. 30, n. 4, p. 233-252, 1982.

GUMESSON, E. *Qualitative methods in management research.* London: Sage, 1991.

HOPPEN, N. Sistemas de informação no Brasil: uma análise dos artigos científicos dos anos 90. *Revista de Administração Contemporânea.* Rio de Janeiro, v. 2, n. 3, p. 151-177, set./dez. 1998.

LAZARSFELD LIMA, J. B. Pesquisa qualitativa e qualidade na produção científica em administração de empresas. In: XXIII Enanpad, *Anais...* Foz do Iguaçu, 1999.

LIMA, A. C. C. *et al.* Uso do método qualitativo em estudos sobre cultura e mudança. Uma análise exploratória da produção científica nos *Anais* do Enanpad. In: CLADEA. *Anais...* Porto Alegre, 2002.

LÜDKE, M. e ANDRÉ, E. D. A. *Pesquisa em educação:* abordagens qualitativas. São Paulo: EPU, 1986.

MACKE, J. A pesquisa-ação como método de intervenção nas organizações: uma aplicação prática. In: Enanpad, *Anais...* Salvador, 2002.

MERRIAM, S. B. *Qualitative research and case study applications in education.* San Francisco: Allyn and Bacon, 1998.

MILES, M. B. e HUBERMAN, A. M. Qualitative data analysis. London: Sage, 1994.

MORGAN, G. (Org.). *Beyond method:* strategies for social research. Califórnia: Sage, 1983.

NEUMAN, W. L. *Social research methods:* qualitative and quantitative approaches. London: Allyn and Bacon, 2000.

PATRICIO, Z. M. e PINTO, M. D. de S. Aplicação de métodos qualitativos na produção de conhecimento: uma realidade particular e desafios coletivos para a compreensão do ser humano nas organizações. In: Enanpad, *Anais...* Foz do Iguaçu, 1999.

PATTON, M. Q. *Qualitative evaluation and research methods*. London: Sage, 1990.

POZZEBON, M. e FREITAS, H. M. R. Pela aplicabilidade – com maior rigor científico – dos estudos de caso em sistemas de informação. *Revista de Administração Contemporânea*. Rio de Janeiro, v. 2, n. 2, p. 143-170, mai./ago. 1998.

RENNIE, D. L.; WATSON, K. D. e MONTEIRO, A. M. The rise of qualitative research in psychology. *Canadian Psychology*, v. 43, n. 3, p. 179-189. Aug. 2002.

ROCHA, R. A. e CERETTA, P. S. Pesquisa qualitativa: um desafio à ciência social. In: XXII Enanpad, *Anais...* Foz do Iguaçu, 1998.

RODRIGUES, S. B. e CARRIERI, A. P. A tradição anglo-saxônica nos estudos organizacionais brasileiros. *Revista de Administração Contemporânea*. Rio de Janeiro, ed. Especial, p. 81-102, 2001.

ROESCH, S. M. A. Nota técnica: pesquisa-ação no estudo das organizações. In: CLEGG, S. R. *et al.* (Org.). *Handbook de Estudos Organizacionais*. São Paulo: Atlas, 2001.

ROUSSEAU, D. M. e FRIED, Y. Location, location, location: contextualizing organizational research. *Journal of Organizational Behavior*, v. 22, p. 1-13, 2001.

SALE, J. E. M.; LOHFELD, L. H. e BRAZIL, K. Revisiting the quantitative-qualitative debate: implications for mixed-methods research. *Quality & Quantity*, v. 36, p. 43–53, 2002.

SAMPAIO, J. R. A pesquisa qualitativa entre a fenomenologia e o empirismo formal. *Revista de Administração*. São Paulo, v. 36, n. 2, p. 16-24, abr./jun. 2001.

SIVESIND, K. H. Structured, qualitative comparison between singularity and single-dimensionality. *Quality & Quantity*, v. 33, p. 361–380, 1999.

SOGUNRRO, A. O. Selecting a quantitative or qualitative research methodology: an experience. *Educational Research Quarterly*, v. 26, n. 1, p. 3-10, 2001.

STABLEIN, R. Dados em estudos organizacionais. In: CLEGG, S. R. *et al.* (Org.). *Handbook de estudos organizacionais*. São Paulo: Atlas, 2001.

THIOLLENT, M. *Pesquisa-ação nas organizações*. São Paulo: Atlas, 1997.

TRIVIÑOS, A. N. S. *Introdução à pesquisa em ciências sociais*. São Paulo: Atlas, 1987.

VALLES, M. S. *Técnicas cualitativas de investigación social*: reflexión metodológica y práctica profesional. Madrid: Síntesis, 1997.

VERSCHUREN, P. J. M. Holism *versus* reductionism in modern social science research. *Quality & Quantity*, v. 35, p. 389-405, 2001.

ZUBER-SKERRITT, O. A model for designing action learning and action research programs. *The Learning Organization*, v. 9, n. 4, p. 143-149, 2002.

YIN, R. K. *Estudo de caso*: planejamento e métodos. Porto Alegre: Bookman, 2001.

Estratégias de Pesquisa em Organizações

PARTE II

| Capítulo 4 | # Estudo de caso qualitativo |

Arilda Schmidt Godoy

▰ Introdução

Parece existir pouca precisão no uso do termo "estudo de caso", encontrado para designar uma ampla categoria de estudos envolvendo métodos quantitativos e/ou qualitativos de pesquisa. As diferentes visões do estudo de caso são reforçadas pelo fato de o termo ser usado em várias áreas do conhecimento (por exemplo, medicina, serviço social, direito, sociologia, psicologia e administração), ora para designar uma metodologia de investigação, ora para referir-se a uma técnica de ensino.

Segundo Stablein (2001), os estudos de caso foram bastante utilizados nas primeiras produções na área de estudos organizacionais, detectando-se uma predominância de relatórios de casos no periódico *Administrative Science Quarterly*, de 1959. Também nos anos 1950, aparecem os primeiros estudos de caso desenvolvidos em sociologia organizacional e aqueles que deram suporte ao Tavistock Institute. No final dos anos 1960, possivelmente em razão da valorização de um modelo positivista para a construção do conhecimento, há um declínio na produção de casos. Um aumento de interesse por esta abordagem de pesquisa vai reaparecer na Europa e Estados-Unidos a partir dos anos 1980.

A utilização do estudo de caso na área de organizações é conhecida e pode ser atestada nos textos de Hartley (1995) e de Yin (1993) e no site da

Association for Information Systems. Embora uma simples busca em bases de dados como o Proquest e o Ebsco também possa colocar o leitor em contato com trabalhos que seguem esta metodologia dentro de sua temática de interesse, vale a pena recomendar alguns estudos considerados exemplares, como o de Biggart (1977) e o de Heracleous e Barrett (2001).

Na literatura nacional, o estudo de caso tem sido amplamente utilizado nos estudos organizacionais, conforme se pôde verificar no capítulo anterior. Com o objetivo de identificar os tipos e as estratégias de pesquisa qualitativa utilizadas nos estudos organizacionais, Godoi e Balsini desenvolveram uma pesquisa documental a partir da análise da produção científica brasileira, publicada nos principais periódicos da área, no período 1997-2004, registrando que a maioria dos estudos qualitativos encontrados foram declarados pelos autores como estudos de caso único ou multicasos. Resultados semelhantes foram encontrados no estudo de Mariz, Goulart, Dourado e Regis (2004), que apresenta uma revisão crítica da metodologia utilizada nos trabalhos produzidos na área de Teoria das Organizações nos Enanpads de 1999 a 2002, focando especialmente o estudo de caso. Para esses autores, a versatilidade do estudo de caso tem contribuído para a sua disseminação em estudos organizacionais, embora nem sempre as pesquisas que afirmam utilizar-se desta modalidade de investigação apresentem a qualidade desejada.

Conforme alertam os autores anteriormente citados, grande parte dos estudos classificados como estudo de caso/multicaso constitui o que Merriam (1998) denomina de "estudo qualitativo básico ou genérico", que se caracteriza como uma pesquisa que contém algumas das características da metodologia qualitativa, mas não possui todos os requisitos para ser tratada como um estudo de caso intensivo por meio do qual se visa aprofundar uma unidade de análise claramente especificada.

O propósito deste capítulo é esclarecer "o que é" um estudo de caso, enquanto possibilidade de investigação dos fenômenos humanos e sociais, com destaque para o estudo de caso qualitativo e a sua utilização na área de organizações.

Parte-se de um breve histórico deste método de pesquisa e do exame de sua conceituação para estabelecer suas características definidoras. Abordam-se também alguns aspectos envolvidos no seu planejamento e na condução do

Estudo de caso qualitativo

trabalho de campo e discutem-se questões referentes ao rigor e à qualidade dos estudos de caso.

4.1 Breve histórico

Platt (1992), ao fazer uma pesquisa sistemática sobre as referências ao termo "estudo de caso" na literatura americana sobre metodologia, constata que, nos anos 1920 e 1930, já se identificam livros-texto, artigos e monografias que tratam desta possibilidade de investigação nas ciências sociais. No entanto, a associação do estudo de caso com o método qualitativo de pesquisa tem suas origens nos trabalhos realizados pelo Departamento de Sociologia da Universidade de Chicago, no período de 1910 a 1940. Para o autor, nesse período, sedimenta-se a ideia do estudo de caso enquanto uma possibilidade de pesquisa oposta aos então denominados métodos estatísticos e que tem como característica fundamental a busca por significados atribuídos pelos sujeitos às suas vivências e experiências pessoais.

Um dos mais importantes trabalhos produzidos pela Universidade de Chicago nesse período foi *The polish peasant in Europe and América* de autoria de William I. Thomas e Florian Znaniecki, com foco nas questões sociais da época. Uma vez que as massas de imigrantes pareciam trazer à tona problemas de cunho social, a sociologia empírica voltou-se ao estudo de temáticas relacionadas aos imigrantes, dos negros e demais grupos étnicos encontrados no país. A ênfase sobre aspectos da vida urbana também estava presente nos estudos de Robert E. Park, que estimulava seus alunos a desenvolver estudos intensivos de comunidades particulares.

No entanto, não se pode falar em clareza metodológica naquela época. Segundo Platt (1992), o termo "método de estudo de caso" não apresentava precisão conceitual e era utilizado de forma intercambiável com as histórias de vida, com as entrevistas não estruturadas e outras modalidades de estudo centradas num pequeno número de casos. Tais estudos tinham em comum sua natureza holística e a análise não quantitativa dos dados coletados.

No período compreendido entre 1930 a 1960, houve um desaquecimento desse tipo de produção, causado pela morte ou aposentadoria de alguns de seus representantes principais, mas também pela guerra que esvaziou os programas de pós-graduação, em que a maioria dessas pesquisas tinha lugar. A pesquisa desenvolvida para atender as demandas de órgãos governamentais, nesse período, acabou contribuindo para restabelecer o valor do *survey* e o declínio do estudo de caso. Mesmo assim alguns estudos considerados representativos da modalidade de pesquisa estudo de caso foram publicados nesse período, valendo a pena citar o trabalho de William Foote White, denominado *Street corner society*, publicado pela primeira vez em 1943.

Nos anos 1960, uma revalorização das tradições da Escola de Chicago trouxe de volta o interesse pelo estudo de caso. É desse período a ideia-chave de que deve existir uma coleta intensiva de dados para cada caso descrito e analisado.

A partir dos anos 1970, o uso dos estudos de caso na área de organizações reacende a discussão sobre a questão da generalização e da validade nesta modalidade de pesquisa. Esse tipo de preocupação parece ter influenciado autores como Robert K. Yin e Kathleen M. Eisenhardt, que acabam por adotar uma visão positivista de pesquisa para a modalidade estudo de caso. Tal perspectiva defende também a mesclagem de dados qualitativos e quantitativos.

Neste capítulo, conforme explicitado anteriormente, enfatiza-se o estudo de caso qualitativo, de orientação interpretativa, embora não se descarte a contribuição de Yin (2001) e de Eisenhardt (1989), na procura de procedimentos que possam concorrer para dar mais qualidade a esta modalidade de pesquisa.

■ 4.2   Definição e características

Em 1952, Goode e Hatt (1968, p. 421) caracterizaram o estudo de caso como "um método de olhar a realidade social" que utiliza um conjunto de técnicas de pesquisa usuais nas investigações sociais como a realização de entrevistas, a observação participante, o uso de documentos pessoais, a coleta de histórias de vida. Para esses autores, o estudo de caso se constitui num

> [...] meio de organizar os dados sociais preservando o caráter unitário do objeto social estudado [...] uma abordagem que considera qual-

Estudo de caso qualitativo

> quer unidade social como um todo [...] [e] inclui o desenvolvimento dessa unidade, que pode ser uma pessoa, uma família ou outro grupo social, um conjunto de relações ou processos (como crises familiares, ajustamento à doença, formação de amizade, invasão étnica de uma vizinhança etc.) ou mesmo toda uma cultura [...]. (Goode e Hatt, 1968, p. 422.)

É possível verificar que estes autores já destacavam que a especificidade do estudo de caso não estava centrada nas formas de pesquisa empregadas, embora isso seja importante para caracterizá-lo, mas no tipo de questão que ele responde, cujo foco de interesse está no individual, no específico.

Este ponto de vista é compartilhado por importantes especialistas no uso desta modalidade de pesquisa como Robert E. Stake (1988, 1994, 2000), Robert K. Yin (2001) e Sharan B. Merriam (1988, 1998).

Para Stake (1988, p. 256), a principal diferença entre o estudo de caso e outras possibilidades de pesquisa é o foco de atenção do pesquisador que busca "a compreensão de um particular caso, em sua idiossincrasia, em sua complexidade". Ainda segundo o autor (Stake, 1994), quando falamos em estudo de caso, não estamos nos referindo a uma escolha metodológica mas, fundamentalmente, à escolha de um determinado objeto a ser estudado, que pode ser uma pessoa, um programa, uma instituição, uma empresa ou um determinado grupo de pessoas que compartilham o mesmo ambiente e a mesma experiência.

Também Merriam (1988) se refere ao estudo de caso qualitativo como uma descrição (holística e intensiva) de um fenômeno bem delimitado (um programa, uma instituição, uma pessoa, um grupo de pessoas, um processo ou uma unidade social). Para a autora, o uso do estudo de caso denota que o interesse do pesquisador está mais voltado à compreensão dos processos sociais que ocorrem num determinado contexto do que às relações estabelecidas entre variáveis. Tem sido escolhido por pesquisadores especialmente interessados no *insight*, na descoberta, na interpretação, mais do que na verificação de hipóteses. De acordo com Merriam (1988), os pesquisadores geralmente utilizam o estudo de caso quando desejam compreender uma situação em profundidade, enfatizando seu significado para os vários envolvidos.

Yin (2001) tenta reunir em sua definição técnica do estudo de caso os dois aspectos principais que caracterizam essa estratégia de pesquisa: seu escopo e seus aspectos metodológicos.

Quanto ao escopo, ressalta que:

> Um estudo de caso é uma investigação empírica que investiga um fenômeno contemporâneo dentro de seu contexto da vida real, especialmente quando os limites entre o fenômeno e o contexto não estão claramente definidos [...]. (Yin, 2001, p. 32.)

Do ponto de vista metodológico estabelece:

> A investigação de estudo de caso enfrenta uma situação tecnicamente única em que haverá muito mais variáveis de interesse do que pontos de dados, e, como resultado, baseia-se em várias fontes de evidência, com os dados precisando convergir em um formato de triângulo, e, como outro resultado, beneficia-se do desenvolvimento prévio de proposições teóricas para conduzir a coleta e a análise de dados. (Yin, 2001, p. 32-33.)

Embora exista uma concordância acentuada dos autores em relação ao primeiro aspecto, verificam-se pontos de vista distintos quanto ao papel da teoria nesta estratégia de pesquisa, o que será explorado em outros pontos deste capítulo.

Ao tratar o estudo de caso no âmbito da pesquisa organizacional, Hartley propõe a seguinte definição:

> [...] consiste de uma investigação detalhada, frequentemente com dados coletados durante um período de tempo, de uma ou mais organizações, ou grupos dentro das organizações, visando prover uma análise do contexto e dos processos envolvidos no fenômeno em estudo. (1995, p. 208-209.)

Destaca-se aqui, mais uma vez, que o fenômeno a ser estudado não deve ser isolado de seu contexto, o que cunhou a expressão "interpretação no con-

Estudo de caso qualitativo

texto", utilizada por Cronbach (1975), significando que, ao se concentrar em um simples fenômeno, esta abordagem de pesquisa pretende descobrir e revelar a interação entre os fatores internos e externos que são característicos do mesmo evento.

Hartley (1995) destaca que o estudo de caso tem sido amplamente utilizado na área de comportamento organizacional especialmente quando se quer compreender processos de inovação e mudança organizacionais a partir da complexa interação entre as forças internas e o ambiente externo. Segundo o autor, o estudo de caso tem permitido rastrear processos de mudança, identificando e analisando as forças históricas, pressões contextuais e a dinâmica dos vários grupos de *stakeholders* na aceitação ou oposição a tais processos, em uma ou mais organizações, ou em grupos específicos no seu interior.

Algumas características do estudo de caso qualitativo devem ser reforçadas, visando clarificar e complementar o seu entendimento. Para isso, utilizam-se aquelas propostas por Merriam (1988) e que destacam o seu caráter particularista, descritivo, heurístico e indutivo.

O estudo de caso deve estar centrado em uma situação ou evento particular cuja importância vem do que ele revela sobre o fenômeno objeto da investigação. Essa especificidade torna o estudo de caso um tipo de pesquisa especialmente adequado quando se quer focar problemas práticos, decorrentes das intrincadas situações individuais e sociais presentes nas atividades, nos procedimentos e nas nterações cotidianas. Embora o estudo de caso se concentre na maneira como uma pessoa ou grupo de pessoas trata determinados problemas, é importante ter um olhar holístico sobre a situação, pois não é possível interpretar o comportamento humano sem a compreensão do quadro referencial dentro do qual os indivíduos desenvolvem seus sentimentos, pensamentos e ações. Segundo Feagin, Orum e Sjoberg (1991), busca-se não somente examinar a situação na qual as pessoas estão envolvidas, mas também o impacto de suas crenças e decisões na complexa trama de interações sociais que estão no seu entorno.

É também característica do estudo de caso a heurística, auxiliando o pesquisador na compreensão e descoberta de novos significados para aquilo que está sendo estudado. O pesquisador que opta por este tipo de metodologia deve estar atento para o aparecimento de novos significados – *insigths* – que levem a repensar o fenômeno sob investigação.

Procedimentos descritivos estão presentes tanto na forma de obtenção dos dados (transcrições de entrevistas, anotações de campo, vários tipos de documentos) *quanto no relatório de disseminação dos resultados.* O que se pretende obter como resultado final de um estudo de caso é o que Geertz (1989) chamou de *thick description*, ou seja, uma descrição completa e literal do que está sendo estudado e que é apresentada, usando-se a prosa, como um modo literário para descrever, eliciar imagens e analisar situações. O significado da expressão "descrição densa" aparece em Geertz quando ele procura definir a natureza dos estudos etnográficos:

> O que o etnógrafo enfrenta, de fato [...] é uma multiplicidade de estruturas conceptuais complexas, muitas delas sobrepostas ou amarradas umas às outras, que são simultaneamente estranhas, irregulares e inexplícitas, e que têm que, de alguma forma, primeiro apreender e depois apresentar. E isso é verdade em todos os níveis de atividade de seu trabalho de campo [...]. Fazer etnografia é como tentar ler (no sentido de "construir uma leitura de") um manuscrito estranho, desbotado, cheio de elipses, incoerências, emendas suspeitas e comentários tendenciosos, escrito não com os sinais convencionais do som, mas com exemplos transitórios de comportamento modelado. (Geertz, 1989, p. 20.)

A descrição densa, portanto, "é interpretativa; o que ela interpreta é o fluxo do discurso oficial e a interpretação envolvida consiste em tentar salvar o 'dito' num tal discurso da sua possibilidade de extinguir-se e fixá-lo em formas pesquisáveis" (Geertz, 1989, p. 31).

Embora o estudo de caso nem sempre tenha um caráter etnográfico, conforme verificado a seguir, o termo "descrição densa" tem sido usado para referir-se ao tipo de narrativa que é esperada como produto final.

Estudos de caso adotam um enfoque indutivo no processo de coleta e análise dos dados. Os pesquisadores tentam obter suas informações a partir das percepções dos atores locais, colocando "em suspenso" suas preconcepções sobre o tema que está sendo estudado. Preferencialmente, buscam desenvolver conceitos e compreender os padrões que emergem dos dados, em

Estudo de caso qualitativo

vez de verificar hipóteses, modelos ou teorias preconcebidas. O processo de análise dos dados é criativo e intuitivo, sendo importante que o pesquisador seja sensível ao aparecimento de pressupostos não estabelecidos e significados ainda não articulados.

Como esclarecem Taylor e Bogdan (1998) e Merriam (1988), os pesquisadores não iniciam uma investigação com a mente vazia, uma vez que a pura indução é impossível. Para os autores, os pesquisadores não podem escapar de todos os seus pressupostos, conceitos e noções prévias durante a pesquisa. Mesmo buscando pelos significados atribuídos pelos atores sociais a um determinado evento, sua atenção é dirigida ao exame de alguns aspectos em vez de outros, em razão de suas crenças fundamentais (ou paradigmas) em relação ao funcionamento do mundo social. Dentro dessa ampla estrutura teórica, o importante é certificar-se de que a interpretação do pesquisador combina, vai ao encontro dos dados. Embora, segundo Merriam (1988), ocasionalmente, hipóteses tentativas possam ser lançadas, tais expectativas sempre estarão sujeitas à reformulação conforme a investigação se desenvolve.

Para Hartley (1995), a identificação inicial da questão de pesquisa e de uma estrutura teórica de apoio sempre devem ser consideradas tentativas, reconhecendo-se que tais questões e teorias podem modificar-se à medida que são examinadas em confronto com os dados sistematicamente coletados no campo.

Sumariando essas características, Merriam (1988, p. 16) afirma que no estudo de caso qualitativo busca-se "uma descrição e análise holística e intensiva de uma simples entidade, fenômeno ou unidade social". Para ela, "estudos de caso são particularistas, descritivos e heurísticos e apoiam-se fortemente no raciocínio indutivo a partir do manuseio de múltiplas fontes de dados".

4.3 Tipos de estudo de caso

Uma investigação desenvolvida sob o rótulo "estudo de caso" pode ser elaborada a partir de diferentes perspectivas, devendo o pesquisador estar atento para suas escolhas que precisam estar alinhadas ao problema de pesquisa que se pretende responder. Embora se reconheça, como Stake (2000), a dificuldade em se estabelecer uma categorização para as diferentes possibilidades do estudo de caso, considera-se que a diferenciação proposta por Merriam (1988) é esclarecedora.

Para a autora, pode-se falar em diferentes tipos de estudo de caso – descritivo, interpretativo e avaliativo –, considerando-se a natureza de seus objetivos. Pergunta-se:

- O trabalho é marcadamente descritivo?
- Apresenta uma interpretação dos dados?
- Elabora algum tipo de teoria?
- Avalia (ou julga) algum tipo de programa?

O estudo de caso é caracterizado como *descritivo* quando apresenta um relato detalhado de um fenômeno social que envolva, por exemplo, sua configuração, estrutura, atividades, mudanças no tempo e relacionamento com outros fenômenos. Procura ilustrar a complexidade da situação e os aspectos nela envolvidos. Normalmente os estudos de caso essencialmente descritivos são ateóricos, não se guiam por hipóteses previamente estabelecidas nem buscam a formulação de hipóteses genéricas. São considerados importantes na medida em que apresentam informações sobre fenômenos pouco estudados. Frequentemente formam uma base de dados para futuros trabalhos comparativos e de formulação de teoria.

O estudo de caso *interpretativo*, além de conter uma rica descrição do fenômeno estudado, busca encontrar padrões nos dados e desenvolver categorias conceituais que possibilitem ilustrar, confirmar ou opor-se a suposições teóricas. É fundamental que o pesquisador obtenha um grande número de informações que lhe possibilite interpretar ou teorizar sobre o fenômeno. O nível de conceitualização e abstração obtido pode ir de simples sugestões de relacionamentos entre variáveis até a elaboração de uma teoria. No entanto, é importante lembrar que o termo teoria, aqui, não está sendo utilizado com o mesmo significado das grandes teorias que se constituem em sistemas fortemente inter-relacionados de proposições e conceitos abstratos que descrevem, predizem e explicam amplas categorias de fenômenos. Conforme retomaremos no item 4.5.2, a teoria aqui proposta, de alcance mais limitado, tem como meta a organização e o desenvolvimento de um conjunto integrado

Estudo de caso qualitativo

de conceitos e do relacionamento entre eles, sendo obtida a partir dos dados empíricos, coletados no campo e explicitamente identificados.

Denomina-se estudo de caso de *avaliativo* quando a preocupação é gerar dados e informações obtidos de forma cuidadosa, empírica e sistemática, com o objetivo de apreciar o mérito e julgar os resultados e a efetividade de um programa. Esse tipo de estudo de caso pode ser entendido como uma pesquisa aplicada que informa determinados tipos de ação, fornece indicadores para o processo de tomada de decisão e aplica o conhecimento obtido para resolver problemas humanos e sociais (Patton, 1990).

É importante destacar que, enquanto alguns estudos de caso são meramente descritivos, muitos se constituem numa combinação de descrição e interpretação ou descrição e avaliação. Ao tratar especificamente da área de estudos organizacionais, Stablein (2001) identifica três tipos de estudos de caso: o etnocaso ou etnografia, casos "geradores de teoria" e casos "exemplares".

É comum que os estudos de caso na área de organizações recorram a outros campos disciplinares – como a antropologia, a sociologia e a psicologia social –, fazendo uso de suas propostas teóricas e/ou de suas técnicas de coleta e análise de dados. Uma influência marcante é exercida pela antropologia e sociologia qualitativa cujas raízes encontram-se na denominada Escola de Chicago, berço do estudo de caso conforme verificado anteriormente.

Seguindo essa influência, embora o termo "etnografia" tenha um sentido específico relacionado à sua utilização na área de antropologia, é possível falar de um estudo de caso etnográfico. No entanto, é preciso estar atento para o fato de que a etnografia, na antropologia, refere-se a uma abordagem de pesquisa desenvolvida para o estudo da cultura. Na sua acepção mais ampla, segundo Fetterman (1998, p. 1), ela pode ser entendida como "a arte e a ciência de descrever um grupo ou cultura". O relato etnográfico (ou etnografia) abrange a descrição dos eventos que ocorrem na vida de um grupo (com especial atenção para as estruturas sociais e o comportamento dos indivíduos como membros do grupo) e a interpretação do significado desses eventos para a cultura do grupo. Recorre ao trabalho de campo como sua mais importante forma de coleta de dados, pois acredita que sem um intenso e prolongado contato do pesquisador com o grupo será impossível descobrir como uma determinada rede de significações está organizada.

Numa acepção mais restrita, pode-se usar a expressão "técnicas etnográficas" para se referir ao conjunto de estratégias utilizadas na obtenção de dados no campo, tais como a observação participante, as entrevistas, as histórias de vida, os diários. No entanto, é importante estar alerta para o fato de que o simples uso dessas técnicas no processo de coleta de dados não autoriza a designação de um estudo de caso como sendo etnográfico. De acordo com Merriam (1988), um estudo de caso etnográfico é mais do que uma descrição holística e intensiva de um fenômeno ou unidade social, devendo haver uma preocupação antropológica com o contexto cultural. Para a autora, o desenvolvimento de uma análise e interpretação sociocultural do caso que está sendo estudado é o que distingue um estudo de caráter etnográfico. Na área de organizações, o trabalho de Perlow, Okhuysen e Repenning (2002) é apontado por Gephart (2004) como um exemplo recente de estudo etnográfico. No Brasil, o uso da etnografia na Administração está bem representado nos trabalhos de Cavedon (2003, 2004). Neste livro, a etnografia como estratégia de pesquisa será abordada no próximo capítulo por Carolina Andion e Maurício Serva.

O segundo tipo de estudo de caso denominado por Stablein de casos "geradores de teoria" tem como objetivo a descoberta de proposições teóricas generalizáveis encontradas a partir da imersão do pesquisador no campo. Este tipo de estudo de caso foi bastante enfatizado por Eisenhardt (1989).

Ao considerar o desenvolvimento de teoria como a atividade central da pesquisa organizacional, Eisenhardt (1989) apresenta um conjunto de orientações que visam fortalecer o processo de construção de teoria a partir do estudo de caso. Algumas dessas propostas serão objeto de consideração ao longo deste capítulo.

Um terceiro tipo de estudo de caso sugerido por Stablein refere-se aos casos "exemplares" que são normalmente apresentados em situações de seminário com especialistas e gestores ou de ensino em sala de aula visando à apresentação e discussão de experiências organizacionais. Aproxima-se da utilização do método do caso como estratégia de ensino, conforme apresentado por Ikeda, Veludo-de-Oliveira e Campomar (2004) e não será objeto de maiores considerações neste trabalho.

Estudo de caso qualitativo

▩ 4.4 Quando usar o estudo de caso

A opção pelo estudo de caso depende do problema de pesquisa que orienta o processo investigativo. Problemas de pesquisa que geram estudos de caso podem surgir de situações cotidianas, ou seja, serem identificados a partir do desejo do pesquisador de explicar alguma situação a partir da prática. Isso se reflete na grande utilização dos estudos de caso nas denominadas pesquisas de avaliação geralmente projetadas, visando acompanhar e julgar a qualidade e relevância dos resultados de projetos e/ou programas de natureza social.

Os estudos de caso, no entanto, também podem ser motivados por questões de natureza conceitual, que surgem de teorias previamente estabelecidas, ou que se propõem a elaborar uma teoria a partir de um ou mais casos analisados. São problemas de pesquisa que procuram responder a questões sobre processos ("por que" e "como" as coisas acontecem), assim como a questões de compreensão que procuram descrever e interpretar "o que" aconteceu numa determinada situação.

Para Hartley (1995), é possível explicitar um conjunto de motivos que sustentam a importância da utilização dos estudos de caso no entendimento do funcionamento das organizações. Segundo o autor, os estudos de caso são especialmente úteis quando o pesquisador deseja compreender os processos e interações sociais que se desenvolvem nas organizações, situando-os no contexto histórico – atual e/ou passado – no qual estão imersos. Também possibilitam uma análise processual, contextual e, em algumas situações, longitudinal, das várias ações que ocorrem no interior das organizações e dos significados a elas atribuídos. Constituem-se numa modalidade de pesquisa, especialmente indicada, quando se deseja capturar e entender a dinâmica da vida organizacional, tanto no que diz respeito às atividades e ações formalmente estabelecidas quanto àquelas que são informais, secretas ou mesmo ilícitas.

Os estudos de caso são especialmente indicados na exploração de processos e comportamentos dos quais se tem uma compreensão limitada. Neste sentido, desempenham um importante papel por possibilitar a geração de hipóteses explicativas e a elaboração de teorias, conforme advoga Eisenhardt (1989). Podem ainda trazer importante contribuição quando a intenção do pesquisador não é explorar casos típicos, mas examinar casos extremos ou pouco usuais, os quais podem ser especialmente reveladores.

Os estudos de caso também são usados em pesquisas comparativas – *cross-cultural* –, que buscam estudar como pessoas de diferentes países, regiões ou culturas se apropriam de determinados conceitos e significados orientadores de seu comportamento.

4.5   A realização de um estudo de caso

Neste item não se pretende fornecer um roteiro orientador para a organização de pesquisas que utilizam o estudo de caso, pois esta tarefa demandaria um texto bem mais detalhado e com uma discriminação dos passos e dos procedimentos técnicos envolvidos no processo, como apresentado em Yin (1993, 2001). A intenção é bem mais modesta: busca-se, aqui, apresentar alguns dos aspectos que reiteradamente são levantados por alunos e pesquisadores iniciantes que se propõem a desenvolver pesquisas da natureza de estudos de caso.

4.5.1.   Escolhendo uma unidade de análise

Uma vez que se tenha estabelecido o caso a ser estudado, torna-se importante definir a unidade de análise, ou seja, estabelecer as fronteiras de interesse do pesquisador. Dentro de cada caso existem, provavelmente, múltiplos espaços a ser visitados, eventos ou atividades a ser observados, pessoas a ser entrevistadas e documentos a ser examinados. Ao pesquisador caberá decidir:

- Onde observar?
- Quando observar?
- Quem observar?
- O que observar?
- Como observar?

Ao tomar tais decisões, o pesquisador vai identificando as fronteiras do caso, decidindo assim em quais ambientes o estudo será realizado, quando os

Estudo de caso qualitativo

dados serão coletados, qual o tempo estimado para essa coleta, quais atores se-rão envolvidos, quais situações-chave e incidentes críticos fazem parte do caso.

É importante ter claro se o interesse do pesquisador está no exame de um caso único ou de casos múltiplos. A escolha pelo estudo de caso único, de acordo com Yin (2001), é relevante quando ele representa um caso decisivo no teste de uma teoria bem formulada ou um caso raro que valha a pena documentar ou sirva a um propósito revelador. Os estudos de casos múltiplos têm ganhado, ao longo dos anos, muitos adeptos, pois possibilitam o estabelecimento de comparações e a obtenção de resultados mais robustos. Envolvem procedimentos de replicação que contribuem para o desenvolvimento de explicações teóricas cada vez mais robustas. No entanto, Flick (2004) adverte que sempre se parte de um caso único que deve ser examinado em profundidade, de forma consistente, antes que se empreendam análises comparativas.

4.5.2 Definindo o papel da teoria

A visão de mundo do investigador, suas crenças a respeito de como se dá a produção do conhecimento, assim como sua afiliação a um determinado campo de estudos, ocupam um papel importante na forma como será conduzido o estudo. Um sociólogo, um psicólogo, um economista e um administrador podem olhar o mesmo fenômeno, por exemplo, uma organização, de perspectivas diferentes. No seu próprio campo de estudos, um investigador pode inquirir sobre fenômenos de interesse a partir das lentes de diferentes paradigmas. No campo da administração, será interessante consultar Burrell e Morgan (1979), que fazem uma apresentação dos diferentes paradigmas que são utilizados na análise organizacional e que têm gerado formas também diversas de pesquisar, entender e gerar conhecimento teórico na área (Marsden e Towley, 2001).

De acordo com Becker (1994), o estudo de caso reúne dois propósitos. Busca, inicialmente, obter uma compreensão ampla do grupo em estudo identificando e analisando quem são seus membros, as várias formas de interação social nas quais estão envolvidos, quais processos interativos são recorrentes e como os grupos se relacionam, uns com os outros e com o contexto externo. Além disso, também procura articular declarações teóricas capazes de explicitar regularidades do processo e estruturas sociais. Assim, os vários fenômenos revelados e analisados durante o trabalho de campo devem ser incorporados num relato que expresse a relevância teórica do que foi estudado. Para Becker, com o resultado final é possível construir-se um modelo que forneça as respostas para as questões teóricas do estudo e a contribuição de cada conjunto de dados, categorias encontradas e conceitos elaborados para a explicação do fenômeno em questão. Embora seja óbvio que tais resultados não podem ser entendidos como proposições genéricas, ou seja, elas são sempre provisórias, a sua organização num modelo servirá como referência para pesquisas futuras, e cada estudo subsequente poderá ser construído a partir das contribuições anteriores. Embora resultados comparativos de mesma natureza possam levar anos para ser estabelecidos, é possível que eles gerem melhor compreensão do fenômeno envolvido em um conjunto de casos. Nesse sentido, adquire relevância o planejamento de pesquisas desenvolvidas a longo prazo, a partir de grupos formalmente constituídos em torno de algumas temáticas de interesse.

A ênfase na contribuição teórica que deverá advir do estudo de caso, no entanto, não é compartilhada por outros autores. Para Eisenhardt (1989), dentre os estudos de caso, é possível encontrar aqueles cujo objetivo é marcadamente descritivo, aqueles que procuram testar, clarificar, refinar ou ampliar teorias e aqueles que visam construí-las. Evidentemente, isso depende do que é conhecido na área de interesse. O esforço de construção de teorias torna--se necessário quando não se tem conhecimento disponível para explicar um fenômeno em particular, ou quando a teoria existente não oferece uma explicação satisfatória. Nos estudos de caso que seguem uma vertente qualitativa, normalmente o interesse do pesquisador está mais voltado à elaboração de algum tipo de teoria sobre o que se está estudando. Mas deve-se pontuar que, para autores como Silverman (2000) e Merriam (1988,1998), o termo "teoria" não possui a carga de significado que normalmente se atribui a ela.

Também Flick (2004) adverte que, nos estudos qualitativos, a teoria deve ser entendida como uma possível "versão do mundo", sujeita à revisão, avaliação, construção e reelaboração contínuas. Descarta-se aqui a ideia de que a teoria constitui-se num modelo (correto ou incorreto) da realidade, assumindo-se seu caráter preliminar e relativo. Suposições teóricas assumidas no início de um estudo devem ser vistas como versões preliminares da compreensão do objeto que normalmente serão reformuladas e aperfeiçoadas durante o desenrolar da pesquisa.

Neste sentido, a teoria que emerge, segundo Silverman, (2000, p. 301), implica "um conjunto de conceitos usados para definir e/ou explicar um determinado fenômeno". Na mesma direção, Merriam (1988, p. 55) afirma que: "Uma teoria integra conjuntos de informação num todo, dá sentido aos dados, sumaria o que é conhecido e oferece uma explicação geral para o fenômeno em estudo". Essa forma de entender a teoria está alinhada com a ideia de "teoria substantiva" proposta no âmbito da *grounded theory*, apresentada por Bandeira-de-Mello e Cunha no Capítulo 8.

Os estudos de caso que têm como objetivo a construção de teoria usam fundamentalmente o raciocínio indutivo no exame do problema a ser investigado e durante o processo de coleta e análise dos dados. Uma vez que há pouca ou nenhuma teoria para auxiliar o pesquisador no planejamento do estudo, não se procuram manipular variáveis nem antecipar os resultados esperados por meio de hipóteses estabelecidas no formato *se-então*. Ao centrar atenção no estudo intensivo do caso, o investigador não se restringe a um limitado conjunto de variáveis, o que lhe dá oportunidade de encontrar variáveis e relações não imaginadas.

Assim, a partir do seu interesse por um fenômeno em particular e de algumas ideias acerca do que poderá encontrar, o pesquisador procurará imergir no caso, procurando, por meio de uma coleta cuidadosa de dados, compreender o seu significado. É possível dizer que, a partir da formulação inicial de um problema até a interpretação dos resultados, existe uma permanente e flexível interação entre os dados e a teoria.

4.5.3 Revendo a literatura

O entendimento de que o principal objetivo da investigação científica é contribuir para o avanço do conhecimento exige que o pesquisador leve em consideração a produção anterior sobre o tema. Um pesquisador que ignore as pesquisas e os quadros de referência teóricos já desenvolvidos corre o risco de propor como seu foco de trabalho algo trivial ou muito estudado. Assim, é importante fazer uma "varredura" pela literatura especializada, sintetizando e refletindo sobre o que foi pesquisado e publicado na área de interesse. Além disso, a revisão da literatura informa sobre os caminhos metodológicos percorridos de forma que se possam mapear os principais paradigmas orientadores de pesquisas já desenvolvidas. Pesquisadores que descuidam deste aspecto estão perdendo oportunidade de centrar seus esforços em problemas realmente significativos no seu campo.

Para Eisenhardt (1989), o envolvimento do pesquisador com a literatura produzida sobre o tema tem um papel muito importante quando o estudo de caso é escolhido com o intuito de "gerar teoria". Segundo a autora, é fundamental para o processo que o pesquisador compare os conceitos que estão surgindo como resultado de seu trabalho de campo com aqueles existentes na literatura. Isso envolve indagar a respeito do que é similar e do que contradiz a teoria emergente. Resultados que diferem daqueles encontrados na literatura representam uma oportunidade para o pesquisador refletir sobre seus dados, aprofundá-los e gerar novas formas de pensar sobre eles, organizando novos conceitos e teorias. Quando a literatura apresenta resultados similares, pode-se concluir que houve um fortalecimento da validade interna do estudo, ganhou-se em possibilidade de generalização e conseguiu-se uma teoria de maior nível conceitual.

Há pouca dúvida sobre a importância da revisão da literatura. No entanto, há controvérsia sobre o momento de realizar esta etapa nos estudos qualitativos. Muitos autores concordam com a ideia de que a tarefa de familiarizar-se com "o que" foi escrito sobre o tema deve ser anterior a qualquer trabalho de campo. Esta orientação está mais presente entre aqueles que adotam um foco hipotético-dedutivo na realização do estudo de caso. Outros, no entanto, consideram que os dados de campo devem ser coletados em primeiro lugar. A partir, então, da análise de tais dados e de sua organização em algum esquema teórico é que teria lugar a revisão da literatura, buscando relacioná-la à teoria que está sendo gerada. Este ponto de vista é mais comum entre aqueles que preferem uma orientação predominantemente qualitativa para o estudo de caso.

Hartley (1995) defende a ideia de que é importante contar com uma estrutura teórica de referência antes de iniciar o trabalho de campo. No entanto, este referencial deve ser amplo e não se constituir um elemento impeditivo para o aparecimento de novas ideias e conceitos explicativos.

Estudo de caso qualitativo

4.5.4 Conduzindo a coleta de dados

Considerando que se enfatiza neste capítulo o estudo de caso qualitativo é importante relembrar que a pesquisa qualitativa é multimétodo por excelência e utiliza variadas fontes de informação. Para Yin (2001), a coleta de dados no estudo de caso pode ser feita, principalmente, a partir de seis fontes de evidência – documentos, registros em arquivos, entrevistas, observação direta, observação participante e artefatos físicos – que podem ser combinadas de diferentes formas. É importante também ressaltar a possibilidade de uso das imagens paradas (como as fotos e imagens publicitárias), das imagens em movimento (como as produzidas pela televisão, cinema e vídeo), do ruído e da música que as pessoas produzem e aos quais estão expostas (Bauer e Gaskell, 2002). Ainda que o estudo de caso seja, em essência, pesquisa de caráter qualitativo, pode comportar, de acordo com Yin (2001) e Eisenhardt (1989), entre outros, dados quantitativos para esclarecer algum aspecto da questão que está sendo investigada. Quando existe análise quantitativa, geralmente, o tratamento estatístico não é sofisticado.

Partindo das fontes de evidência citadas por Yin (2001), é possível reuni-las em três grupos principais: observação, entrevistas e documentos.

A *observação* tem um papel essencial no estudo de caso qualitativo. Por meio da observação procura-se apreender aparências, eventos e/ou comportamentos. A observação pode ser de caráter participante ou não participante (denominada por Yin observação direta). Quando o pesquisador atua apenas como espectador atento, temos o que se convencionou chamar de observação não participante. Baseado nos objetivos da pesquisa e num roteiro de observação, o pesquisador procura ver e registrar o máximo de ocorrências que interessam ao seu trabalho. Incluem-se as observações realizadas durante visitas de reconhecimento do local, observações de reuniões, observações feitas por ocasião da realização de entrevistas e outras situações para as quais o pesquisador tenha sido convidado.

Na observação-participante, o pesquisador deixa de ser um mero espectador, podendo assumir uma variedade de funções dentro do caso e participar dos eventos que estão sendo estudados. Estas funções podem variar de interações sociais informais a atividades funcionais específicas.

Embora o observador deva manter uma perspectiva de totalidade, é fundamental que seus focos de interesse orientem claramente sua observação em torno de alguns aspectos. Com isso o pesquisador evita a coleta de informações irrelevantes e corre menos risco de deixar de lado dados realmente relevantes. O conteúdo das observações geralmente envolve uma parte descritiva do que ocorre no campo e uma parte reflexiva, que inclui comentários pessoais do pesquisador. Tais registros são feitos por meio de anotações escritas, documentadas em "diários" ou "cadernos de campo". Fotos ou vídeos, se permitidos, poderão complementar os registros.

A técnica da observação frequentemente é combinada com a entrevista. Procura-se, em trabalhos de caráter qualitativo, realizar várias entrevistas, curtas e rápidas, conduzidas no ambiente natural e num tom informal. Existem, no entanto, situações em que o pesquisador tem que optar por uma entrevista mais formal, que pode ser denominada semiestruturada (Sommer e Sommer, 1997; Bogdan e Biklen, 1994).

A *entrevista semiestruturada* tem como objetivo principal compreender os significados que os entrevistados atribuem às questões e situações relativas ao tema de interesse. Neste caso a entrevista é utilizada para recolher dados descritivos na linguagem do próprio sujeito, possibilitando ao investigador desenvolver uma ideia sobre a maneira como os sujeitos interpretam aspectos do mundo. Mesmo quando o pesquisador utiliza um roteiro, ele não deve ser rígido, impedindo que o entrevistado se expresse em termos pessoais ou siga uma lógica diferente do entrevistador.

As entrevistas semiestruturadas são adequadas quando o pesquisador deseja apreender a compreensão do mundo do entrevistado e as elaborações que ele usa para fundamentar suas opiniões e crenças. São pertinentes quando o assunto a ser pesquisado é complexo, pouco explorado ou confidencial e "delicado".

Orientam-se por um "guia de tópicos" que fornece uma linha mestra para as perguntas a ser formuladas. Pode haver algum desvio da sequência estabelecida para seguir um relato interessante do sujeito, no entanto, é importante cobrir todas as questões do roteiro estabelecido. À medida que as entrevistas vão sendo realizadas, o roteiro pode ser aperfeiçoado ou modificado em função da necessidade de se obter outros tipos de dados.

Estudo de caso qualitativo

O registro da entrevista pode se feito por meio de gravação direta ou de anotações realizadas pelo entrevistador durante o processo. Embora o uso da gravação seja recomendado, uma vez que registra todas as expressões orais, ele só deverá ocorrer se houver autorização do entrevistado. Complementarmente, é importante realizar anotações (durante a entrevista e depois dela) de aspectos relativos à forma de emissão das respostas pelos sujeitos e ao próprio andamento da entrevista (com destaque para os gestos, as posturas, as expressões faciais, ou seja, os aspectos que desaparecerão na gravação).

O exame de *documentos* pode trazer contribuições importantes para o estudo de caso. A palavra "documentos" deve ser entendida de forma ampla, incluindo os materiais escritos (como recortes de jornais e outros textos publicados na mídia, cartas, memorandos e outros tipos de correspondência, relatórios internos e externos, documentos administrativos), as estatísticas e outros tipos de registro organizados em banco de dados (os quais produzem um formato de registro ordenado e regular de vários aspectos da vida social) e os elementos iconográficos (como sinais, grafismos, imagens, fotografias e filmes). Os documentos são considerados "primários" quando produzidos por pessoas que vivenciaram diretamente o evento estudado, ou "secundários" quando reunidos por pessoas que não estavam presentes por ocasião da sua ocorrência (Bayley, 1982).

Para os estudos de caso, segundo Yin (2001), o uso mais importante dos documentos dá-se em função da corroboração e ampliação das evidências oriundas de outras fontes. Embora o acesso à base de dados e a outros tipos de registros públicos seja relativamente fácil, todos temos conhecimento das dificuldades impostas ao acesso à documentação interna das organizações.

Em se tratando de estudos de caso em organizações, alguns aspectos referentes à coleta de dados merecem destaque. Antes de iniciar o trabalho de campo, é preciso conhecer um pouco da história, da estrutura e do funcionamento da organização. Também é importante caminhar por ela, observando como o trabalho é feito e como as pessoas se comportam. Isto pode auxiliar na identificação de possíveis informantes e pessoas a ser entrevistadas, assim como na identificação dos melhores momentos e ocasiões para abordá-las. Depois deste mapeamento inicial deve-se planejar com cuidado o trabalho de campo, definindo um plano de atuação que inclua todos os passos envolvidos na coleta e no registro dos dados e o tempo necessário à sua concretização. À medida que o trabalho de campo se desenvolve, o pesquisador deverá, constantemente, avaliar a adequação do plano inicialmente traçado, fazendo os ajustes necessários. Deve ainda estar atento aos momentos informais que muitas vezes nos brindam com importantes revelações (Hartley, 1995).

Como no estudo de caso qualitativo não se trabalha com o conceito de amostragem estatística, é importante estabelecer algum critério que nos informe quando encerrar o trabalho de campo. Essa decisão é de certa forma resultado do esforço do pesquisador em conduzir, conjuntamente, o processo de coleta e análise dos dados. Cabe ao pesquisador decidir quando ocorreu a saturação de dados (Taylor e Bogdan, 1998), ou seja, um ponto a partir do qual a aquisição de informações se torna redundante. Evidentemente, quanto mais tempo o pesquisador permanece no campo mais dados ele acumula, no entanto, é fundamental identificar em que momento se atingiu um ponto em que a aquisição de informações não traz novos elementos para a compreensão do caso.

Nos estudos de caso voltados à construção de teoria, Eisenhardt (1989) recomenda que o caso e suas respectivas unidades de análise sejam escolhidos tendo em vista sua contribuição na formulação da teoria emergente. Sugere a adoção do termo "amostragem teórica" que, segundo Glaser e Strauss

> [...] é o processo de coleta de dados para a geração de teoria por meio do qual o analista coleta, codifica e analisa conjuntamente os dados, decidindo quais dados coletar a seguir e onde encontrá-los, visando ao desenvolvimento da teoria. (1967, p. 45.)

Na amostragem teórica, os casos são selecionados a partir da sua relevância para as questões de pesquisa e para dar suporte à explanação que vem sendo desenvolvida pelo pesquisador. Buscam-se casos que sejam significativos teoricamente porque possuem certas características e atendem determinados critérios que auxiliam o pesquisador a desenvolver e testar suas proposições teóricas (Glaser e Strauss, 1967; Strauss e Corbin, 1990).

Estudo de caso qualitativo

4.5.5 Analisando os dados

A partir de um exame minucioso das diferentes possibilidades de análise de dados qualitativos, Tesch (1990) chegou à conclusão de que existem muitas formas de se manusear tais dados, sendo difícil dizer qual delas seria a mais adequada quando se está desenvolvendo um estudo de caso.

No entanto, Tesch (1990) consegue reunir um conjunto de dez princípios e práticas orientadores da análise qualitativa e que se acredita sejam úteis e pertinentes ao estudo de caso. A seguir tais princípios são apresentados:

- A análise não é a última fase do processo de pesquisa; ela é concomitante com a coleta de dados ou é cíclica. A análise começa com o primeiro conjunto de dados e torna-se, além de paralela à coleta, integrada aos próprios dados.
- O processo de análise é sistemático e abrangente, mas não rígido. Caminha de forma ordenada, requer disciplina, uma mente organizada e perseverança. A análise só termina quando novos dados nada mais acrescentam. Neste ponto diz-se que o processo analítico "exauriu" os dados.
- A análise de dados inclui uma atividade reflexiva que resulta num conjunto de notas que guia o processo, ajudando o pesquisador a mover-se dos dados para o nível conceitual.
- Os dados são segmentados, isto é, divididos em unidades relevantes e com sentido próprio mantendo, no entanto, a conexão com o todo. A análise se concentra em conjuntos de partes dos dados, cada vez menores e mais homogêneas.
- Os segmentos de dados são categorizados de acordo com um sistema de organização que é predominantemente derivado dos próprios dados. O material pertencente a cada categoria particular é agrupado, tanto conceitual como fisicamente, de forma indutiva.
- A principal ferramenta intelectual é a comparação. O método de comparar e contrastar é usado praticamente em todas as tarefas intelectuais durante a análise para formar as categorias, estabelecer suas fronteiras, atribuir segmentos de dados às categorias, sumariar o conteúdo de cada categoria e encontrar evidências negativas.

- As categorias são tentativas e preliminares desde o início da análise e permanecem flexíveis já que, sendo derivadas dos próprios dados, devem acomodar dados posteriores.
- A manipulação de dados qualitativos durante a análise é uma tarefa eclética. Não há melhor meio de realizá-la, sendo a marca registrada da pesquisa qualitativa o envolvimento criativo do pesquisador.
- Os procedimentos não são mecanicistas. Não há regras estritas que possam ser seguidas. Embora a pesquisa qualitativa deva ser conduzida artisticamente", ela requer muito conhecimento metodológico e competência intelectual.
- O resultado da análise qualitativa é algum tipo de síntese de nível mais elevado. Apesar de muito da análise consistir em "quebrar em pedaços" os dados, a tarefa final é a emergência de um quadro mais amplo e consolidado.

Procedimentos analíticos mais elaborados, no entanto, poderão ser adotados tais como os derivados da estratégia de pesquisa *grounded theory* (Capítulo 8) e da análise do discurso (Capítulo 13). O processo de análise dos dados também poderá contar com o apoio de *softwares*, conforme apresentado por Bandeira-de-Mello no Capítulo 15.

■ 4.6   A questão do rigor no estudo de caso qualitativo

A questão do rigor, ou seja, do atendimento a critérios que possam atestar a qualidade de um estudo de caso qualitativo, passa pelo entendimento do significado que se atribui aos conceitos de fidedignidade, validade e generalização neste tipo de pesquisa.

Garantir a possibilidade de generalização (validade externa) tem sido a regra orientadora das pesquisas desenvolvidas nas tradições do método quantitativo. Para isso, procura-se definir uma amostra probabilística que, com a utilização de procedimentos estatísticos, possa ser representativa da população em foco.

Como no estudo de caso a questão da amostragem estatística não se aplica, é importante perguntar:

Estudo de caso qualitativo

- Em que medida os resultados encontrados em uma investigação particular podem ser extrapolados ou transferidos para outros contextos?

Para Stake (2000), que atribui ao estudo de caso um caráter fundamentalmente descritivo, este tipo de questionamento não faz sentido. De acordo com o autor, um caso é relevante e importante por si mesmo, não havendo necessidade de o pesquisador indagar-se acerca da sua possibilidade de generalização para outros casos. Mesmo quando há utilização de múltiplos casos, os casos deveriam ser escolhidos pela possibilidade que eles oferecem de aquisição de novos aprendizados e não tendo como objetivo principal serem representativos de casos típicos.

Na visão de Stake (2000), os estudos de caso podem prover experiência vicária aos seus leitores, constituindo-se uma fonte de generalização denominada naturalística. Segundo esta perspectiva o conhecimento profundo de um caso pode auxiliar o pesquisador no entendimento de outros casos. Além disso, sugere-se que a generalização naturalística se dá no âmbito do leitor que, a partir da sua leitura do caso e com base em sua própria experiência, fará associações e relações com outros casos, transferindo os achados da investigação para outros cenários.

No entanto, para que um leitor tenha condições de realizar esta transferência o pesquisador deve elaborar um relatório claro e detalhado, ou produzir uma descrição densa conforme recomenda Geertz (1989).

Outros especialistas em metodologia de pesquisa (Yin, 2001; Miles e Huberman, 1994) sugerem um conjunto de estratégias investigativas – mais estruturadas –, que visam auxiliar o pesquisador a garantir resultados que possam ser transferidos ou extrapolados para outros contextos. Tais estratégias poderão ser consultadas nas obras referenciadas.

No que diz respeito à validade interna, no estudo de caso qualitativo, coloca-se a seguinte questão:

- Em que medida o relato do caso representa o fenômeno social ao qual se refere?

Para uma pesquisa ser internamente válida suas conclusões devem estar apoiadas nos dados. A validade interna é julgada, considerando-se até que ponto a descrição oferecida pelo pesquisador está de acordo, ou seja, representa os dados coletados.

Para Silverman (2000), há algumas maneiras de se levar o pesquisador a pensar criticamente sobre os procedimentos adotados na coleta e análise de seus dados e que poderão tornar os resultados mais válidos. Uma delas refere--se ao uso do método comparativo por meio do qual o pesquisador deve, sistematicamente, procurar outro(s) caso(s) para testar seus achados, organizados no formato de hipóteses provisórias. Ele também sugere que o resultado do estudo seja apresentado a partir de um modelo integrado que descreva o fenômeno de forma holística e compreensiva. O modelo interpretativo, que se constrói no decorrer do processo investigativo, vai sendo sedimentado à medida que é constantemente confrontado com casos negativos ou discrepantes.

De acordo com Silverman (2000) é difícil sustentar a ideia de que um estudo é válido quando apenas uns poucos exemplos ilustrativos dos dados coletados são relatados, os critérios para incluir tais exemplos e não outros não são explicitados e os dados e informações originais não se encontram disponíveis para checagem e verificação.

No que se refere à confiabilidade, Silverman acredita que ela está associada ao grau de consistência com que códigos e categorias são atribuídos às informações coletadas. Isto pode ser obtido por meio da checagem por diferentes pesquisadores ou pelo mesmo pesquisador em diferentes ocasiões.

Mayan (2001) sugere uma estratégia de constante verificação para assegurar o rigor nos estudos qualitativos. Na verificação, o pesquisador deve ser levado a revisar, confirmar, assegurar e ter certeza da qualidade dos seus achados. Inclui garantir o preparo do pesquisador nos procedimentos qualitativos e sua responsabilidade na condução do processo. Implica ainda garantir a coerência metodológica, assegurando que haja congruência entre a questão orientadora da investigação e os componentes do método adotado. Os participantes devem ter conhecimento do fenômeno, objeto do estudo, e os dados obtidos devem dar conta de todos os aspectos nele envolvidos. É importante garantir que haja uma interação mútua entre o que é conhecido e aquilo que se necessita conhecer, fazendo um monitoramento contínuo do "encaixe" dos dados no sistema conceitual interpretativo que está sendo gerado. Além disso, a revisão dos pares durante o desenvolvimento do trabalho ou mesmo quando já se possui uma versão preliminar de relatório pode ser enriquecedora.

4.7 Características de habilidade do pesquisador

É comum dizer-se que, na pesquisa qualitativa, o pesquisador é a principal fonte de coleta e análise dos dados, pois ele tem uma participação direta e intensa em todas as fases do estudo. Algumas características pessoais e habilidades intelectuais certamente farão diferença na obtenção de um trabalho com qualidade.

O pesquisador pode desempenhar seu papel de forma a potencializar as oportunidades de coleta, produzindo um conjunto de informações realmente significativas, assim como pode desperdiçar oportunidades, cometer erros durante o processo e deixar que vieses pessoais interfiram no trabalho.

Para Merriam (1988, p. 37), "a pesquisa do tipo estudo de caso coloca o investigador num grande oceano não mapeado". Para alguns, isto pode constituir uma grande aventura em direção a novas descobertas enquanto para outros pode representar uma experiência desorientadora e improdutiva. Yin (2001, p. 80) compartilha desse ponto de vista, destacando que "as exigências que um estudo de caso faz em relação ao intelecto, ao ego e às emoções de uma pessoa são muito maiores do que aqueles de qualquer outra estratégia de pesquisa".

Uma das características pessoais desejadas do pesquisador que irá desenvolver um estudo de caso é a tolerância por ambiguidade (Merriam, 1988). É importante reafirmar que os procedimentos que orientam a realização de um estudo de caso – desde o seu planejamento até a redação do relatório final – não constituem um conjunto de passos a ser rigidamente seguidos. Existem orientações genéricas que dão ao pesquisador liberdade na condução do estudo, que passa a ser mais atrativo para aqueles que convivem melhor com situações indefinidas e ambíguas.

Ter sensibilidade também constitui, para Merriam (1988), um requisito desejável para o pesquisador que se envolve num estudo de caso. O pesquisador deve ser sensível ao contexto e a todos os aspectos nele envolvidos como, por exemplo, a organização do ambiente físico e o comportamento (verbal e não verbal) das pessoas nele inseridas. Deve permanecer sensível durante a coleta de dados e estar atento ao seu papel de observador:

- Quando observar?
- Quem observar?
- Por quanto tempo?

E de entrevistador:

- Quando respeitar o silêncio do entrevistado?
- Quando solicitar informações complementares?
- Quando mudar a direção das perguntas?

A sensibilidade do pesquisador deve continuar presente na etapa de análise dos dados. As técnicas e os procedimentos analíticos sugeridos pelos métodos qualitativos podem ser considerados altamente idiossincráticos, um processo solitário cujo sucesso depende da sensibilidade do pesquisador e da sua habilidade analítica.

Strauss e Corbin (1990) usam o termo "sensibilidade teórica" para referir-se à habilidade do pesquisador em ver, descrever e interpretar, com profundidade analítica e criatividade, aquilo que está nos dados. Consideram a sensibilidade teórica como uma qualidade pessoal do pesquisador, um atributo que lhe possibilita ter *insights*, atribuir significado aos dados, compreender o que está presente na situação em estudo, distinguir aquilo que é (ou não) pertinente.

De acordo com Merriam (1988), o pesquisador que está desenvolvendo um estudo de caso necessita ter (ou desenvolver) habilidades de comunicação, no plano oral e no plano da escrita. Um bom comunicador cria um ambiente de empatia e confiança com os participantes da pesquisa, faz boas perguntas e ouve com atenção. A qualidade da escrita, em termos de precisão e riqueza de detalhes, é fundamental e deve estar presente tanto nos registros de campo quanto na apresentação e análise dos resultados.

Segundo Hartley (1995), um dos grandes desafios dos pesquisadores envolvidos em estudos de caso desenvolvidos em organizações refere-se ao relacionamento pesquisador/pesquisados que pode ser influenciado por vários aspectos, dentre os quais se destaca o gênero, a etnia e a própria posição dos sujeitos na estrutura da organização. Desenvolver um estudo de caso junto a pessoas que ocupam as mais baixas posições de linha é diferente de ter como sujeitos

Estudo de caso qualitativo

gerentes dos mais altos postos. Além disso, é importante estar atento para as próprias ideologias e preconcepções do pesquisador sobre a(s) organização(ões) e os sujeitos em estudo, de forma que elas não contaminem, no sentido positivo ou negativo, as informações que estão sendo coletadas. Também tem que se estar atento aos próprios sentimentos que vão aparecendo no decorrer da investigação – curiosidade, excitamento, ansiedade, entre outros – sempre refletindo sobre a interferência deles no seu papel de pesquisador.

Para Yin (2001), pesquisadores envolvidos com estudo de caso devem se manter adaptáveis e flexíveis de forma que situações não esperadas sejam examinadas com cuidado, verificando-se a necessidade de alteração (ou não) do projeto original.

4.8   Considerações finais

A ampla utilização do estudo de caso em organizações atesta, de certa forma, a pertinência e relevância dessa modalidade de investigação para o avanço do conhecimento científico na área de Administração.

No entanto, nem sempre os resultados decorrentes dessa utilização revelam uma efetiva contribuição. Conforme mostrado na introdução deste capítulo, muitas vezes trabalhos rotulados como estudos de caso não apresentam as características essenciais definidoras desta metodologia.

Embora seja comum referir-se ao estudo de caso como uma metodologia que permite certa flexibilidade, há princípios epistemológicos e procedimentos metodológicos a ser seguidos e respeitados para a elaboração de um trabalho de qualidade.

Com o capítulo aqui desenvolvido espera-se ter contribuído com os leitores para o esclarecimento de alguns aspectos que devem ser levados em consideração durante o processo de realização de pesquisas dessa natureza. No entanto, alcançar competência neste tipo de empreendimento exige a prática da pesquisa, feita de forma responsável e ética.

Conforme aponta Gephart (2004), fazer boa pesquisa qualitativa é difícil e desafiador, no entanto, constitui-se um recompensador e significativo caminho para a vida acadêmica. A pesquisa qualitativa, e, mais especificamente o estudo de caso, favorece o engajamento do pesquisador com o cotidiano da administração, proporcionando uma compreensão profunda e ao mesmo tempo ampla e integrada da realidade das organizações. Além disso, espera-se do estudo de caso que ele traga contribuições aos problemas da prática. Ao centrar a atenção numa instância em particular, mas estendendo o olhar para as múltiplas dimensões ali envolvidas, o estudo de caso pode se constituir numa rica fonte de informações para medidas de natureza prática e decisões políticas trazendo contribuições tanto para a pesquisa acadêmica quanto para a vida organizacional.

Referências

ASSOCIATION FOR INFORMATION SYSTEMS. Qualitative Research in Information Systems. *References on case study research*. Disponível em: http://www.qual.auckland.ac.nz/case.htm. Acesso em: 11 jan. 2004.

BAYLEY, K. D. *Methods of social research*. 2ª ed. New York: Free Press, 1982.

BAUER, M. W. e GASKELL, G. (Ed.). *Pesquisa qualitativa com texto, imagem e som: um manual prático*. Petrópolis: Vozes, 2002.

BECKER, H. *Métodos de pesquisa em ciências sociais*. 2ª ed. São Paulo: Hucitec, 1994.

BIGGART, N. W. The creative-destructive process of organizational change: the case of the post office. *Administrative Science Quarterly*, v. 22, p. 410-426, 1977.

BOGDAN. R. C. e BIKLEN, S. K *Investigação qualitativa em educação*. Uma introdução à teoria e aos métodos. Porto: Porto, 1994.

BURRELL, G. e MORGAN. G. *Sociological paradigms and organizational analysis*. London: Heinemann, 1979.

CAVEDON, N. R. *Antropologia para administradores*. Porto Alegre: UFRGS, 2003.

_____. Pode chegar, freguês: a cultura organizacional do mercado público de Porto Alegre. *Organizações e Sociedade*, v. 11, n. 29, p. 173-189, 2004.

CRONBACH, L. J. Beyond the two disciplines of scientific psychology. *American Psychologist*, n. 30, p. 116-127, 1975.

EISENHARDT, K. M. Building theories from case study research. *Academy of Management Review*, v. 14, n. 4, p. 532-550, 1989.

FEAGIN, J. R.; ORUM, A. M. e SJOBERG, G. (Ed.). *The case for the case study*. Chapel Hill (NC): The University of North Carolina Press, 1991.

FETTERMAN, D. M. *Ethnography step by step*. Newbury Park (CA): Sage, 1989.

FLICK, U. *Uma introdução à pesquisa qualitativa*. 2ª ed. Porto Alegre: Bookman, 2004.

GEERTZ, C. *A interpretação das culturas*. Rio de Janeiro: LTC, 1989.

Estudo de caso qualitativo

GEPHART, R. P. Qualitative research and the Academy of Management Journal. *Academy of Management Journal*, v. 47, n. 4, p. 454-461, 2004.

GLASER, B. G. e STRAUSS, A. L. *The discovery of grounded theory. Strategies for qualitative research.* New York: Aldine de Gruyter, 1967.

GOODE, W. J. e HATT. P. K. *Métodos em pesquisa social.* 2ª ed. São Paulo: Nacional, 1968.

HARTLEY, J. F. Case studies in organizational research. In: CASSELL, C. e SYMON, G. (Ed.). *Qualitative methods in organizational research: a practical guide.* London: Sage, 1995.

HERACLEOUS, L. e BARRETT, M. Organizational change as discourse: communicative actions and deep structures in the context of information technology implementation. *Academy of Management Journal*, v. 44, n. 4, p. 755-778, 2001.

IKEDA, A. A.; VELUDO-DE-OLIVEIRA, T. M. e CAMPOMAR, M. C. O método do caso como ferramenta pedagógica no campo da administração. In: Enanpad – Encontro da Associação Nacional de Pós-graduação e Pesquisa em Administração XXVIII, 2004, Curitiba. *Anais ...* Porto Alegre: Anpad, 2004.1 CD-ROM.

MARIZ, L. A.; GOULART, S.; DOURADO, D. e REGIS, H. P. O reinado dos estudos de caso em teoria das organizações: imprecisões e alternativas. In: Eneo – Encontro de Estudos Organizacionais III, 2004, Atibaia. *Anais...* Porto Alegre: Anpad, 2004. 1 CD-ROM.

MARSDEN, R. e TOWLEY, B. Introdução: a coruja de Minerva: reflexões sobre a teoria na prática. In: CLEGG, S. R.; HARDY, C. e NORD, W. R. (Org.). *Handbook de estudos organizacionais.* Vol 2: Reflexões e novas direções. São Paulo: Atlas, 2001, p. 31-56.

MAYAN, M. J. *Una introducción a los métodos cualitativos: módulo de entrenamento para estudiantes y profesionales.* 2001. Qual Institute Press. International Institute for Qualitative Methodology. Disponível em: http://www.ualberta.cal/~iiqm//pdfs/introduccion.pdf. Acesso em 10 jun. 2004.

MERRIAM, S. B. *Case study research in education. A qualitative approach.* San Francisco (CA): Jossey-Bass, 1988.

_____. *Qualitative research and case study applications in education.* San Francisco (CA): Jossey-Bass, 1998.

MILES, M. B. e HUBERMAN, A. M. *Qualitative data analysis: an expanded sourcebook.* 2nd ed. Thousand Oaks (CA): Sage, 1994.

PATTON, M. K. *Qualitative evaluation and research methods.* 2nd ed. Newbury Park (CA): Sage, 1990.

PERLOW, L.; OKHUYSEN, G. e REPENNING, N. P. The speed trap: exploring the relationship between decision making and temporal context. *Academy of Management Journal*, v. 45, n. 5, p. 931-955, 2002.

PLATT, J. "Case Study" in american methodological thought. *Current Sociology*, v. 40, n. 1, p. 17-148, 1992.

SILVERMAN, D. *Doing qualitative research: a practical handbook.* London: Sage, 2000.

SOMMER, B. e SOMMER, R. *A practical guide to behavioral research.* Tools and techniques. Oxford: Oxford University Press, 1997.

STABLEIN, R. Dados em estudos organizacionais. In: CLEGG, S. R.; HARDY, C. e NORD, W. R. (Org.). *Handbook de estudos organizacionais.* Vol. 2: Reflexões e novas direções. São Paulo: Atlas, 2001, p. 63-88.

STAKE, R. E. Case study methods in educational research: seeking sweet water. In: JAEGER, R. M. (Ed.). *Complementary methods for research in education*. Washington, DC: American Educational Research Association. 1988. p. 253-265.

_____. Case Studies. In: DENZIN, N. K. e LINCOLN, Y. S. (Ed.). *Handbook of qualitative research*. Thousand Oaks (CA): Sage, 1994.

_____. Case Studies. In: DENZIN, N. K. e LINCOLN, Y. S. (Ed.). *Handbook of qualitative research*. 2nd ed. Thousand Oaks (CA): Sage, 2000.

STRAUSS, A. S. e CORBIN, J. *Basics of qualitative research: grounded theory procedures and techniques*. Newbury Park (CA): Sage, 1990.

TAYLOR, S. J. e BOGDAN, R. *Introduction to qualitative research methods: a guidebook and resource*. 3rd ed. New York: John Wiley & Sons Inc., 1998.

TESCH, R. *Qualitative research: analysis types and software tools*. London: The Falmer Press, 1990.

YIN, R. K. *Applications of case study research*. Thousand Oaks (CA): Sage, 1993.

_____. *Estudo de caso: planejamento e métodos*. Porto Alegre: Bookman, 2001.

| Capítulo 5 | # A etnografia e os estudos organizacionais |

Carolina Andion
Maurício Serva

Introdução

Neste capítulo, pretendemos levantar as contribuições da etnografia para a realização de pesquisas que têm como objeto os fenômenos organizacionais. Partimos da premissa de que para se empreender estudos etnográficos em organizações, com a profundidade e a qualidade desejadas para o avanço da teoria organizacional, deve-se ir além da visão da etnografia apenas como um método de orientação para o trabalho de campo: é imprescindível compartilhar a perspectiva da etnografia como uma estratégia global de pesquisa, o que requer concebê-la também como uma postura epistemológica do pesquisador.

Na primeira parte do capítulo, buscamos mostrar que a etnografia permite a criação de novos lugares conceituais, teóricos e metodológicos, proclamando a junção entre categorias que normalmente são tomadas de forma excludente pela ciência clássica, tais como: natureza/cultura; natural/artificial; mente/matéria; observador/observado; subjetivo/objetivo; coletivo/individual. Em seguida, são abordados os principais *momentos* da "tecelagem etnográfica": a construção do campo temático, o trabalho de campo (a observação, a relação pesquisador/pesquisado, o design da pesquisa etc.) e o processo de elaboração do texto etnográfico. São analisadas as características de cada um desses *momentos* e abordadas as suas particularidades quando da aplicação da etnografia em organizações. Finalmente, indicamos algumas temáticas que têm sido trabalhadas no campo dos estudos organizacionais, usando o método etnográfico, de forma a levantar pistas para novas pesquisas e ressaltar as potencialidades da utilização dessa postura metodológica na área da administração.

■ 5.1 A etnografia e a necessidade de novos lugares epistemológicos

A assunção da etnografia como uma estratégia de pesquisa, e não apenas como método, nos remete à necessidade de situar a postura etnográfica no campo científico. Assim sendo, iniciaremos fazendo algumas considerações epistemológicas.

A construção da ideia de ciência tem uma história que deve ser levada em conta quando buscamos definir o seu conceito. Como afirma Kneller (1980), originalmente um dos principais motivos da investigação sistemática da natureza foi a busca de uma explicação plausível para os desastres que a afetam. A impotência, o medo e o assombro diante da força natural eram aliviados pela ideia de que a natureza seria ordenada e inteligível. Para esse autor, a visão de uma natureza externa ao homem, coordenada por um Deus (legislador divino) e regida por leis que poderiam ser descobertas pelo homem foi o motor central que fez avançar a ciência ocidental e a fez suplantar "outras ciências", como a chinesa, por exemplo. Esta visão estaria no cerne da concepção de ciência adotada na Europa ocidental e exportada para o mundo, por meio do domínio técnico, econômico, científico e político. Desde então, a ciência clássica toma forma, sendo pautada a partir de alguns pressupostos, tais como: a definição da natureza como sistêmica e sincrônica; a tradução da ciência como desvinculada das questões culturais; a representação da natureza por meio de elementos simples e individualizados; a perspectiva evolutiva e cumulativa; a abertura à correção e refutação; a explicação do mundo de forma objetiva e racional (Kneller, 1980).

Muitos desses pressupostos estão baseados no modelo das ciências naturais e refletem uma ordem científica dominante que foi e tem sido amplamente utilizada nas diferentes disciplinas do conhecimento, inclusive nas ciências humanas. Segundo Souza Santos (1988), essa concepção tradicional de ciência nega o caráter racional de todas as formas de conhecimento que não se pautarem pelos seus princípios epistemológicos e pelas suas regras metodológicas. Assim, só é possível uma forma de conhecimento verdadeiro: aquele que é fruto da experimentação e que pode ser sistematizado. Conhecer, de acordo com esta concepção, significa dividir e classificar para poder determinar relações sistemáticas entre o que se separou. Privilegiam-se as ideias claras, simples e objetivas em detrimento das qualidades subjetivas do objeto. Tais princípios foram (e ainda são) amplamente aplicados nas ciências sociais. O modelo das ciências naturais e a concepção mecanicista de ciência estão na própria origem das ciências sociais, com o positivismo, que busca estudar os fenômenos sociais como coisas, reduzindo-os à sua dimensão externa. Essa concepção das ciências sociais parte do pressuposto de que as ciências naturais consistem na concretização de um modelo de conhecimento universalmente válido (Souza Santos, 1988).

Entretanto, a concepção positivista não é a única presente nas ciências humanas. Na verdade, a impossibilidade de aplicação dos pressupostos da ciência clássica às ciências sociais leva alguns autores a reivindicar para estas um estatuto metodológico próprio. Há então um questionamento da aplicação dos princípios positivistas às pesquisas em ciências sociais, principalmente no que se refere às ideias de neutralidade da ciência e de unidade metodológica entre ciências naturais e ciências sociais. Tais questionamentos chamam a atenção para algumas características essenciais da pesquisa em ciências sociais que têm sido negligenciadas pelos estudos positivistas. Como destaca Souza Santos, "esta concepção de ciência reconhece-se numa postura antipositivista e se assenta na tradição filosófica da fenomenologia [...] nela convergem diferentes variantes, desde as mais moderadas até as mais extremistas" (Souza Santos, 1988, p. 22).

Analisando por outro ângulo, podemos afirmar que a primeira leitura das ciências sociais apoia-se na imagem do organicismo. O objetivo do pesquisador é tornar a realidade objetiva, retirando dela toda a sua subjetividade, e o que não se encaixa nessa objetivação é então desconsiderado. Tal concepção de ciência focaliza na pesquisa o polo do objeto, em detrimento do polo do sujeito. Já a segunda concepção de ciências sociais focaliza a subjetividade, dando ênfase à esfera do sujeito e à sua influência no processo de pesquisa. A imagem central neste caso não é o organismo ou a máquina, mas o texto (Berthelot, 2001). Para essa corrente, o mundo humano, a sociedade, a cultura não são elementos para explicar, mas para compreender. Ela não supõe uma razão experimental, mas uma razão interpretativa, ou seja, dialética.

Na confluência dessas duas leituras, novas interpretações se tornam possíveis. Conforme destaca Latour (1994), a própria noção de cientificidade está hoje sendo recolocada. Isso é ainda mais forte quando se trata dos fenômenos híbridos da atualidade, ou melhor, quando falamos de interdisciplinaridade nas ciências humanas. Para Latour, a ciência moderna gerou historicamente um processo de purificação separando definitivamente duas zonas ontológicas: a dos seres humanos (sujeitos) e a da natureza (objetos). Entretanto, ele denuncia que, na prática, se criam cotidianamente misturas de gêneros completamente novos: os híbridos de natureza e cultura que estão presentes nas páginas dos jornais, tais como a manipulação genética, a microfísica, a nanotecnologia, as novas tecnologias reprodutivas, entre outros. Esses "quase-objetos", conforme denominados pelo autor, constituem temáticas que religam os polos da natureza e cultura e questionam a constituição da ciência moderna. Esses fenômenos, antes ignorados, passam a ser a regra e não podem mais ser negligenciados: "tudo acontece no meio, tudo ocorre por mediação, por tradução, por redes, mas este lugar parece não existir" (Latour, 1994, p. 42).

A emergência e a proliferação dos híbridos na atualidade têm feito emergir um questionamento sobre as concepções tradicionais de ciência, em particular no campo das ciências humanas. Os quase-objetos são para Latour (1994) ao mesmo tempo reais, sociais e discursivos e pertencem à natureza, ao coletivo e ao discurso. Esses fatos sociais complexos têm escapado dos limites das disciplinas e têm fronteiras cada vez menos definidas. Na visão de Souza Santos, esses objetos "são constituídos por anéis que se entrecruzam em teias complexas com os dos restantes dos objetos, a tal ponto que os objetos em si são menos reais que as relações entre eles" (Souza Santos, 1988, p. 34).

Nesse contexto se coloca a discussão sobre a interdisciplinaridade. Cada vez mais se torna necessário transpor as fronteiras disciplinares para tratar a complexidade dos fenômenos. A excessiva parcelização e disciplinarização do conhecimento científico forma cientistas cada vez mais especialistas e o diálogo entre as disciplinas e dentro das próprias disciplinas se torna difícil ou quase inexistente. Atualmente, o avanço da técnica e as próprias descobertas científicas no campo das ciências humanas e naturais têm levado à necessidade de religar o que estava separado. A interdisciplinaridade vem então questionar a noção de ciência tradicional e lançar novas discussões no campo da epistemologia, como por exemplo, a discussão sobre a transdisciplinaridade. Neste sentido, é essencial considerar o surgimento de novas leituras epistemológicas e metodológicas, nas quais o objeto é analisado em seu contexto, sem rejeitar as suas redes de comunicação. Para Morin (1982), o verdadeiro problema colocado por essa nova forma de pensar não consiste em "fazer a transdisciplinaridade", mas "em que transdisciplinaridade fazer". Ele ressalta que os princípios transdisciplinares tradicionalmente aplicados na ciência como a matematização e a formalização levaram à "clausura disciplinar". Em outras palavras, só permitiam a comunicação entre as diferentes dimensões do real, abolindo essas dimensões. Para considerar essas dimensões negligenciadas pela epistemologia tradicional, Morin propõe uma epistemologia complexa. A complexidade para Morin e Le Moigne (1999) é um desafio e não uma solução. Esse desafio consiste em religar o que antes estava separado: o evento ao contexto; o global ao parcial; o universal ao singular; a ordem à desordem e à organização; o indivíduo à espécie e à sociedade; a lógica à contradição; o observador ao observado. Desta forma, a complexidade significa restituir as relações, as interdependências, as solidariedades entre os objetos e seus contextos.

Berthelot (2001) também defende uma nova leitura epistemológica que possibilite transcender as tradicionais dicotomias entre objetividade e subjetividade e permita conviver com este confronto. Desta forma, categorias que são tratadas de forma excludente, tais como quantitativo/quantitativo, estático/dinâmico e indivíduo/sociedade podem ser repensadas em sua complementaridade. Essa nova epistemologia poderia possibilitar uma reconstituição mais fiel da dinâmica complexa da realidade, especialmente a consideração dos objetos híbridos, tão comuns nas pesquisas contemporâneas. Entretanto, segundo o referido autor, não se trata de conciliar o inconciliável ou de praticar um ecumenismo frouxo. Trata-se de buscar uma visão epistemológica distinta da tradicional, proposta por Descartes e Popper, que se pautava em critérios como método, comprovação, rigor, explicação e divisão em disciplinas.

Tratando desse aspecto, Souza Santos (1988) afirma a crise da ordem científica hegemônica e o papel das ciências sociais na construção de "novos lugares conceituais, teóricos e epistemológicos". Para ele, o conhecimento do paradigma emergente é não dualista e se funda na superação das distinções, inclusive entre ciências naturais e sociais. Os avanços nas ciências naturais as têm aproximado das outras ciências, e o que era a causa do maior atraso nas ciências sociais é hoje, segundo ele, o maior avanço nas ciências naturais: "os conceitos de teleomorfismo, autopoiesis, auto-organização, potencialidade organizada, originalidade, individualidade, historicidade, atribuem à nature-za um comportamento de humano" (Souza Santos, 1988, p. 41). Compar-tilhando do mesmo argumento, Bourdieu (2001) aponta a importância das particularidades das ciências sociais e afirma que estas não podem ser des-consideradas quando se pensa a cientificidade neste campo. Para Bourdieu, nas ciências sociais, tanto o objeto quanto o sujeito da pesquisa são frutos de uma construção social, e por isso o campo das ciências humanas tem como vocação ser contestado e controvertido. A única saída parece ser então a busca de uma epistemologia realista, ancorada na reflexão constante. Esta reflexão é entendida pelo autor como:

> [...] o trabalho pelo qual a ciência social toma a si mesma como ob-jeto e se serve das suas próprias armas para se compreender e se controlar, é um meio particularmente eficaz de reforçar as censuras mútuas que permitem controlar mais atentamente os fatores que podem enviesar a pesquisa [...]. (Bourdieu, 2001, p. 174.)

Em síntese, esses autores trazem à tona a ideia de que, para afirmar a cientificidade no campo das ciências humanas, não é necessário negar ou ignorar as particularidades dessas ciências. Ao contrário, as ciências huma-nas podem achar nelas mesmas os recursos que, colocados em prática como dispositivos críticos, podem permitir-lhe contribuir para a construção de no-vos lugares epistemológicos e metodológicos. Nesse sentido, epistemologia e metodologia se aproximam, ou seja, é através do próprio processo de pesquisa que o pesquisador legitima a construção do conhecimento que produz. Como afirma Boumard, nesse caso não existe clivagem entre objeto e sujeito, mas um

A etnografia e os estudos organizacionais

outro olhar sobre a realidade, na qual "a interação entre os atores da pesquisa relembra com evidência a imbricação profunda entre perspectivas metodológicas e visões epistemológicas" (Boumard, 2003, p. 6).

Essa é, justamente, a proposta da etnografia. Nascida formalmente na antropologia, com as experiências pioneiras de Malinowski no arquipélago Trobriand, na Nova Guiné, entre 1914 e 1918, a etnografia se modificou desde então e, atualmente, pode-se identificar várias correntes que compõem o campo dos estudos etnográficos. Sem desconsiderar as nuanças e diferenças entre as correntes da etnografia, podemos afirmar que a "tecelagem etnográfica" (Coulon, 1990, p. 214) se enquadra numa proposta epistemológica complexa, permitindo religar dimensões que até então eram tidas como separadas nos processos de pesquisa. Por esse motivo, a etnografia é caracterizada por alguns autores, tais como Boumard (2003), Woods (1989), Ardoino (1983), como mais do que um método, uma postura do pesquisador perante o objeto e o contexto de pesquisa. As particularidades dessa postura são abordadas a seguir.

■ 5.2 Particularidades da postura etnográfica

A *démarche* etnográfica vai além da técnica, sua construção é feita *in loco*, a partir do encontro e da relação entre pesquisador e pesquisado. Dessa forma, a etnografia estabelece relações que possibilitam compreender melhor a complexidade de determinados fenômenos sociais. Neste sentido, uma definição suficientemente ampla da etnografia, destacando a sua abrangência, é dada por Godoy:

> A pesquisa etnográfica abrange a descrição dos eventos que ocorrem na vida de um grupo (com especial atenção para as estruturas sociais e o comportamento dos indivíduos enquanto membros do grupo) e a interpretação do significado desses eventos para a cultura do grupo. Um etnógrafo pode centrar seu trabalho sobre uma tribo indígena com pouco contato com a civilização, uma comunidade de alemães no estado de Santa Catarina, ou determinada ocupação dentro de uma fábrica. (1995, p. 28.)

De acordo com Laplantine (1996), compreender a inteligibilidade de um fenômeno é ao mesmo tempo religá-lo à totalidade social na qual ele se inscreve e estudar as suas múltiplas dimensões. Assim, na proposta da etnografia, dimensões que, segundo a ciência clássica, são vistas como estanques e separadas podem enfim ser compreendidas na dialética da sua diferença e complementaridade. Examinaremos brevemente aqui algumas dessas dimensões consideradas como particularidades da postura etnográfica na construção do conhecimento científico, a saber: a dialética sujeito/objeto, a dialética indivíduo/sociedade ou particular/geral, e a dialética subjetividade/objetividade.

5.2.1 Dialética sujeito/objeto

Na etnografia, a reflexividade é realizada pela ida e volta constantes aos universos do eu (pesquisador) e do outro (pesquisado). O encontro entre pesquisador e pesquisado se dá a partir de uma relação ao mesmo tempo de cumplicidade e de alteridade, na qual as semelhanças e as diferenças entre os dois polos estão constantemente vindo à tona. Fonseca descreve esse encontro entre sujeito e objeto na pesquisa de campo, usando a metáfora do espelho:

> [...] esse processo não deveria ser confundido com o efeito narcísico em que os dois se fundem no mesmo objeto. É, pelo contrário, atentando para as diferenças – atrás das aparentes semelhanças – que se cria um espaço para o diálogo acontecer [...]. (Fonseca, 1999, p. 65.)

Não há, portanto, unilateralidade na relação entre pesquisador e pesquisado, ao contrário, essa relação parece ser constantemente negociada na etnografia.

5.2.2 Dialética indivíduo/sociedade ou particular/geral

A postura etnográfica parte do individual (caso particular) mas busca o geral, ou seja, visa efetuar uma leitura eminentemente social dos fenômenos. O objetivo maior do trabalho etnográfico é reconstituir a tessitura do social, indo além do caso individual. Essa característica é considerada por Fonseca, que define o método etnográfico como: "encontro tenso entre individualismo

A etnografia e os estudos organizacionais

155

metodológico (que tende para a sacralização do indivíduo) e a perspectiva sociológica (que tende para a reificação do social)" (Fonseca, 1999, p. 59). O trabalho etnográfico propõe então considerar a particularidade dos fenômenos e ao mesmo tempo contextualizá-los, interpretando-os como expressão de outros aspectos ou situações sociais, como desigualdades, estigmas, estereótipos, questões de gênero, políticas e de classe social (Barreira, 1998). À medida que o pesquisador investe nesta contextualização, ele estabelece uma espécie de diálogo com a subjetividade dos pesquisados, construindo uma leitura da vida social em que não só os aspectos objetivos, mas também os valores, as emoções e as crenças são descritos, narrados e levados em conta no processo de compreensão dos fenômenos estudados.

5.2.3 Dialética subjetividade/objetividade

A pesquisa etnográfica permite retratar as dimensões objetivas e subjetivas dos fenômenos analisados. Conforme destaca Godelier (2002), a interação entre pesquisador e pesquisado não é neutra, mas ela se confronta sempre com realidades objetivas que são pensadas, expressas e compreendidas pelas pessoas em sua cultura. Essas duas dimensões da realidade (objetiva e subjetiva) devem ser consideradas pelo pesquisador na sua interpretação dos fenômenos. Esse processo é relatado por Silva, que o denomina de "magia do antropólogo":

> O empreendimento etnográfico se situa sempre além das possíveis lições de método e técnicas de pesquisa, porque os antropólogos aprendem no campo que as anotações no diário, as imagens "congeladas" nas fotografias ou "revividas" nas fitas de vídeo cassete e os registros que se disse, cantou ou rezou são frágeis fios de Ariadne que precariamente nos ajudam a não nos perdermos nos labirintos da cultura do outro, mas que em si mesmo pouco revelam sobre as experiências vividas nos caminhos percorridos nesse labirinto. (2000, p. 66.)

As particularidades indicadas anteriormente nos permitem afirmar que a etnografia fornece um caminho para a leitura dos fenômenos, por meio do qual a complexidade não é simplificada em nome de uma pretensa objetividade. De fato, a etnografia propõe fazer comunicar dimensões separadas, sem reduzi-las a unidades elementares ou a leis gerais. Todas essas características demonstram uma adequação da aplicação da etnografia em estudos que levam em conta temáticas interdisciplinares ou híbridas, como é o caso dos cenários e das realidades organizacionais.

■ 5.3 *Momentos* da pesquisa etnográfica e sua aplicação nos estudos organizacionais

Com o intuito de incentivar a assunção da postura etnográfica na análise organizacional, indicaremos os *momentos* da elaboração científica baseada na etnografia. Sem almejar o estabelecimento de etapas rígidas – tal qual um receituário de aplicação de método –, preferimos então indicar aos pesquisadores organizacionais os *momentos* que julgamos fundamentais do método etnográfico enquanto processo de construção do conhecimento científico, fazendo algumas considerações a respeito das particularidades quando se trata de estudar as organizações.

Assim sendo, a concepção do campo temático de estudo, a realização do trabalho de campo e a elaboração do texto são aqui considerados como *momentos* singulares, entretanto, o etnógrafo lida também com o dia a dia, o vivido, as regularidades, que remetem ao universal, ao coletivo, à totalidade social. Cada uma dessas vivências possibilita a construção da "tecelagem etnográfica", na qual tanto os *a priori* do pesquisador, quanto os pontos de vista dos sujeitos pesquisados são constantemente questionados.

■ 5.3.1 Concepção do campo temático de estudo

Em conformidade com a opção de Malinowski, julgamos ser de fundamental importância o preparo teórico do pesquisador na área do conhecimento escolhida para a realização da pesquisa:

> O pesquisador de campo depende inteiramente da inspiração que lhe oferecem os estudos teóricos [...] conhecer bem a teoria e estar

A etnografia e os estudos organizacionais

157

> a par de suas últimas descobertas não significa estar sobrecarregado de ideias preconcebidas. [...] As ideias preconcebidas são perniciosas a qualquer estudo científico; a capacidade de levantar problemas, no entanto, constitui uma das maiores virtudes do cientista – esses problemas são revelados ao observador através seus estudos teóricos. (Malinowski, 1978, p. 22.)

Assim, uma das condições básicas para o emprego da etnografia é uma sólida preparação teórica na área de conhecimento, todavia, a concepção do campo temático de estudo vai mais além. Barreira (1998) levanta outros elementos importantes desse momento. Segundo a autora, as variáveis de pesquisa num trabalho etnográfico não dependem apenas da revisão de literatura e da fundamentação teórica da pesquisa, mas também da experiência e da trajetória prévias do pesquisador naquele campo de investigação. Por outro lado, é importante considerar também os *grandes cenários* em que a questão tratada se desenvolve: os atores sociais envolvidos, os enredos, as crenças e os ritos. Desta forma, a temática pesquisada deve ser contextualizada a partir da inclusão de elementos derivados da trajetória do pesquisador e também do cenário em que se inscreve o objeto de pesquisa. A contextualização implica também o esforço para situar o espaço analisado no sistema social, político e econômico que o cerca.

Referindo-se a esse esforço no campo organizacional, Jaime Júnior afirma que:

> [...] o indivíduo nas organizações, a dinâmica organizacional e as relações interorganizacionais não podem ser compreendidos se não forem pensados a partir de sua própria relação dialética com o contexto sócio-histórico local, regional, nacional e global. (2003, p. 453.)

A consideração do cenário organizacional como um espaço a ser analisado nos aproxima dos ensinamentos da nova geografia socioeconômica: o espaço a ser analisado no presente é um espaço construído, enquanto fruto complexo do espaço historicamente moldado ao longo do tempo e incessantemente modificado pelos grupos humanos no presente (Santos, 2002; Lipietz e Benko,

2000). A dimensão histórica revela-se, portanto, como crucial na tentativa de compreensão dos fenômenos organizacionais.

A preocupação em contextualizar o fenômeno e o espaço analisado ganha ainda mais importância em razão da própria natureza do fato organizacional: trata-se de um "fato social total". Após ter analisado o regime de direito e o sistema de prestações econômicas manifestados por meio da prática da dádiva em diversas sociedades ditas primitivas, Mauss (1974) conclui que aqueles fenômenos são "fatos sociais totais", no sentido de que eles envolviam dimensões e instituições fundamentais da vida social dos membros daquelas comunidades estudadas. Assim como Mauss identificou fatos que exprimiam um amplo conjunto de instituições de determinadas sociedades, classificando-os como totais, cremos que se pode proceder igualmente com as sociedades complexas da atualidade. Existem fatos sociais que exprimem uma variada gama de instituições, a ponto de espelhar uma configuração que nos permite melhor compreensão da dinâmica das nossas sociedades: os fatos organizacionais pertencem a esse gênero de fatos (Serva, 2001). Isso se justifica em razão da sociedade contemporânea ser considerada como uma "sociedade de organizações" (Etzioni, 1976), na qual a densidade organizacional constitui uma das suas marcas distintivas. As organizações formais põem em movimento um grande número de instituições e de outras dimensões da vida social, afetando cada vez mais os espaços sociais disponíveis aos indivíduos e, por consequência, o cotidiano desses indivíduos. São, então, instituições de grande importância e podem ser examinadas – tal qual os fenômenos analisados por Mauss nas sociedades ditas primitivas – como uma das mais substanciais manifestações da totalidade social. Assim é que Serva (2001) destaca que o fato organizacional é simultaneamente fato jurídico, fato econômico, fato tecnológico, fato político, fato histórico-cultural, além de portar aspectos psicológicos e ser fruto dos fatos sociais gerais, na medida em que os processos que marcam uma dada sociedade, tais como as questões étnicas, as clivagens sexuais, as questões relativas aos direitos das minorias e as lutas sociais em geral são refletidas nas organizações. Ora, se buscamos compreender fenômenos organizacionais, a contextualização é uma passagem incontornável e a pesquisa etnográfica leva em conta essa necessidade no momento da concepção do campo temático de estudo. Tempo, espaço e atores particulares do contexto de pesquisa devem ser

A etnografia e os estudos organizacionais

retratados descrevendo a *teatralidade* das temáticas pesquisadas e ressaltando a sua vivacidade.

Assim sendo, esse momento implica, além da preparação teórica na área do conhecimento em que se pretende desenvolver o estudo, a consideração da experiência e da trajetória prévias do pesquisador naquele campo de investigação – se elas se verificam –, bem como a consideração do cenário organizacional como um espaço a analisar. Todas essas dimensões contribuem para a contextualização do fenômeno em estudo, a elaboração de um amplo "mapa cognitivo", tendo como base a premissa do fato organizacional como um fato social total.

5.3.2 Realização do trabalho de campo

Atribuindo um maior destaque ao trabalho de campo, Boumard (2003) descreve a etnografia como uma "postura de investigação implicada", pela qual o pesquisador se propõe não só a ver, mas a olhar o objeto e o contexto de pesquisa. Isso significa captar o ponto de vista dos membros do grupo estudado e, ao mesmo tempo, considerar as suas próprias implicações no processo de pesquisa. Desse modo, sujeito e objeto não constituem na etnografia polos opostos e neutros, mas complementares e ativos na construção da *démarche* de pesquisa.

Laplantine (1996) também aborda a diferença entre "ver" (*voir*) e "olhar" (*regarder*) na etnografia. Para o autor, ver é, na maioria das vezes, encontrar aquilo que já se esperava e não o que se ignorava: "ver é receber as imagens" (Laplantine, 1996, p. 15). O olhar, por sua vez, caracteriza melhor a postura do etnógrafo e consiste em partir para a busca das significações, das variações e dos sentidos atribuídos pelos atores. O pesquisador deve então ser capaz de *olhar* as coisas em profundidade e não apenas *ver* aquilo que salta aos olhos. Corroborando a importância desse olhar no trabalho de campo, Serva e Jaime Júnior afirmam:

> O olhar que permite ver em profundidade, que abre a percepção para a riqueza e importância dos detalhes, dos gestos, dos olhos de outrem (janelas d'alma?), da presença dos signos, o olhar antropológico [...] aquele que, mais do que vê, percebe. Para além dos limites da

visão, em direção às desconhecidas fronteiras da percepção, portanto extraído das profundezas da sensibilidade humana, esse olhar foi, é e sempre será a maior habilidade do antropólogo. [...] urge desenvolver tenazmente a sensibilidade e a argúcia do olhar, visando captar, em pleno jogo dos acontecimentos, aquilo que apesar de real não está evidente. (1995, p. 70-71.)

É esse olhar inquisitivo que permite ao pesquisador se surpreender durante a pesquisa. Essa espécie de estranhamento, tão importante para a etnografia, é afetada por uma complexidade adicional no caso da pesquisa em organizações, interferindo fortemente na relação observador-observado: nesses espaços sociais, o pesquisador não pertence necessariamente a uma classe, etnia ou nacionalidade suficientemente diferente dos membros da organização, ele apresenta-se, em geral, como um igual (Jaime Júnior, 2003); além do fato de que o ambiente organizacional faz parte da sua própria cultura, ou seja, o pesquisador *fala a mesma língua* dos observados, pois ambos estão imersos na sociedade de organizações.

Além desse estranhamento peculiar na postura etnográfica, o trabalho de campo pressupõe uma interiorização, por parte do pesquisador, das significações que os indivíduos atribuem aos seus comportamentos, e isso implica uma integração do observador no campo de observação. Todavia, é importante ressaltar que a participação por si só não garante a partilha intersubjetiva. É importante também deixar claro que essa participação não significa que o pesquisador deva necessariamente adotar o método específico da observação participante ao empreender um estudo etnográfico. A adoção da observação participante é uma opção, e não uma imposição na pesquisa etnográfica. Na pesquisa científica em organizações, a opção pela observação participante, além de requerer a adoção da etnografia como estratégia de pesquisa, bem como da postura que lhe é correspondente, acarreta uma implicação a mais quando da realização do trabalho de campo: o pesquisador deve assumir claramente o cumprimento de tarefas no fluxo regular de trabalho da organização pesquisada. Desse modo, o pesquisador trabalha efetivamente para a organização durante o desenrolar da pesquisa de campo. A seguir, citaremos apenas alguns casos a título de ilustração: nos anos 1970, Bouchard (1985) auxiliou

A etnografia e os estudos organizacionais

161

diretamente caminhoneiros, viajando durante dois anos com eles, ao estudar a profissão na Brazeau Transport, uma empresa de cargas de Quebec; nos anos 1980, Aktouf (1987) se alistou como trabalhador temporário em fábricas de cerveja em Quebec, visando analisar tais empresas; em 1993, Villemure (1994) se alistou como enfermeira voluntária num hospital da China, com o intuito de estudar as particularidades da administração chinesa; em 1997, Andion (1998) se alistou como voluntária durante seis meses nos escritórios de duas organizações comunitárias de Montreal, com o objetivo de analisar a gestão daquelas organizações.

Como destaca Cardoso, mais do que transmitir o que é dito pelos sujeitos pesquisados, é importante fazer uma leitura da subjetividade inerente aos discursos, pois estes não são exteriores aos atores que os produziram. Segundo a autora, "é preciso ancorar as relações pessoais em seus contextos e estudar as condições sociais de produção dos discursos do entrevistador e do entrevistado" (Cardoso, 1986, p. 103). Neste sentido, a alteridade é um elemento fundamental para produzir o estranhamento tão necessário ao trabalho etnográfico.

A realização do trabalho de campo em organizações implica o estudo de grupos compostos por indivíduos que desempenham papéis específicos, interagindo entre si em situações diversas. Reportando suas soluções para empreender estudos etnográficos em pequenas e grandes organizações, Schwartzman (1993) nos fornece uma série de indicações proveitosas para o trabalho de campo, dentre as quais destacamos aquelas relativas à análise do contexto e à análise de eventos e rotinas. Visando facilitar a análise do contexto organizacional face à pluralidade das interações de seus membros, Schwartzman (1993) propõe uma matriz para identificar a posição relativa e os tipos principais de interação que cada participante, incluindo também o pesquisador, desenvolve na organização. Relacionando em eixos horizontal e vertical a mesma lista dos participantes-chave observados pelo pesquisador, a autora produz uma matriz de interações entre esses participantes, destacando, ao preencher os espaços centrais da matriz, a natureza das comunicações mais frequentes entre eles. Assim procedendo, pode-se obter um mapa das principais interações que poderá guiar a atenção das observações e das entrevistas a ser realizadas pelo pesquisador; tal mapa poderá ser ampliado e enriquecido à medida que a pesquisa avança e o conhecimento do pesquisador sobre a organização também avança.

Quanto à análise de eventos e rotinas, Schwartzman (1993, p. 63) afirma que "essa abordagem chama a atenção para a importância do exame de rotinas cotidianas e de ocasiões que promovem o encontro de pessoas em contextos organizacionais específicos". Tomando como base o modelo elaborado por Dell Hymes no campo da sociolinguística para examinar comunicações em reuniões, Schwartzman (1993) propõe considerar as seguintes categorias da análise etnográfica de eventos e rotinas:

a) Participantes – descrição dos participantes que interagem entre si, como oradores ou emissores, ouvintes ou destinatários de mensagens, suas responsabilidades e relações.

b) Canais e códigos – exame dos canais de comunicação existentes e os respectivos códigos compartilhados pelos atores.

c) Espaço e tempo – observação dos arranjos espaciais onde as reuniões e demais encontros acontecem, bem como o tempo que duram.

d) Formatação – processos mediante os quais o início, a continuidade e o final de reuniões e eventos são assinalados; incluem-se nesta categoria também os significados atribuídos pelos participantes a tais encontros.

e) Falas dos participantes – aqui se chama a atenção para expressões dos participantes relativas a tópicos de discussão e resultados, normas para falar e interagir, gêneros de oratória e estilos, interesse, participação e motivação dos participantes.

f) Normas de interpretação – exame dos processos que os participantes desenvolvem para interpretar o que acontece nas reuniões.

g) Objetivos e resultados formais das reuniões.

h) Ciclos e padrões de reuniões – relações entre reuniões de mesmo tipo e também entre tipos diversos. Para Schwartzman (1993), o exame desses ciclos e padrões é crucial para compreender o papel das reuniões na produção e reprodução das relações sociais, bem como dos valores e crenças culturais.

Finalizando as considerações sobre o trabalho de campo em organizações, gostaríamos de destacar ainda dois aspectos importantes para o emprego da etnografia. O primeiro deles diz respeito ao recurso da tomada de notas, da elaboração sistemática do diário de campo, o qual é essencial e constitui uma das características mais conhecidas do método antropológico. O segundo aspecto refere-se à complementaridade de outros procedimentos para a coleta de dados durante o trabalho de campo: a análise de documentos, as entrevistas semiestruturadas e a história de vida, por exemplo, podem enriquecer a análise que o pesquisador se propõe a empreender. A análise de documentos é um método auxiliar que permite conhecer melhor a história da organização, através da reconstituição de fatos passados, principalmente quando se trata do estudo de organizações formais. As entrevistas semiestruturadas com determinados atores podem auxiliar a eliminação de dúvidas que porventura surjam no desenrolar dos eventos observados, bem como contribuir para o aprofundamento de assuntos específicos ligados à tentativa de compreensão da realidade organizacional. A história de vida pode propiciar ao pesquisador, dentre outras vantagens, ter acesso a novas interpretações dos significados dos eventos passados e presentes, ampliando a interpretação da trajetória dos atores e da organização em estudo.

5.3.3 Elaboração do texto

Este também é um momento fundamental na pesquisa etnográfica. Laplantine destaca que "se espera do etnógrafo não apenas o fato de ver e compreender o que vê, mas também de fazer ver" (Laplantine, 1996, p. 27). A partir do texto, o pesquisador poderá repassar para os outros aquilo que ele percebeu, e nesse momento, ao qual nos reportaremos como uma *passagem*, elaborar frequentemente resignificações, novas construções conceituais e interpretações. Sem a escrita, o que foi visto não teria sentido e a organização do texto é por isso uma passagem digna de destaque na postura etnográfica. O registro textual do que é observado inclui as interpretações sucessivas do diário de campo, a organização, a associação e o corte dos dados, bem como a narração ou elaboração do texto final. Para Laplantine (1996), a postura etnográfica pressupõe tanto a narração, quanto a descrição. A primeira mobiliza o imaginário do narrador e do leitor, enquanto a segunda, mais didática, visa à elaboração do saber. Neste sentido, o texto etnográfico deve conter não só a descrição do real tal qual é percebido pelo pesquisador, como também a representação desse real, ressaltando a sua subjetividade. Porém, o foco na descrição e na interpretação não diminui a importância de uma abordagem analítica que aponte pistas para a ação.

A elaboração do texto etnográfico vem ganhando uma importância crescente, tornando-se até mesmo uma questão controvertida, um tema alvo de calorosos debates no campo da antropologia. Ao examinarmos o sentido atribuído à etnografia, vemos que, se de um lado a etnografia é concebida como um método, de outro ela é percebida também como o resultado do estudo, dando um grande destaque para o texto como produto do processo de construção do conhecimento científico. Questões tais como a forma de elaboração do texto, o estilo, os recursos de retórica, as estratégias e o posicionamento do autor na construção do texto são fortemente debatidas por algumas correntes teóricas na antropologia contemporânea. Não faz parte de nosso objetivo aqui abordar as especificidades desse debate, por quão rico ele seja, apenas registrar a sua ocorrência para evidenciar a importância que o momento de elaboração do texto tem para o trabalho etnográfico como um todo e, consequentemente, destacar alguns aspectos que nos parecem significativos na realização de etnografias nas organizações.

Um dos primeiros aspectos diz respeito à validade das interpretações que o texto etnográfico exprime. Partindo da premissa de que nos estudos organizacionais a possibilidade de haver um universo semântico comum entre o pesquisador e os sujeitos observados na pesquisa é elevada, Jaime Júnior (2003, p. 454) admite que "a voz do etnógrafo não é mais a única presente no debate sobre determinado assunto. Ele terá que negociar sua interpretação com aquelas construídas por outros autores". Todavia, o mesmo autor, inspirado no trabalho de Ulf Hannerz, concorda que as interpretações do etnógrafo não podem ser invalidadas cientificamente pelas suas eventuais diferenças com relação às interpretações dos sujeitos observados. Assim, tanto as interpretações dos observados, como aquelas do etnógrafo podem ser vistas como elaborações construídas no âmbito do complexo jogo político que caracteriza as organizações.

Um outro aspecto digno de destaque, pois muitas vezes constitui um desafio ao pesquisador (tenha ele utilizado a etnografia ou não), é a busca de um estilo e de uma forma para elaborar o texto. Sem a intenção de estabelecer um padrão a ser seguido, exemplificamos como essa questão foi tratada num estudo sobre organizações, visando incentivar a busca de novas inspirações pela consulta de textos etnográficos:

> O estilo que empregaremos para apresentação da análise dessa empresa, bem como das outras duas que se seguem nos capítulos subsequentes, teve como fonte de inspiração o texto do célebre estudo antropológico de Gregory Bateson *La cérémonie du naven,* elaborado nos anos 30 e publicado em língua francesa em 1971 por Les Éditions de Minuit. O estilo utilizado por Bateson (1971) para estabelecer a argumentação, notadamente nos capítulos 5 (*Sorcellerie et vengeance*) e 7 (*La sociologie du naven*), nos inspirou a elaborar a forma de apresentação e de argumentação da análise das empresas aqui examinadas. Assim, buscaremos evidenciar o quanto possível as evidências que sustentam as nossas afirmativas e deduções sobre os processos observados no trabalho de campo, com reproduções das situações vivenciadas, das falas dos atores em seus termos originais, dos casos passados contados pelos atores, constituindo assim, talvez, um estilo não muito comum aos textos herméticos e técnicos que são dedicados à teoria das organizações. Entretanto, como o nosso estudo foi realizado numa base etnográfica, julgamos adequado manter a coerência entre essa base e o estilo de apresentação da análise que ela proporcionou. (Serva, 1996, p. 394.)

A inserção de trechos das falas dos observados, colhidas durante o trabalho de campo, no texto etnográfico é um recurso largamente utilizado pela antropologia e vem sendo também empregado em textos de estudos organizacionais produzidos mediante o emprego da etnografia. Tal recurso pode auxiliar o pesquisador na tarefa crucial de empreender a passagem do trabalho de campo ao texto.

5.4 Etnografia e estudos organizacionais: sugestões de temas de pesquisa

O emprego da etnografia no estudo de organizações abre um amplo leque de possibilidades, tanto em termos das descobertas que podem enriquecer a teoria das organizações como um todo, como no avanço do conhecimento em diversos temas específicos de interesse dos pesquisadores desse campo. Nesta seção, daremos sugestões de temas que já estão sendo tratados a partir da etnografia e para os quais há uma adequação desse método, tendo em vista a natureza interdisciplinar dos temas e as particularidades que exprimem o potencial da etnografia.

A relação de temas a seguir não é, em absoluto, exaustiva. Ao oferecê-la o fazemos com a intenção de demonstrar o potencial da etnografia e, sobretudo, incentivar os colegas pesquisadores a adotar a postura etnográfica em seus estudos. A adoção ampliada da postura etnográfica irá certamente concretizar as possibilidades anteriormente referidas, além de descortinar novos horizontes do possível. Trataremos aqui dos seguintes temas: redes organizacionais, inscrição social do mercado e de empresas, trajetória dos grupos econômicos, racionalidade nas organizações e processos de desenvolvimento territorial.

5.4.1 Redes organizacionais

As redes têm sido interpretadas a partir de ângulos distintos, em diversas disciplinas das ciências físicas, tecnológicas, da vida e humanas. Nas ciências humanas, e mais particularmente no campo dos estudos organizacionais, as redes vêm sendo alvo de muitos estudos, levando-se em conta que em vários casos atribui-se às redes organizacionais um sentido de inovação, seja na esfera da sociedade civil, do mercado ou do Estado. Assim, o fenômeno da multiplicação do número de redes organizacionais apresenta-se de forma multifacetada, tanto quanto elas se instalam e se expandem com objetivos variados e em praticamente todos os setores de atividade, dando novas cores à ação coletiva no presente.

A multiplicidade e a variedade de redes exige um grande esforço dos pesquisadores para a sua compreensão, o que enseja também a variedade de interpretações, a começar pela concepção do que seja uma rede e pelo ponto de vista adotado pelo analista. Scherer-Warren (1999), por exemplo, adotando o ponto de vista da sociedade civil, concebe as redes engendradas nessa esfera como "estratégia de ação coletiva, visando uma transformação social em um determinado local"; nesse sentido, as redes são vistas como formas de organização e de ação dos atores sociais, visando promover uma mudança que pode ser de cunho econômico ou não (Andion, 2003). Segundo Pecqueur (2000), as redes institucionais (entre grupos formais) podem ter fins de compra de bens e serviços ou ainda de troca de informações e *know-how*. Já as redes informais (familiares, profissionais ou de concertação) constituem laços de solidariedade indispensáveis para complementar as redes institucionais. Esses dois tipos de redes estão, na maioria das vezes, imbricadas e a sua fronteira nem sempre é claramente definida (Andion, 2003).

Visando fornecer um quadro de variáveis que possibilite examinar aspectos relativos à densidade das redes face ao seu encastramento no território, Andion (2003) estabelece a seguinte configuração:

a) Territorialidade/coesão social – relação entre os agentes da rede, sua organização e o espaço territorial, considerando as particularidades culturais e os laços recíprocos (coesão social) presentes no local e sua conexão com o funcionamento da rede.

b) Temporalidade histórica – relação das atividades da rede e a história do local, do território e da comunidade.

c) Valores éticos/políticos – coerência entre os objetivos dos atores e os objetivos da rede, incluindo a relação entre estes últimos (seu projeto social) e os valores éticos e emancipatórios mais amplos (preservação ambiental, democracia, igualdade etc.).

d) Capacidade de inovação, adaptação e regulação – criação de alternativas de adaptação às condições do mercado mundial (seja sob a forma de produto, processo ou mesmo de gestão); regularidade das formas de solidariedade presentes na rede, permitindo a reprodução contínua das condições favoráveis à inovação.

Já Veltz (2000), colocando-se no ponto de vista da esfera do mercado, ao analisar a variedade das formas pelas quais as redes empresariais se apresentam na atualidade engloba tais formas no conceito de "modelo celular em rede". Esse modelo se caracterizaria pela descentralização orientada para o mercado, pela forma contratual dada às relações entre as unidades e seus controladores, e pelo caráter plurifuncional das unidades dispostas em rede, implicando a cooperação no interior das células de saberes profissionais, além do estabelecimento de objetivos técnicos e comerciais múltiplos. Veltz (2000) chama a atenção para os limites desse modelo de redes, notadamente no que diz respeito à questão da gestão. Denominando esses limites "tensões de gestão", o autor enumera três conjuntos de dificuldades regularmente enfrentadas pela administração dessas redes: a dinâmica econômica da rede, a diminuição do potencial de convergência entre as atividades acoplada a uma fragilização de suas capacidades de inovação, e os problemas relativos à decisão. Nos três conjuntos de tensões de gestão, Veltz destaca como crucial a dimensão relacional, analisada sob os aspectos da coesão, da autonomia e das contradições internas produzidas na e pela rede.

Lemieux (1999, p. 11), esboçando uma definição mais ampla, propõe pensar as redes como "sistemas de atores sociais que, para fins de alinhamento da variedade no ambiente interno, propagam a transmissão de recursos em estruturas fortemente conectadas". O autor elege as relações como a principal categoria de análise das redes:

> Nós falaremos, de maneira geral, de relações para designar as ligações, as transações e os controles. A formalização desses três tipos de relações permitirá discutir de forma mais precisa as características das redes e dos aparelhos. (Lemieux, 1999, p. 14.)

Também este autor destaca a dimensão da coesão, desta vez como um princípio de organização subjacente à estrutura das ligações num sistema de atores sociais. Lemieux investe no estudo das redes organizacionais concernentes à elaboração de políticas públicas, identificando as formas mais frequentes sob as quais tais redes se apresentam: as *comunidades* e as coalizões. As comunidades seriam alianças estáveis, baseadas no interesse comum; enquanto as coalizões seriam entendidas como redes estabelecidas no curto prazo com o objetivo de vencer determinados adversários face à perspectiva de definição da ação pública.

A etnografia e os estudos organizacionais

Como vimos, aspectos como a coesão, as interações, as comunicações, os valores, a historicidade, a correspondência com a cultura e o território – todos aspectos substancialmente relacionais – são apontados por diversos estudiosos como elementos incontornáveis para a tentativa de compreensão das redes organizacionais, sejam elas oriundas da sociedade civil, do setor privado ou da esfera pública, esta compreendida não só como pertencente apenas ao Estado, mas também estendida às outras esferas no que concerne à problemática das políticas públicas. A pesquisa com base na etnografia revela-se promissora para o aprofundamento da análise dos aspectos mencionados. A contextualização necessária à postura etnográfica em muito pode contribuir para que o pesquisador tenha sucesso no exame da densidade das redes, principalmente na identificação dos valores e na análise do grau de coerência entre estes e a cultura local. A correspondência com a história do território seria outra possibilidade aberta de contribuição que a etnografia ofereceria ao processo de ampliação do conhecimento do pesquisador sobre o contexto em estudo. Através do envolvimento do pesquisador com os sujeitos observados no processo de pesquisa, a contribuição da etnografia seria ímpar face à necessidade de captar e interpretar as relações entre os atores sociais integrantes das redes organizacionais. Por meio dos recursos do envolvimento e do estranhamento, o pesquisador cria as condições para compreender, atuando *in loco* nos processos pelos quais a coesão social se manifesta, além das contradições, dos conflitos e do poder, aspectos tão importantes para a análise das redes organizacionais em quaisquer das três esferas da sociedade.

5.4.2 Inscrição social do mercado e das empresas

Este tema está diretamente relacionado à renovação da sociologia econômica. Inspirada nas obras de autores que construíram suas obras na fronteira entre a sociologia e a economia, tais como Marx, Durkheim, Polanyi, Mauss, Weber, esse campo, interdisciplinar por definição, experimenta uma expansão ímpar relativamente aos demais campos pertencentes às ciências sociais, principalmente a partir dos anos 1970. Resumindo a sua proposta essencial, a sociologia econômica se dispõe a analisar os fatos econômicos enquanto fenômenos sociais, na tentativa de inverter o ponto de vista da economia neoclássica, a qual considera a racionalidade econômica como atributo do ator individual. A natureza dessa proposta acabou por tornar parte da sociologia econômica conhecida como o estudo da "inscrição social do mercado". Essa abordagem abre novos horizontes para várias correntes da teoria das organizações, como também para algumas áreas aplicadas da administração, uma vez que ela se desdobra em duas vertentes principais: o estudo das transações comerciais do ponto de vista institucional, e a regulação social da competição entre empresas (Serva, 2002).

Ao examinarmos o desenvolvimento da teoria das organizações ao longo do tempo, constatamos que o mercado, considerado como instituição, carece até então de um enfoque analítico que promova a sua conexão com os modelos de análise organizacional. Observa-se, assim, a ausência de uma correspondência epistemológica adequada entre a análise social das organizações e a análise social do mercado. Essa lacuna pode ser preenchida pelo esforço interdisciplinar ensejado pela aproximação entre a teoria das organizações e as ciências sociais, em particular a sociologia e a antropologia (Serva e Andion, 2004). Uma tal aproximação implica a prática da interdisciplinaridade no *corpus* do projeto de pesquisa – sua fundamentação teórica, metodologia e modelo de análise epistemologicamente alinhados – implementado pelo pesquisador ou grupo de pesquisa.

A postura etnográfica pode cumprir um importante papel nesse esforço, como foi o caso, por exemplo, do estudo realizado por Müller (1999), sobre a Bolsa de Valores de São Paulo. O emprego da etnografia foi fundamental para que a autora pudesse identificar e desvendar os processos que mantêm a coexistência das relações baseadas em princípios próprios do modelo formal do mercado (concorrência), das relações baseadas em laços de confiança entre instituições e indivíduos, bem como das relações de trocas recíprocas fundadas no compromisso pessoal entre os envolvidos. Essa coexistência complexa de tipos de relações aparentemente tão díspares é responsável pela dinâmica de funcionamento e de continuidade da Bolsa como instituição. Para a autora:

> O que me proponho, no entanto, é chamar a atenção para o fato de, na interação entre os participantes do mercado de ações, existir um espaço para o estabelecimento de relações não concorrenciais. [...]

Para analisar algumas dessas relações, recorro ao princípio da reciprocidade. [...] A troca recíproca não exclui a presença de interesses individuais ou coletivos, nem a competição. [...] Os princípios que regem o código de conduta nas relações de troca recíproca entre os participantes do mercado não são diferentes daqueles que Malinowski identificou nas relações de troca entre os trobriandeses. Trata-se de regras "elásticas e ajustáveis que permitem uma considerável margem de variação dentro da qual seu cumprimento é satisfatório" (Malinowski, 1986, p. 12); a garantia desse compromisso assentando-se fundamentalmente no constrangimento social que acarreta seu descumprimento, o qual, em casos extremos, pode fazer com que o indivíduo seja excluído da rede de relações. (Müller, 1999, p. 146-147.)

5.4.3   Trajetória dos grupos empresariais

Apesar da importância dos grupos empresariais para a dinâmica da sociedade moderna, e da sua correspondência evidente com o objeto de estudo da administração, observa-se que a teoria das organizações ainda não desenvolveu um corpo de conhecimentos suficiente para a melhor compreensão desse fenômeno. Em geral, os trabalhos até então realizados focalizam elementos específicos da gestão, como a ação estratégica adotada num dado período, a entrada em um novo mercado, as soluções de governança corporativa no interior do grupo, mas dificilmente buscam esclarecer a origem e as formas de manutenção do grupo empresarial como um ator social no ambiente institucional.

Uma contribuição significativa para a consideração dos grupos empresariais como um objeto de estudo é também proveniente da sociologia econômica: Granovetter (1994), numa perspectiva de análise comparativa, estabelece seis dimensões de variação desses grupos, a saber, as relações de propriedade, os princípios de solidariedade, a estrutura de autoridade, a dimensão moral, as finanças e, por fim, as relações com o Estado. O autor adverte que para o estudo dos grupos empresariais, as seis dimensões devem ser alvo de uma elaboração teórica levando em conta o contexto histórico institucional e desprezando correlações empíricas fixas entre elas.

Essa perspectiva nos leva a crer que a postura etnográfica pode reivindicar o seu devido espaço no esforço de estudo dos grupos empresariais. O emprego da etnografia concederia ao pesquisador a sustentação metodológica requerida para inserir-se no ambiente interno do grupo empresarial, exercitando o estranhamento e o olhar antropológico, identificar e interpretar os princípios de solidariedade interna, as formas de manifestação da autoridade e os valores morais. Ao mesmo tempo, praticando seu duplo papel de *insider* e *outsider*, o pesquisador imbuído da postura etnográfica estaria em condições de examinar as relações de propriedade desde a origem do grupo – dimensão histórica –, destacando as relações institucionais que favoreceram o crescimento do grupo empresarial, nelas incluídas as relações com o Estado. Assumindo a dialética particular/geral, o pesquisador interessado na compreensão da trajetória dos grupos empresariais buscaria a inserção aprofundada na organização, mas contextualizando-a para tentar reconstituir a tessitura do social ao longo dessa trajetória, indo além do caso individual para lançar luzes sobre esse fenômeno da era moderna e assim contribuir para a compreensão dos seus processos de formação e de manutenção.

5.4.4 Racionalidade nas organizações

A busca da compreensão da racionalidade, como fundamento das ações humanas também no interior das organizações, tem despertado o interesse de diversos pesquisadores a ponto de se constituir um tema de grande importância na teoria das organizações. Dos estudos de Herbert Simon sobre a racionalidade limitada aos de Guerreiro Ramos sobre a racionalidade substantiva, esse tema tem sido alvo de abordagens fecundas, as quais vêm contribuindo para a ampliação dos horizontes da teoria organizacional. No Brasil, parte dos pesquisadores que abordam a temática da racionalidade em sintonia com a obra de Guerreiro Ramos têm privilegiado a etnografia como método principal para a condução de seus estudos. A partir do trabalho pioneiro de Serva e Jaime Júnior (1995), outros pesquisadores, como Matta (1998) e Vizeu (2004), empregaram a etnografia para analisar a racionalidade em organizações.

Serva e Jaime Júnior (1995) iniciaram um estudo em quatro organizações em Salvador, no ano de 1993, utilizando a observação participante para

A etnografia e os estudos organizacionais

examinar a predominância do tipo de racionalidade (instrumental ou substantiva) na gestão daquelas organizações. As organizações pesquisadas foram: um complexo educacional/cultural composto por uma escola infantil, uma produtora de arte e um centro de serviços culturais e de saúde; uma associação de profissionais prestadores de serviços de saúde; uma ONG de serviço social; uma clínica psicológica. Durante oito meses e ao longo de 400 horas de trabalho de campo, os pesquisadores observaram os processos organizacionais das quatro entidades, ao mesmo tempo em que desempenhavam tarefas regulares como membros temporários dessas organizações. A sistematização definitiva, a análise completa dos dados e a apresentação final dos resultados desse estudo foram publicados mais tarde por Serva (1996; 1997a; 1997b).

Em seguida aos trabalhos de Serva, Matta (1998) empreendeu um estudo etnográfico por meio da observação participante no trabalho de campo visando analisar a predominância de racionalidade na cooperativa de serviços médicos Unimed, mais exatamente na Federação Unimed do Estado da Bahia e na Unimed Salvador. O autor empreendeu seu trabalho de campo durante todo o ano de 1997, pautado no modelo proposto por Serva (1996; 1997a; 1997b), e inaugurando a análise de racionalidade em cooperativas no Brasil através da postura etnográfica.

Mais recentemente, Vizeu (2004) realizou um estudo etnográfico no Hospital Espírita de Psiquiatria Bom Retiro, situado em Curitiba. Inspirado no modelo de análise elaborado por Serva (1996; 1997a; 1997b), na teoria da ação comunicativa de Habermas e na abordagem substantiva das organizações de Guerreiro Ramos, Vizeu empreendeu seu trabalho de campo mediante o emprego da observação participante – complementada por entrevistas semiestruturadas e análise de documentos – durante cinco meses do ano de 2003 naquele hospital. Para o autor:

> A escolha por este formato de observação se justifica tendo em vista especialmente os pressupostos de ontologia nominalista e de visão voluntarista da natureza humana subjacente ao quadro teórico de referência utilizado no presente estudo. Assim, ao empreender o recurso de observação participante, adotaremos uma postura de integração com a comunidade pesquisada, buscando melhores condições

para apreender os fatos, que, de acordo com tais pressupostos, somente são percebidos a partir da perspectiva daqueles que integram o mundo vivido. (Vizeu, 2004, p. 9.)

Devido à natureza do estudo sobre a racionalidade nas organizações, estudo esse fundado essencialmente na análise das interações e do sentido atribuído à ação, cremos ser a etnografia – empregando a observação participante ou não – uma opção adequada para os pesquisadores que abordam essa temática.

■■■ 5.4.5 Processos de desenvolvimento territorial

Analisando especificamente a aplicação do método etnográfico aos estudos que focalizam o desenvolvimento – sobretudo sob a ótica dos atores envolvidos e da mudança social por eles gerada –, podemos afirmar que a etnografia pode fornecer inúmeras contribuições a tais estudos.

A etnografia permite um estranhamento, ou seja, cria dúvidas e gera questionamentos em relação aos modos de desenvolvimento tradicionais, possibilitando considerar formas alternativas de desenvolvimento que tenham por foco o território, onde as interações entre os atores, as trocas e as redes locais passam a ser elementos-chave da análise. A consideração de *outras formas* de regulação social, aliás, tem sido tradicionalmente tratada nos estudos antropológicos desde os clássicos (Mauss, 1980; Malinowski, 1978), os quais foram retomados por Karl Polanyi (1975; 1983), no âmbito da antropologia econômica, e por outros autores da geografia socioeconômica (Lipietz e Benko, 2000) e da sociologia econômica (Laville e Sainsaulieu, 1997), mais recentemente.

Alguns autores, como Olivier de Sardan, chegam a identificar o surgimento de um novo campo interdisciplinar denominado socioantropologia do desenvolvimento, o qual se contrapõe às abordagens tradicionalmente normativas das teorias econômicas. Os estudos nesse novo campo tratam o desenvolvimento como um fenômeno social que deve ser estudado a partir de uma abordagem *actor oriented*, voltada para as experiências vividas. Para esse autor:

A etnografia e os estudos organizacionais

> Face às reduções que operam as ideologias do desenvolvimento fundadas necessariamente sobre pressupostos consensuais, a sócio-antropologia do desenvolvimento afirma desde o início a complexidade do social, a divergência de interesses, de concepções, de estratégias e de lógicas dos diferentes parceiros (ou adversários) que colocam em prática o desenvolvimento. (1995, p. 14.)

Desta forma, o trabalho de campo privilegia a interpretação em detrimento da prescrição, focalizando tanto as divergências quanto os compromissos, as interações e as negociações que se formam entre os atores. É em torno dessas relações de forças vivenciadas pelos agentes que é buscada a compreensão dos efeitos reais das ações de desenvolvimento sobre o meio que elas visam modificar (Olivier de Sardan, 1995). A análise etnográfica, além de focalizar a particularidade das experiências, propõe a contextualização dos fenômenos pesquisados e, nesse sentido, se aproxima da sociologia. A singularidade do fato analisado é acompanhada de uma perspectiva sociológica que permite transcender o particular. Isso facilita a abordagem de aspectos que caracterizam as experiências de desenvolvimento analisadas, permitindo ressaltar pontos comuns, contradições, clivagens e diferenças, a partir da análise de fenômenos como a dinâmica social, política, cultural e histórica do território pesquisado; a descrição do perfil sociológico dos atores/organizações pesquisados; o tratamento dos aspectos simbólicos e das relações que se estabelecem entre os atores (interconexões).

Por outro lado, essa contextualização envolve a descrição de fatores que influenciam as relações entre os atores e as suas formas de ação coletiva, tais como vínculos econômicos e sociais entre os grupos; espaço e tempo em que se desenvolvem as relações; mobilidade/mudança nos relacionamentos; tipos de grupos envolvidos nos processos de governança e suas características. Essa descrição da densidade do tecido social é um elemento central na compreensão da dinâmica do desenvolvimento existente e/ou em formação no território. A análise das relações sociais exige, por sua vez, a participação no fluxo contínuo da vida cotidiana dos grupos estudados e, por isso, o engajamento do pesquisador no processo de pesquisa parece importante quando se trata de compreender um processo de desenvolvimento territorial. A interação com os atores locais, o mapeamento das relações, o ganho de confiança dos informantes constituem elementos essenciais para penetrar no intricado mundo da governança local. Desta forma, a pesquisa constitui um desafio constante de reflexão sobre as contradições e relações entre o discurso e a *praxis* dos atores pesquisados e do próprio pesquisador.

Essa dialética entre ser semelhante e ser diferente é importante na definição do escopo da pesquisa, em particular para permitir a concepção de um *olhar* etnográfico que vá além da mera descrição daquilo que é evidente, e que penetre nos significados construídos pelos atores. Portanto, a postura etnográfica pode possibilitar ver para além dos aspectos técnicos e econômicos e considerar, sobretudo, os aspectos simbólicos, políticos e culturais, os quais constituem muitas vezes os alicerces na formação e sustentabilidade dos processos de governança local visando o desenvolvimento dos territórios.

■ 5.5 Considerações finais

Retomando as bases estabelecidas na introdução, reafirmamos aqui a nossa opção pela etnografia sobretudo como uma estratégia de pesquisa. Essa opção nos conduziu primeiro a uma discussão de cunho epistemológico que aborda algumas questões de fundo sobre o fazer ciência: a relação homem-natureza presente na ciência ocidental, a ordem científica inicialmente dominante e sua crise, os novos caminhos abertos nas ciências humanas, a interdisciplinaridade e a transdisciplinaridade. Nesse contexto, a adoção de uma postura etnográfica implica também a adoção de uma postura dialética em face de determinadas "encruzilhadas" que se apresentam ao pesquisador na construção do conhecimento científico, ou seja, as relações sujeito-objeto, indivíduo-sociedade, particular-geral e subjetividade-objetividade.

Passando para o plano da consideração da etnografia como método para a realização de estudos qualitativos em organizações, sugerimos inicialmente a reflexão sobre os *momentos* da pesquisa etnográfica, sem qualquer intenção de prescrever etapas rígidas de aplicação do próprio método. Acreditamos que a reflexão antecipada sobre esses *momentos* poderá auxiliar os pesquisadores na sua caminhada para a construção do conhecimento em organizações, na medida em que ela retoma a experiência vivida por muitos outros autores, destacando as especificidades, os desafios e as respectivas soluções encontradas quando da concepção do campo temático de estudo, da realização do trabalho de campo e da elaboração do texto etnográfico.

Finalmente, a indicação de temas de pesquisa em organizações que poderiam ser desenvolvidos mediante o emprego da etnografia visou ilustrar o amplo leque de possibilidades que se abre para o avanço da teoria das organizações. Concentramo-nos em alguns temas que estão, na atualidade, no centro do interesse dos pesquisadores organizacionais, mas reafirmamos que as possibilidades de emprego da etnografia em estudos organizacionais são múltiplas. O nosso objetivo maior, assumido há mais de dez anos quando adotamos a etnografia em estudos organizacionais, é de compartilhar com os colegas pesquisadores as descobertas que pudemos realizar, na esperança de que cada vez mais outros autores possam também contribuir para a melhor compreensão do que se vive nas organizações e, quiçá, para uma sociedade mais digna, justa e *humana*.

Referências

ABOFALIA, M. e BIGGART, N. Competition and markets: an institutional perspective. In: ETZIONI, A. e LAWRENCE, P. (Org.). *Socio-economics – toward a new synthesis*. New York: M. E. Sharp, 1991.

AKTOUF, O. *Méthodologie des sciences sociales et approche qualitative des organisations*. Québec: Presses de l'Université du Québec, 1987.

ANDION, C. Análise de redes e desenvolvimento local sustentável. *Revista de administração pública*, 37(5):1033-54, set./out. 2003.

_____. La gestion des organisations de l'économie solidaire: deux études de cas à Montreal. Dissertação (Mestrado). Montreal: HEC – Montréal, 1998.

ARDOINO, J. *Polysémie de l'implication*. Paris: Éditions 88, 1983.

BARREIRA, I. Trajetória de um objeto: a construção de um campo temático de investigação. In: _____. *Chuva de papéis: ritos e símbolos de campanhas eleitorais no Brasil*. Rio de Janeiro: Relume-Dumará, 1998.

BATESON, Gregory. *La cérémonie du naven*. Paris : Les Éditions du Minuit, 1971.

BERTHELOT, J.-M. *Épistemologie des Sciences Sociales*. Paris: PUF, 2001.

BOUCHARD, S. Être truckeur (routier). In: CHANLAT, A. e DUFOUR, M. (Org.). *La rupture entre l'entreprise et les hommes*. Montreal: Québec-Amérique, 1985.

BOUMARD, P. O lugar da etnografia nas epistemologias construtivistas. *Revista de Psicologia Social e Institucional*. http//www.uel.br/ccb/psicologia/revista. Acesso em 6 fev. 2003.

BOURDIEU, P. *Science de la science et reflexivité*. Paris: Raisons d'Agir Éditions, 2001.

CARDOSO, R. Aventuras antropológicas em campo ou como escapar das armadilhas do método. In: CARDOSO, R. (Org.). *A aventura antropológica*. Rio de Janeiro: Paz e Terra, 1986.

COULON, A. Ethnomethodologie et éducation. Institute National de Recherche Pédagogique. Sociologie de l'éducation. Paris: INRP/L'Harmattan, 1990.

ETZIONI, A. *Organizações modernas*. São Paulo: Pioneira, 1976.

_____. *The moral dimension – toward a new economics*. New York: The Free Press, 1988.

FONSECA, C. Quando cada caso não é um caso. *Revista Brasileira de Educação*, nº 10, 1999.

GODELIER, M. Briser le mirroir du soi. In : GHASARIAN, C. (Org.). *De l'ethnographie à l'anthropologie réflexive: nouveaux terrains, nouvelles pratiques, nouveaux enjeux*. Paris: Armand Collin, 2002.

GODOY, A. Pesquisa qualitativa – tipos fundamentais. *Revista de administração de empresas*, v. 35, nº 3, p. 20-29, 1995.

GRANOVETTER, M. Business groups. In: SMELSER, N. e SWEDBERG, R. (Org.). *The handbook of economic sociology*. Princeton: Princeton University Press, 1994.

JAIME JÚNIOR, P. Pesquisa em organizações: por uma abordagem etnográfica. *Civitas*, v. 3, nº 2, 2003.

KLEIN, J.-L. Développement régional et espace local: vers une régulation territorialisé. Revue internationale d'action communautaire. Montreal, 22/62, 1989.

KNELLER, G. F. *A ciência como atividade humana*. Rio de Janeiro: Zahar, 1980.

LAPLANIINE, F. *La description ethnographique*. Paris: Éditions Nathan, 1996.

LATOUR, B. *Jamais fomos modernos*. São Paulo: Editora 34, 1994.

LAVILLE J.-L. e SAINSAULIEU, R. (Org.). *Sociologie des associations*. Paris: Desclée de Brouwer, 1997.

LEMIEUX, V. *Les réseaux d'acteurs sociaux*. Paris : PUF, 1999.

LIPIETZ, A. e BENKO G. (Org.). *La richesse des régions. La nouvelle géographie socio-économique*. Paris: Presses Universitaires de France, 2000.

MALINOWSKI, B. A lei e a ordem primitivas. In: DURHAM, E. (Org.). *Malinowski: antropologia*. São Paulo: Ática, 1986.

_____. *Argonautas do pacífico ocidental*. São Paulo: Abril Cultural, 1978.

MATTA, W. Pesquisa da racionalidade no sistema Unimed da Bahia. Dissertação (Mestrado). Salvador: UFBA, 1998.

MAUSS, M. Essai sur le don – forme et raison de l'échange dans les sociétés archaïques. In: MAUSS, M. *Sociologie et anthropologie*. Paris: PUF, 1980.

_____. *Sociologia e antropologia*. V. 2. São Paulo: EPU, 1974.

MORIN, E. *Ciência com consciência*. Mira-Sintra: Publicações Europa, 1982.

MORIN, E. e LE MOIGNE, J.-L. *L'inteligence de la complexité*. Paris: l'Harmattan, 1999.

MÜLLER, L. Negócios à parte? Relações de confiança e reciprocidade no universo da Bolsa de Valores. *Mosaico – Revista de ciências sociais*, v. 1, nº 2, 1999.

OLIVIER DE SARDAN, J.-P. *Anthropologie et développement – essai en socio-anthropologie du changement social*. Paris : Karthala, 1995.

PECQUEUR, B. *Le développement local*. Paris: Syros, 2000.

A etnografia e os estudos organizacionais

POLANYI, K. L'économie en tant que procès institutionalisé. In : POLANYI, K. e ARENSBERG, C. (Org.). *Les systèmes économiques dans l'histoire et dans la théorie*. Paris: Librarie Larousse, 1975.

_____. *La grande transformation: aux origines politiques et économiques de notre temps.* Paris: Gallimard, 1983.

SACHS, Ignacy. *L'écodéveloppement: stratégies pour le XXIeme siècle.* Paris: Syros, 1997.

SANTOS, M. *Por uma geografia nova.* São Paulo: Edusp, 2002.

SCHERER-WARREN, I. *Cidadania sem fronteiras: ações coletivas na era da globalização.* São Paulo: Hucitec, 1999.

SCHWARTZMAN, H. *Ethnography in organizations.* Newbury Park: Sage, 1993.

SERVA, M. Racionalidade e organizações – o fenômeno das organizações substantivas. Tese (Doutorado). São Paulo: EAESP/FGV, 1996.

_____. A racionalidade substantiva demonstrada na prática administrativa. *Revista de administração de empresas,* v. 37, n° 2, 1997a.

_____. Abordagem substantiva e ação comunicativa: uma complementaridade proveitosa para a teoria das organizações. *Revista de administração pública,* v. 31, n° 2, 1997b.

_____. O fato organizacional como fato social total. *Revista de administração pública,* 35(3):131-52, 2001.

_____. Contribuições da sociologia econômica à teoria das organizações. *Sociedade e Estado,* v. XVII, n° 1, p. 105-122, 2002.

SERVA, M. e ANDION, C. A teoria das organizações e a nova sociologia econômica: perspectivas de um diálogo interdisciplinar. In: 28° Encontro Nacional da Associação Nacional dos Programas de Pós-graduação e Pesquisa em Administração, 2004, Curitiba. *Anais...* Curitiba: Anpad, 2004.

SERVA, M. e JAIME JÚNIOR, P. Observação participante e pesquisa em administração – Uma postura antropológica. *Revista de administração de empresas,* v. 35, n° 1, p. 64-79, 1995.

SILVA, V. G. *O antropólogo e sua magia.* São Paulo: Edusp, 2000.

SOUZA SANTOS, B. (Org.). *Produzir para viver: os caminhos da produção não capitalista.* Rio de Janeiro: Civilização Brasileira, 2002.

SOUZA SANTOS, B. *Um discurso sobre as ciências.* Porto: Edições Afrontamento, 1988.

VELTZ, P. *Le nouveau monde industriel.* Paris: Gallimard, 2000.

VILLEMURE, J. *Les particularités du management chinois.* Tese (Doutorado). Montreal: HEC – Montreal, 1994.

VIZEU, F. Da racionalidade instrumental à racionalidade comunicativa: o caso de uma instituição psiquiátrica. In: 28° Encontro Nacional da Associação Nacional dos Programas de Pós-graduação e Pesquisa em Administração, 2004, Curitiba. *Anais...* Curitiba: Anpad, 2004.

WOLFE, M. *Desenvolvimento para que e para quem?* Rio de Janeiro: Paz e Terra, 1976.

WOODS, P. *L'ethnographie de l'école.* Paris: Armand Colin, 1989.

Capítulo 6

Contribuições da história oral à pesquisa organizacional

Elisa Yoshie Ichikawa
Lucy Woellner dos Santos

▓ Introdução

Nos últimos anos, os Encontros Anuais da Associação Nacional de Pós-Graduação e Pesquisa em Administração (Anpad) têm contemplado discussões muito ricas sobre novas formas de se olhar e abordar os estudos organizacionais. Questões teóricas e metodológicas contemporâneas têm surgido com bastante força, com ênfase em metodologias qualitativas, como interacionismo simbólico, etnografia, *grounded theory*, além de discussões de conceitos como cultura, identidade, imaginário, entre outros.

É dentro desse contexto e dessa pluralidade de enfoques que este texto se insere, trazendo para discussão as possibilidades do uso da história oral dentro dos estudos organizacionais. Se até algum tempo atrás a Administração se voltava preponderantemente para os estudos quantitativos, a valorização recente dos estudos de cunho mais qualitativo obrigou os pesquisadores da área a se voltarem para as disciplinas das ciências humanas e sociais, principalmente psicologia, sociologia e antropologia.

Talvez por ser entendida, equivocadamente, como *estudos sobre fatos passados*, já acontecidos e analisados muitas vezes dentro de uma cronologia insípida, a História, de forma geral, sempre foi relegada pelos estudiosos das organizações. E sendo a Administração uma disciplina um tanto quanto pragmática e voltada principalmente para o presente e para o futuro, possivelmente ela nunca tenha se interessado em compreender e analisar historicamente o contexto organizacional vivido.

O objetivo deste capítulo, portanto, é mostrar que a História pode enriquecer mais ainda os estudos organizacionais, através de um método que privilegia a história do tempo presente, através da narrativa ou a história oral dos sujeitos sociais. Este texto mostra que, em grande parte, a história oral tem privilegiado vozes esquecidas pela história oficial: os iletrados, as minorias, as mulheres, os camponeses, os operários. Se não é utópica a visão de organizações mais democráticas, com a perspectiva de maior participação de uma diversidade de grupos ou de grupos de empregados menos privilegiados, a história oral pode ser uma maneira de criar um canal de comunicação para ouvir esses segmentos. Ouvir suas reivindicações, angústias, sugestões, críticas e apreender seus pontos de vista pode contribuir para a melhor compreensão da vida organizacional contemporânea.

▰ 6.1 O que é a história oral

A história oral é a história do tempo presente, pois implica a percepção do passado como algo que tem continuidade hoje, e cujo processo histórico não está acabado. O sentido do passado no presente imediato das pessoas é a razão de ser da história oral. Nesta medida, ela não só oferece uma mudança no conceito de História; mais que isso, dá um sentido social à vida de depoentes e leitores, que passam a entender a sequência histórica e a sentir-se parte do contexto em que vivem.

A história oral é também uma alternativa à história oficial, consagrada por expressar interpretações feitas, quase sempre, com o auxílio exclusivo da documentação escrita e oficial. Ela se apresenta como forma de captação de experiências de pessoas dispostas a falar sobre aspectos de sua vida, mantendo um compromisso com o contexto social.

Para Bom Meihy (1996), há três modalidades de história oral: a história oral de vida, a história oral temática e a tradição oral. Na história oral de vida, o sujeito tem mais autonomia para dissertar o mais livremente possível sobre

Contribuições da história oral à pesquisa organizacional

sua experiência pessoal; a ele é dado espaço para que sua história seja encadeada segundo a sua vontade. Na história oral temática há maior objetividade: a partir de um assunto específico e preestabelecido, busca-se o esclarecimento ou a opinião do entrevistado sobre um evento dado. Tem características bem diferentes da história oral de vida, pois detalhes da vida pessoal do narrador só interessam se revelarem aspectos úteis à informação temática central. Na tradição oral, o foco é a permanência dos mitos, a visão de mundo de comunidades cujos valores são filtrados por estruturas mentais asseguradas em referências do passado remoto que se manifestam no folclore e na transmissão geracional (Bom Meihy, 1996).

A grande potencialidade da história oral, segundo Freitas (2002), é que ela permite a integração com outras fontes, a confrontação de fontes escritas e orais e sua utilização multidisciplinar. Como surgiu, se desenvolveu e quais as suas perspectivas é o que veremos a seguir.

▇ 6.1.1 Como tudo começou

A primeira experiência da história oral como atividade organizada é de 1948, quando o professor Allan Nevis lançou *The oral history project,* na Universidade de Columbia, nos Estados Unidos, depois da Segunda Guerra Mundial, quando a combinação de avanço tecnológico e a necessidade de propor novas formas de captação de experiências importantes, como as então vividas pelos combatentes, familiares e vítimas dos conflitos, passou a indicar uma nova postura dos pesquisadores em face das entrevistas (Bom Meihy, 1996).

Na época, o rádio já era um importante meio de divulgação e as entrevistas tornaram-se populares. O jornalismo, portanto, deu um empurrão significativo para o avanço da história oral. Os primeiros programas só entrevistavam pessoas de destaque, e apenas mais recentemente é que os grupos menos favorecidos começaram a integrar a ordem de prioridades dos pesquisadores. Revistas e jornais ajudavam a divulgar os depoimentos, juntamente com as fotografias (Bom Meihy, 1996).

Do outro lado do Atlântico, na Inglaterra, outros movimentos faziam avançar a história oral. À medida que a África colonial caminhava para a independência, as nações necessitavam de uma história própria. A partir da década de 1950, liderados pelo estudioso belga Jan Vansina e pelos ingleses John Fage e Roland Oliver, os historiadores começaram a coletar seu próprio material oral, juntamente com os antropólogos, com eles trocando experiências de métodos e interpretação. Além disso, a ascensão do movimento operário, com um governo trabalhista em 1945, acarretou um interesse muito grande pela história operária, acompanhado de um grande entusiasmo pela classe trabalhadora da Grã-Bretanha (Thompson, 1992).

Para Thompson (1992), contudo, a influência fundamental veio através de uma nova sociologia, na década de 1950, que se preocupava não só com a pobreza, mas também com a cultura da classe operária e a comunidade em si mesma. Alguns desses estudos, como *The family life of old people*, de Peter Townsend, e *Education and the working class*, de Brian Jackson e Dennis Marsden, usam memórias individuais da classe operária em suas análises. Essa convergência entre sociologia e história foi estimulada pelas novas universidades surgidas na década de 1960, com suas experiências interdisciplinares e a rápida expansão de uma sociologia que demonstrava crescente interesse na dimensão histórica da análise social.

De lá para cá, a história oral tem crescido rapidamente em todo o mundo. O *boom* foi nos Estados Unidos, no final dos anos 1960 e início dos 70, que originou a Oral History Association, em 1967, com sua publicação anual, a *Oral History Review*. Houve uma proliferação de programas de história oral em outras universidades americanas (como na Universidade da Califórnia, em Los Angeles e Berkeley), nos centros de pesquisa e nas instituições ligadas aos meios de comunicação. O país ainda hoje tem importantes projetos governamentais, mas dizem respeito principalmente às Forças Armadas e à experiência de guerra. Em consequência, o financiamento privado tem sido preponderante, com ênfase no registro de pessoas que provavelmente deixarão registros escritos: as elites nacionais e locais. Para Thompson (1992), os padrões de patrocínio – e os pressupostos políticos a eles subjacentes – têm sido fatores fundamentais na forma assumida pelas pesquisas utilizando história oral nos Estados Unidos.

Na Inglaterra, a *Oral History Society* constituiu-se em 1973 e em menos de seis anos tinha perto de seiscentos membros. A história oral inglesa cresceu onde subsistia uma tradição de trabalho de campo em sua própria história,

Contribuições da história oral à pesquisa organizacional

como a história política, a história operária e a história local, ou onde os historiadores entram em contato com outras disciplinas de trabalho de campo, como a sociologia e a antropologia. A visão inglesa de história oral é a de que é preciso romper com a ideia de que a pesquisa histórica é propriedade dos historiadores, uma vez que os trabalhadores e as pessoas comuns também podem fazer história. Apesar desse perfil inovador, o financiamento à pesquisa diminuiu na Inglaterra desde a recessão econômica da década de 1970, comprometendo o avanço da história oral, que só instituiu seu *National Sound Archive* nos anos 1980, enquanto países como Canadá, Austrália e Estados Unidos iniciaram a coleta de material de história oral já na década de 1950 (Thompson, 1992).

Na América Latina, em grande parte dos países, as primeiras iniciativas com projetos de história oral partiam do pressuposto de que havia necessidade de se *fazer uma outra história*: a história dos iletrados, dos vencidos, dos marginais e das minorias, como negros, mulheres e operários. Na Costa Rica, de 1976 a 1978, a Escola de Planejamento e Promoção Social da Universidade Nacional organizou o primeiro concurso nacional de autobiografias de camponeses. No Equador, na Bolívia e na Nicarágua, realizaram-se na mesma época pesquisas orais sobre o mundo camponês. Na Argentina, o restabelecimento da democracia em 1983 fez multiplicar os projetos orais (Schwarztein *apud* Joutard, 2001). O Brasil é um caso à parte.

■ 6.2   A história oral no Brasil

Na visão de Bom Meihy (1996), a história oral tardou a se desenvolver no Brasil por dois fatores básicos: a falta de uma tradição institucional não acadêmica para desenvolver projetos registradores das histórias locais e a ausência de vínculos universitários com os localismos e a cultura popular.

Além disso, para o autor, os compromissos internos de cada disciplina universitária, como a sociologia e a antropologia, ficaram marcados muito fortemente, impossibilitando o diálogo entre os campos que tratavam de depoimentos, testemunhos e entrevistas. Quando a história oral despontou como opção no Brasil, mostrou-se suscetível de ser filtrada pela academia apenas quando as fronteiras disciplinares perderam seus exclusivismos, já sob a luz do debate multidisciplinar (Bom Meihy, 1996).

No plano internacional, a história oral fluiu nos anos 1960, motivada pela contracultura e combinada com os avanços tecnológicos que, na esteira das pesquisas espaciais, estiveram atentas à gravação de sons, às fotografias e outras formas de registros visuais e auditivos. No Brasil, o golpe militar de 1964 coibiu a gravação de experiências, de opiniões ou depoimentos, criando um descompasso com o movimento que ocorria em outros países.

Para Bom Meihy (1996), foi somente com a abertura política, no início dos anos 1980, que houve possibilidade de recuperar o tempo perdido. Museus, arquivos, grupos isolados e, principalmente, a academia manifestavam certa ansiedade na busca de entendimento para promover debates em torno da história oral.

Antes disso, em 1975, houve um esforço da Fundação Ford que, juntamente com a Fundação Getúlio Vargas do Rio de Janeiro, tentou sem sucesso estruturar uma organização ampla e de alcance nacional. Mas por que uma fundação estrangeira teria o desejo de abrir uma área nova de produção de estudos no Brasil?

Na realidade, México e Brasil foram os países escolhidos pela Fundação Ford. São os dois maiores países da América Latina, e, no caso do Brasil, o modelo de desenvolvimento econômico proposto pelo golpe militar de 1964 afigurou-se como uma alternativa a ser imitada que poderia atrair os olhares de estudiosos estrangeiros. Em 1959, quando Fidel Castro subiu ao poder, os Estados Unidos passaram a olhar para o continente com preocupação e constataram que a concessão de recursos poderia permitir que experimentos intelectuais fossem tentados, mas deveriam ser dirigidos no sentido de prevenir o advento de novos focos comunistas (Bom Meihy, 1996a).

Dessa aventura resultou um programa pioneiro da história oral brasileira, um dos mais importantes em vigor desde a década de 1970, no Centro de Pesquisa e Documentação de História Contemporânea do Brasil, da Fundação Getúlio Vargas (CPDOC/FGV) do Rio de Janeiro, que passou a captar depoimentos da elite política nacional. Pelo modelo importado, inspirado no *Oral history program* da Universidade de Columbia, e contextualizado nos anos pesados da ditadura política, o programa de história oral do CPDOC não

Contribuições da história oral à pesquisa organizacional

atingiu o público, apesar de ser referência obrigatória para qualquer estudo sobre história oral brasileira (Bom Meihy, 1996; 1996a).

O patrocínio da Fundação Ford não conseguiu superar os entraves gerais ao desenvolvimento da história oral em nível amplo no Brasil. Em um período em que *dar depoimentos* era algo perigoso, porque confundido com *prestar declarações*, não seria possível realizar projetos que tinham como alvo primordial narrativas pessoais e versões muitas vezes comprometedoras e incômodas. Logicamente, apenas dois tipos de registro se viabilizaram então:

1) os estudos voltados para o passado remoto e com níveis de desconexão do presente;
2) os trabalhos sobre as elites instaladas no poder (Bom Meihy, 1996a).

Não faltaram críticas ao CPDOC sobre o exclusivismo dos trabalhos sobre a elite política. Nos anos 1980, buscou-se, então, aliar à experiência norte--americana, inspiradora do projeto, fundamentos dos pressupostos europeus. A nova esquerda inglesa, com sua proposição de dar voz aos vencidos, e a Nova História francesa criaram uma dinâmica, até então inexistente, para a história oral brasileira (Bom Meihy, 1996a).

Nos anos 1990, a história oral experimentou no Brasil uma expansão quantitativa mais significativa. A multiplicação dos seminários e a incorporação da disciplina em cursos de pós-graduação são indicativos importantes da vitalidade e do dinamismo da área. Em 1994 foi criada a Associação Brasileira de História Oral e a publicação de seu Boletim tem estimulado a discussão entre pesquisadores e praticantes de história oral em todo o país (Ferreira e Amado, 2001).

Na visão de Ferreira e Amado (2001), também houve mudanças qualitativas na produção recente ligada à história oral no país. No início dos anos 1990, havia forte presença da comunidade acadêmica nos projetos de história oral, sendo pouco expressiva a participação de grupos sindicais, de associações de moradores, de empresas e mesmo de arquivistas. Havia uma maioria absoluta de historiadores e, embora as pesquisas junto a minorias ou a grupos menos favorecidos constituíssem uma tradição, não há registros de um predomínio marcante de estudos voltados para as camadas populares. Hoje, o número de historiadores ligados à academia ainda prevalece, mas também entraram em cena os pesquisadores vinculados a órgãos da administração pública e entidades de classe, além dos arquivistas. Houve um aumento na produção dos estudantes de graduação, mestrado e doutorado, e também no número de estudos voltados para as camadas populares.

De acordo com Portelli (2002), a história oral brasileira está hoje situada num contexto histórico e social em que a relação com a pluralidade de culturas orais, sejam tradicionais, urbanas ou contemporâneas, é muito mais intensa e comum do que na Europa e na América do Norte, o que confere a ela uma dimensão intrinsecamente interdisciplinar, na qual história, antropologia, música, folclore e etnografia estão de tal maneira entrelaçados que não é mais possível definir os tradicionais limites entre as disciplinas.

Isso tudo desenha um quadro animador para a história oral: trata-se de uma área de pesquisa que se projeta, ganha novos adeptos, multiplica seus temas. Há, no entanto, um ponto que é motivo de preocupação, tanto aqui como em outros países: o caráter ainda limitado da reflexão e da discussão metodológica, a despeito dos inegáveis avanços desde as primeiras experiências conduzidas nos Estados Unidos, após a Segunda Guerra Mundial.

6.3 Sobre o *status* da história oral: disciplina, método ou técnica?

De acordo com Bom Meihy (1996), houve uma época em que a história oral não era bem aceita pela comunidade intelectual em vários países. Então, alguns autores retraçaram o trajeto da oralidade, remontando a uma genealogia baseada no pressuposto de que os primeiros historiadores, como Heródoto, o pai da História, estabeleceram a participação pessoal, o testemunho, como a base para descrever a verdade do que se via. Pode-se dizer que o método de Heródoto foi a base para o ramo de história oral conhecida como história oral pura, ou seja, aquela que trabalha exclusivamente com depoimentos colhidos no contato direto com documentos criados, em todas as fases, pelos próprios oralistas.

Tucídides duvidava do método de Heródoto. Ele achava impossível definir a *verdade* simplesmente pela observação e pelos depoimentos colhidos diretamente; preferia não confiar na memória, que considerava falível e muitas vezes partidária, dependente das simpatias dos depoentes. O método tucidiano consistia em proceder a exames que combinavam testemunhos de outras fontes. Este critério – que não descartava os depoimentos – pode ser considerado como inspirador de outro ramo da história oral, conhecido por história oral híbrida (Bom Meihy, 1996).

O sentido testemunhal da história procedida pelos antigos equiparava o contato pessoal, a observação direta com a seleção de fatos feita pelo historiador. À medida que se impunha o distanciamento dos acontecimentos imediatos, mais que isso, a evocação de situações distantes, surgiu a necessidade de credibilidade documental. O império romano, dada a sua vastidão territorial e a complexidade das culturas dominadas, exigiu uma burocratização que implicava, para melhor controle e domínio, conhecimentos históricos. A História, então, não poderia mais ser apenas testemunhal (Bom Meihy, 1996).

Ainda segundo Bom Meihy (1996), no século XIX, sob a orientação das correntes filosóficas do positivismo, que sagrava o modelo científico como padrão para o saber, isso foi levado a um exagero extremo, permitindo que alguns intelectuais vislumbrassem a possibilidade de elaborar História somente a partir de documentos escritos, posto que só eles guardariam em si a verdade.

Prins (1992, p. 164) cita autores que, no extremo dessa posição, ou seja, partindo do pressuposto de que a menos que haja documentos não pode haver História, declararam que a África não possuía história, "apenas evoluções sem sentido de tribos bárbaras". Contrapondo-se a essa posição, a autora se une a outros autores e declara: "onde não há nada ou quase nada escrito, as tradições orais devem suportar o peso da reconstrução histórica" (Vanzina *apud* Prins, 1992, p. 165).

Sempre que se fala em história oral, portanto, há uma discussão historiográfica que diz respeito à qualificação do elemento essencial desta matéria, ou seja, a palavra falada. O prestígio dominante da palavra escrita sobre a oral impôs uma guerra entre esta e os códigos grafados que acabou por dividir a sociedade em alfabetizados e não alfabetizados. Desde os primeiros tempos, começando pelos egípcios, a palavra escrita ganha valor em detrimento da oral, que passa a ser considerada recurso vulgar. Na Idade Média, com os monges copistas, isso ficou ainda mais óbvio. Inventada a imprensa, o valor da palavra escrita sobrepujou, e muito, a palavra falada. No século XIX, ciência e literatura apoiavam-se na palavra grafada para garantir a sua credibilidade. Esse trajeto implicou uma espécie de ditadura da palavra escrita que até hoje contrasta com a fragilidade da palavra oral (Bom Meihy, 1996).

Segundo Janotti (1996), a esta epistemologia opuseram-se historiadores franceses e ingleses, propugnando, em meados do século XX, por uma nova História, livre de cânones rígidos, em que a história do presente, do cotidiano e da experiência individual adquiria significativa importância. Muito contribuiu para esta inovação o pensamento dos intelectuais da chamada Escola de Frankfurt. O tema da memória, juntamente com o da cultura, passaram a ser, para os historiadores, um desafio e motivo de renovada criação. Desde então, muita discussão tem surgido a respeito do *status* da história oral. Alguns argumentam ser a história oral uma técnica; outros, uma disciplina; e outros, ainda, um método.

Os defensores da história oral como técnica interessam-se pelas experiências com gravações, transcrições e conservação de entrevistas e o aparato que as cerca: tipos de aparelhagem de som, formas de transcrição de fitas, modelos de organização de acervo etc. Alguns defensores dessa posição são pessoas envolvidas diretamente na constituição e conservação de acervos orais; muitos são cientistas sociais cujos trabalhos se baseiam em outros tipos de fontes (em geral escritas) e que utilizam as entrevistas de forma eventual, sempre como fontes de informação complementar. A essas pessoas, entretanto, somam-se as que efetivamente concebem a história oral como uma técnica, negando-lhe qualquer pretensão metodológica ou teórica (Ferreira e Amado, 2001).

Para Ferreira e Amado (2001), os que atribuem à história oral o *status* de disciplina, baseiam-se em argumentos complexos e, às vezes, contraditórios. Todos, entretanto, parecem partir de uma ideia fundamental: a história oral inaugurou técnicas específicas de pesquisa, procedimentos metodológicos singulares e um conjunto próprio de conceitos; esse conjunto, por sua vez, norteia as duas outras instâncias, conferindo-lhes significado e emprestando unidade ao novo campo de conhecimento.

E quais conceitos, ideias, características e direções integrariam a história oral, permitindo-lhe conferir o *status* de disciplina? Para Mikka (*apud* Ferreira e Amado, 2001):

Contribuições da história oral à pesquisa organizacional

- O testemunho oral representa o núcleo da investigação, nunca sua parte acessória; isso faz com que o pesquisador leve em conta perspectivas nem sempre presentes em outros trabalhos históricos, como por exemplo, as relações entre escrita e oralidade, memória e história ou tradição oral e história.
- O uso sistemático do testemunho oral possibilita à história oral esclarecer trajetórias individuais, eventos ou processos que às vezes não têm como ser entendidos ou elucidados de outra forma: são depoimentos de analfabetos, rebeldes, mulheres, crianças, prisioneiros, loucos... Essa característica permitiu, inclusive, que uma vertente da história oral tenha se constituído ligada à história dos excluídos.
- Na história oral existe a geração de documentos (entrevistas) que possuem uma característica singular: são resultado do diálogo entre entrevistador e entrevistado, levando o pesquisador a afastar-se de interpretações fundadas na rígida separação entre sujeito e objeto de pesquisa e buscar caminhos alternativos de interpretação.
- A pesquisa com fontes orais apoia-se em pontos de vista individuais, legitimados como fontes, incorporando elementos e perspectivas às vezes ausentes de outras práticas históricas – porque estão relacionados tradicionalmente apenas com o indivíduo – como a subjetividade, as emoções ou o cotidiano.
- A história do tempo presente, a perspectiva temporal por excelência da história oral, é legitimada como objeto da pesquisa e da reflexão históricas.
- Para a história oral, o objeto de estudo é recuperado e recriado através da memória dos informantes: a instância da memória passa, necessariamente, a nortear as reflexões históricas, acarretando desdobramentos teóricos e metodológicos importantes.
- O fato de a história oral ser largamente praticada fora do mundo acadêmico pode gerar tensões, pois as perspectivas e os modos de trabalho acadêmicos e não acadêmicos diferem muito; porém, essa pluralidade (uma das marcas da história oral em todo o mundo), se aceita, pode gerar um rico diálogo.

Ferreira e Amado (2001), por sua vez, são defensoras da história oral como método. As autoras aceitam em linhas gerais as ideias de Mikka (*apud* Ferreira e Amado, 2001), mas não reconhecem, na história oral, uma área de estudos com objetivo próprio e capacidade de gerar, no seu interior, soluções teóricas para as questões surgidas na prática – por isso não poderia ser considerada uma disciplina. Para expressar essa ideia, Trebitsch (1994, p. 19) cita uma frase de Louis Starr ao caracterizar o que vem a ser a história oral: "mais do que uma ferramenta, e menos do que uma disciplina".

Na opinião de Ferreira e Amado (2001) a história oral, como método, apenas estabelece e ordena procedimentos de trabalho – tais como os diversos tipos de entrevista e as implicações de cada um na pesquisa, as várias possibilidades de transcrição de depoimentos, suas vantagens e desvantagens, as diferentes maneiras de o pesquisador relacionar-se com os entrevistados e as influências disso sobre seu trabalho. Esse é o terreno da história oral – o que não permite classificá-la unicamente como prática. Mas, na área teórica, a história oral é capaz apenas de *suscitar*, jamais de *solucionar* questões. Ela formula as perguntas, mas não pode oferecer as respostas.

As soluções e explicações devem ser buscadas onde sempre estiveram: na teoria, seja a teoria da História ou oriunda de outras disciplinas como a filosofia, a sociologia e a psicanálise. Seja qual for a disciplina a que se recorra, o pesquisador encontrará nela os encaminhamentos para as suas questões, pois ela tem a capacidade de pensar abstratamente questões oriundas da prática, filtradas pelo método, produzindo conceitos que iluminam sua compreensão (Ferreira e Amado, 2001).

A visão do pesquisador sobre essas questões faz uma colossal diferença em como a história oral será desenvolvida numa dada pesquisa. Se considerá-las apenas como técnica, sua preocupação se concentrará exclusivamente em temas como organização de acervos e realizações de entrevistas, temas que em si são relevantes, mas estão muito aquém das possibilidades da história oral (Ferreira e Amado, 2001).

Se as vir como disciplina, há dois caminhos a seguir: esquecer as questões exclusivas da teoria, deixando de abordá-las no trabalho, ou tentar encontrar respostas para elas apenas no âmbito da história oral. No primeiro caso, o resultado serão os numerosos trabalhos-*chão*, com conclusões óbvias – porque coladas aos dados das entrevistas, sem possibilidade de elaboração teórica, limitando-se a reproduzir as palavras dos entrevistados, sem conseguir problematizar qualquer aspecto da pesquisa. No segundo caso – buscar respostas

Contribuições da história oral à pesquisa organizacional

teóricas no âmbito da história oral –, o resultado é ainda mais danoso, uma vez que não é possível explicar algo sem os meios adequados para fazê-los. Ou seja, explicar questões teóricas pela via da metodologia (Ferreira e Amado, 2001).

Em consonância com a posição defendida por esses autores, consideramos também a história oral como um método, capaz de orientar e sistematizar a busca de respostas aos problemas de pesquisa definidos a partir de um referencial teórico. E sendo assim tem como principal técnica a entrevista de história oral.

6.4   A entrevista de história oral

A base da história oral é o depoimento gravado; portanto, os três elementos que constituem a condição mínima da história oral são: o entrevistador (que pode ser mais de um), o entrevistado (que podem ser vários) e a aparelhagem de gravação (que pode ser apenas de som, como também de imagem com filmagens, envolvendo outros participantes, além do entrevistador, e com outras implicações).

História oral é um conjunto de procedimentos que se inicia com a elaboração de um projeto e continua com a definição de pessoas a ser entrevistadas, com um planejamento da condução das gravações, a transcrição, a conferência do depoimento, a autorização para o uso, arquivamento e a publicação dos resultados, que em geral são antes devolvidos aos entrevistados para revisão. Ao lado de documentos escritos, imagens e outros tipos de registro, a história oral é considerada uma fonte relevante para a compreensão da realidade. E as entrevistas constituem a sua base.

Na descrição de Lang (1996), as entrevistas de história oral consistem em um processo de conversação entre o pesquisador e o narrador, no qual o indivíduo é a fonte dos dados – ele conta sua história ou dá o seu depoimento –, mas não constitui, ele próprio, o objeto do estudo; a matéria-prima para o trabalho do pesquisador é a narrativa do indivíduo entrevistado; é por meio dela que o pesquisador tenta apreender as relações sociais em que o fenômeno relatado e seu narrador estão inseridos.

Alberti (2002) argumenta que a narrativa é um dos principais alicerces da história oral, que pressupõe a gravação de entrevistas de caráter histórico e documental com atores e/ou testemunhas de acontecimentos, conjunturas, instituições e modos de vida da história contemporânea. Ao contar suas experiências, o entrevistado seleciona e organiza os acontecimentos de acordo com seus referenciais do tempo presente, imprimindo-lhes um sentido e transformando em linguagem aquilo que foi vivenciado. As entrevistas de história oral revelam o trabalho da linguagem de cristalizar imagens que remetam à experiência e que a signifiquem novamente. Esses relatos do passado, na opinião de Alberti (2002, p. 2), tornam as entrevistas especialmente ricas. A propósito disso, ela cita o historiador Lutz Niethammer, para quem "as histórias dentro da entrevista são o maior tesouro da história oral porque nelas se condensam esteticamente enunciados objetivos e de sentido".

Alberti destaca, contudo, que "uma entrevista contém não apenas histórias dentro dela, mas também análises e avaliações do passado e do presente, silêncios, interditos e toda uma série de elementos que podem informar sobre visões de mundo e elaborações subjetivas". E lembra que,

> [...] quando nos deparamos com "boas histórias", histórias exemplares que se prestam muito bem a serem citadas, é porque seu sentido está coagulado à forma; seu significado se compreende à medida que se desenvolve a própria narrativa, e não quando se pode traduzi-las por uma "moral" ou reduzi-las a um conceito. (2002, p. 2.)

Portanto, Alberti (2002) propugna as potencialidades da história oral como método de pesquisa para a ampliação do conhecimento sobre o passado, tomando como ponto privilegiado de análise a questão da narrativa, não apenas como o relato de uma ação no tempo, mas também como o trabalho da linguagem em produzir racionalidades.

6.4.1 O que é a entrevista de história oral

A entrevista de história oral deve ser vista como uma das etapas do projeto. A partir da definição do tema e da realização de uma pesquisa bibliográfica

Contribuições da história oral à pesquisa organizacional

sobre o assunto, deve-se elaborar um roteiro geral/temático, amplo e abrangente, para ser utilizado em todas as entrevistas. A aplicação desse roteiro não deve ser feita de forma rígida, uma vez que cada entrevista tem sua própria dinâmica e em cada uma caberão perguntas diferentes, e porque muitas questões emergirão naturalmente do próprio discurso do depoente (Freitas, 2002). Porém, o roteiro pode ajudar a garantir uma certa unidade dos documentos produzidos nas transcrições, além de guiar os pesquisadores para que questões consideradas importantes sejam efetivamente abordadas pelos entrevistados.

Segundo Bom Meihy (1996), a entrevista é composta de pré-entrevista, entrevista e pós-entrevista. A pré-entrevista corresponde à etapa de preparação do encontro com o entrevistado, no qual o pesquisador se apresenta, expõe as informações sobre seu projeto de pesquisa e situa a colaboração do entrevistado, revelando, inclusive, as indicações de como chegou até o seu nome. Nessa etapa, a entrevista é agendada sempre de acordo com a conveniência do entrevistado – local, data e horário. Nesse momento, o entrevistado também deve ser consultado sobre a concordância de que seu depoimento seja gravado. Esse primeiro contato, de apresentação e convite, normalmente acontece por telefone.

Antes do início da entrevista, o gravador deve ser testado, bem como as fitas que serão utilizadas. Para Montenegro (1994), no início da entrevista, deve haver uma conversa de esclarecimento com o entrevistado para que ele compreenda por que, para que e para quem ele está registrando suas memórias. Também, antes de começar a entrevista, deve-se assegurar ao entrevistado o direito de não falar sobre o que não lhe for conveniente, bem como solicitar o desligamento do gravador quando considerar oportuno, ou mesmo suprimir trechos da entrevista gravada.

Na hora de começar a entrevista, deve-se gravar o nome do projeto, data, local, horário e nome do entrevistado. Alguns pesquisadores preferem preencher uma ficha com o nome completo, data e local de nascimento, endereço atual e data em que a entrevista está sendo realizada. A experiência das autoras recomenda que, ao final da entrevista, deve-se solicitar ao entrevistado autorização para utilizar suas falas e analisar o conteúdo das entrevistas. A autorização será gravada e transcrita como parte da entrevista. Montenegro (1994), ao contrário, recomenda que o entrevistador solicite, por escrito, autorização para divulgar a entrevista; neste caso, caberá ao entrevistado decidir se assina a autorização no final da entrevista ou se só o fará após a sua transcrição.

O tempo de duração da entrevista é um aspecto importante a ser cuidado. No caso da entrevista de história oral temática, o tempo demandado não deve ser muito longo, uma vez que existem questões que delimitam o foco da entrevista. Contudo, há situações em que o entrevistado necessita mais tempo para elaborar suas memórias; nesse caso, se ambos, entrevistado e entrevistador, julgarem necessário, podem marcar uma nova data, novo horário e novo local para dar continuidade ou concluir a entrevista. Também as entrevistas de história de vida costumam exigir mais tempo. Bom Meihy (1996) sugere que, nesses casos, seja utilizada a divisão cronológica do trajeto existencial do entrevistado para organizar as partes do depoimento (em uma seção tratar da infância, em outra da adolescência, em outra a questão central que motivou o encontro e assim por diante).

Ainda sobre as entrevistas que não se concluem em um único encontro, Bom Meihy (1996) adverte que o narrador, de um dia para o outro, pode elaborar suas versões e perder a naturalidade, construindo versões distanciadas das primeiras. Outra possibilidade destacada pelo autor é o narrador querer mudar aspectos relatados no encontro anterior.

Outra questão relevante, apontada por Montenegro (1994), diz respeito ao trabalho de rememorar, que se estabelece através do diálogo entre entrevistador e entrevistado. Segundo ele, o entrevistador deverá colocar-se na postura de parteiro das lembranças, de facilitador do processo de resgate das marcas deixadas na memória pelo passado. O autor enfatiza um dos postulados fundamentais que devem balizar todo profissional disposto a registrar a memória através de entrevistas: a fala do entrevistado deve ser absolutamente respeitada. O entrevistador tem obrigação profissional e ética de ouvir tudo o que é descrito com toda a atenção, consciente de que o entrevistado não deve e não tem obrigação de corresponder às expectativas teóricas ou metodológicas da pesquisa, sejam elas quais forem. Cabe ao pesquisador procurar conhecer ao máximo a história em que a memória narrada foi construída, pois assim terá muito mais condições de compreender a fala do entrevistado, bem como intervir nos momentos que considerar necessários.

As perguntas devem ter sempre um caráter descritivo e evitar qualquer indução ou juízo de valor. Devem também ser curtas e deixar claro para o entrevistado que o fundamental são as descrições que ele faz para respondê-las.

Contribuições da história oral à pesquisa organizacional

É importante não fazer perguntas extensas e analíticas, porque facilmente se perderá a perspectiva de resgate da memória. Contudo, o entrevistador deve interferir quando alguma passagem não parecer clara ou quando algum aspecto chame a sua atenção. Nesse momento, as perguntas devem fundamentar-se na busca de maiores detalhes sobre o que está sendo contado, ou seja, como?, quando?, de que forma?, para quê? (Montenegro, 1994).

Há ainda outro aspecto com o qual o entrevistador deve aprender a conviver: o silêncio. Por diversas vezes o entrevistado se cala: são momentos de profunda introspecção. Montenegro (1994) sugere que o entrevistador acompanhe esses momentos, aguardando um gesto, um olhar, um sinal do entrevistado para retomar a entrevista. E alerta, também, para a necessidade de se estabelecer um clima de interesse e tranquilidade, mesmo que o que estiver sendo relatado não atenda a nenhum objetivo do pesquisador. Muitas vezes, fatos e detalhes considerados de pouca monta se tornam, no conjunto das entrevistas, profundamente significativos, abrindo novas perspectivas de estudo e análise.

Freitas (2002) acrescenta um aspecto que considera relevante: saber ouvir. Para ela, saber ouvir é a característica fundamental do oralista. Entretanto, ela faz uma ressalva: o entrevistador não é passivo nem neutro, pois com suas perguntas ele participa e conduz o processo da entrevista, prepara o roteiro, seleciona as perguntas e introduz as questões que serão abordadas pelo entrevistado. O documento final, portanto, é o resultado de um diálogo entre pesquisador e pesquisado.

A respeito dos estímulos, Montenegro (1994) distingue entre a memória voluntária, que pode emergir por estímulos diretos, e a memória involuntária. Ele aponta para a força da memória involuntária e afirma que os estímulos mais diversos desencadeiam processos de associação e de rememoração que fogem ao controle efetivo do entrevistador. Por isso, sugere desenvolver sempre a entrevista a partir da história de vida, o que possibilita extenso campo de estímulos involuntários e associações.

Outro estímulo que muitas vezes ajuda o entrevistado a acrescentar novos detalhes ou mesmo resgatar outras memórias de um tema sobre o qual esteja dissertando é o entrevistador repetir a última frase dita pelo entrevistado. Ou utilizar expressões como: *ah, foi assim?*. Essa técnica informal é normalmente utilizada em qualquer conversa e poderá servir como motivação para o entrevistado acrescentar novos detalhes ao que ele está narrando ou evocar outras memórias referentes ao assunto. No caso da entrevista com pessoas idosas, após ouvir a narração do entrevistado, o entrevistador pode usar expressões como *e a greve tal?*, *e a Segunda Guerra?*, *e a revolução tal?*, para resgatar aspectos específicos que não foram abordados ou foram de maneira superficial (Montenegro, 1994).

A experiência do pesquisador como entrevistador é um fator importante na condução das entrevistas. Aliada à intuição e à sensibilidade, a experiência possibilita atingir um grau de empatia e cumplicidade que permite estabelecer o diálogo e a interação com o entrevistado (Freitas, 2002).

Ao final da entrevista, aconselha-se fazer um *contrato* com o entrevistado, onde sejam estabelecidos os procedimentos para a utilização da transcrição – se é direta, sem revisão, ou se deve ser devolvida ao depoente para correções, se pode ter complementações, alterações, ou supressão de palavras, frases ou trechos. Bom Meihy (1996) lembra que, após o encerramento da gravação, pode acontecer de o depoente lembrar de algo importante que não foi gravado. Nesse caso, o pesquisador deve pedir a sua autorização para incluir essa observação no texto.

■ 6.4.2 A transcrição da entrevista e suas formas

A transcrição é a etapa do processo de história oral que corresponde à mudança do estágio da gravação oral para a escrita. Bom Meihy (1996) afirma que existem dois tipos de transcrição. Há grupos de profissionais que defendem a transcrição absoluta ou tradicional, que significa a passagem completa dos diálogos e sons tal como foram captados, incluindo ruídos, barulhos alheios aos da entrevista como campainha de porta, telefone, risadas e até mesmo erros de linguagem.

Bom Meihy (1996) diz que é um mito considerar a transcrição palavra por palavra como realidade da narrativa, uma vez que há entonações, palavras de duplo sentido, lágrimas, pausas significativas, gestos e o contexto do ambiente que não ficam gravados. Para ele, a entrevista deve ser editada, e o que deve ser levado a público é um texto trabalhado, no qual fique clara a interferência do pesquisador dirigida à melhoria do texto.

Dessa forma, para Bom Meihy (1996, p. 58), a transcrição literal seria a primeira etapa da transcrição: "o acervo fraseológico e a caracterização vocabular de quem contou a história devem permanecer indicados". Entretanto, ele propõe outras duas etapas no trabalho de transcrição: a textualização e a transcriação.

A textualização é um estágio mais graduado na feitura de um texto de história oral. Consta dessa tarefa a reorganização do discurso, obedecendo à estruturação requerida para um texto escrito. Nessa etapa, anula-se a voz do entrevistador e são suprimidas as suas perguntas, que são fundidas nas respostas. O texto passa a ser dominantemente do narrador, que figura como personagem única por assumir o exclusivismo da primeira pessoa. Além de possibilitar textos mais agradáveis, esse recurso aumenta o envolvimento do leitor (Bom Meihy, 1991). Além disso, nessa etapa, Bom Meihy (1996) recomenda que palavras-chave sejam grifadas e, juntamente com a reorganização cronológica da entrevista, seja dada uma lógica ao texto.

A última etapa seria a transcriação, na qual o texto é recriado na sua plenitude, evocando os pressupostos da tradução. Com isso, Bom Meihy (1996) afirma que realmente há interferência do autor no texto. E acrescenta que "o fazer do novo texto permite que se pense a entrevista como algo ficcional [...], com isso valoriza-se a narrativa enquanto um elemento comunicativo" (Bom Meihy, 1991, p. 31). Ele afirma ainda que entrevistas reeditadas são trabalhosas e que no processo ocorrem situações variadas, não raro a complementação de palavras e frases que não foram mais que insinuadas. Adverte, contudo, que, usando esse procedimento, uma atitude se torna vital: a legitimação das entrevistas por parte dos depoentes.

Cabe, contudo, enfatizar que essa posição de Bom Meihy (1991; 1996) não corresponde ao consenso sobre a maneira de realizar transcrição em história oral. Existem formas alternativas que não correspondem nem à transcrição absoluta nem à transcriação. As experiências das autoras indicam que, quando se vai trabalhar com entrevistas de história oral sem publicá-las na íntegra, é suficiente trabalhar com transcrições completas, fazendo menção a interrupções, eventos que interferiram na entrevista e a momentos de emoção, risos ou gestos mais significativos.

6.5 Possibilidades da história oral nos estudos organizacionais

Como já foi comentado, no Brasil, sobretudo na última década, a história oral tem se desenvolvido acentuadamente em centros de pesquisa e universidades de todas as regiões do país, havendo um número muito grande de projetos que a utilizam como método de pesquisa. Alberti (2002) destaca que novos cortes teórico-metodológicos, por exemplo, a ênfase nos estudos biográficos e a discussão de conceitos como identidade, gênero, imaginário, entre outros, têm possibilitado, além de uma aproximação cada vez mais estreita da História com outras disciplinas, a apropriação de novas fontes historiográficas. Nesse cenário, destacam-se diversas modalidades de emprego da história oral: em documentários, conjugando fontes orais e visuais, e no ensino, constituindo sempre uma forma de ampliação do conhecimento sobre as formas de conceber e elaborar o mundo, entre outras.

Para Bom Meihy (1996), a tradição disciplinar de áreas como a sociologia, a antropologia, a história e a psicologia, que sempre trabalharam com depoimentos temáticos e histórias de vida, e de início mantinham seus exclusivismos metodológicos, hoje estão atenuando as fronteiras. Isso acabou por possibilitar a aproximação entre os campos que utilizam as entrevistas e, de certa forma, viabilizou que, sem bordas estabelecidas, tudo o que se relaciona com gravações seja incluído no denominador comum da "história oral".

Contudo, mesmo com as fronteiras disciplinares perdendo suas exclusividades, e com a discussão sobre história oral já avançando sob a luz do debate multidisciplinar, cada campo do conhecimento, na hora de usar os depoimentos, nega-se a abandonar suas tradições disciplinares. De qualquer forma, para Bom Meihy (1996), é possível afirmar que história oral tornou-se um importante denominador comum para todos os que se aventuram na seara das entrevistas, gravações, arquivamentos e diálogos multidisciplinares.

Dentro dessa diretriz de potencializar a utilização da entrevista de história oral como método, numa visão de multidisciplinaridade, pode-se incluir a Administração nesse conjunto de disciplinas. Tendo por parâmetro o grande número de pesquisas e levantamentos que vêm sendo feitos na pesquisa organizacional e utilizando a técnica da entrevista gravada, é possível inferir, em

Contribuições da história oral à pesquisa organizacional

primeiro lugar, que parte dessas entrevistas seja de história oral, que têm sido feitas sem que se atribua a elas essa denominação e possivelmente sem seguir os preceitos que regem sua execução, o que as tornariam mais robustas do ponto de vista metodológico.

Quando vamos a campo realizar entrevistas em profundidade, e levantamos com nossos entrevistados aspectos de suas experiências, visões, interpretações, memórias, opiniões, seu entendimento sobre determinado assunto, seus pensamentos, ideias, emoções, sentimentos, percepções, comportamento, práticas, ações, atividades, interações, crenças, compromissos, produtos e relacionamentos como fonte de dados, com certeza estaremos trabalhando com fenômenos que têm muito a revelar sobre a realidade social e têm tudo a ver com a história oral.

Em segundo lugar, é possível afirmar que a pesquisa qualitativa em Administração poderia ser ainda mais enriquecida por meio da adoção da história oral. O argumento é: se a pesquisa organizacional pode valer-se da abordagem historiográfica como método, especialmente o enfoque da Nova História (Curado, 2001) e a biografia das organizações como método de pesquisa organizacional (Salama, 1992), ela pode enriquecer ainda mais com a utilização da metodologia da história oral. Isto porque a história oral é uma história do presente e tem como pressuposto que o passado tem continuidade hoje, ou seja, ele está na vida presente das pessoas. Como grande parte da vida das pessoas acontece dentro das organizações, é na maneira como se institui o passado que se criam as condições imaginárias para a definição dos projetos das pessoas dentro das organizações.

Uma questão importante é que a história oral permite captar as experiências de indivíduos pertencentes a categorias sociais cujas percepções e intervenções geralmente são excluídas da história oficial e da documentação oficial das organizações, deixando registrada a sua visão de mundo, as suas aspirações e utopias e, por extensão, as do grupo social a que pertencem. A história oral tem condições de recuperar a visão das pessoas comuns dentro das empresas – os operários trazem à tona memórias escondidas de um grupo excluído do processo decisório, que de outra forma não seriam levadas em conta nem fariam parte da História. Digamos que seja um modo de construir o conhecimento e reconstituir a identidade e a história recente desses grupos, perante os processos sociais no interior das organizações e o processo de globalização.

Os relatos pessoais, que constituem a matéria-prima da história oral, consistem numa forma de verificar a liberdade que as pessoas têm e observar como funcionam concretamente os sistemas normativos das empresas. Eles possibilitam que indivíduos pertencentes a categorias sociais geralmente excluídas da história oficial – os atores anônimos – sejam ouvidos; e ao focalizar suas memórias pessoais, é possível construir também uma visão mais concreta da dinâmica de funcionamento e das várias etapas da trajetória do seu grupo social, manifestando evidências de uma memória coletiva e deixando registrada sua visão de mundo.

Bom Meihy (1996, p. 9) atribui ainda à história oral o caráter de denúncia e porta-voz de injustiças. Segundo ele, "com isto não se está afirmando que a história oral de elite não tenha valor. Tem sim; terá mais, porém, se conviver com outros grupos". A importância disso é que o indivíduo que conta sua história ou dá o seu relato de vida não constitui, ele próprio, objeto de estudo; o relato é que constitui a matéria-prima do conhecimento sociológico que busca, através do indivíduo e da realidade por ele vivida, apreender as relações sociais nas quais sua dinâmica se insere. Portanto, através das percepções individuais, pode-se chegar ao nível das relações sociais (Lang, 1996, p. 37) e de questões organizacionais estratégicas.

■ 6.6 Considerações finais

Vista inicialmente como uma contra-história, uma história contra a tradição positivista, a história oral tinha como ideal reconciliar saber e povo, assumir um projeto de democratização da história para devolver a palavra ao povo, ao rural, ao primitivo. Como história quente, militante, dos excluídos, em que o oral se opõe ao escrito, como a natureza à cultura, o vivenciado ao concebido, o verdadeiro ao artificial, a história oral construiu sua identidade sobre um sistema de antinomias das quais decorrem os seus princípios metodológicos – uso da pesquisa de campo e da observação participante e abertura interdisciplinar para as demais ciências sociais (Trebitsch, 1994).

Entre os anos 1960 e 1970, os Estados Unidos tiveram como foco não só ex-combatentes de guerra, como o mundo dos *outsiders*, dos imigrantes, dos delinquentes, ladrões, prostitutas e gângsteres; a Guerra do Vietnã, os excluídos, a *community history*. A Europa voltou-se para as histórias das aldeias, aos estudos de dialetos, à tradição oral, à cultura do pobre e à formação da classe operária inglesa. Esses estudos desembocaram na nova história social, que abarcou o estudo da vida cotidiana dos trabalhadores, da família, das mulheres, do lazer, da cultura (Trebitsch, 1994).

Na Itália e Alemanha predominava a perspectiva militante, diante do fascismo e do nazismo, com pesquisas sobre classes populares, militantes políticos, operários das fábricas, camponeses, expulsos e refugiados, a memória da guerra, o mundo dos vencidos e a crítica à cultura das elites. Essa vertente resultou na *outra história, vista de baixo:* a história do cotidiano, cuja função social e política implica a solidariedade compreensiva do pesquisador e seus objetos, e resulta em uma teoria de ação e construção do social (Trebitsch, 1994).

Na França, com a influência muito tênue dos eventos de maio de 1968, o foco voltou-se para a tentativa de dar palavra à criança, ao louco, às minorias sociais, raciais, sexuais, oprimidas. Surge o apelo da vivência, do indivíduo no cotidiano, da família, da sexualidade, do nascimento e da morte, que vai resultar na busca de identidade e na nostalgia passadista, na moda do biográfico e no retorno às raízes (Trebitsch, 1994).

A partir dos anos 1980, a história oral que até então era utilizada por uma geração de pesquisadores marginalizados, com trajetórias atípicas, ganha legitimidade entre as ciências históricas, se institucionaliza e se internacionaliza, passando a ser utilizada no Canadá, no Brasil, na Europa central e oriental. As preocupações militantes foram aos poucos dando espaço às preocupações metodológicas, e a história oral passou a estabelecer uma interface cada vez maior entre memória e história cultural e outras disciplinas.

Embora ao longo dos anos a pesquisa nas ciências sociais tenha sido fortemente marcada por estudos que valorizavam a adoção de métodos quantitativos na explicação dos fenômenos de interesse, atualmente tem lançado mão das abordagens qualitativas de investigação. E se dentro das ciências sociais os métodos qualitativos de pesquisa foram tradicionalmente mais utilizados por antropólogos e sociólogos, nos últimos anos começaram a ganhar um espaço reconhecido também em outras áreas do conhecimento, como a psicologia, a educação e os estudos organizacionais.

A pesquisa organizacional privilegiou, durante muito tempo, as análises de documentos e registros elaborados pelas classes dominantes. Observa-se, contudo, novas tendências no sentido de resgatar as perspectivas de análise de indivíduos que, sem a mediação do pesquisador, não deixariam nenhum testemunho registrado.

No âmbito desse interesse inovador da nova geração de pesquisadores em organizações, cabe a oportunidade de incentivar a utilização da história oral temática na pesquisa organizacional, como forma de exercitar novas abordagens e ângulos de análise, enriquecendo as possibilidades de trabalhar qualitativamente. Ao levantar as percepções de diferentes participantes das organizações sobre os temas que dizem respeito à pesquisa em Administração, por que não aceitar a sugestão de Freitas (2002) de ir à origem e ao destino de toda a fonte histórica, ao próprio homem, simultaneamente protagonista e autor das narrativas da experiência humana? Segundo a autora, é exatamente isso que a história oral faz: recorre aos personagens vivos para contar a história do presente. Dessa forma, a História, antes relegada ao passado, ganha um gigantesco campo de ação: o contemporâneo. Caberia, portanto, complementar essa ponderação, sugerindo que a pesquisa organizacional, antes afastada da História, ganha uma relevante contribuição metodológica: a história oral.

Referências

ALBERTI, V. Narrativas na história oral (Proposta de simpósio temático apresentada à Associação Nacional de História – ANPUH –, com vistas à participação no XXII Simpósio Nacional de História, realizado em João Pessoa (PB) em 27 jul.-1º ago. 2003). *Boletim Eletrônico da* ABHO, Especial nº 1, nov. 2002.

BOM MEIHY, J. C. S. (Re)Introduzindo a história oral no Brasil. In: BOM MEIHY, J. C. S. (Org.). *(Re) Introduzindo a história oral no Brasil.* São Paulo: Xamã, 1996a. 342 p.

_____. *Canto de morte Kaiowá – história oral de vida.* São Paulo: Loyola, 1991.

_____. *Manual de história oral.* São Paulo: Loyola, 1996. 78 p.

CURADO, I. Pesquisa historiográfica em Administração: uma proposta metodológica. In: 25º Enanpad 2001. *Anais...* Rio de Janeiro: Anpad. CD-ROM.

FERREIRA, M. de M. e AMADO, J. Apresentação. In: FERREIRA, M. de M. e AMADO, J. (Org.). *Usos e abusos da história oral.* Rio de Janeiro: FGV, 2001. 277 p.

FREITAS, S. *História oral*: possibilidades e procedimentos. São Paulo: Humanitas, I.O.E., 2002. 143 p.

JANOTTI, M. de L. M. Refletindo sobre história oral: procedimentos e possibilidades. In: BOM MEIHY, J. C. S. (Org.). *(Re)Introduzindo a história oral no Brasil*. São Paulo: Xamã, 1996. 342 p.

JOUTARD, P. História oral: balanço da metodologia e da produção nos últimos 25 anos. In: FERREIRA, M. de M. e AMADO, J. (Org.). *Usos e Abusos da história oral*. Rio de Janeiro: FGV, 2001. 277 p.

LANG, A. B. da S. G. História oral: muitas dúvidas, poucas certezas e uma proposta. In: BOM MEIHY, J. C. S. (Org.). *(Re)Introduzindo a história oral no Brasil*. São Paulo: Xamã, 1996. 342 p.

MONTENEGRO, A. T. *História oral e memória* – a cultura popular revisitada. 3ª ed. São Paulo: Contexto, 1994. 153 p.

PORTELLI, A. Apresentação. In: FREITAS, S. *História oral*: possibilidades e procedimentos. São Paulo: Humanitas e I.O.E., 2002. 143 p.

PRINS, G. História oral. In: BURKE, P. (Org.). *A escrita da história*: novas perspectivas. São Paulo: UNESP, 1992. 354 p.

SALAMA. A. The use of an organisation's biography as a research method for investigating organisational development. *Management Education and Development*, v. 23, part 3, p. 225-233, 1992.

THOMPSON, P. *A voz do passado*. Rio de Janeiro: Paz e Terra, 1992. 385 p.

TREBITSCH, M. A função epistemológica e ideológica da história oral no discurso da história contemporânea. In: FERREIRA, M. de M. *História oral e multidisciplinaridade*. Rio de Janeiro: Diadorim, 1994.

| Capítulo 7 | # A pesquisa-ação como estratégia de pesquisa participativa |

Janaina Macke

▒ Introdução

A pesquisa-ação é uma estratégia de condução de pesquisa aplicada de natureza participativa. A pesquisa aplicada deve preocupar-se com a elaboração de diagnósticos, a identificação de problemas e a solução dos mesmos, exigindo

> [...] conhecimentos, métodos e técnicas que são bastante diferentes dos recursos intelectuais mobilizados em pesquisa básica. Em particular, são exigidas maiores habilidades de comunicação e trato com pessoas e grupos. (Thiollent, 1997, p. 49.)

Sendo a pesquisa-ação uma concepção de pesquisa e intervenção em determinados setores de atuação social, junto aos atores significativos em processos de mudança, a mesma busca pode alcançar dois grandes objetivos:

a) o objetivo de descrição, segundo o qual a situação-problema é descrita com base em verbalizações dos diferentes autores em suas linguagens próprias;
b) o objetivo de intervenção, que aponta que os conhecimentos derivados das inferências são inseridos na elaboração de estratégias ou ações (Thiollent, 1997).

Por se tratar de uma estratégia participativa de pesquisa, para conduzir a pesquisa-ação é preciso ter objetivos claramente definidos e domínio da linguagem. O grau de participação dos envolvidos é fruto do próprio processo de pesquisa-ação e um indício de que a pesquisa está sendo conduzida da maneira correta. Por isso, a linguagem deve ser comum a todas as pessoas envolvidas.

Cabe destacar a diferença entre uma técnica participativa e uma estratégia participativa. Enquanto a técnica participativa é entendida como uma prática, um modo de executar algumas ações que possibilitam a participação em grupo, o método participativo é um "caminho previamente estruturado que orienta o trabalho em grupo a partir de uma sequência de etapas, e que muitas vezes envolve a utilização de diferentes técnicas" (Brose, 2001, p. 15). A partir dessas definições – que serão detalhadas a seguir –, vemos que a pesquisa-ação é uma estratégia de pesquisa participativa, uma concepção de pesquisa e intervenção que utiliza a participação para promover os processos de mudança.

Neste sentido, a principal contribuição deste capítulo é discutir a inserção da pesquisa-ação como estratégia de pesquisa em ciências sociais e discutir a sua origem e orientação epistemológica. Além desse objetivo principal, busca-se, como forma de incentivar a utilização da pesquisa-ação, evidenciar aspectos que a diferenciam do estudo de caso e das atividades de intervenção profissional (devido à proximidade destas com a ação), com o objetivo de clarificar conceitos e introduzir questões centrais aos pesquisadores interessados. Neste sentido e com o intuito de exemplificar a discussão, será apresentada no final do capítulo a análise breve de uma pesquisa realizada a partir da estratégia de pesquisa-ação.

■ 7.1 A pesquisa-ação como estratégia de pesquisa organizacional

A pesquisa-ação pode ser definida como uma estratégia de condução de pesquisa qualitativa voltada para a busca de solução coletiva a determinada situação-problema, dentro de um processo de mudança planejada. Esta estratégia contempla, simultaneamente, processos de pesquisa e de intervenção (ação), os quais emergem da participação efetiva dos atores envolvidos e do pesquisador.

Neste ponto cabe esclarecer algumas terminologias relacionadas à pesquisa-ação (*action research*). Expressões como "pesquisa participante" (*participatory research*), "pesquisa-ação participante" (*participatory action research*) e "ciência da ação" (*action science*) revelam divergências entre escolas de pensamento, tipos de objetivos, práticas de pesquisa e formas de atuação social.

A chamada pesquisa participante é uma filosofia de pesquisa social que é frequentemente associada à transformação social, uma vez que envolve aspectos como análise de problemas sociais a partir da comunidade e orientação para ação coletiva (Kemmis e McTaggart, 2000).

Para Thiollent (1997) toda pesquisa-ação possui um caráter participativo; para o autor a principal diferença entre pesquisa-ação e pesquisa participante é que nem sempre na pesquisa participante há uma ação planejada – com o que também concordam Eden e Huxman (1996a, 1996b). Para os pesquisadores da pesquisa participante, o resultado da pesquisa fica na consciência das pessoas e, por este motivo, não há necessidade, tal como na pesquisa-ação, de objetivação e divulgação do conhecimento adquirido (Thiollent, 1997).

O termo "pesquisa-ação participante" é uma tentativa de acabar com as divergências entre pesquisa-ação e pesquisa participante. No entanto, segundo Thiollent (1997), os grandes representantes das duas tendências continuam afastados: é difícil unir o pragmatismo da pesquisa-ação com a conscientização desejada pela pesquisa participante. Neste capítulo, assumimos a definição de que toda pesquisa-ação é necessariamente participante, não sendo necessário alterar a nomenclatura.

A discussão da possibilidade de uma ciência da ação, apoiada na filosofia do conhecimento e da ação, é alvo dos estudos desenvolvidos por Argyris, Putnam e Smith (1985) e Argyris e Schön (1989). Para os autores, enquanto a principal corrente da ciência está preocupada, primeiro, em produzir conhecimento para sua própria causa e, em segundo plano, produzir conhecimento para aplicação técnica, a ciência da ação (*action science*) busca o conhecimento a serviço da ação. Para a ciência da ação, o conhecimento prático é visto como um campo de conhecimento tácito que pode ser explicitado através de inquirição reflexiva (Argyris e Schön, 1989).

Segundo Argyris e Schön (1989), os indivíduos, normalmente, possuem dois tipos distintos de teorias de ação: a teoria aplicada (*theory-in-use*) e a teoria assumida (*espoused theory*).

> As teorias assumidas são aquelas que o indivíduo assume como sendo as que guiam suas ações. As teorias aplicadas são as que realmente orientam suas ações. (Eden e Huxham, 1996a, p. 82.)

No ambiente da pesquisa-ação, tem-se maiores chances de alcançar a teoria aplicada dos participantes, ao invés da teoria assumida. Quando isso acontece, a pesquisa-ação pode ser chamada de ciência da ação (*action science*) (Eden e Huxham, 1996a).

A partir das considerações anteriores, temos que a pesquisa-ação é vista como forma de explicitar o conhecimento tácito e de buscar, gradativamente ao longo de um processo de intervenção, alternativas de ação levantadas através da participação de todos os envolvidos (Thiollent, 1997). Como podemos observar em Teles:

> A pesquisa-ação pode ser definida com um tipo de pesquisa social de base empírica, concebida e realizada sem a ênfase da preocupação científica formal baseada na quantificação. Sua tônica é a estreita relação com a ação ou a resolução de um problema de ordem coletiva. [...] busca a valoração da compreensão e da interação entre os diferentes pesquisadores e os membros da situação investigada. (1998, p. 92.)

Para Kimmis e McTaggart (2000), a pesquisa-ação participante envolve a dialética de ver as coisas intersubjetivamente, ou seja, do ponto de vista de cada participante e do ponto de vista dos outros. Ela é, portanto, uma estratégia de pesquisa reflexiva, no sentido do engajamento dos participantes em um processo colaborativo de transformação social, no qual eles aprendem e mudam suas formas de engajamento. Pesquisas conduzidas nesta perspectiva adotam uma visão emancipatória, focada no desejo compartilhado de transformação social.

Apesar de não possuir uma estrutura rígida, é possível identificar quatro fases na pesquisa-ação (Susman e Evered, 1978; Thiollent, 1997):

a) fase exploratória – quando é feito o diagnóstico para identificar os problemas, as capacidades de ação e de intervenção na organização;
b) fase de pesquisa aprofundada – quando é feita a coleta de dados;
c) fase de ação – quando ocorre o planejamento e a execução das ações, levantadas a partir das discussões com as equipes participantes do projeto; e
d) fase de avaliação – responsável pelo resgate do conhecimento obtido (*feedback*) e possível redirecionamento das ações.

De forma análoga, Kemmis e McTaggart (2000) falam do processo de pesquisa-ação como uma espiral de ciclos autorreflexivos que envolve continuamente:

a) planejar a mudança;
b) agir e observar o processo e as consequências da mudança;
c) refletir sobre este processo e suas consequências.

Isso nos mostra que existe uma simultaneidade entre as fases. Além disso, a geração de conhecimento ocorre em todas elas, não se limitando, portanto, à fase de avaliação. Este caráter dinâmico da pesquisa-ação, além de possibilitar a construção processual de conhecimento, permite estudar um processo de mudança planejada, isto é, como passar de uma situação existente para a situação desejada.

Especialmente em estudos organizacionais, a pesquisa-ação pode ser útil para assessorar os atores, tornando-os capazes de identificar seus problemas e trabalhar em alternativas de solução. O principal mérito da pesquisa-ação, neste sentido, é a capacidade de ficar em contato com os problemas reais, assim constituindo uma forma alternativa às concepções de pesquisa organizacional de orientação positivista. A pesquisa de origem positivista, embora usualmente associada a técnicas quantitativas sofisticadas, é vista como deficiente em termos práticos, no que diz respeito à busca de solução para os problemas da coletividade. E é essa diferença, segundo Thiollent (1994) e Susman e Evered (1978), o ponto forte da pesquisa-ação.

A mudança de comportamento dos participantes é *sine qua non* para a mudança social (Kemmis e McTaggart, 2000), e por essa razão é preciso observar as especificidades desta estratégia. Sendo assim, entre as principais características da pesquisa-ação, que usualmente não são contempladas nas pesquisas convencionais, Thiollent (1994) destaca: a) orientação para o futuro – facilita a criação de soluções voltadas para um futuro desejável; b) colaboração entre pesquisadores e os participantes envolvidos; c) desenvolvimento da capacidade sistêmica de identificação e solução de problemas; d) geração de teoria fundamentada na ação, podendo ser corroborada ou revisada; e) não predeterminação e adaptação situacional, respeitando a dinamicidade do sistema.

A mudança proposta pela pesquisa-ação gera conhecimento. Desta forma, a pesquisa-ação pode ser entendida como um processo de aprendizado, do qual os frutos são as transformações reais em diferentes aspectos:

a) aquilo que as pessoas fazem;
b) como elas interagem com o mundo e com os outros;
c) os seus significados e valores;
d) os discursos nos quais elas entendem e interpretam seu mundo (Kemmis e McTaggart, 2000).

Fazendo uma análise epistemológica, vemos que a pesquisa-ação possui uma orientação teórica diferente do positivismo e do funcionalismo (Burrell e Morgan, 1979), que se aproxima bastante da fenomenologia e do existencialismo. Susman e Evered (1978) discutem os principais aspectos da pesquisa-ação em um comparativo com as pesquisas de enfoque positivista, os quais são apresentados no Quadro 7.1.

O comparativo anterior também é abordado por Thiollent (1997). O autor destaca que há um crescente descompasso entre o conhecimento usado no tratamento de problemas reais e o outro usado apenas de modo retórico ou simbólico. A pesquisa-ação busca equacionar questões relevantes dentro da situação social. Já nas pesquisas com enfoque positivista não há focalização na dinâmica de transformação da situação existente para a situação desejada, ao contrário da pesquisa-ação na qual é possível "estudar dinamicamente os problemas, decisões, ações, negociações, conflitos e tomada de consciência que ocorrem entre os agentes durante o processo de transformação da situação" (Thiollent, 1994, p. 19).

A pesquisa-ação como estratégia de pesquisa participativa

Quadro 7.1 Comparativo entre pesquisa-ação e pesquisa de orientação positivista

	Pesquisa-ação	Pesquisa positivista
Posição valorativa	Os métodos desenvolvem sistemas sociais e liberam potencial humano.	Neutralidade dos métodos.
Perspectiva temporal	Observação do presente, interpretação do presente com base em experiências passadas e conceituação do futuro desejável.	Observação do presente.
Relacionamento com as unidades	O pesquisador é um participante. Os membros do sistema-cliente são sujeitos autoreflexivos, com os quais se estabelecem processos de cooperação.	O pesquisador é mero observador. Os membros do sistema-cliente são considerados objetos de estudo.
Tratamento das unidades estudadas	Os casos podem ser fontes suficientes de conhecimento.	Os casos devem ser representativos da população.
Linguagem	Conotativa, metafórica.	Denotativa, observacional.
Base para assumir a existência das unidades	São artefatos humanos, para propósitos também humanos.	Existem independentemente dos seres humanos.
Objetivos epistemológicos	Desenvolver planos de ação, de acordo com a situação futura desejada (mudança planejada).	Predizer eventos com base em hipóteses ordenadas hierarquicamente.
Estratégia de construção do conhecimento	Conjecturas, criação de mecanismos para aprender e modelar o comportamento.	Indução e dedução.
Critério de confirmação	Avaliação da eficácia das ações em produzir os resultados desejados.	Consistência lógica, predição e controle.
Base para generalização	Estreita, situacional e limitada pelo contexto.	Ampla, universal e livre do contexto.

Fonte: Adaptado de Susman e Evered (1978, p. 600).

Construir teoria em pesquisa-ação requer articulação e formalização dos elementos implicados, quando os participantes decidem assumir a construção e reconstrução da realidade social vivida (Kemmis e McTaggart, 2000) ou quando passam a se assumir como protagonistas de suas histórias.

A pesquisa-ação constrói, assim, descrições e teorias dentro do contexto prático e testa essas descrições e teorias através de intervenções (Argyris e Schön, 1989; Thiollent, 1994). Dessa forma, a pesquisa-ação pressupõe a realização de um processo de intervenção no ambiente em estudo.

Contudo, é preciso discutir algumas limitações da pesquisa-ação. A principal delas é que na pesquisa-ação não é possível repetir experimentos, pois cada intervenção será diferente da anterior. É possível testar teorias em várias situações, mas cada contexto será levemente diferente e, dessa forma, surgirá a necessidade de interpretar a teoria de acordo com as circunstâncias (Eden e Huxham, 1996b). Apesar disso, as intervenções em organizações são oportunidades de testar ferramentas complexas que não podem ser observadas separadamente, ou seja, para compreendê-las é preciso observar a natureza sistêmica de sua aplicação, razão pela qual a pesquisa-ação pode ser considerada pesquisa integrativa (Westbrook, 1995).

Além disso, a pesquisa-ação não se propõe a resolver conflitos sociais profundos, isto é, aqueles cuja solução depende de ações de longo prazo. Geralmente, ela procura resolver conflitos mais delimitados, com ações concretas de curto e médio prazos. É importante destacar que a pesquisa-ação obtém melhores resultados em situações nas quais os participantes podem encontrar soluções exequíveis (Thiollent, 1997). Importante destacar que estas limitações devem ser cuidadosamente observadas no momento de construção da questão de pesquisa.

Ao trabalharmos com um enfoque participativo, além da questão das técnicas e métodos empregados devemos focar nossa atenção naquilo que constitui a questão central da participação: o poder. Os instrumentos participativos têm como principal objetivo estruturar as disputas de poder entre os atores sociais, tornando-as mais transparentes e, assim, contribuindo para uma distribuição mais equitativa de poder (Brose, 2001).

7.1.1 Características da pesquisa-ação

As características da pesquisa-ação são alvo de discussão de diversos autores. Isso porque existem variantes de posturas em relação a aspectos como o campo de utilização da pesquisa, os objetivos, as limitações, entre outros. Opiniões divergentes são marcadas, muitas vezes, por influências filosóficas: como o pragmatismo e o empirismo das tendências norte-americanas, a tendência europeia baseada na fenomenologia, marxismo e psicanálise e a vertente alemã, que apresenta um quadro bem amplo de propostas. Apesar das divergências, é possível identificar características de ampla aceitação. Desta forma, Dubost (*apud* Thiollent, 1997, p. 35) apresenta as principais características da pesquisa-ação:

a) É uma experiência que ocorre no mundo real, de modo concreto, não apenas no pensamento. As ações dos agentes são vistas como acontecimentos por todas as pessoas implicadas.
b) A experiência ocorre em escala restrita, limitada pelo caráter local ou por um princípio de amostragem.
c) É uma ação deliberada que visa uma mudança efetiva dos grupos considerados. Constitui-se de objetivos fixados por qualquer grupo implicado no processo e/ou pela negociação entre grupos.
d) Desde o início, ela é projetada para produzir conhecimentos passíveis de generalização, para guiar ações posteriores ou evidenciar princípios e leis.
e) Deve fazer uso de regras e dispositivos que possibilitem a observação, a coleta de dados, o controle e a avaliação dos resultados.

Um aspecto importante é como a objetividade científica é alcançada na pesquisa-ação. As pesquisas convencionais, normalmente, exigem princípios de objetividade como a completa separação entre observador e observado, total substituibilidade dos pesquisadores e quantificação das informações. Sem abandonar a cientificidade, a pesquisa-ação pode observar aspectos como compreensão do problema, priorização dos problemas, busca de soluções e aprendizagem dos participantes. Essas características qualitativas não são anticientíficas (Thiollent, 1994).

O desafio dos pesquisadores é definir e encontrar padrões de rigor científico apropriado, sem sacrificar a relevância do tema. Além disso, é preciso que a intervenção assuma o papel central na pesquisa, os resultados possam ser generalizados e, principalmente, a técnica de intervenção seja transferível (Westbrook, 1995).

Nesse sentido, buscando destacar questões como generalização, desenvolvimento de teoria, validade interna, validade externa e outros aspectos relacionados ao rigor científico, cabe apresentar as características da pesquisa-ação, que, segundo Eden e Huxham (1996a; 1996b), conferem qualidade à pesquisa:

a) "A pesquisa-ação exige envolvimento integral do pesquisador no propósito de mudar a organização" (Eden e Huxham, 1996b, p. 530). O simples estudo da ação de outros pesquisadores não é suficiente; é preciso que exista a ação. Os autores ressaltam, porém, que existe a possibilidade de nenhuma mudança vir a ocorrer ou que não ocorra como desejado.

b) "A pesquisa-ação deve ter algumas *implicações além daquelas requeridas para ação ou geração de conhecimento no âmbito do projeto*" (Eden e Huxham, 1996b, p. 530, grifo no original). A generalização da pesquisa-ação ocorre dentro do contexto da pesquisa, mas os autores defendem que a teoria derivada da pesquisa-ação pode ser aplicada além da situação específica estudada. Para que isto seja possível, é preciso que o pesquisador tenha habilidade de caracterizar e conceitualizar o caso particular, de modo que a pesquisa realizada tenha significado para outros estudos. Por exemplo, a pesquisa pode ajudar outros pesquisadores ou práticos a entender situações que esperam mudar.

c) Além de ser aplicável para situações do dia a dia, a pesquisa-ação requer teoria de valor, com elaboração e desenvolvimento de teoria como um interesse explícito do processo de pesquisa.

d) Quando o resultado da generalização na pesquisa-ação é o projeto de ferramentas, técnicas, modelos e métodos é preciso explicitar a ligação entre o projeto destes e a experiência da intervenção. Esta explicação faz parte da geração de teoria. A base conceitual para este projeto deve ser relatada e relacionada com as teorias suportadas ou desenvolvidas através da pesquisa-ação.

e) A pesquisa-ação refere-se a um sistema de teoria emergente na qual o desenvolvimento de teoria ocorre da síntese de conhecimento que vem em

A pesquisa-ação como estratégia de pesquisa participativa

parte dos dados, em parte da aplicação da teoria, de acordo com os objetivos da pesquisa e da intervenção.

f) A construção de teoria na pesquisa-ação é incremental e pode ser explicada através de um ciclo de geração de conhecimento.

g) O caráter prático da pesquisa-ação poderia sugerir que a teoria prescritiva é mais apropriada que a teoria descritiva. Para Eden e Huxham (1996a, 1996b), isto é uma falsa dicotomia. Os autores explicam que, por exemplo, a descrição de "como as coisas dão errado é sugestiva de ações que podem ser tomadas para evitar problemas em situações similares". Dessa forma, a descrição será sempre uma prescrição, mesmo que implicitamente (Eden e Huxham, 1996b, p. 533).

h) Para uma pesquisa-ação de qualidade, é preciso um método sistemático e organizado de coleta dos dados e de reflexão sobre os resultados, à luz do referencial teórico.

i) Qualquer intuição deve ser submetida a um método de análise, no qual teorias emergentes são identificadas e teorias existentes são desenvolvidas. Este método deve ser replicável ou, no mínimo, capaz de ser explanado a outros.

j) Escrever sobre os resultados da pesquisa quando concluída é importante para o desenvolvimento e a análise de teorias.

k) Outros métodos de pesquisa (como experimentos, ou *surveys*) permitem uma visualização mais clara da ligação entre dados e resultados que a pesquisa-ação. Por outro lado, na pesquisa-ação o processo de reflexão e coleta de dados e, consequentemente, as teorias emergentes, produzem *insights* que em geral não podem ser compilados por outros métodos.

l) A pesquisa-ação oferece oportunidades de triangulação[1] que não existem em outros métodos. Estas oportunidades devem ser acessadas plenamente e relatadas.

---

[1] A triangulação é um processo de avaliação de informações que procura minimizar possíveis vieses. Pode ser de quatro tipos: triangulação dos dados, triangulação dos pesquisadores, triangulação da teoria e triangulação do método. A primeira consiste em analisar um acontecimento através de múltiplas fontes de evidência. A segunda propõe a análise do acontecimento do ponto de vista de múltiplos pesquisadores. A terceira consiste em explicar os fatos sob diferentes teorias. Finalmente, a triangulação do método utiliza diferentes métodos de pesquisa para análise dos fatos (Yin, 1994).

m) Para a interpretação apropriada da validade e da aplicabilidade dos resultados da pesquisa-ação é necessário o relato da história e do contexto da intervenção.

n) A teoria desenvolvida na pesquisa-ação deve ser disseminada amplamente, de modo que sirva a um público maior do que aquele envolvido com a ação e/ou pesquisa.

A existência das características anteriores, segundo os autores, garante a validade interna e externa da pesquisa-ação, ou seja, assegura que os resultados são representativos da situação na qual foram gerados e são passíveis de generalização (Eden e Huxham, 1996a, 1996b).

Além das características destacadas por Eden e Huxham (1996a; 1996b), a descrição de critérios para julgar a qualidade de uma pesquisa também são encontrados na obra de Yin (1994). O autor apresenta quatro testes comumente utilizados em pesquisas sociais que podem ser transportados para o caso da pesquisa-ação. São eles:

a) Validade construtiva. Para garantir validade construtiva, o pesquisador deve definir quais os tipos de mudança que serão estudados, observando as questões de pesquisa. Além disso, deve selecionar formas de mensurar essas mudanças que realmente as representem, isto é, justificar a utilização de determinada variável como medição. O autor indica três táticas que podem ser usadas para aumentar a validade construtiva do estudo: 1) múltiplas fontes de evidência; 2) cadeia de evidência; 3) revisão do rascunho do relatório por pessoas chaves.

b) Validade interna. Aplicável a pesquisas causais ou explanatórias, nas quais o pesquisador procura por uma relação de causa-efeito. Deve-se observar se não existem fatores desconsiderados (causas) que também contribuam para o efeito em estudo.

c) Validade externa. Estabelece o domínio em que os resultados podem ser generalizáveis. O autor explica que a generalização no estudo de caso – e também na pesquisa-ação – é diferente da generalização estatística. Trata-se de uma generalização analítica em que o propósito não é generalizar para uma população ou universo, mas expandir e generalizar teorias.

A pesquisa-ação como estratégia de pesquisa participativa

d) Confiabilidade. A repetição de procedimentos da pesquisa (por exemplo, a coleta de dados) deve alcançar os mesmos resultados. O objetivo da confiabilidade é garantir que outro pesquisador, que venha a realizar o mesmo estudo, sob as mesmas condições e procedimentos, chegue aos mesmos resultados e conclusões.

Em relação às exigências científicas, Thiollent argumenta que os princípios científicos devem ser traduzidos para o caso da pesquisa-ação, pois eles não são únicos e não se aplicam da mesma forma a qualquer área. Em relação às exigências de separação entre observador e observados, ele afirma que:

> [...] sem abandonarmos o espírito científico, podemos conceber dispositivos de pesquisa social com base empírica nos quais, em vez de separação, haja um tipo de coparticipação dos pesquisadores e das pessoas implicadas no problema investigado. (1994, p. 22.)

A substituibilidade dos pesquisadores não é total, já que o que:

> [...] cada pesquisador observa e interpreta nunca é independente de sua formação, de suas experiências anteriores e do próprio "mergulho"na situação investigada. Em lugar da substituibilidade, a condição de objetividade pode ser parcialmente respeitada por meio de um controle metodológico do processo investigativo e com o consenso de vários pesquisadores acerca do que está sendo observado e interpretado [...]. (1994, p. 23.)

Independentemente do caráter qualitativo da pesquisa, a quantificação é sempre útil quando se estudam fenômenos cujas dimensões e variações são significativas e quando existem instrumentos de medições aplicáveis sem demasiado artificialismo.

O fato de a pesquisa-ação ser um processo participativo não deve interferir na fidelidade das evidências geradas a partir da pesquisa. A estratégia da pesquisa-ação será mais fortalecida se mais evidências forem coletadas através de diferentes perspectivas (Kimmes e McTaggart, 2000).

Sem abandonar o rigor científico, é possível desenvolver pesquisa de qualidade, observando que o sucesso da pesquisa-ação depende de como será gerenciado o conflito entre a "aparente liberdade da abordagem e a necessidade de clareza e foco" (Westbrook, 1995, p. 13). O excesso de foco priva o pesquisador de obter uma melhor compreensão do fenômeno estudado; já no caso contrário, o pesquisador ficará confuso se não tiver seus objetivos definidos com clareza.

■■■ 7.1.2 O processo de intervenção

Conforme explicitado anteriormente, a utilização da pesquisa-ação pressupõe a realização de um processo de intervenção que significa entrar em um sistema contínuo de relacionamentos entre pessoas ou grupos com o propósito de ajudá-los (Argyris, 1970). Por causa do processo de intervenção, o pesquisador deixa de ser um simples observador para tornar-se um participante no processo de mudança. Com isso, o pesquisador possui dois objetivos principais: "agir para solucionar um problema e contribuir para um conjunto de conceitos para o desenvolvimento do sistema" (Benbasat, Goldstein e Mcad, 1987, p. 371).

O processo de intervenção nos permite atingir dois propósitos (Thiollent, 1997): a) o teste de hipóteses ou a resposta à(s) questão(ões) de pesquisa – objetivo acadêmico voltado para geração de conhecimento; b) o resultado das mudanças desejáveis na situação em estudo – objetivo prá ico de interesse dos participantes.

Na pesquisa-ação é preciso distinguir o objetivo da pesquisa como um todo do objetivo da intervenção. Não existe, contudo, razão para que estes objetivos sejam mutuamente exclusivos. É possível conciliar as necessidades da organização ou do grupo em estudo com as implicações teóricas da pesquisa. Porém, para atingir estes dois objetivos, é preciso um esforço maior do que o normalmente despendido em pesquisas convencionais (Eden e Huxham, 1996a, 1996b).

Neste sentido, as tarefas do pesquisador durante o processo de intervenção são: a) ajudar a gerar informações válidas e úteis; b) criar condições nas quais os participantes possam fazer escolhas livres e embasadas; c) ajudá-los a desenvolver um comprometimento interno com suas escolhas (Argyris, 1970).

O pesquisador encontra forças contrárias e a favor no ambiente da pesquisa-ação. A intervenção resulta numa mudança organizacional e, além disso,

A pesquisa-ação como estratégia de pesquisa participativa

desafia o *status quo*. Inevitavelmente algumas pessoas se sentirão prejudicadas e é pouco provável que o pesquisador receba apoio total. Estas mesmas forças contrárias à mudança podem dificultar a obtenção de dados confiáveis (Eden e Huxman, 1996b). Por isso, além da necessidade de relatar as principais dificuldades e as barreiras às mudanças encontradas na organização, é preciso observar princípios na condução da pesquisa que minimizem tais problemas.

Por outro lado, a melhor forma de aprender sobre uma organização é tentar mudá-la. Cabe lembrar a célebre frase de Lewin: "Você não pode compreender um sistema até tentar mudá-lo" (Schein, 1999, p. 2). Além disso, o processo de mudança revela fatores que não podem ser encontrados em ambientes estáveis.

Esta mudança planejada envolvendo grupos de pesquisadores e participantes – resultado da pesquisa-ação – é tão importante quanto os resultados obtidos com a pesquisa. Os resultados não são apenas tabelas de dados quantitativos ou depoimentos verbalizados, são também as mudanças introduzidas na percepção dos interessados ou, de modo mais difuso, na cultura da organização.

As características da pesquisa-ação permitem que os fenômenos sejam estudados dentro do seu contexto, diferentemente das pesquisas convencionais nas quais é exigido o isolamento das variáveis de interesse. As informações de contexto são fundamentais para o sucesso das ações de mudança, pois eventuais problemas podem ser corrigidos ao longo da pesquisa.

O vaivém entre pesquisa e ação é claramente evidenciado no texto de Kemmis e McTaggart (2000). Para os autores, a pesquisa-ação envolve ir além das peculiaridades da situação específica em estudo, a fim de explorar o potencial de diferentes perspectivas, teorias e discursos, os quais podem ajudar a explicar determinadas práticas e, assim, servir como base para o desenvolvimento de ideias sobre como as coisas podem ser transformadas. Por outro lado, buscam-se pontos de apoio provenientes de diferentes perspectivas, teorias e discursos para promover um domínio da situação prática do problema em estudo.

Numa intervenção gerada a partir de um projeto de pesquisa-ação, é possível descobrir o que os participantes realmente dizem e fazem *"em situações que realmente interessam a eles"*, ao invés de o que eles podem dizer ou fazer em situações controladas (Eden e Huxham, 1996b, p. 535, grifo no original).

Da mesma forma, Eden e Huxham (1996b, p. 533) explicam que os *insights* gerados ao final da pesquisa não podem ser previstos desde o início, e por isso é necessária a construção de um "grau apropriado de reflexão" durante o processo de intervenção. Os autores ressaltam que este processo de reflexão, embora seja normalmente conectado à intervenção, é uma atividade separada desta última. É um processo que exige bastante tempo: o registro de notas com observações, notas metodológicas, notas teóricas e notas pessoais formam um "jornal de registros de sentimentos" sobre a pesquisa. O processo de reflexão deve incluir uma maneira de registrar a reflexão e o método utilizados na pesquisa (Eden e Huxham, 1996b).

Além disso, a completa separação entre o pesquisador e o objeto em estudo nas pesquisas convencionais, que à primeira vista poderia parecer um ponto desfavorável à pesquisa-ação, na verdade, contribui para a geração de *insights* que sem a interação pesquisador-pesquisado não teriam possibilidade de ocorrer. Além disso, em situações reais é possível investigar os conflitos entre os princípios do modelo teórico e os princípios e valores da organização, e assim gerar *insights* sobre aspectos positivos e negativos de determinada ferramenta no momento de sua implementação (Macke, 1999b).

■ 7.2 Explorando as fronteiras da pesquisa-ação com estudo de caso e com atividades de intervenção profissional

Alguns autores como Yin (1994), Benbasat, Goldstein e Mead (1987), Eden e Huxman (1996a, 1996b) e Westbrook (1995) vinculam a pesquisa-ação ao estudo de caso, classificando-a como uma variante do estudo de caso. Dessa forma, a pesquisa-ação incorreria em todos os aspectos inerentes ao estudo de caso (Eden e Huxman 1996a, 1996b).

Segundo Benbasat, Goldstein e Mead a pesquisa-ação pode ser considerada um tipo de estudo de caso, com a diferença de que o pesquisador deixa de ser um simples observador para ser

> [...] um participante na implementação de um sistema, embora simultaneamente queira avaliar certa técnica de intervenção [...] O pesquisador não é um observador independente, mas torna-se um

A pesquisa-ação como estratégia de pesquisa participativa

participante, e o processo de mudança torna-se seu objeto de pesquisa. Portanto, o pesquisador tem dois objetivos: agir para solucionar um problema e contribuir para um conjunto de conceitos para desenvolvimento do sistema. (1987, p. 371.)

Em contrapartida, autores como Thiollent (1994, 1997), Argyris (1970), Argyris *et al.* (1985) não vinculam a pesquisa-ação ao estudo de caso. Afirmam, no entanto, que a pesquisa-ação, como qualquer outra proposta de pesquisa, deve utilizar instrumentos de coleta, processamento, análise e apresentação de resultados, tanto qualitativos quanto quantitativos. Essas questões são, portanto, comuns à pesquisa-ação e ao estudo de caso.

Com tantos aspectos em comum, como definir "fronteiras" entre pesquisa-ação e estudo de caso? Argyris *et al.* (1985) argumentam que a pesquisa-ação pode ir além do estudo de caso, pois permite um empenho não trivial na construção de conhecimento, uma vez que o envolvimento dos participantes no processo de mudança faz com eles pensem e reflitam sobre o que estão fazendo. Concordando com este ponto de vista, Wesbrook (1995) acrescenta que este aprendizado não é possível em outros métodos, nem mesmo em estudos de casos.

Além disso, Westbrook (1995) defende que, em situações nas quais se quer estudar processos de mudança, uma estratégia dinâmica e integrativa como a pesquisa-ação é a mais adequada. Já quando o interesse for uma área específica da organização ou o estudo específico de determinada variável é mais indicado o estudo de caso.

Em um dos muitos exemplos contidos no livro de Yin (1994), um deles relata experiências de parcerias de grupos de pesquisa de universidades com o governo das cidades. Essa pesquisa, constituída de múltiplos estudos de caso, procurou identificar como as parcerias falharam. Após o estudo de um conjunto de casos, nos quais a parceria teve sucesso, Szanton (1981) mostrou que os grupos de pesquisa capazes de ajudar as cidades "participavam da implementação e não somente da produção de novas ideias" (Szanton *apud* Yin, 1994, p. 48).

É justamente a ação que faz com que a pesquisa-ação se diferencie claramente do estudo de caso: o fato de pressupor a realização de um processo de intervenção no ambiente, a partir de ações levantadas de forma participativa, no qual o pesquisador é participante ativo. Os estudos de caso, por sua vez, são mais indicados para problemas em que a teoria e a pesquisa são recentes e os problemas, práticos, quando "a experiência dos atores é importante e o contexto da ação é crítico" (Bonoma *apud* Bebansat, Golstein e Mead, 1987, p. 369). Para aprofundar essas diferenças, é relevante destacar que a pesquisa-ação (Barros Neto, 1999):

a) é orientada para o futuro – é facilitadora do processo de criação de soluções para um futuro desejável pelos participantes;

b) é dinâmica – as situações de pesquisa variam durante a intervenção, por isso o pesquisador deve sempre ter em mente os objetivos da pesquisa, mas também ter habilidade para mudar planos e procedimentos caso ocorram fatos não previstos;

c) é contínua no tempo – o processo de pesquisa-ação continua mesmo após a saída do pesquisador;

d) é dependente do contexto – o processo de intervenção depende dos participantes, da cultura, da história da empresa, do clima organizacional entre outros fatores;

e) é emergente – as ações propostas e, consequentemente, as soluções emergem de um processo de discussão e argumentação entre os participantes e o pesquisador;

f) é geradora de teoria – os participantes da pesquisa são sujeitos autorreflexivos que tendem a desenvolver elos de colaboração. Isso resulta num acúmulo de conhecimento não trivial e propicia a geração de novas teorias.

Dessas características, algumas como dependência do contexto e geradora de teoria também são normalmente encontradas nos estudos de caso. Outras como dinamicidade e ser emergente são aspectos menos comuns aos estudos de caso e, portanto, podem ser considerados fronteiras entre as duas estratégias. Outro aspecto importante é o enfoque voltado à participação: o estudo de caso pode utilizar técnicas participativas (Brose, 2001), mas ainda assim não se constitui em uma estratégia participativa como é a pesquisa-ação.

O Quadro 7.2 apresenta um resumo com os principais elementos diferenciadores entre as duas estratégias de pesquisa em questão.

Quadro 7.2 Comparativo entre pesquisa-ação e estudo de caso

Pesquisa-ação	Estudo de caso
• capta a dinâmica do processo de mudança;	• retrato instantâneo de uma situação;
• informações de contexto são fundamentais em processos de mudança;	• na maioria das vezes, exige o isolamento das variáveis de interesse;
• permite o envolvimento dos participantes no processo de mudança;	• pesquisador usualmente é um observador; não é uma estratégia participativa;
• é uma estratégia integrativa: permite analisar a organização no todo.	• é mais adequado para o estudo específico de um subsistema.

As metas e a natureza da pesquisa influenciam a forma de conduzi-la e isso deve estar sempre presente no momento de definir a estratégia de pesquisa. Ao apresentar as diferenças entre a pesquisa-ação e o estudo de caso, o que se quer é clarificar o que cada um pode oferecer para responder à questão de pesquisa proposta.

Além disso, surgem muitos questionamentos que nos levam a comparar a pesquisa-ação com atividades de intervenção profissional (consultoria), especialmente em se tratando de pesquisa organizacional. O principal motivo disso é exatamente o fato que confere razão de ser a esta estratégia de pesquisa: a ação.

Contudo é preciso que se façam importantes distinções. Na maioria das vezes, a intervenção profissional tem como meta fazer um diagnóstico e/ou implementar uma mudança, ao passo que para o pesquisador isso é parte de um objetivo maior: a descoberta e a divulgação de novos conhecimentos (Westbrook, 1995). Além disso, é comum o profissional-interventor (consultor) especificar logo de início e de forma relativamente detalhada a natureza dos resultados que deseja alcançar. Já o pesquisador define inicialmente um referencial teórico, que servirá de norte, embora não seja rígido: o caráter dinâmico da pesquisa pode fazer com que novos temas sejam incorporados. Importante lembrar que é necessário um cuidado especial com esta aparente liberdade: é preciso clareza de objetivos para não perder o foco.

O profissional-interventor usualmente adota técnicas consagradas e não necessariamente tem a preocupação de criar novas técnicas ou generalizá-las para outras situações. Espera-se do pesquisador que, através da pesquisa-ação, ele consiga desenvolver e testar novos conceitos e validá-los de acordo com os parâmetros de sua pesquisa (Westbrook, 1995).

Temos no Quadro 7.3 um resumo que procura destacar as principais diferenças entre a intervenção realizada através da pesquisa-ação e as atividades de intervenção profissional.

Quadro 7.3 Comparação entre a pesquisa-ação e intervenção profissional

Pesquisa-ação	Intervenção profissional
• busca atingir o objetivo da intervenção e ainda criar conhecimento;	• sua meta é analisar e implementar uma mudança;
• o pesquisador define, inicialmente, um referencial, que pode ser ampliado – caráter dinâmico;	• pode especificar em detalhes, já no início, a natureza dos resultados e como buscá-los;
• o mais importante é a "jornada", o caminho trilhado;	• o mais importante é a "chegada", os resultados finais;
• ênfase no desenvolvimento de novas técnicas ou na generalização das existentes.	• ênfase na utilização de técnicas já existentes.

O mais importante na pesquisa-ação não é encontrar uma solução ótima, como ocorre em outros métodos e em grande parte das atividades de intervenção profissional, mas conseguir o compromisso com a mudança a ser feita. Além disso, como já destacamos, existe uma meta bem maior que o resultado prático da intervenção, que é a geração e a estruturação do conhecimento. Como veremos, a seguir, o ganho de conhecimento na pesquisa-ação é obtido, principalmente, através da observação e avaliação das ações e dos obstáculos encontrados.

A pesquisa-ação como estratégia de pesquisa participativa

7.3 A construção de conhecimento na pesquisa-ação

A pesquisa-ação não vê no saber formal a única forma de solução de problemas: "a interação cooperativa entre os autores da pesquisa e os atores sociais é uma das metas centrais que se deseja alcançar e isso é operacionalizado através de reuniões frequentes entre as partes envolvidas" (Teles, 1998, p. 93).

Assim, a pesquisa-ação é vista como forma de explicitar o conhecimento tácito através de inquirição reflexiva e visa desvendar um leque aberto composto de possibilidades de ação progressivamente descobertas, formuladas ou escolhidas pelos grupos que participam ativamente no processo" (Thiollent, 1997, p. 25).

O ganho de conhecimento na pesquisa-ação é obtido através da observação e avaliação das ações (definidas com os participantes) e dos obstáculos encontrados. Este conhecimento é passível de generalização parcial, uma vez que está fortemente ligado ao contexto da pesquisa. A qualidade do conhecimento, porém, está limitada pela eficácia da intervenção e pelo interesse dos participantes no projeto (Thiollent, 1994). O mesmo autor explicita os objetivos e conhecimentos potencialmente alcançáveis na pesquisa-ação:

a) a possibilidade de coletar informações originais, em situações e atores no mundo real;

b) a efetivação de conhecimentos teóricos, obtida da interação entre pesquisadores e membros da organização;

c) o confronto entre o saber formal e o saber informal, nas tentativas de solução dos problemas;

d) a geração de regras práticas, na resolução de problemas e planejamento de ações;

e) os resultados e ensinamentos positivos e negativos em relação ao êxito das ações colocadas em prática;

f) a possibilidade de generalizações a partir de várias pesquisas semelhantes e do ganho de experiência dos pesquisadores.

As intervenções são experiências únicas e, portanto, o conhecimento obtido está fortemente ligado ao contexto da pesquisa. Na pesquisa-ação é preciso "ajustar a interpretação da teoria às circunstâncias" (Eden e Huxham 1996b, p. 532). Dessa forma, os resultados obtidos em uma pesquisa não podem ser generalizados para a totalidade dos casos; é preciso levar em conta os fatores inerentes ao ambiente e ao contexto vivido no momento do estudo.

7.4 Análise de uma pesquisa realizada a partir da estratégia de pesquisa-ação

A efetividade das ações em provocar as mudanças necessárias tem assumido um importante papel na sobrevivência das organizações. Uma vez que o processo de mudança é implantado com comprometimento e participação, é possível superar os problemas. Assim sendo, a pesquisa-ação tem sido cada vez mais utilizada como forma de tratamento de problemas complexos nas organizações.

Neste momento, faremos a análise de uma experiência de utilização da pesquisa-ação, a qual buscou melhorar a competitividade de uma empresa frente às pressões dos clientes. Nessa pesquisa, as discussões voltaram-se para o estudo de alternativas de mudança no processo produtivo. A intervenção ocorreu em uma indústria de pequeno porte fornecedora da cadeia produtiva da construção civil.

A pesquisa desenvolvida permitiu a construção de um modelo de intervenção – denominação para um conjunto de passos representados esquematicamente, resultantes do trabalho de intervenção – a partir da utilização da pesquisa-ação e da aplicação prática de ferramentas e conceitos básicos do Sistema Toyota de Produção e da Teoria das Restrições.[2]

---

[2] Para detalhes sobre o Sistema Toyota de Produção ver: SHINGO, S. *O Sistema Toyota de Produção*: Do ponto de vista da Engenharia de Produção. Porto Alegre: Bookman, 1996; SHINGO, S. *Sistemas de Produção com estoque zero*: O Sistema Shingo para melhorias contínuas. Porto Alegre: Bookman, 1996; OHNO, T. *O Sistema Toyota de Produção*: Além da produção em larga escala. Porto Alegre: Bookman, 1997. Para detalhes sobre Teoria das Restrições ver GOLDRATT, E. M.; COX, J. F. *A meta*. São Paulo: Educator, 1997; GOLDRATT, E. M.; FOX, R. E. *A corrida pela vantagem competitiva*. São Paulo: IMAN, 1989; GOLDRATT, E. M. *A Síndrome do Palheiro*: Garimpando Informação num oceano de dados. São Paulo: Educator, 1996.

O comprometimento e a efetiva participação de todos os envolvidos foi fator fundamental para a realização da pesquisa. Todos os funcionários, sem exceção, participaram de alguma forma das discussões. A pesquisa-ação foi, desta maneira, amplamente difundida em todos os setores e níveis hierárquicos. A participação e dedicação dos funcionários estiveram sempre presentes nas reuniões voltadas para pequenos grupos e nas reuniões gerais, que contavam com a presença de todos envolvidos. As informações foram coletadas utilizando as seguintes fontes de evidência: análise documental, análise de arquivos, entrevistas, observação direta, observação participante. O delineamento da pesquisa pode ser observado na Figura 7.1.

Inicialmente, partiu-se para a definição do referencial conceitual. A função do referencial conceitual (teórico) é orientar o processo de mudança na organização, ou seja, a partir deste referencial são definidos dois pontos-chaves: o que constitui uma situação de mudança e como medir essa mudança. Conforme já explicitado, o caráter dinâmico da pesquisa-ação pode acrescentar novos elementos ao referencial teórico. Esta dinamicidade, porém, não exime o pesquisador de definir um referencial teórico logo no início da pesquisa.

Após a revisão bibliográfica e a seleção do referencial teórico – que contemplou ferramentas e conceitos básicos do Sistema Toyota de Produção e da Teoria das Restrições –, teve início o processo de intervenção na empresa. Cabe ressaltar que a seleção do referencial teórico levou em conta o nível de conhecimento e as práticas da empresa em ambientes de melhorias contínuas voltadas ao processo produtivo – definido como o problema a ser focado pelos participantes da pesquisa.

Um breve relato do estudo e a construção processual do modelo de intervenção serão apresentados em quatro fases, que correspondem às fases da pesquisa-ação anteriormente discutidas.

Figura 7.1 Delineamento da pesquisa evidenciando as fases da pesquisa-ação

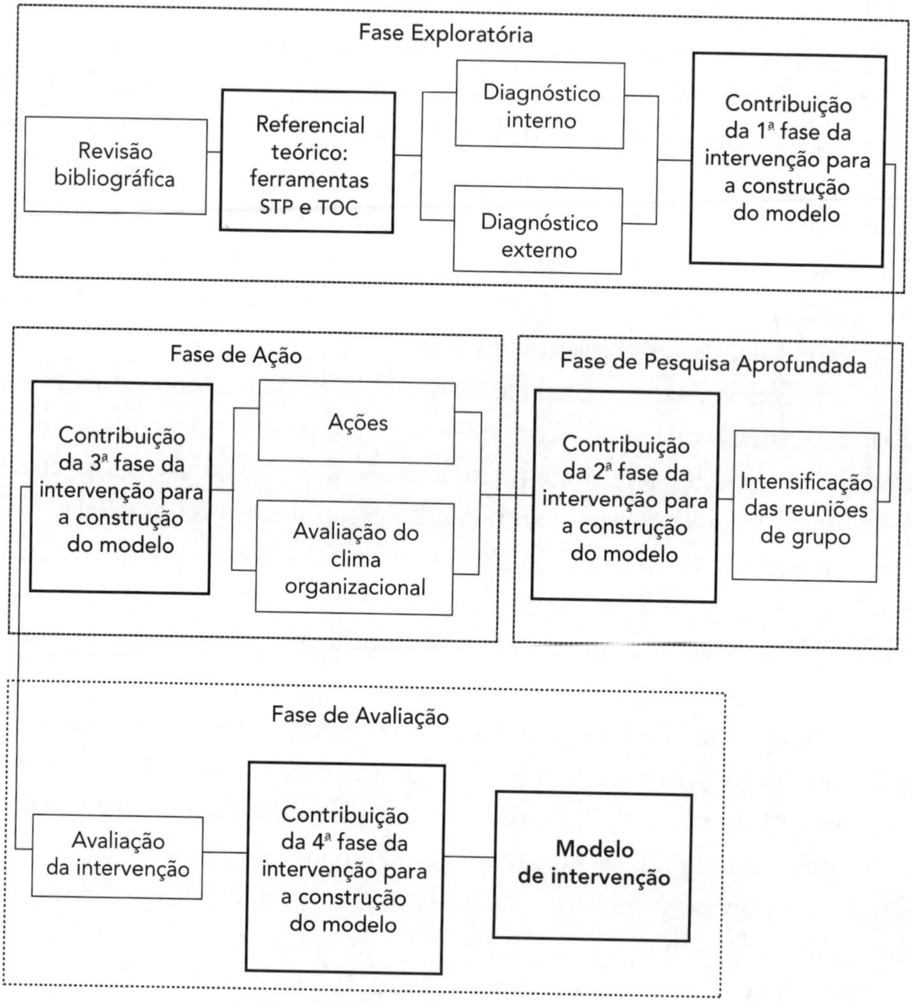

7.4.1 Primeira fase da intervenção: a compreensão do referencial conceitual

Esta primeira fase da intervenção é marcada pelo início das atividades de pesquisa-ação, como o esclarecimento dos objetivos do estudo, o levantamento dos principais problemas e a confirmação do interesse da empresa em participar do estudo. Os objetivos desta primeira fase de intervenção foram:

A pesquisa-ação como estratégia de pesquisa participativa

a) obter o comprometimento da empresa (diretoria e funcionários) necessário para a realização do estudo;

b) iniciar a capacitação teórica dos participantes nos princípios básicos de sustentação do Sistema Toyota de Produção e da Teoria das Restrições;

c) iniciar a compreensão a respeito do processo produtivo e da empresa como um todo, a partir dos diagnósticos interno e externo;

d) realizar o levantamento dos principais problemas existentes no ambiente produtivo.

Para obtenção dos objetivos propostos, foram realizadas as seguintes atividades: reunião geral para comprometimento dos participantes, capacitação teórica da direção, elaboração das Fichas de Acompanhamento Produtivo junto aos trabalhadores, realização do diagnóstico interno e do diagnóstico externo junto aos clientes da empresa (pesquisa de satisfação dos clientes).

7.4.2 Segunda fase da intervenção: a identificação de alternativas de mudança

A segunda fase da intervenção é marcada pela intensificação das atividades e reuniões de pequenos grupos. Os principais objetivos desta fase foram:

a) intensificar o contato da pesquisadora com os participantes;

b) repassar as informações coletadas pela pesquisadora aos participantes, através das reuniões de pequenos grupos;

c) dar sequência à capacitação dos participantes, segundo o referencial definido;

d) discutir ideias para melhorias nas reuniões de pequenos grupos;

e) intensificar a coleta de dados.

As atividades realizadas nesta fase que permitiram o alcance dos objetivos anteriores foram: avaliação dos resultados da pesquisa de satisfação dos clientes, reuniões de grupo para a coleta de informações sobre a empresa (primeiro ciclo de reuniões de pequenos grupos), reuniões de grupo para a apresentação da situação atual da empresa (segundo ciclo de reuniões de pequenos grupos), a definição dos indicadores para acompanhamento das ideias de melhoria e a análise de investimentos para a principal ação de mudança planejada: a mudança estrutural do *layout* produtivo.

7.4.3 Terceira fase da intervenção: a execução da mudança estrutural planejada

A terceira fase da intervenção é marcada pela execução do projeto de mudança do *layout*, identificado pelos participantes como principal problema a ser atacado e discussão dos resultados da Pesquisa de Satisfação dos Clientes nas reuniões de grupos. Os principais objetivos da terceira fase da intervenção foram:

a) repassar aos clientes os resultados da Pesquisa de Satisfação;
b) levantar as causas para os problemas relacionados na Pesquisa de Satisfação dos Clientes;
c) buscar ideias para solucionar os problemas relacionados na Pesquisa de Satisfação dos Clientes, através das reuniões de grupos (terceiro ciclo);
d) estabelecer um elo entre a mudança planejada na fase anterior com as ideias levantadas nestas reuniões;
e) avaliar o clima organizacional para verificar como os participantes estavam percebendo as mudanças colocadas em prática.

Nesta fase foram realizadas atividades de reuniões de grupo para a discussão de soluções dos problemas apontados pelos clientes (terceiro ciclo), o *feedback* aos clientes sobre os resultados da pesquisa de satisfação realizada com eles e a avaliação do clima organizacional da empresa.

7.4.4 Quarta fase da intervenção: avaliação do processo de intervenção

Na quarta fase da intervenção foi realizado o último ciclo de reuniões (quarto ciclo) no qual foram avaliadas as atividades de pesquisa-ação conduzidas pela pesquisadora. Também foi feita uma reunião geral, visando aprofundar a discussão sobre o referencial teórico. Os principais objetivos da quarta fase da intervenção foram:

A pesquisa-ação como estratégia de pesquisa participativa

a) capacitação teórica mais aprofundada para permitir que os trabalhos continuassem após a saída da pesquisadora;
b) avaliação dos trabalhos de pesquisa-ação;
c) avaliação dos indicadores de desempenho, segundo aspectos técnicos e humanos.

Nesta etapa, ocorreram as seguintes realizações: reunião geral visando a capacitação para trabalhos futuros, reuniões de pequenos grupos para avaliação dos resultados da pesquisa-ação e capacitação para trabalhos futuros (quarto ciclo), avaliação da intervenção segundo aspectos técnicos e humanos, além, é claro, do início do funcionamento do novo *layout* produtivo.

Um dos indicadores que melhor expressou a melhoria do desempenho global da empresa foi a produtividade econômica – relação entre ganho e despesas operacionais, conceitos definidos na Teoria das Restrições (Macke, 1996b). A produtividade econômica da empresa passou de 42% a 63% (o equivalente a 15% de aumento). Isso tornou viável o atendimento da principal exigência dos clientes levantada na pesquisa: a redução do preço de venda dos produtos. Dessa forma, com o funcionamento completo da nova planta, a empresa conseguiu reduzir o preço de seus produtos em 15% (para maiores detalhes sobre este e outros resultados alcançados, ver Macke, 1996b).

Atingidos os objetivos práticos de interesse da organização, ao final do processo de intervenção pôde-se fazer o resgate do conhecimento gerado, que permitiu atingir o objetivo acadêmico planejado: a construção de um modelo de intervenção que pudesse ser parcialmente generalizado. Assim, cada uma das fases da intervenção contribuiu gradativamente para a construção do modelo de intervenção, fazendo emergir elementos cujas inter-relações só seriam totalmente compreendidas no final do processo.

7.4.5 Modelo de intervenção construído

O modelo de intervenção construído é composto de duas partes:

a) a base conceitual, formada por eixos do Sistema Toyota de Produção, da Teoria das Restrições e da Pesquisa-ação;

b) a parte operacional, responsável por sinalizar como devem ser colocados em prática os elementos teóricos definidos.

O modelo de intervenção proposto é apresentado na Figura 7.2, segundo as fases da intervenção.

O objetivo principal do estudo foi construir um modelo de intervenção e descrever como foi o processo de construção deste modelo, isto é, documentar a experiência realizada. Portanto, não se constituiu objetivo do referido estudo propor uma generalização completa do modelo. Apesar disso, é possível propor uma generalização parcial, indicando a utilização do mesmo em experiências futuras sob determinadas condições, tais como:

a) o contexto da indústria em estudo no que diz respeito às condições socioeconômicas (mercado, relacionamento na cadeia produtiva), técnicas (qualificação do pessoal, tecnologia de produção e manufatura) e culturais (estilo de liderança, clima organizacional). Para uma discussão detalhada ver Macke (1999b);

b) a utilização da pesquisa-ação como estratégia de condução do processo de intervenção, que exige a participação efetiva de todas as pessoas implicadas e confere um caráter dinâmico ao processo de mudança, possibilitando a inserção de novos conceitos ao longo do processo;

c) o porte da empresa, que influencia a implementação de mudanças estruturais, como a que foi realizada no presente estudo. O fato de se tratar de uma pequena empresa facilitou a comunicação e a motivação dos participantes. Porém, o fato da empresa ser de pequeno porte pode trazer problemas: como os líderes não se comprometerem com as ações transformadoras, afetando o alcance dos resultados almejados;

d) o fato de a empresa não ter uma forte vivência em ambientes de melhorias. Isso pode ser um aspecto facilitador na medida em que desperta o interesse pelo "novo" mas, por outro lado, se surgirem conflitos com valores e crenças que governam o comportamento dominante, pode ser negativo;

e) a linguagem utilizada deve estar adaptada à realidade cultural dos participantes e assim favorecer a compreensão dos conceitos teóricos. Também, a utilização do conhecimento tácito dos participantes na busca de soluções dos problemas constitui uma das bases da pesquisa-ação;

A pesquisa-ação como estratégia de pesquisa participativa

Figura 7.2 Modelo de intervenção construído a partir das atividades de pesquisa-ação

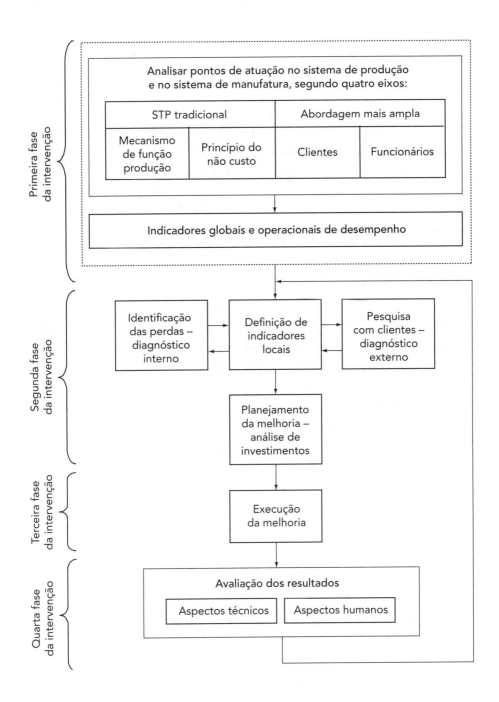

f) as fortes pressões da cadeia produtiva na qual a empresa está inserida, foram o pilar de sustentação do processo de mudança. De fato, a necessidade de atender às exigências de grandes clientes (principalmente, a redução do preço de venda) obrigou a empresa a investir fortemente em ações de mudança.

Segundo Thiollent (1997), a base para generalização na pesquisa-ação é estreita, situacional e limitada pelo contexto. Portanto, considerando as observações anteriores, o modelo de intervenção construído é indicado para processos de mudanças em indústrias com estas características, além de servir de ponto de partida para experiências em outros contextos industriais (Macke, 1999b).

■ 7.5 Considerações finais

No presente capítulo, procurou-se evidenciar as principais características de uma estratégia de pesquisa participativa: a pesquisa-ação. Para tanto, foram abordadas as questões relativas à origem, orientação epistemológica e aspectos que a diferenciam do estudo de caso e das intervenções profissionais. Além disso, foi apresentada uma breve análise de uma experiência de utilização da estratégia de pesquisa-ação.

Como objetivo, espera-se ter contribuído para clarificar conceitos e permitir aos interessados uma visão mais abrangente das possibilidades e cuidados na utilização dessa estratégia. Com base no que foi exposto, podemos destacar elementos importantes como:

a) a busca do comprometimento e envolvimento direto de todos os níveis organizacionais;
b) a promoção da capacitação tecnológica dos participantes;
c) a geração de soluções criativas, adaptadas a partir de teorias construídas e consolidadas na prática das organizações;
d) a promoção do crescimento do senso crítico e da capacidade de solucionar problemas;
e) a possibilidade do pesquisador de participar na implementação e não somente na produção de novas ideias;

A pesquisa-ação como estratégia de pesquisa participativa

f) o enfoque no processo como sendo mais importante do que os resultados práticos.

A complexidade vivenciada pelas pesquisas interativas, voltadas para a solução de problemas (como é o caso da pesquisa-ação), exige que a interdisciplinaridade seja um princípio básico para realização da pesquisa. A interação dos diversos campos de conhecimento e também das características diferenciadas dos grupos envolvidos fazem da pesquisa-ação uma estratégia de pesquisa participativa capaz de contribuir para o desenvolvimento da interdisciplinaridade. Além destes, outros fatores podem ser citados:

a) a pesquisa-ação não despreza o lado humano como o fazem as pesquisas convencionais com orientação positivista. O que por muitos é visto como um problema metodológico, o fato de não haver separação entre pesquisador e objeto de estudo, neste caso, é uma característica que permite ampliar conhecimentos e construir novas teorias;

b) o fato de a pesquisa-ação ser largamente utilizada em áreas como ciências sociais, ensino e outras, à medida que ela vem ganhando espaço no campo organizacional torna-se mais fácil o relacionamento e as trocas do meio empresarial com o meio acadêmico e outras áreas do conhecimento;

c) os ganhos de conhecimento obtidos a partir da observação, a interação entre os participantes e a avaliação das ações na pesquisa-ação permitem relatar dificuldades encontradas em situações de inovação e mudança. Estas informações contribuem grandemente para o *feedback* entre a concepção teórica e a aplicação prática da pesquisa;

d) a pesquisa-ação permite responder claramente como realizar a intervenção de mudança do estado da situação atual para a situação desejada. Isto representa um importante ganho, já que, normalmente, são relatadas nas pesquisas as situações anterior e posterior à mudança, mas raramente é explicitado como foi o processo de mudança.

As considerações anteriores permitem concluir que a pesquisa-ação pode ser uma ferramenta de grande utilidade no tratamento de problemas complexos e não estruturados, ao facilitar a compreensão da interação de aspectos técnicos com aspectos políticos, culturais, sociais e cognitivos. No entanto, exige mudanças comportamentais para que melhorias de caráter técnico se concretizem. Nesse sentido é necessária a aceitação por parte de todos os participantes da empresa de que é preciso rever práticas gerenciais e questionar as formas de solucionar os problemas.

Essa estratégia de condução da pesquisa participativa permite responder claramente como realizar a ação para a mudança de estado da situação atual para uma situação desejada. Além disso, por ser participativa, garante o comprometimento com a mudança e a geração de conhecimentos passíveis de aplicação prática e construção de teorias.

O critério de sucesso da pesquisa-ação não é o fato de os participantes seguirem os passos fielmente, mas se alcançaram um forte senso de desenvolvimento e evolução de suas práticas, e um entendimento autêntico sobre elas e sobre a realidade vivida. Trata-se de uma forma de crítica baseada no envolvimento e no comprometimento.

Referências

ARGYRIS, C. *Intervention theory and method:* A behavioral science view. Reading (MA): Addison-Wesley, 1970.

_____; PUTNAM, R. e SMITH, D. M. *Action science:* concepts, methods and skills for research and intervention. California: Jossey-Bass, 1985.

_____. e SCHÖN, D. A. Participatory action research and action science compared: A commentary. *American Behavioral Scientist*, v. 32, n. 5, p. 612-623, may/june 1989.

BARROS NETO, J. P. Proposta de um modelo de formulação de estratégias de produção para pequenas empresas de construção habitacional. Tese (Doutorado em Administração). Porto Alegre: Programa de Pós-Graduação em Administração, UFRG, 1999.

BENBASAT, I.; GOLDSTEIN, D. K. e MEAD, M. The case research strategy in studies of information systems. *MIS Quarterly*, p. 369-386, Sep., 1987.

BROSE, M. (Org.). *Metodologia Participativa*: uma introdução a 29 instrumentos. Porto Alegre: Tomo Editorial, 2001. 312 p.

BURRELL, G. e MORGAN, G. *Sociological paradigms and organizational analysis.* London: Heinemann, 1979.

DICKENS, L. e WATKINS, K. Action research: rethinking Lewin. *Management Learning*, v. 30, n. 2, p. 127-140, 1999.

A pesquisa-ação como estratégia de pesquisa participativa

EDEN, C. e HUXHAM, C. Action research for management research. *British Journal of Management*, v. 7, p. 75-86,1996a.

_____. Action research for the study of organization. In: CLEGG, S. R.; HARDY, C. e NORD, W. R. *Handbook of Organization Studies*. London: Sage, 1996b. p. 526-542.

FLYNN, B. B.; SAKAKIBARA, S.; SCHOROEDER, R. G.; BATES, K. A. e FLYNN, E. J. Empirical research methods in operations management. *Journal of Operations Management*, v. 9 n. 2, p. 250-284, April 1990.

HAGUETTE, T. M. F. *Metodologias qualitativas na Sociologia*. 5ª ed. Petrópolis: Vozes, 1997.

KEMMIS, S. e McTAGGART, R. Participatory action research. In: DENZIN, N. K. e LINCOLN, Y. S. (Org.). *Handbook of qualitative research*. 2nd ed. London: Sage, 2000. p. 567-605.

LAKATOS, E. M. e MARCONI, M. M. *Fundamentos de metodologia científica*. 3ª ed. São Paulo: Atlas, 1991.

MACKE, J. A Pesquisa-ação como método de intervenção nas organizações: uma aplicação prática. In: Enanpad, 2002, Salvador. *Anais...* XXXVI Enanpad, 2002. [CD ROM].

_____. "Desenvolvimento de um modelo de intervenção baseado no Sistema Toyota de Produção e na Teoria das Restrições: a utilização da pesquisa-ação em uma indústria de cerâmica vermelha de pequeno porte da região metropolitana de Porto Alegre. Dissertação (Mestrado em Engenharia de Produção), Porto Alegre: Programa de Pós-Graduação em Engenharia de Produção/UFRG, 1999b.

MARSHALL, C. e ROSSMAN, B. G. *Designing qualitative research*. Newbury Park: Sage Publications, 1989.

SHEIN, E. H. *Kurt Lewin's change theory in the field and in the classroom:* Notes Toward a Model of Management Learning. Disponível em WWW. URL: http://learning.mit.edu/res/wp/10006.html. Acesso em 29 de jun. 1999.

SUSMAN, G. I.; EVERED, R. D. An assessment of the scientific merits of action research. *Administrative Science Quarterly*, v. 23, p. 582-603, Dec. 1978.

SUTTON, R. I. The virtues of closet qualitative research. *Organization Science*, v. 8, n. 1, jan./feb. 1997.

SWAMIDASS, P. M. Empirical science: new frontier in operations management research. *Academy of Management Review*, v. 16, n. 4, p. 793-814, 1991.

TELES, R. S. *Design ergonômico participativo*. Anais do II Seminário de Metodologia de Projetos de Extensão. Rio de Janeiro, Coppe, p. 83-97, 1998.

THIOLLENT, M. *Metodologia da pesquisa-ação*. 6ª ed. São Paulo: Cortez, 1994.

_____. *Pesquisa-ação nas organizações*. São Paulo: Atlas, 1997.

THIOLLENT, M. e SOARES, V. M. S. The subject of interdisciplinarity in the Production Engineering. International Conference on Education Engineering. Rio de Janeiro, CD-ROM, ago. 1998.

WESTBROOK, R. Orderbook models for priority management: A taxonomy of data structures. *Journal of Operations Management*, v. 11, nº. 2, p. 123-142, june 1993.

_____. Action research: a new paradigm for research in production and operations management. *International Journal of Operations and Production Management*, v. 15, n. 12, p. 6-20, 1995.

YIN, R. K. *Case study research:* Design and methods. 2ª ed. London: Sage Publications, 1994.

Capítulo 8

Grounded theory

Rodrigo Bandeira-de-Mello
Cristiano José Castro de Almeida Cunha

Introdução

Neste capítulo, abordaremos a *grounded theory*. Traduzida por "teoria fundamentada nos dados", ela é tratada como um método de pesquisa, mas também pode ser definida como uma metodologia em si mesma (Strauss e Corbin, 1998), um estilo ou abordagem (Locke, 2001) ou ainda como uma estratégia de pesquisa (Wells, 1995).

Com origens na sociologia, a *grounded theory* apresenta-se como uma alternativa atraente para pesquisas qualitativas sobre fenômenos organizacionais. Contudo, verifica-se que sua aplicação muitas vezes revela incompreensão de seus pressupostos e inconsistências metodológicas (Locke, 2001; Bryant, 2002).

Não temos o intuito de apresentar como a *grounded theory* pode ser desenvolvida passo a passo. Para isso, sugerimos a leitura do Capítulo 15, no qual se apresenta uma operacionalização do método utilizando o *software* Atlas/ti. Nossos objetivos neste capítulo são apresentar nossa visão sobre os fundamentos da *grounded theory*, discutir a lógica da teoria que "emerge dos dados" e proporcionar ao leitor uma avaliação crítica das possibilidades e dos riscos de sua aplicação nos estudos organizacionais.

8.1 Barney Glaser e Anselm Straus: as origens da *grounded theory*

A *grounded theory* foi desenvolvida na década de 1960 por dois sociólogos, Barney Glaser e Anselm Strauss, como alternativa à tradição hipotético-dedutiva da sociologia da época. Ambos defendiam que as teorias existentes eram muito abstratas, ou pouco desenvolvidas para serem testadas, e propuseram um método de pesquisa que facilitasse as descobertas dos elementos da teoria sociológica – condições estruturais, consequências, desvios, normas, processos, padrões e sistemas – necessários para explicar a interação social (Wells, 1995).

A *grounded theory* tinha como objetivo gerar explicações, com a mínima intervenção do pesquisador, sobre a ação dos indivíduos em um contexto delimitado, a partir da realidade deles: por que e como determinado grupo age, ou interage com outros grupos, em situações contextuais específicas e delimitadas. A ênfase era na ação coletiva e nas interações entre indivíduos e a sociedade, e não na explicação da ação individual (Wells, 1995) ou da formação da sociedade como um todo (Goulding, 2002). O pesquisador não deveria "forçar" pressuposições, ou conceitos teóricos existentes, na interpretação dos dados, mas deixar que o fenômeno se revelasse e que a teoria se desenvolvesse coerentemente com a visão dos sujeitos: a teoria deveria emergir dos dados.

A fundamentação (*grounded*) da teoria nos dados conferia ao método as seguintes características (Goulding, 2002): a) a necessidade de estar no campo para compreender a realidade dos indivíduos; b) a importância de fundamentar a teoria nessa realidade (e não em pressupostos teóricos); c) a natureza das experiências dos pesquisadores e sujeitos evolui continuamente; d) os sujeitos têm papel ativo em moldar a realidade que experimentam por meio da interação simbólica; e) a ênfase na mudança, no processo, na variabilidade e complexidade das experiências dos indivíduos; f) o relacionamento entre significado, na percepção dos indivíduos, e sua ação.

Glaser tem origens acadêmicas na Universidade de Columbia, de tradição quantitativa. O autor (1992) salienta que a metodologia analítica da *grounded theory* deve-se em grande parte aos procedimentos de análise indutiva quantitativa desenvolvidos nessa universidade: a necessidade de fazer comparações entre os dados para o desenvolvimento de conceitos. Strauss, por outro lado, tinha origens na Universidade de Chicago, de forte reputação qualitativa e de abordagens críticas no desenvolvimento de teorias. Ambos desenvolveram o método em conjunto durante um estudo de quatro anos sobre o relacionamento entre médicos e pacientes terminais (Strauss e Corbin, 1965). Logo após, publicaram os detalhes do método que denominaram *grounded theory*: um processo contínuo e sistemático de coleta e análise para geração e verificação dos resultados (Strauss e Corbin, 1967).

Desde aquela época, os objetivos e processos fundamentais que caracterizam o método não se alteraram; e muito do que se escreveu sobre como avaliar uma boa *grounded theory* não aprimorou o livro de 1967 (Wells, 1995; Bryant, 2002). Seus dois criadores divergiram sobre alguns pontos e o método dividiu-se em duas vertentes. Uma, desenvolvida por Glaser, e outra por Strauss com colaboração de Juliet Corbin. A Figura 8.1 mostra o desenvolvimento histórico das principais obras.

Figura 8.1 Principais obras no desenvolvimento da *grounded theory*

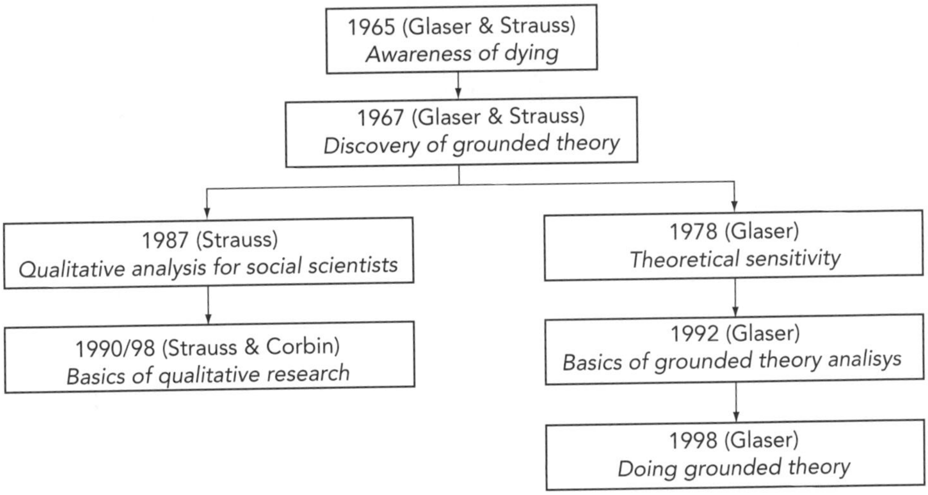

1965 (Glaser & Strauss)
Awareness of dying

1967 (Glaser & Strauss)
Discovery of grounded theory

1987 (Strauss)
Qualitative analysis for social scientists

1978 (Glaser)
Theoretical sensitivity

1990/98 (Strauss & Corbin)
Basics of qualitative research

1992 (Glaser)
Basics of grounded theory analisys

1998 (Glaser)
Doing grounded theory

Glaser (1992) faz críticas contudentes sobre a versão de Strauss e Corbin: ela não pode ser chamada de *grounded theory*, pois fere o princípio da "emersão" da teoria ao forçar pressupostos do pesquisador na análise dos dados. Respeitada a visão de Glaser (1992), a versão de Strauss e Corbin apresenta duas peculiaridades em relação à vertente glaseriana:

a) é mais prescritiva, ao sugerir uma série de procedimentos, técnicas e uma formatação mais estruturada para a teoria gerada;
b) é mais específica na delimitação da pesquisa.

Sobre esta última, Glaser (1992) defende que o pesquisador deve delimitar o contexto e entrar no campo sem uma questão de pesquisa definida: ele deve permitir que o fenômeno a ser estudado seja inteiramente fiel à realidade dos sujeitos envolvidos. Como exemplifica Douglas (2003), enquanto na versão glaseriana a investigação em uma organização deveria iniciar-se com uma abordagem geral da gestão da firma – para depois especificarem-se questões –, na versão de Strauss e Corbin, a coleta de dados poderia iniciar-se focalizando-se em uma questão específica, como a política de recursos humanos.

Como o próprio Strauss ressalta, as modificações de sua versão com Juliet Corbin foram uma decorrência natural de sua experiência como pesquisador e não tiveram a intenção deliberada de alterar o método (Strauss e Corbin, 1998). Anselm Strauss faleceu em 1996, antes de finalizar a segunda versão de seu livro com Corbin. Barney Glaser coordena o The Grounded Theory Institute (www.groundedtheory.com).

■ 8.2 A influência do interacionismo simbólico

A sistematização da *grounded theory* proposta em 1967 também teve o intuito de conferir cientificidade aos métodos qualitativos, na época tratados como subjetivos e não científicos (Goulding, 2002).

Porém, essa necessidade de reconhecimento perante a comunidade científica da época gerou, e vem gerando, confusões a respeito dos pressupostos filosóficos do método: Glaser e Strauss (1967) – e suas obras subsequentes – apresentaram um método com conotações positivistas, principalmente por utilizar termos como observações repetidas, realidade objetivada, neutra-

Grounded theory

lidade do pesquisador e verificação de proposições (Locke, 1995; Charmaz, 2000; Bryant, 2002).

Como proceder verificações, atenuar o viés subjetivo do pesquisador e gerar teoria capaz de prever e controlar sem associar-se aos cânones do positivismo? Essa questão não foi devidamente discutida após o desenvolvimento da *grounded theory* nas três décadas subsequentes, sendo deixado em segundo plano o lado "hermenêutico", ou interpretativo, da *grounded theory* (Bryant, 2002).

Como uma forma de resolver essa questão, podemos utilizar o *continuum* de Morgan e Smircich (1980) para compreender os pressupostos filosóficos da *grounded theory* que apresentamos neste capítulo. Para os autores, as diferentes propostas metodológicas existentes nas ciências sociais situam-se entre dois extremos: o objetivismo e o subjetivismo, como ilustra a Figura 8.2.

Figura 8.2 Pressupostos do objetivismo e subjetivismo em ciências sociais

	Subjetivismo		Objetivismo
Afirmações ontológicas centrais	Realidade como projeção da imaginação humana	Realidade como discurso simbólico	Realidade como uma estrutura concreta
Afirmações sobre a natureza do homem	Homem como espírito puro "consciência", "ser"	Homem como ator social	Homem como um agente reativo ao meio
Base epistemológica	Esploração da subjetividade pura	Análise simbólica	Positivismo
Métodos de pesquisa	Fenomenologia	Interacionismo simbólico	Experimentos e *surveys*

Fonte: Adaptado de Morgan e Smircich (1980).

A *grounded theory* situa-se no meio-termo entre os dois polos da Figura 8.2. Possui traços do objetivismo e tem semelhanças com o subjetivismo.

Difere do extremo subjetivista da fenomenologia em três aspectos (Goulding, 1998). Primeiro, na pesquisa fenomenológica, as experiências subjetivas do indivíduo são mais importantes do que a interpretação do pesquisador. Na *grounded theory*, o pesquisador deve interpretar os dados, interagir com a realidade dos sujeitos e fornecer uma explicação sobre o comportamento coletivo. O segundo aspecto refere-se às fontes de dados: enquanto no método fenomenológico a única fonte de dados permitida são os sujeitos, a *grounded theory* permite a utilização de diversas fontes – entrevistas, observação do comportamento e documentos. O terceiro aspecto concerne ao papel da literatura: enquanto os estudos fenomenológicos são contextualizados pela teoria existente, a *grounded theory* assume uma postura crítica.

Devido à contribuição de Strauss, a *grounded theory* foi influenciada pelos pressupostos do interacionismo simbólico, especialmente os trabalhos de Dewey, Mead e Blumer (Wells, 1995; Bryant, 2002, Goulding, 2002). Como ressalta Goulding (2002), o interacionismo simbólico admite que os indivíduos ajam e reajam em função do significado atribuído às definições sociais coletivas, formadas por meio do processo de socialização: a interação social ocorre por meio de símbolos passíveis de serem interpretados, principalmente a linguagem. A sociedade é concebida como um processo, o indivíduo e a sociedade são estreitamente inter-relacionados e o comportamento humano possui um aspecto subjetivo como uma parte necessária do processo de formação e dinâmica do grupo social (Haguette, 2003).

Essa posição de meio termo no *continuum* de Morgan e Smircich (1980) permite entendermos a *grounded theory* como uma metodologia interpretativista de pesquisa, que busca compreender a realidade a partir dos significados atribuídos pelos indivíduos às suas experiências (Goulding, 2002). A natureza da realidade encontra semelhanças na dualidade proposta por Berger e Lukmann (1973) e as observações são enviesadas tanto pelos valores dos sujeitos como pela teoria em desenvolvimento (Goulding, 1998).

A *grounded theory* que apresentamos neste capítulo encontra semelhanças com o que Charmaz (2000) denominou *grounded theory* contrutivista: assume múltiplas realidades, reconhece a mútua criação de conhecimento – pelos sujeitos e pesquisadores – e focaliza-se na interpretação dos significados atribuídos pelos sujeitos às suas experiências. Ela enfatiza a compreensão em

Grounded theory

lugar da previsão, a realidade – tal como percebida pelos sujeitos – em lugar da verdade absoluta.

8.3 A teoria que emerge dos dados

Em que consiste o resultado final de uma *grounded theory*? O que significa, e como obter, uma teoria que "emerge dos dados"? O desenvolvimento do método, desde sua criação em 1967, mostra que não há consenso sobre as respostas a essas perguntas (Bryant, 2002).

Se considerarmos que a força da *grounded theory* está na possibilidade de compreender as experiências dos indivíduos por meio de um método flexível e aberto às descobertas, não teria sentido propormos um conjunto fechado de técnicas, fórmulas ou roteiros. Nesta seção, apresentamos a lógica subjacente ao processo pelo qual uma teoria emerge dos dados – nosso ponto de vista, desenvolvido a partir da prática da pesquisa.

Strauss e Corbin (1998) definem o termo *grounded theory* por teoria derivada de dados sistematicamente coletados e analisados. Mas no que consistem os "dados" e o que se entende por "teoria"?

Os dados revelam o comportamento dos indivíduos em face de situações específicas. A coleta por meio de múltiplas fontes – entrevistas não estruturadas, observações do comportamento, imagens e documentos – é aconselhada, mas a análise textual das transcrições das entrevistas é mais frequente.

Os dados coletados não devem ser entendidos como representantes de uma realidade objetiva, externa aos sujeitos. São reconstruções da experiência. E cabe ao pesquisador, em conjunto com os sujeitos, recontar e explicar essas experiências por meio de uma teoria: um conjunto integrado de proposições que explicam a variação da ocorrência de um fenômeno social subjacente ao comportamento de um grupo ou à interação entre grupos. Ou, como definida por Wells (1995), explicações sociológicas da variabilidade das interações sociais.

Ela possui um escopo restrito: não é uma teoria formal, no sentido positivista de teoria, mas uma teoria substantiva. Uma das diferenças entre a teoria formal e a teoria substantiva é que, enquanto a primeira é mais geral e aplica-se a um espectro maior de disciplinas e problemas, a segunda é específica para determinado grupo ou situação e não visa generalizar além da sua área substantiva. Outra diferença: uma teoria substantiva explica uma "realidade", tornada real pelos sujeitos, e não uma verdade absoluta desprovida de valor.

A teoria substantiva aplica-se a uma área substantiva – geralmente uma delimitação de um grupo social. Por exemplo, fisioterapeutas agindo como gestores de clínicas de fisioterapia, gestores de pequenas empresas de construção em face de um ambiente turbulento e gestores conduzindo mudanças estratégicas. A definição da área substantiva auxilia na seleção dos indivíduos participantes do estudo. Eles devem possuir semelhanças e diferenças: as semelhanças referem-se à pertinência deles à área substantiva; já as diferenças servem para maximizar a variabilidade dos dados, aumentar a variação da ocorrência do fenômeno explicado pela teoria e, como consequência, seu poder explicativo.

O poder explicativo da teoria substantiva é o seu grau de generalização. Ao contrário da generalização estatística, a *grounded theory* preocupa-se em gerar uma teoria substantiva com alto poder explicativo: ser capaz de explicar como e por que ocorrem diferentes formas de comportamento e como essas formas se modificam ao longo do tempo.

A teoria substantiva deve emergir dos dados e não de teorias existentes – como na lógica do método hipotético-dedutivo. Sobre essa postura crítica da *grounded theory*, comenta Merriam:

> [...] se não existe teoria, ou a teoria existente não explica adequadamente o fenômeno, hipóteses não podem ser definidas para estruturar uma investigação [no sentido positivista de pesquisa]. [Então...] o pesquisador, no estudo de caso, coleta quantas informações forem necessárias sobre o problema com a intenção de analisar, interpretar ou teorizar sobre o fenômeno. (1998, p. 38.)

Mas, como a "teoria emerge dos dados"? Para Bryant (2002), esse é o mantra da *grounded theory*, frequentemente entoado, mas pouco questionado. De fato, além da postura crítica com relação à literatura existente, outra característica marcante da *grounded theory* é a flexibilidade e a abertura metodológica. Contudo, isso pode esconder e mascarar inconsistências metodológicas (Bryant, 2002; Locke, 2001).

A sistematização metodológica da *grounded theory* foi alvo de discordância entre seus dois criadores. Glaser defende um processo menos estruturado, *laisser faire*, enquanto Strauss e Corbin propõem um conjunto de técnicas e estruturam o processo de análise. Independentemente dessas divergências, discutiremos três características do processo de pesquisa:

a) balanceamento entre sensibilidade (criatividade) e objetividade;
b) circularidade entre as fases de coleta e análise dos dados;
c) interação entre o pesquisador e a realidade dos sujeitos.

8.3.1 Criatividade e objetividade

Como o processo de pesquisa pode requerer criatividade do pesquisador e ao mesmo tempo atenuar sua subjetividade na interpretação dos dados? Esse aparente paradoxo torna a *grounded theory* desafiante, pois como o pesquisador pode interpretar os dados, atribuir-lhes significado, sem "distorcer" a realidade dos sujeitos?

A subjetividade do pesquisador, cuja eliminação é impossível, é fundamental para a *grounded theory* quando expressada por meio da sensibilidade teórica (Glaser, 1978): a habilidade de dar significado aos dados, de entender e separar o que é pertinente do que não é para a pesquisa.

O pesquisador deve ser capaz de identificar nos dados o fenômeno relevante para os sujeitos e não aquele que julga ser relevante em função de suas pressuposições. O pesquisador deve ser fiel à realidade dos sujeitos, ver o mundo através dos olhos deles, compreender como eles resolvem seus principais problemas.

Isso não implica em neutralidade do pesquisador. A realidade dos sujeitos, para a *grounded theory*, só existe à medida que ambos, pesquisador e sujeito, a enxergam (Charmaz, 2000). A sensibilidade teórica é uma característica pessoal. São suas decisões tomadas ao longo do processo de pesquisa.

Aprimorar a sensibilidade teórica requer uma boa dose de prática: geralmente, pesquisadores iniciantes enxergam fenômenos nos dados, enviesados por sua experiência anterior ou pelo referencial teórico de seus interesses de pesquisa. Isso não é *grounded theory*, mas uma descrição da realidade forçada por essas pressuposições.

Strauss e Corbin (1998) apresentam uma série de técnicas para sensibilizar o pesquisador: manter uma postura crítica e cética em relação às suas interpretações – fazer questionamentos e manter provisórias as alternativas até que sejam devidamente validadas; utilizar múltiplas fontes de dados para descobrir diferenças entre os pontos de vista e o porquê delas; e pensar comparativamente.

O pensamento comparativo é o procedimento central de análise da *grounded theory*, cunhado pelo método das comparações constantes (Glaser e Strauss, 1967; Glaser, 1992; Strauss e Corbin, 1998). A comparação sistemática entre similaridades e diferenças encontradas nos dados permite gerar categorias conceituais consistentes e fundamentadas empiricamente.

Há dois tipos de comparação: *teóricas* e *incidente–incidente* (Strauss e Corbin, 1998). As comparações teóricas são feitas nas fases iniciais do processo de pesquisa ou quando algo novo surge nos dados. Têm essa denominação, porque contribuem na identificação de categorias conceituais, suas propriedades e dimensões.

A introspecção do pesquisador (Goluding, 2002) exerce um papel importante na eficácia dessa técnica: o pesquisador pode recorrer às suas experiências passadas para formular significados provisórios até que sejam validados junto aos sujeitos. Ele usa o que sabe para interpretar aquilo que não sabe – o significado percebido pelos sujeitos. Figuras de linguagem, como as metáforas, são úteis para revelar propriedades e dimensões comparativamente.

As comparações incidente-incidente são feitas somente quando já existem possíveis categorias definidas em suas propriedades e dimensões: caso uma nova observação, ou incidente, tenha as mesmas propriedades de alguma categoria já identificada, ambas são associadas e a fundamentação empírica da categoria aumenta.

8.3.2 Circularidade entre as fases de coleta e de análise

A segunda característica do método da *grounded theory* é a circularidade entre as fases de coleta e de análise dos dados. Essas duas fases são feitas alternadamente. Novas coletas são direcionadas pelos resultados das análises prévias: é o processo de amostragem teórica (Strauss e Corbin, 1998).

Entende-se por amostragem teórica a escolha intencional de observações, situações, eventos ou sujeitos a serem entrevistados com o objetivo de desenvolver as categorias conceituais da teoria substantiva. Esse processo é ilustrado pela Figura 8.3.

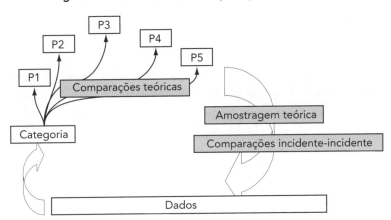

Figura 8.3 Método das comparações constantes

Após a identificação de uma possível categoria conceitual, o pesquisador a define a partir de um "leque" de propriedades próvisórias (P1...P5), geradas por meio das comparações teóricas e pelo trabalho de introspecção do pesquisador. Essas propriedades devem ser validadas nos dados; logo, observações que contenham a manifestação dessa categoria são selecionadas pela amostragem teórica. A validação ocorre pelas comparações incidente-incidente: similaridades aumentam a fundamentação empírica da categoria, enquanto diferenças indicam novas candidatas a propriedades, reiniciando o processo.

É um processo de "idas e vindas", do nível conceitual, abstrato, ao nível dos dados. Essa peculiaridade confere uma lógica de inferência abdutiva ao método da *grounded theory*: a coleta dos dados, a análise, a formulação e a validação da teoria são reciprocamente relacionadas, em um processo indutivo de interpretação e em um processo de dedução e validação de proposições (Haig, 1996; Wirth, 1998).

Como ilustrado pela Figura 8.4, a inferência abdutiva inicia-se com a indução de princípios gerais a partir do material empírico coletado. Desses princípios gerais, deduzem-se categorias e seus relacionamentos a serem checados em novo material empírico. Essa lógica é o reverso do método hipótetico-dedutivo. A lógica abdutiva permite a descoberta (criatividade, sensibilidade teórica) e a validação das causas a partir dos efeitos (observações). Dessa forma, consegue-se gerar e validar a teoria substantiva.

Figura 8.4 Inferência abdutiva

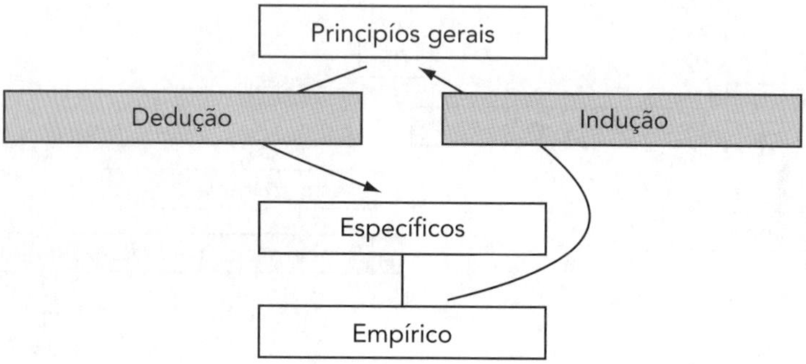

A indissociabilidade entre as fases de coleta e de análise dos dados também se manifesta nas atividades de codificação. A codificação é a parte central da análise dos dados. Codificar não significa meramente associar trechos do texto a códigos ou categorias. Como ressalta Douglas (2003, p. 47), "a codificação é o resultado de fazer questionamentos e dar respostas provisórias sobre categorias e suas relações".

Essas respostas provisórias são checadas e aperfeiçoadas ao longo das três fases do processo de codificação (Strauss e Corbin, 1998): codificação aberta, axial e seletiva. A codificação aberta envolve a quebra, a análise, a comparação, a conceituação e a categorização dos dados. Nas fases iniciais da codificação aberta, o pesquisador explora os dados sem uma orientação clara, mas examina minuciosamente aquilo que, pela leitura intensiva dos textos, lhe parece relevante. Esse exame minucioso é a técnica da microanálise dos dados. O objetivo da codificação aberta é gerar e validar propriedades e categorias por meio das comparações constantes.

A codificação axial examina as relações entre categorias que formam as proposições da teoria substantiva. Para isso, Strauss e Corbin (1998) sugerem uma estruturação no que denominam de paradigma de codificação: as categorias podem ser condições causais, condições intervenientes, estratégias de ação/interação ou consequências. Assim como as categorias, as relações entre elas devem ser devidamente validadas junto aos sujeitos da pesquisa.

Finalmente, a codificação seletiva integra a teoria desenvolvida, examina possíveis incoerências, categorias com fraca fundamentação empírica ou relações não estáveis. O objetivo da integração é identificar a(s) categoria(s) central(is) da teoria, com a(s) qual(is) todas as outras estão relacionadas. Uma categoria central deve expressar a essência do processo social que explica o comportamento dos envolvidos, suas preocupações principais e a forma como resolvem seus problemas.

A Figura 8.5 mostra as três fases da codificação – aberta, axial e seletiva – e os dois níveis – o nível dos conceitos e o nível dos dados. A circularidade entre coleta e análise está representada pelo movimento de "idas e vindas" entre os dois níveis.

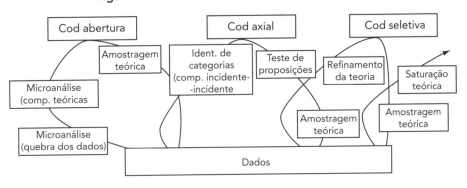

Figura 8.5 Circularidade entre coleta e análise

O movimento circular evolui, ao longo das três fases de codificação, até a saturação teórica (Strauss e Corbin, 1998). Esse estágio final ocorre quando ganhos marginais no poder explicativo da teoria para mais evidências coletadas é aproximadamente nulo. Na prática, limitações de prazo e de recursos comumente associados ao desenvolvimento de projetos de pesquisa conferem à saturação teórica uma dimensão utópica: o que satura, realmente, é o pesquisador, frente às pressões que sofre. Sobre esse e outros riscos discutiremos na última seção deste capítulo.

■ 8.3.3   Interação entre o pesquisador e a realidade dos sujeitos

A terceira característica do processo de pesquisa em *grounded theory* refere-se à atitude do pesquisador e seu papel na produção de uma teoria substantiva de qualidade. A *grounded theory* pode ser entendida como um método interpretativista e, como tal, o papel do pesquisador é central: ele não é inerte, mas interage com a realidade dos sujeitos (Charmaz, 2000).

A teoria simplesmente não emerge dos dados, mas da interação do pesquisador com esses dados. A circularidade inerente ao método faz com que as interpretações sejam orientadas pelos dados, e esses pelas interpretações.

A *grounded theory* é um processo de propor e checar. Proposições originais, imaginativas, criativas e não triviais que explicam o comportamento coletivo de um grupo em um contexto; mas devidamente checadas e validadas empiricamente junto aos indivíduos desse grupo. O resultado final, a teoria, é um consenso de interpretações, uma construção com as vozes dos envolvidos e do pesquisador (Rennie, 1998).

A *grounded theory* também é, em última instância, um processo de descoberta. Uma sistematização da pesquisa qualitativa para descobrir condições estruturais, consequências, normas, processos, padrões e sistemas necessários para explicar a interação social, e como essa interação modifica-se com o tempo (Glaser e Strauss, 1967).

Para descobrir e propor explicações não triviais, o pesquisador deve ser capaz de evitar pressupostos e ser levado por eles durante o processo interpretativo. O pesquisador deve ser flexível e manter a mente aberta a novos *insights*. Se, durante a checagem, suas interpretações não forem confirmadas, as variações encontradas devem ser incorporadas à teoria em desenvolvimento.

Strauss e Corbin (1998) listam seis características que um pesquisador deveria apresentar em um projeto de *grounded theory*:

Grounded theory

a) habilidade de distanciar-se dos dados e analisar criticamente a situação;
b) habilidade de reconhecer tendências de enviesamento de suas interpretações (bias);
c) habilidade de pensar abstratamente;
d) habilidade de ser flexível e aberto às críticas construtivas;
e) sensibilidade às palavras e ações dos respondentes;
f) uma lógica de absorção e de dedição ao processo de pesquisa.

Essas seis características traduzem a importância de o pesquisador ser fiel à realidade dos sujeitos, realidade recontada por eles e reconstruída pela interação com o pesquisador.

■ 8.4   Avaliação da qualidade da teoria substantiva

Originalmente, Strauss e Corbin (1998) propõem as seguintes características de uma teoria substantiva:

a) coerência (*fit*) com a realidade dos indivíduos;
b) compreensão pelos envolvidos;
c) o grau de generalização para explicar variações da ocorrência do fenômeno;
d) controle na previsão das ações coletivas.

Em uma *grounded theory*, o pesquisador deve buscar coerência com a realidade dos entrevistados. Mas existem múltiplas realidades. Isso significa que toda *grounded theory* é única: para uma mesma área substantiva, diferentes fenômenos podem ser identificados para explicar a interação social dos indivíduos. Por isso, a teoria substantiva gerada será sempre "uma" teoria, dentre várias possíveis, gerada por "um" determinado pesquisador. "O pesquisador compõe a estória. [Ela] reflete o observador bem como os observados" (Charmaz, 2000, p. 522).

Contudo, o método de pesquisa deve ser adequado aos pressupostos das comparações constantes e a teoria gerada deve possuir critérios, como os propostos por Sherman e Webb (1988) e Kerlin (1997), cada um com contribuições específicas para a qualidade, conforme ilustra o Quadro 8.1.

Quadro 8.1 Critérios para avaliação da teoria substantiva

Critérios	Descrição	Contribuição
Grau de coerência (*fit*)	As categorias da teoria devem ser inferidas dos dados e não de pressuposições do pesquisador.	Garante uma das características principais da *grounded theory*: a compreensão da realidade dos indivíduos.
Funcionalidade	A teoria deve explicar as variações encontradas nos dados e fornecer compreensão acerca da ocorrência das interações sociais.	Uma teoria substantiva funcional deve ser entendida como uma teoria útil para os envolvidos.
Relevância	A teoria deve emergir e ser fruto da sensibilidade teórica do pesquisador, que deve ser capaz de identificar a categoria central mais relevante para explicar o fenômeno.	A relevância é verificada pelo reconhecimento imediato do significado da categoria central pelos envolvidos.
Flexibilidade	A teoria deve ser passível de modificação, permitindo que novos casos a enriqueçam com a introdução de novas propriedades e categorias.	Uma teoria substantiva deve estar aberta para o aprimoramento de seu poder explicativo.
Densidade	A teoria deve possuir poucas categorias-chave e um grande número de propriedades e categorias relacionadas.	A densidade confere confiabilidade aos constructos da teoria.
Integração	Todos os constructos devem estar relacionados em torno de uma categoria central e expressos em termos de proposições derivadas de um esquema teórico.	A integração evita a existência de falhas na lógica explicativa da teoria.

Fonte: Adaptado de Scherman e Webb (1988) por Kerlin (1997).

Como garantir que esses critérios sejam atingidos por meio de uma boa prática de pesquisa? Além da importância das características pessoais do pesquisador, podemos utilizar as seguintes técnicas, sugeridas por Guba e Lincoln (1982), Merriam (1998) e Strauss e Corbin (1998):

Grounded theory

a) triangulação – uso de múltiplas fontes de dados na busca por divergências que possam revelar novos facetas sobre o fenômeno;

b) ataque à teoria – verificação sistemática das proposições geradas, na busca de casos afirmativos e negativos;

c) checagem com os sujeitos – a cada rodada de coleta e análise, os dados devem ser checados com os informantes;

d) longo tempo no campo – durante o período de investigação pode-se observar o comportamento dos informantes no seu contexto e identificar padrões de ação/interação;

e) amostragem em diferentes contextos – diferentes contextos incluem maior variação nas condições estruturais e nos padrões de interação social;

f) auditorias – os processos de pesquisa e de análise devem ser registrados para permitir que auditores possam resgatar o processo de interpretação do pesquisador.

A auditoria é particularmente importante para a *grounded theory*. Auditores devem ser capazes de seguir pelo caminho interpretativo do pesquisador e criticá-lo. Como múltiplas interpretações, e consequentemente, múltiplas teorias substantivas podem coexisitir, o papel do auditor é certificar-se se aquela apresentada foi desenvolvida seguindo os pressupostos da *grounded theory*.

Roteiros de auditorias podem ser utilizados para orientar os pesquisadores sobre o conteúdo de seus relatórios finais. O Quadro 8.2 apresenta roteiros sobre o processo de pesquisa e sobre a fundamentação empírica da pesquisa, utilizados por Bandeira-de-Mello (2002). Ambos foram elaborados com base em Strauss e Corbin (1998).

Wells (1995) resume as características de uma boa *grounded theory*: a teoria substantiva deve ter clareza para representar a visão de mundo dos sujeitos, o método de pesquisa deve ser detalhado e deve estar de acordo com os requisitos do método das comparações constantes. Além disso, sugere a autora, a teoria deve prover compreensão sobre o fenômeno e as várias possibilidades de sua ocorrência – porém, sem ser abstrata demais a ponto de perder relevância para os envolvidos.

Quadro 8.2 Roteiros de auditoria

Questões a serem observadas

Roteiro de auditoria: Processo de pesquisa
- Como foi escolhida a empresa e por quê?
- Quais as principais categorias que emergiram dos dados?
- Quais os principais eventos ou ações que orientaram a descoberta das categorias?
- Com base em que a amostragem teórica procedeu? Como a teoria em desenvolvimento guiou a coleta de dados?
- Quais as proposições principais que relacionam as categorias e como foram formuladas e validadas?
- Houve casos em que as proposições não explicaram o que acontecia nos dados? Como essas divergências foram tratadas?
- Como e por que a categoria central foi selecionada? Foi uma descoberta súbita ou gradual, foi fácil ou difícil? Com base em que as decisões analíticas finais foram tomadas?

Roteiro de auditoria: Fundamentação empírica
- Foram gerados conceitos (códigos) a partir dos dados?
- Os conceitos estão explicitamente relacionados nas proposições?
- As categorias têm densidade?
- A variação na ocorrência do fenômeno é considerada na teoria?
- As condições geradoras da variação são consideradas na teoria?
- Os aspectos processuais do fenômeno foram considerados?
- Os resultados parecem ser significativos para a área substantiva? A teoria consegue perdurar e tem potencial para participar dos debates acadêmicos e profissionais?

Fonte: Bandeira-de-Mello (2002).

8.5 Aplicações nos estudos organizacionais: finalidades e riscos

Apesar de suas origens na sociologia, e a finalidade de gerar explicações sociológicas, a *grounded theory* tem sido utilizada em outras áreas, como os estudos organizacionais (Locke, 2001; Goulding, 2002).

No Brasil também se nota essa tendência. Porém, é importante que nossos pesquisadores estejam conscientes das possibilidades e dos riscos associados à aplicação do método para que não cometam os erros dos nossos colegas estrangeiros: a utilização da *grounded theory* desrespeitando suas bases epistemológicas, ou como um rótulo para garantir legitimidade a pesquisas metodologicamente falhas e incosistentes, ou ainda como um sinônimo de uma abordagem eclética na qual vários métodos são combinados.

Comentários sobre riscos associados ao uso da *grounded theory* podem ser encontrados na literatura especializada (Wells, 1995; Strauss e Corbin, 1998; Locke, 2001; Bryant, 2002, Goulding, 2002; Glaser, 1992). Apresentamos, nesta seção, nossa análise dos principais cuidados no planejamento de um projeto de *grounded theory* nos estudos organizacionais.

A Administração, especificamente, pode ser estudada a partir da interação entre os envolvidos. Compreender os fenômenos organizacionais, pela percepção dos sujeitos envolvidos, suas ações e interações, é um campo fértil para a aplicação da *grounded theory*.

Mas, que tipos de problemas de pesquisa podem ser estudados pela *grounded theory*? Na elaboração do projeto de pesquisa, a resolução dessa questão é fundamental: se muito específica, parte-se de pressuposições e corre-se o risco de gerar uma teoria sem relevância; se muito geral, pode-se incorrer em problemas na generalização ou tornar o projeto inviável operacionalmente.

Não é um problema de pesquisa que deve ser identificado, mas uma área substantiva. A escolha da área reflete geralmente interesses de pesquisa do pesquisador, ou de seu orientador; e é decorrente do resultado de outras pesquisas. A área escolhida geralmente está relacionada às experiências passadas do pesquisador; ou reflete uma demanda das agências de fomento em determinada época.

A definição da área deve indicar quem são os sujeitos da pesquisa e o que fazem. Pesquisas envolvendo *grounded theory* adequam-se a situações quando indivíduos lidam com um contexto específico. Por exemplo: gestores de pequenas construtoras lidando com a influência governamental em seus negócios (Bandeira-de-Mello e Cunha, 2004), dirigentes no processo de mudança estratégica de organizações exitosas (Santos, 2005), fisioterapeutas na gestão de suas clínicas (Pamplona, 2005), a aprendizagem de executivos na gestão hospitalar (Cunha, Moraes e Silva, 2004), o comportamento do consumidor em situações específicas, como visita a museus (Goulding, 2002) ou o consumo de cerveja (Pettigrew, 2002), usuários, analistas e dirigentes em um processo de implantação de tecnologia da informação (Orlikowski, 1993), dirigentes na implementação de estratégias de marketing (Noble e Mokwa,

1999) e como envolvidos em organizações não governamentais ambientais lidam com as empresas (Hendry, 2003).

Não existe, portanto, um problema *a priori*, pois não se conhece o que é relevante para os sujeitos envolvidos. O problema deverá emergir durante o processo de pesquisa. Não há resgates conceituais na literatura e o problema de pesquisa é essencialmente empírico: explicar como os sujeitos agem e reagem nessas situações.

Se não há resgastes conceituais nem uma fundamentação teórica, qual o papel da literatura nesse processo? A *grounded theory* é ateórica? Sem dúvida ela possui uma postura crítica para com a literatura existente. Ela foi concebida com esse objetivo. Mas não significa que o pesquisador não deva ter conhecimento do estado da arte da sua área nem deve prescindir de revisar a literatura existente para desenvolver sua pesquisa. O pesquisador deve justificar por que escolheu a *grounded theory*: geralmente porque existe uma lacuna na teoria existente que pode ser suprida por uma visão original construída a partir do ponto de vista dos envolvidos.

A literatura existente também tem um importante papel na conclusão do projeto. Em um design típico da *grounded theory*, a literatura existente é utilizada ao final do processo para integrar-se ou contrastar com os resultados gerados.

Como propõe Eisenhardt (1989), a literatura convergente com a teoria substantiva construída contribui para aumentar seu poder explicativo e sua validade interna, associando-a a contextos diferentes que aparentemente não tinham relação com a área substantiva. Isso aumenta a confiança do leitor nos resultados. Por outro lado, o contraste com a literatura divergente é uma oportunidade para explicar o fenômeno de uma outra forma e de auxiliar na delimitação da abrangência da pesquisa e da área substantiva. A não consideração desses conflitos pode gerar problemas de validade interna, na medida em que os leitores tendem a julgar que os resultados não estão corretos, considerando-os arbitrários.

Para Strauss e Corbin (1998), a comparação com a literatura pode ser útil tanto para confirmar os resultados como para mostrar que a literatura precisa ser especificada para explicar suficientemente o fenômeno na área substantiva. "Resgatar a literatura nos relatórios, além de demonstrar o nível acadêmico do pesquisador, contribui para validar, refinar e abranger o escopo da teoria" (Strauss e Corbin, 1998, p. 52).

Grounded theory

A condução de uma *grounded theory* nos estudos organizacionais encerra riscos inerentes tanto ao método em si como à natureza das investigações no campo. O primeiro risco refere-se às barreiras que inibem o desenvolvimento de uma atitude crítica: falta de confiança em assumir os riscos de uma estratégia de pesquisa alternativa, fora da *mainstream* da área, e falta de um ambiente institucional que encoraje o pensamento crítico, imaginativo e inovador (Trim e Lee, 2004). Para pesquisadores menos experientes, o papel do orientador é importante para estimular a atitude crítica: por outro lado, o orientador deve evitar forçar seus interesses de pesquisa em áreas nas quais o orientando não tenha aptidão ou mesmo forçar seus problemas de pesquisa em áreas em que eles não possuem relevância – isso não seria *grounded theory*.

Pesquisadores inexperientes devem ser advertidos do riscos antes de iniciar os projetos. O projeto absorve o pesquisador: ele deve imergir no mundo dos pesquisados e, ao mesmo tempo, manter a distância necessária para que a teoria substantiva emerja do processo. Isso não é uma tarefa fácil, demanda muito tempo e dedidação ao projeto. Os *insights* não aparecem com hora marcada. Não existe cartão-ponto para o pesquisador!

O desenvolvimento do projeto quase sempre esbarra nos limites de tempo impostos pelas bolsas, agências de fomentos e pelos programas *stricto sensu*. A demanda de esforço exigida pela *grounded theory*, associada à quantidade de tempo disponibilizada pelo pesquisador, mais o limite a ele imposto, produz uma combinação propícia para um dos riscos mais maléficos da *grounded theory*: o fechamento prematuro.

A decisão de concluir o projeto antes de que a teoria substantiva seja desenvolvida completamente, o fechamento prematuro, pode trazer, dentre outros prejuízos:

a) categorias conceituais sem fundamentação empírica, pouco desenvolvidas e distantes do ponto de saturação teórica;
b) dificuldade em compreender o que é realmente relevante para os envolvidos, devido à pouca sensibilização teórica do pesquisador;
c) uma teoria substantiva com pouco poder explicativo, devido à interrupção prematura do processo circular coleta-análise e do processo de amostragem teórica.

A importância da sensibilização teórica é outro risco da *grounded theory*. Pensar criticamente, propor interpretações imaginativas, mas manter-se fiel aos dados são atividades que exigem habilidade e experiência. Caso contrário, forçam-se pressuposições à realidade dos sujeitos e geram-se teorias sem relevância nem coerência. Pesquisadores atribuem significado aos dados em função de suas experiências; mas como foi dito anteriormente, elas devem ser provisórias até que sejam checadas e validadas. Esse é o cerne do método das comparações constantes. Se isso não for respeitado, não há *grounded theory*.

Uma estratégia que sugerimos para atenuar as barreiras à sensibilização teórica são as sessões de análise em grupo. Pesquisadores podem analisar em conjunto um mesmo projeto e monitorar suas interpretações para evitar vieses. A participação de um líder ou orientador é importante. *Softwares* para gerenciar esse processo também são úteis: eles permitem rastrear o trabalho individual, bem como a multiautoria. Contudo, o grupo deve estar sensibilizado para receber críticas e ter suas interpretações constantemente questionadas.

A garantia de acesso ao campo e aos sujeitos é outro aspecto que deve ser observado em um projeto de *grounded theory*. A circularidade entre coleta e análise exige que o pesquisador acesse a organização mais de uma vez. O consenso que caracteriza a teoria substantiva pode ficar comprometido se o pesquisador não garantir o retorno aos envolvidos. É aconselhável que os sujeitos sejam entrevistados mais de uma vez – pelo menos os principais informantes – para que o pesquisador ganhe familiaridade.

O planejamento e a negociação com a organização para garantir o acesso ao campo são dificultados, pois não se conhece *a priori* o "tamanho da amostra" necessária. Quantas organizações? Quantos entrevistados? A resposta a essas perguntas não é relevante para a *grounded theory*. O que é selecionado no processo de amostragem não são indivíduos nem organizações, mas incidentes: situações, eventos, ações ou reações. Em um processo de amostragem teórica, esses incidentes, ou observações, são intencionalmente selecionados para desenvolver empiricamente categorias conceituais ou proposições.

Logo, o que importa é a qualidade dos incidentes selecionados, mensurada pela variação da ocorrência do fenômeno em investigação por eles capturada. Pode-se encontrar incidentes de qualidade em uma organização ou até em um único sujeito. Não estamos sugerindo que a *grounded theory* possa ser desenvolvida com o estudo de um indivíduo: isso iria de encontro às suas origens sociológicas de explicar a interação social. Mas não há um número ideal de indivíduos ou organizações.

Naturalmente, quanto maior o número de sujeitos ou organizações considerados na análise, maior a probabilidade de se obter incidentes de qualidade. O que importa, portanto, é o custo-benefício: a alocação de recursos e de esforços de pesquisa, em função do aumento do poder explicativo. Na prática, sugerimos, no mínimo, três entrevistados, para facilitar uma possível triangulação.

Outra questão a que deve ser considerada em projetos de *grounded theory* para investigar fenômenos organizacionais refere-se ao nível de análise: afinal, a teoria substantiva é sobre a organização ou sobre os indivíduos que a constituem ou que com ela interagem? Nem um nem outro: a teoria substantiva é sobre a ocorrência de um fenômeno, um processo social que explica a ação e a interação de indivíduos em uma área substantiva.

Tais processos sociais podem ocorrer, por exemplo, em nível de gerência ou de executivos de alto escalão; podem delimitar-se a executivos seniores; podem envolver a interação entre profissionais técnicos, dirigentes e clientes da organização; podem restringir-se somente aos clientes e sua interação com o serviço ou produto oferecido pela organização.

Por isso, a escolha da área substantiva é importante. Talvez não fizesse sentido explicar a mudança estratégica pela percepção dos operários de uma empresa industrial – a não ser os efeitos dessas mudanças no trabalho desses operários, mas seria coerente explicá-la pela percepção dos dirigentes responsáveis pelas decisões estratégicas da organização, ou ainda pela interação entre esses dirigentes e outros *stakeholders*.

O nível organizacional é importante como fornecedor de elementos contextuais. Strauss e Corbin (1998) sugerem a matriz de condições, para lembrar o pesquisador de explorar diversos níveis na busca de condicionantes da ação: do contexto mais próximo do indivíduos, como o ambiente de trabalho e a família, até o contexto do país em que vive.

Portanto, se a relação custo-benefício for favorável, o pesquisador pode considerar a inclusão de mais uma organização no projeto. Em Bandeira-de--Mello e Cunha (2004), os incidentes observados a partir do exame da história de vinte anos de uma pequena empresa de construção civil permitiu a geração de uma teoria substantiva com relativo poder explicativo, pois durante o período analisado o fenômeno relevou-se de diferentes formas. Isso significa que, mesmo em estudos de caso simples, a teoria gerada pode explicar não somente os fenômenos daquela organização, mas deve ser geral o suficiente para incorporar futuras variações do fenômeno, quando outras organizações forem estudadas.

Grande parte das decisões importantes de um projeto de *grounded theory* são tomadas ao longo do desenvolvimento do projeto, à medida que a teoria emerge do processo de pequisa e da interação do pesquisador com os dados (Charmaz, 2000). O pesquisador deve estar constantemente atento e aberto às alterações e às mudanças daquilo que fora planejamento originalmente. E esse processo se modifica até a redação da última linha do relatório final.

A análise dos dados e o processo interpretativo do pesquisador não cessam após a codificação seletiva, mas continuam durante a confecção dos relatórios finais e artigos. O pesquisador deve formatar seus resultados de forma que o leitor transcenda às complexidades de uma teoria e entre no mundo dos sujeitos, enxergue o mundo pelos olhos deles. A teoria deve estar lá, entramada na narrativa (Charmaz, 2000). Não obstante, o pesquisador pode apresentar os resultados de forma mais estruturada, sob a forma de proposições, desde que não perca o foco na essência da *grounded theory* – o significado da experiência dos sujeitos.

Finalmente, há de se considerar o apoio de *softwares* no tratamento dos dados: eles trazem benefícios, mas também escondem armadilhas. Os detalhes do uso de *softwares* serão elucidados no Capítulo 15, quando é apresentado um exemplo de operacionalização da *grounded theory* por meio do Atlas/ti.

Toda pesquisa deve ser planejada. Talvez o planejamento de uma *grounded theory* seja uma tarefa mais árdua e sua implementação mais arriscada. Mas vale a pena. O prazer da descoberta compensa. A relevância dessa descoberta para os envolvidos – traduzida em declarações como "nunca pensei que meu negócio pudesse ser visto dessa forma" ou "É isso mesmo! Então mande o Porter ou Mintzberg gerenciar essa empresa para ver o que sai!" – contribui para aproximar a ciência da prática e produzir conhecimento legítimo e útil.

Referências

BANDEIRA-DE-MELLO, R. *Uma teoria substantiva da adaptação estratégica a ambientes turbulentos e com forte influência governamental*: o caso das pequenas construtoras de edificações. 2002. 372 f. Tese (Doutorado em Engenharia de Produção). Curso de Pós-graduação em Engenharia de Produção, UFSC, Florianópolis.

_____. e CUNHA, C. Administrando o risco: uma teoria substantiva da adaptação estratégica de pequenas empresas a ambientes turbulentos e com forte influência governamental. *Revista de Administração Contemporânea*. v. 8, Edição Especial, 2004.

BERGER, P. e LUCKMANN, T. *A construção social da realidade*. 11ª ed. Petrópolis: Vozes, 1973.

BRYANT, A. Re-grounding grounded theory. *Journal of Information Technology Theory and Application*, v. 4, n. 1, 2002.

CHARMAZ, K. Grounded theory: objectivist and constructivist methods. In: DENZIN, N. e LINCOLN, Y. *Handbook of qualitative research*. 2nd ed., Thousand Oaks (CA): Sage, 2000.

CUNHA, C; MORAES, L. e SILVA, M. A dinâmica da aprendizagem gerencial. *Revista de Administração de Empresas* – RAE *Eletrônica*, São Paulo, v. 3, n. 2, 2004.

DOUGLAS, D. Grounded theories of management: a methodological review. *Management Research News*. v. 26, n. 5, p. 44-52, 2003.

GLASER, B. *Theoretical sensitivity*. Mill Valley: Sociology Press, 1978.

_____. e STRAUSS, A. *Awareness of dying*. Hawthorne: Aldine, 1965.

_____. *The discovery of grounded theory*: strategies for qualitative research. New York: Aldine de Gruyter, 1967.

GOULDING, C. *Grounded theory*: a practical guide for management, business and market researchers. London: Sage, 2002.

_____. Grounded theory: the missing methodology on the interpretivist agenda. *Qualitative Market Research*, v. 1, n. 1, 1998.

GUBA, E. e LINCOLN, Y. Epistemological and methodological bases of naturalistic inquiry. *Educational Communication and Technology*, v. 30, n. 4, p. 233-252, 1982.

HAGUETTE, T. *Metodologias qualitativas na sociologia*. 9ª ed., Petrópolis: Vozes, 2003.

HAIG, B. "Grounded theory as scientific method". In: NEIMAN, A. (Ed.). *Philosophy of Education 1995*. Urbana: University of Illinois Press, 1996.

HENDRY, J. Environmental NGOs and business: a grounded theory of assessment, targeting and influencing. *Business and Society*, v. 42, n. 2, jun. 2003.

KERLIN, R. Breaking the silence: toward a theory of women's doctoral persistence. 1997. Tese (Doutorado em Educação), Universidade de Vitória (ES), British Columbia, Canadá.

LOCKE, K. *Grounded theory in management research*. London: Sage, 2001.

MERRIAM, S. *Qualitative research and case study applications in education*. San Francisco: Jossey-Bass Inc. 1998.

NOBLE, C. e MOKWA, M. Implementing marketing strategies: developing and testing a managerial theory. *Journal of Marketing*, v. 63, n. 4, Oct. 1999.

ORLIKOWSKI, W. Case tools as organizational change: investigating incremental and radical changes in systems development. MIS *Quarterly*, v. 17, n. 3, Sep. 1993.

PAMPLONA, C. Agindo pela propriocepção: explicando a atuação dos fisioterapeutas-gerentes por meio da *grounded theory*. Dissertação (Mestrado acadêmico em Administração), Programa de Mestrado Acadêmico em Administração – PMA, Univali, Biguaçu, 2005.

PETTIGREW, S. A grounded theory of beer consumption in Australia. *Qualitative Market Research*, v. 5, n. 2, 2002.

RENNIE, D. Grounded theory methodology: the pressing need for a coherent logic of justification. *Theory and Psychology*, n. 8, n. 1, p. 101-119, 1998.

SANTOS, L. *Uma teoria substantiva do processo de mudança estratégica de empresas de sucesso em ambientes turbulentos e com forte influência governamental:* o caso da Embraco. Dissertação (Mestrado Acadêmico em Administração), Programa de Mestrado Acadêmico em Administração – PMA, Univali, Biguaçu, 2005.

SHERMAN, R. e WEBB, R. (Org.). *Qualitative research in education:* focus and methods. New York: The Falmer Press, 1988.

STRAUSS, A. e CORBIN, J. *Basics of qualitative research:* techniques and procedures for developing Grounded Theory. 2nd. Thounsand Oaks: Sage Publications, 1998.

TRIM, P. e LEE, Y. A reflection on theory building and the develpment of management knowledge. *Management Decision*, v. 42, n. 3/4, 2004.

WELLS, K. The strategy of grounded theory: possibilities and problems. *Social Work Research*, v. 19, n. 1, 1995.

WIRTH, U. Abductive inference. In: BOUISSAC, P. (Org.). *Encyclopedia of semiotics*. Oxford University Press, 1998.

Capítulo 9   # A fenomenologia como método de pesquisa em estudos organizacionais

Anielson Barbosa da Silva

▰ Introdução

O desenvolvimento de uma pesquisa requer a elaboração de um plano que delimite as etapas que serão seguidas para a realização do estudo e sirva como um guia para o pesquisador. Há várias propostas, várias formas de se planejar a pesquisa, de escolher um método.

De acordo com Van Manen (1990, p. 1), "as próprias questões e a maneira que alguém as compreende são importantes pontos de partidas, e não o método em si", ele diz que não adianta definir um método se a questão de pesquisa não está clara para o pesquisador, pois é ela que indicará o caminho metodológico a ser seguido. Ao delimitar essa trajetória, o pesquisador está implicitamente assumindo uma ontologia, uma epistemologia e uma suposição sobre a natureza humana, que representa uma forma de ver o mundo.

A fenomenologia é um movimento iniciado no século XX, e que foi

> [...] criada como uma abordagem filosófica na tentativa de se constituir uma terceira via em oposição às teses dos intelectualistas e dos idealistas, e também como um método de pesquisa nas ciências humanas em oposição ao positivismo, ao naturalismo, ao psicologismo

e ao historicismo, tem trazido importantes contribuições para os diferentes campos do saber [...]. (Santos, 2004, p. 70-71.)

A fenomenologia busca compreender os significados da experiência vivida e, nesse processo, o pesquisador é orientado para o fenômeno que está sendo investigado. Nos estudos organizacionais, a fenomenologia como método de pesquisa pode ser utilizada para compreender o mundo como vivido pelas pessoas, visando à elucidação de aspectos referentes à natureza de sua experiência vivida. A fenomenologia é um método de pesquisa qualitativo, orientado para os significados da existência humana (Van Manen, 1990; Sanders, 1982). Para Heidegger (1993, p. 57), a expressão "fenomenologia" significa, antes de tudo, um conceito de método.

Este capítulo não tem a pretensão de resgatar historicamente o surgimento do movimento fenomenológico[1], uma vez que o seu objetivo é delimitar um caminho metodológico para a realização de estudos no campo das organizações utilizando os pressupostos da fenomenologia e da hermenêutica. Compreender os significados das experiências subjetivas de determinado fenômeno social, de natureza individual, é o principal propósito da fenomenologia, que utiliza a hermenêutica para auxiliá-la no processo de análise fenomenológica.

O texto fenomenológico, resultado do processo de coleta de material das experiências das pessoas é apenas uma metáfora (Morgan, 1980) e não a própria experiência, ocorrendo, dessa forma, um processo de redução.

A fenomenologia não está preocupada com aspectos factuais do estado das coisas, mas com a natureza do fenômeno como significativamente experienciado. Por exemplo, na experiência vivida do medo na gerência (Meinicke, 2003), não seria razoável para a fenomenologia envolver variáveis hipotéticas ou fazer relações causais entre as experiências.

Este capítulo está estruturado em sete seções: inicialmente, abordo a experiência vivida como ponto de partida e de chegada na trajetória de uma pesquisa fenomenológica. Em seguida, são elucidados alguns aspectos da fenomenologia e da hermenêutica, que são a base para a compreensão do método.

---

[1] Para um resgate histórico, consultar Cohen (1987) e Santos (2004).

A fenomenologia como método de pesquisa em estudos organizacionais

Posteriormente, inicio a proposta do método pelo processo de coleta das descrições experienciais e, em seguida, apresento um caminho para a análise fenomenológica. As últimas seções ressaltam especificidades sobre a escrita fenomenológica – a importância de manter uma relação forte e orientada para o fenômeno e também a relação entre as partes e o todo no contexto da pesquisa fenomenológica.

■ 9.1 A experiência vivida como ponto de partida e de chegada na trajetória da pesquisa fenomenológica

Van Manen (1990, p. 35-51) procurou compreender a natureza da experiência vivida a partir da análise de vários autores como Husserl, Dilthey, Merleau-Ponty, Gadamer e Ricoeur. O autor não apresenta um conceito de experiência vivida de forma objetiva, pois cada pessoa é única e vive experiências ao longo de toda a sua vida, "carregadas" de significados que podem ser desvelados de forma reflexiva.

Napoli, ao analisar a obra de Dilthey, ilustra o que seria a vida para este autor. A vida estaria articulada com a consciência, autoconsciência, experiência e com vivência.

> A vida apresenta-se como um fluir dos atos da consciência. Na vida está incluída a existência, pois tudo que se dá para a consciência, sejam objetos, pessoas, sentimentos, ideias, são vivências. Sem vivências, portanto, não há sentido [...] o que dá unidade às vivências ou experiências de vida é a autoconsciência. (2000, p. 100.)

Para a fenomenologia, existe uma série de especificidades que podem contribuir para a compreensão do significado da experiência vivida (Van Manen, 1990, p. 35-39). São elas:

a) em sua forma mais básica, a experiência vivida envolve a *consciência* da vida imediata, pré-reflexiva: uma consciência reflexiva ou autodeterminada, que é, como consciência, inconsciente de si mesma;

b) a experiência vivida tem uma *estrutura temporal* e nunca pode ser compreendida na sua manifestação imediata, mas a partir da reflexão sobre experiências passadas;

c) a experiência vivida envolve a *totalidade da vida*. A apropriação do significado da experiência vivida sempre é de algo passado que nunca pode ser compreendido na sua riqueza e profundidade completas;

d) uma experiência vivida tem uma certa *essência*, uma *"qualidade"* reconhecida em retrospecto;

e) a *"estrutura"* ou *"ligação estrutural"* pertence a uma experiência vivida particular (unidade de significado), que é única e parte de um sistema de experiências relacionadas contextualmente (o todo significante), desveladas por meio de um processo de *reflexão* de *significados*;

f) a experiência vivida em si parece ter uma *estrutura linguística*. A experiência e a (in)consciência são estruturadas como uma linguagem e, consequentemente, alguém poderia falar de toda a sua experiência, de todas as suas interações humanas, descritas na forma de texto.

Para cada uma das especificidades envolvendo a experiência vivida são destacados alguns termos-chave, que podem ajudar a entender o seu significado.

A experiência vivida pode subsidiar o desenvolvimento de estudos que envolvem a subjetividade humana. Chanlat (2000) propõe, a partir de uma leitura crítica sobre a evolução das ciências sociais e do *management*, uma antropologia caracterizada por uma abertura disciplinar e pelo retorno a dimensões centrais que foram frequentemente esquecidas pelo mundo da gestão.

Uma das dimensões resgatadas por Chanlat (2000, p. 70) é a experiência vivida. Ele destaca que a experiência encontra-se no cerne da condição humana e está associada tanto ao conhecimento adquirido quanto à maneira como a pessoa a vê. O autor indica que a ausência da experiência vivida é consequência da predominância de elementos prescritivos, formais e abstratos no discurso da gestão, onde a eficácia assume lugar de destaque.

> O conhecimento das práticas a partir da observação vivenciada e mediante o que dizem os principais autores revela-nos cada vez mais

particularidades importantes na compreensão dos meios estudados. (Chanlat, 2000, p. 71.)

Para o autor

> [...] a realidade humana que encontramos na organização não poderá jamais ser reduzida a tais esquemas. Só uma concepção que procura apreender o ser humano na sua totalidade pode dele se aproximar sem, contudo, jamais o esgotar completamente [...]. (Chanlat, 1996, p. 28.)

O método fenomenológico, que se utiliza da experiência vivida para compreender um fenômeno, pode ser utilizado na realização de um estudo que considera a pessoa um ser genérico, que pertence à humanidade, um ser ativo, reflexivo, de palavra, que tem desejos, pulsões; um ser simbólico que vive no espaço e no tempo. É também um ser singular, um homem, uma mulher, um pai, uma mãe, um professor, uma professora, um gerente, uma gerente. É essa singularidade que o torna um ser especial, único.

Van Manen (1990, p. 103-105) apresenta quatro elementos que formam o mundo vivido que podem estar relacionados com os aspectos centrais dos estudos citados anteriormente. Todas as pessoas vivenciam o espaço, o corpo, o tempo e o outro.

O *espaço vivido* (espaciabilidade) é o espaço sentido. A vivência do espaço gera sensações, e isso leva as pessoas a vivenciarem de forma diferente o espaço, atribuindo significados às suas experiências. Investigar a natureza do espaço vivido ajuda a compreender a maneira como as pessoas experienciam as relações em sua existência no dia a dia. Além disso, ajuda a descobrir dimensões de significado mais fundamentais da vida vivida.

O *corpo vivido* (corporabilidade) refere-se ao fato fenomenológico que indica que nós sempre estamos completamente no mundo. Quando nós encontramos outra pessoa dentro da sua paisagem ou mundo, nós encontramos aquela pessoa em primeiro lugar pelo seu corpo.

O *tempo vivido* (temporabilidade) está associado ao tempo subjetivo (*kairós*) oposto ao tempo do relógio ou tempo objetivo (*cronos*). É nosso modo temporal de estar no mundo – como uma pessoa jovem orientada para um futuro aberto ou como uma pessoa mais velha relembrando o passado etc. Quando nós queremos conhecer uma pessoa, perguntamos sobre sua história de vida pessoal e onde ela sente que está indo – qual é o projeto dela em vida. As dimensões temporais do passado, presente e futuro constituem os horizontes de uma paisagem temporal da pessoa.

O *outro vivido* (relacionabilidade) é a relação vivida que nós mantemos com outras pessoas no espaço interpessoal, e com base nessa vivência criamos uma imagem do outro. Enquanto nos encontramos com o outro nós podemos desenvolver uma relação conversacional que nos permite transcender a *nós mesmos*. Em um sentido existencial amplo, os seres humanos têm procurado na experiência do outro o comunal, o social, para um sentido de propósito em vida, de significado, de bases para viver, como na experiência religiosa do outro absoluto ou Deus.

Considerar essas dimensões da vida (espaço, corpo, tempo, o outro) nos estudos organizacionais é possível por meio da experiência vivida das pessoas que vivem na organização, uma vez que elas vivenciam todos esses aspectos. O espaço (casa, escritório); o corpo (estresse, angústia, medo, dor); o tempo (*cronos* e *kairós*) e o outro (esposo(a), filho(a), pai/mãe, pares, subordinados, amigo(a).

O desenvolvimento de uma pesquisa utilizando a fenomenologia como método para compreender os significados das experiências vividas se configura como um "olhar" sobre o fenômeno que tem na experiência vivida uma fonte rica para a reflexão de temas relevantes, como o medo, o conflito, o tempo, o poder, as relações interpessoais, o estresse, a dor, o ódio, o trauma, o sofrimento, a inveja, a vingança, entre outros.

Para o pesquisador é um desafio, uma trajetória que vai ao encontro de significados que têm um caráter subjetivo e intersubjetivo. A análise compreensiva das experiências vividas pode levar as pessoas que tiverem contato com essas experiências a refletirem sobre suas experiências e, quem sabe, o estudo pode auxiliá-las a compreender melhor a sua vivência (cf. Forghieri, 1993).

Nessa trajetória em busca da compreensão da vivência das pessoas sobre um fenômeno específico, o pesquisador deve ser orientado de modo a conseguir captar a estrutura de significados do que está sendo investigado. Conhecer os fundamentos da fenomenologia e da hermenêutica é uma tarefa crucial nesse processo de investigação, pois são direcionadores da trajetória.

A fenomenologia como método de pesquisa em estudos organizacionais 273

9.2 A fenomenologia e a hermenêutica delimitando a trajetória da pesquisa

A palavra "fenomenologia" tem dois componentes principais: fenômeno e *logos*. O fenômeno significa aquilo que se mostra, o que se revela por si mesmo. O *logos* significa um discurso claro e revelador (cf. Heidegger, 1993, p. 57-65; Esposito, 1994, p. 81-82). Rezende (1990, p. 34) diz que "a fenomenologia tem esse nome porque pretende ser uma filosofia do fenômeno". Para o autor, o fenômeno é uma "estrutura reunindo dialeticamente na intencionalidade o homem e o mundo, o sujeito e o objeto, a existência e a significação". Lyotard (1967) considera a fenomenologia como o estudo dos fenômenos, daquilo que aparece à consciência, que é dado. Para Heidegger (1993, p. 58), a expressão "fenômeno" é "o que se revela, o que se mostra em si mesmo". A compreensão de fenômeno

> [...] depende de uma visão de como ambos os significados de fenômeno (fenômeno como o que se mostra e fenômeno como aparecer, parecer e aparência) se inter-relacionam reciprocamente em sua estrutura. (Heidegger, 1993, p. 58.)

A fenomenologia também pode ser considerada a ciência das essências (Merleau-Ponty, 1994). Rezende (1990, p. 35) utiliza o conceito de Merleau--Ponty para ilustrar que as essências são concebidas como "essências existenciais [...] e portanto se ocupa da 'essência na existência', ou, mais simplesmente, das significações existenciais". Van Manen (1990, p. 39) afirma que a palavra "essência" não deve ser mistificada. Esse termo – essência – pode ser percebido como uma construção linguística, uma descrição do fenômeno. Quando alcançamos a essência de um fenômeno, conseguimos captar a estrutura de uma experiência vivida que nos é revelada de uma forma que possibilite compreender os significados dessa experiência.

A fenomenologia possibilita uma abertura à experiência, à vivência integral do mundo.[2] Sanders (1982, p. 353) e Van Manen (1990) consideram

---

[2] Para Merleau-Ponty (1994, p. 14), o mundo não é aquilo que penso, mas aquilo que vivo; estou aberto ao mundo, me comunico indubitavelmente com ele, mas não o possuo já que ele é inesgotável.

a fenomenologia como uma tentativa sistemática para descobrir e descrever as estruturas de significado da experiência vivida. Ela é o estudo do mundo vivido – o mundo como nós o experimentamos imediatamente, de uma maneira pré-reflexiva. O mundo da vida, segundo Schultz (1970, p. 320), compreende "a esfera toda de experiências de uma pessoa que é circunscrita pelos objetos, pessoas e eventos encontrados ao buscar os objetivos pragmáticos do viver diário".

Outro aspecto a ser destacado e que ratifica alguns conceitos apresentados anteriormente é que a fenomenologia está interessada nos significados das experiências vividas pelas pessoas e o seu objetivo é buscar um entendimento mais profundo da natureza ou o significado da minha, da sua, das nossas experiências. Essa relação entre a subjetividade e a intersubjetividade é abordada por Merleau-Ponty na citação a seguir.

> O mundo fenomenológico não é o ser puro, mas o sentido que transparece na intersecção de minhas experiências, e na intersecção de minhas experiências com aquelas do outro, pela engrenagem de umas nas outras; ele é, portanto, inseparável da subjetividade e da intersubjetividade que formam sua unidade pela retomada de minhas experiências passadas em minhas experiências presentes, da experiência do outro na minha. (1994, p. 18.)

O sentido a que o autor se refere é a estrutura de significado do fenômeno na relação intersubjetiva das experiências vividas. Coltro utiliza Schultz para indicar que:

> [...] o mundo da vida é intersubjetivo desde o início, e as ações humanas nele exercidas são eminentemente sociais, pois elas nos colocam em relação uns com os outros. O nível mais fundamental desta relação se dá na situação face a face. É ai que a intersubjetividade aparece em toda sua densidade, e que o outro aparece ao pesquisador em sua unidade e em sua totalidade, sendo que tal intersubjetividade só se dá na esfera da vida prática. (2000, p. 41.)

Van Manen (1990) também vincula à abordagem fenomenológica a vida prática ao destacar que ela envolve uma reflexão textual das experiências vividas e as ações práticas da vida diária, com o intuito de ampliar a compreensão do ser humano no contexto de sua ação, por meio de um processo reflexivo.

A fenomenologia é um método para captar a essência de um fenômeno por visão categorial (Forghieri, 1993). Ela procura tornar uma estrutura de significado das experiências humanas explícita e implícita (Sanders, 1982).

Um *método* de pesquisa, segundo Moustakas (1994, p. 104), oferece um caminho sistemático para a realização de alguma coisa de forma ordenada e disciplinada, com cuidado e rigor. Procedimentos ou técnicas constituem um método, fornecem uma direção e os passos a serem seguidos, e movem um estudo para a ação. É um método discursivo e não apenas definitivo das essências (Rezende, 1990, p. 17).

A fenomenologia só é acessível a um método fenomenológico (Merleau-Ponty, 1994, p. 2). Van Manen (1990, p. 28) denomina o método "modo de investigação", que muda de acordo com as considerações e implicações de uma perspectiva filosófica ou epistemológica particular. Para Moreira (2002, p. 114), "na aplicação do método fenomenológico à pesquisa, o fenômeno é algum tipo de experiência vivida, comum aos diversos participantes", que se constitui na essência dessa experiência. Como método de pesquisa, a fenomenologia se subsidia dos pressupostos da hermenêutica para descrever e interpretar um fenômeno e, assim, compreendê-lo.

A hermenêutica, para Dilthey, parte do pressuposto de que a vida é que deve ser compreendida. Napoli (2000, p. 101) analisou a obra de Dilthey e demonstra que o conceito de hermenêutica proposto pelo autor foi fundado valendo-se de uma relação que o eu estabelece com o mundo, seja esse mundo dado em textos, em ações ou expressões vivenciais. O que limita a noção de hermenêutica de Dilthey é que ele não considera o caráter dialógico entre o eu e o outro no processo de compreensão da vida em sua plenitude.

> A interpretação empreendida pelo eu exclui o papel ativo do outro: apesar de sua abertura para o outro e de, no seu esforço de compreensão do método da empatia, colocar-se no lugar do outro (*Sichhineinversetzen*) para reviver (*Nacherleben*) a experiência desse outro, não

conseguiu Dilthey abrir lugar para que esse outro pudesse, em uma relação verdadeiramente dialógica, corrigir, alterar a compreensão que o intérprete fez dele. (Napoli, 2000, p. 99-100.)

Apesar da visão limitada, Dilthey foi fundamental no desenvolvimento da hermenêutica da vida e do outro, como é a proposta de Van Manen (1990). A integração entre a fenomenologia e a hermenêutica é permeada pela natureza descritiva e interpretativa dos dois constructos. "A fenomenologia (como pura descrição da experiência vivida) e a hermenêutica (como interpretação da experiência utilizando algum 'texto' ou alguma forma simbólica)" (Van Manen, 1990, p. 25).

Em sua obra, Van Manen usa o termo "descrição" tanto para incluir o termo interpretativo (hermenêutica) como também o elemento descritivo (fenomenológico). Para o autor, o objetivo da fenomenologia é transformar a experiência vivida em uma expressão textual de sua essência (Van Manen, 1990). Heidegger (1993, p. 68) ressalta que "o sentido metódico da descrição fenomenológica é interpretação". Os termos são intercambiáveis.

A descrição fenomenológica hermenêutica é uma interpretação do fenômeno. Essa interpretação é multifacetada, pois cada pesquisador irá realizar a sua, de maneira diferente. Portanto, a descrição fenomenológica

> [...] não ensina uma dialética unidimensional, mas polissêmica [...] resultando em conflito de interpretações, indispensável para que a interpretação se aproxime o mais possível da estrutura simbólica do fenômeno. (Rezende, 1990, p. 38.)

Segundo Van Manen (1990), a descrição do fenômeno como ele se apresenta para a consciência de quem está sendo pesquisado é uma tarefa da fenomenologia. A consciência representa, assim, o meio de acesso que o ser humano tem para o mundo, o qual não pode ser descrito diretamente, pois tem uma dimensão compreensiva do ser humano que é reflexiva, e essa reflexão é resultado da experiência que a pessoa viveu no mundo. Por outro lado, a pesquisa pode ser categorizada também como hermenêutica porque se constitui fundamentalmente numa atividade de escrita. "A hermenêutica é a teoria das operações da compreensão em sua relação com a interpretação dos textos" (Ricoeur, 1977, p. 17).

A fenomenologia como método de pesquisa em estudos organizacionais

Pesquisa e escrita são entendidas como aspectos de um mesmo processo. Ou seja, esse processo é fenomenológico porque trata de uma *descrição* pura da experiência vivida; e é hermenêutico porque a experiência é descrita através da sua *interpretação* em um "texto" ou de uma forma simbólica (Van Manen, 1990). O objetivo do pesquisador ao desenvolver uma pesquisa utilizando o método fenomenológico-hermenêutico é compreender os significados presentes no fenômeno em estudo para descobrir o seu sentido. "Compreender torna-se uma maneira de ser e de relacionar-se com os seres e com o ser" (Ricoeur, 1977, p. 18).

A ligação da hermenêutica com a fenomenologia pode ser compreendida "por uma metáfora cuja figura é um círculo representado por atividades que englobam a compreensão do fenômeno, a sua interpretação e, posteriormente, nova compreensão, voltando a se repetir" (Coltro, 2000, p. 40).

Essa relação entre hermenêutica e fenomenologia é perfeitamente esclarecida por Dartigues ao apontar que:

> [...] a fenomenologia-hermenêutica deverá decifrar o sentido do texto da existência, esse sentido que precisamente se dissimula na manifestação do dado [...] não mais se contentando em ser descrição do que se dá ao olhar, mas interrogação do dado que aparece. (Dartigues, 199–, p. 132.)

na busca de não somente descrever, mas sobretudo compreender a essência do fenômeno.

Van Manen (1990, p. 6-13) também considera a fenomenologia hermenêutica como um método valioso de investigação, por entender que tanto a hermenêutica quanto a fenomenologia são abordagens de ciências humanas com raízes na filosofia, e são, portanto, disciplinas reflexivas. Esse autor indica ainda que a fenomenologia hermenêutica, no campo das ciências humanas, estuda as pessoas[3] (e não os indivíduos), e constitui-se em atividade, também, de escrita. Pesquisar e escrever são etapas de um mesmo processo.

---

[3] A utilização da palavra "pessoa" é para ilustrar que cada ser tem a sua singularidade. Cada pessoa é um ser único e singular.

Sendo assim, a pesquisa é indissociável de sua escrita e "um pesquisador fenomenológico não pode apenas escrever uma questão de pesquisa no início do trabalho para, ao final, respondê-la" (Van Manen, 1990, p. 44), como no modo positivista. Ao contrário, na descrição fenomenológica, o "pesquisador/escritor deve trazer o leitor para dentro da questão de pesquisa, de tal maneira que o mesmo fique maravilhado com a natureza do fenômeno da mesma forma que o cientista social fica".

E qual é o método típico utilizado pela fenomenologia hermenêutica? Para Gadamer *apud* Van Manen (1990, p. 30) não há um método, mas há um corpo constituído de pesquisas que podem auxiliar na investigação. Todo pesquisador fenomenológico deve procurar a essência da experiência vivida. Vale ressaltar que é impossível perceber toda a riqueza e profundidade de maneira imediata na manifestação de um fenômeno, sendo, portanto, preciso refletir sobre o fato passado.

De certa maneira, é por isso que Van Manen (1990) afirma que a reflexão fenomenológica é fácil e difícil ao mesmo tempo. É fácil, pois todos a praticam diariamente, porém é difícil, pois exige uma compreensão de seu significado, e poucos chegam a refletir de maneira mais intensa sobre seus atos. Convém ressaltar que mesmo sendo a experiência uma reflexão do que ocorreu, ela não será capaz de captar a totalidade da experiência vivida.

Uma pesquisa fenomenológica não tem um ponto de chegada, e a busca proposta por ela é infinita. Tudo parte da experiência vivida e retorna a ela. Por isso, a delimitação da questão de pesquisa é um ponto de partida fundamental, pois indica qual fenômeno da experiência vivida será investigado e direciona a trajetória a ser percorrida.

Para a fenomenologia, a realização de uma pesquisa é sempre um questionamento sobre a maneira como as pessoas experienciam o mundo, para conhecer o mundo em que elas vivem como seres humanos (Van Manen, 1990). Nesse processo de investigação, o primeiro passo a ser dado pelo pesquisador na trajetória da pesquisa é delimitar o contexto, assim como escolher as pessoas que o ajudarão a revelar o fenômeno e iniciar a coleta dos relatos das experiências.

9.3 Investigando a experiência vivida

A experiência vivida é a fonte e o objeto da pesquisa fenomenológica. Para desvelar um fenômeno, é necessário "pedir emprestadas" as experiências das pessoas e suas reflexões sobre elas.

> A descrição ou o discurso é a prova da existência do sujeito; é uma forma do sujeito colocar sua experiência rigorosamente como ela está acontecendo; ela contém significados da totalidade da experiência vivida, porém nem sempre totalmente explicitados no discurso. (Machado, 1994, p. 39.)

Em uma pesquisa de natureza fenomenológica, portanto, fica em evidência que:

> [...] o estudo dos fenômenos sociais tem como foco os significados dos sujeitos que os constrõem, o que requer partir-se do princípio que o estudo precisa também ser analisado na perspectiva dos sujeitos. (Patrício *et al.*, 1999.)

Van Manen (1990, p. 62) aponta uma questão sobre a finalidade da coleta das descrições das experiências: "por que precisamos coletar os 'dados' das experiências de outras pessoas?" Porque elas nos tornam pessoas mais experientes. Os "dados" em uma pesquisa de natureza fenomenológica são experiências humanas (Van Manen, 1990, p. 63). Para Fini:

> [...] os dados são, pois, as situações vividas pelos sujeitos que são tematizadas por eles, conscientemente na descrição que faz. Ao descrevê-las, espera-se que os sujeitos simplesmente relatem de modo preciso o que ocorre com eles ao viver suas experiências [...]. (Fini, 1994, p. 28.)

A coleta dos "dados" das experiências pode ser realizada por meio de entrevistas. Evans (1999, p. 45) destaca que as entrevistas fenomenológicas não devem ser concebidas como um meio de coleta de informações (geralmente se refere a um processo de coleta de "dados"), mas como uma oportunidade de conversação. O método de entrevista fenomenológica em profundidade proposto por Seidman (1997, p. 6) pode ser utilizado para coletar as descrições das experiências. O método combina a entrevista focada na experiência e a entrevista em profundidade informada por pressupostos tirados da fenomenologia, sobretudo os de Alfred Schultz. Nessa abordagem, não existe um número de questões definidas *a priori*, pois o objetivo da entrevista é levar as pessoas a descrever as suas trajetórias e a sua experiência no contexto de suas vidas e na das pessoas que a cercam. Patton (1989) considera que, sem o contexto, as possibilidades de explorar os significados de uma experiência são pequenas.

A entrevista fenomenológica em profundidade procura levar a pessoa entrevistada a descrever e refletir sobre a sua experiência no contexto de sua vivência. O processo envolve a realização de três entrevistas: a primeira estabelece o contexto da experiência dos participantes. A segunda permite aos participantes reconstruírem os detalhes de suas experiências dentro do contexto no qual elas ocorrem ou ocorreram. E a terceira encoraja os participantes a refletirem sobre o significado das experiências apreendidas por eles (Seidman, 1997).

Em seu livro, Seidman (1997) apresenta vários pontos a ser considerados na condução do método de entrevista fenomenológica em profundidade, tais como a estrutura, a duração, o intervalo de tempo entre cada entrevista, a validade e a confiança, além de algumas alternativas para estruturar todo o processo e um questionamento – "de quem é o significado?"

No Capítulo 10, Godoi e Mattos apontam alguns elementos e procedimentos em torno da utilização da entrevista na pesquisa qualitativa.

Para Van Manen (1990, p. 66), na fenomenologia hermenêutica das ciências sociais, a entrevista serve a propósitos muito específicos: pode ser usada como um meio para explorar e juntar material narrativo da vivência e ser um recurso para desenvolver um entendimento mais rico e mais profundo de um fenômeno humano; e ser usada como um veículo para desenvolver uma relação conversacional com o entrevistado sobre o significado de uma experiência.

Na condução do processo de investigação, o pesquisador deve deixar de lado o seu conhecimento prévio sobre o tema para permitir um encontro com o fenômeno de forma mais livre, sem pressupostos ou preconceitos. Essas considerações são embasadas no conceito de *epoché*. Corroboro com o pensamento de Moreira (2002, p. 113-114) de que alguns pressupostos filosóficos da fenomenologia não foram transpostos em sua essência para o contexto da pesquisa empírica e um deles é o de redução fenomenológica, mesmo que a busca da essência esteja presente. Por outro lado, a compreensão do significado de redução fenomenológica, mesmo diante da dificuldade de sua transposição para o contexto da pesquisa, pode auxiliar o pesquisador a ser rigoroso no processo de investigação, ajudando-o a se concentrar no fenômeno em estudo a partir de um "olhar" despido de pressuposições, hipóteses ou fatos que indiquem relações causais.

Durante a realização das entrevistas, o pesquisador tem de ficar atento ao discurso do entrevistado, dedicando toda a sua atenção ao que ele está relatando, procurando manter em sua mente a questão de pesquisa e situando o diálogo no contexto de experiência.

Todas as entrevistas devem ser gravadas e transcritas literalmente, gerando protocolos. Esses protocolos são submetidos às pessoas que relataram suas experiências sobre o fenômeno para que elas possam ler os relatos e, se quiserem, acrescentar mais detalhes. Diante dos protocolos das entrevistas, a próxima etapa é o processo de análise fenomenológica hermenêutica das experiências vividas, que objetiva revelar os significados do fenômeno que está sendo investigado.

■ 9.4 Análise fenomenológica: uma atividade hermenêutica

Diante dos protocolos das entrevistas, tem início uma das fases cruciais do método: a análise fenomenológica das experiências, que busca a descoberta da essência ou a estrutura básica de um fenômeno (Merriam, 1998), um processo de apropriação reflexiva, de clarificar e tornar explícita a estrutura da experiência vivida (Van Manen, 1990, p. 77).

Essa busca da essência parte de um processo de reflexão fenomenológica que, segundo Van Manen (1990, p. 78), tem como propósito a tentativa de perceber o significado essencial de alguma coisa e ter um contato mais direto com a experiência como ela foi vivida. Esse processo não é simples, pois os significados presentes nas experiências vividas são multidimensionais e apresentam várias perspectivas. A busca de significados é uma atividade reflexiva sobre os "dados" coletados que estão descritos no protocolo das entrevistas. A reflexão fenomenológica é retrospectiva, sempre é de lembrança, de algo que a pessoa viveu, sentiu e passou.

A reflexão fenomenológica também é um processo de redução. Para Bicudo (1994, p. 20), a redução fenomenológica descreve a experiência vivida, seleciona as partes da descrição que são essenciais ao fenômeno e ajuda a delimitar e explicitar os significados inerentes ao fenômeno que está sendo investigado. É um processo analítico de busca de significados que envolve um movimento de ida e volta entre pedaços de "dados" concretos e conceitos abstratos, entre o raciocínio indutivo e dedutivo, entre a descrição e a interpretação (Merriam, 1988, p. 178).

Durante a leitura e releitura dos protocolos das entrevistas, o pesquisador pode ter a sensação de estar perdido, mas surgirão *insights*[4] que o ajudarão a criar uma estrutura para compreender os significados. É um momento em que não se pode perder de vista a questão de pesquisa, pois ela ajuda o pesquisador a não perder o foco do estudo.

A partir da leitura de autores como Van Manen (1990), Bicudo (2000), Barrit *et al.* (2000) e Santos (2004), que utilizam a fenomenologia como método de pesquisa, sugiro um processo subdividido em seis etapas, que não são dissociadas, mas integradas, o que indica que o processo é cíclico, como ilustra a Figura 9.1.

A primeira etapa da análise envolve a leitura e a releitura das entrevistas, realizada várias vezes. Num primeiro momento, a leitura tem como objetivo levar o pesquisador a adquirir uma visão sistêmica da entrevista. Em um segundo momento, deve ser feita uma leitura linha por linha, o que possibilita codificar os discursos sem perder de vista a questão que orientou toda a pes-

---

[4] Refere-se àquilo que se doa à consciência e é, no seu sentido mais elevado, um ato da razão; trata-se de um "ver" no interior da situação (Machado, 1994, p. 40).

quisa. Esse processo resulta em um protocolo codificado para cada protocolo de entrevista. Na segunda etapa, se a pesquisa for realizada com gerentes, pode-se utilizar o seguinte código: "GN.n", em que "G" equivale a gerente, "N" ao número do gerente entrevistado e "n" equivale ao número do discurso extraído do protocolo da entrevista. O número do discurso é delimitado de forma sequencial a partir de um processo de leitura e releitura das entrevistas. Um discurso codificado pode representar várias palavras, frases, sentenças e até parágrafos, extraídos com o objetivo de ajudar na busca de unidades de significado e na identificação de temas. Como parte do processo analítico, entretanto, a codificação dos discursos possibilita que o pesquisador seja mais rigoroso na descoberta de seu significado (Coffey e Atkinson, 1996).

Figura 9.1 Ciclo da análise compreensiva interpretativa da pesquisa fenomenológica

De posse dos protocolos codificados, a terceira etapa do processo de análise fenomenológica demanda mais leitura e releitura na busca da identificação de temas que formarão a estrutura de significados do fenômeno que está sendo investigado. Merriam (1998, p. 7-8) aponta várias formas para apresentar as descobertas em uma pesquisa qualitativa, com a utilização de "temas, categorias, tipologias, conceitos, hipóteses provisórias e até uma teoria que tenha sido indutivamente derivada dos dados". Na proposta, utilizou-se a delimitação de temas para a análise fenomenológica de forma compreensiva interpretativa. A codificação dos discursos (2ª etapa) ajudou na identificação das categorias de significado de cada tema.

O tema, de acordo com Van Manen (1990, p. 87), é uma forma de estabelecer o controle e a ordem para a pesquisa e para a escrita. O tema pode ser considerado uma forma de capturar o fenômeno que as pessoas tentam entender, procurando descrever um aspecto da experiência vivida. O autor utiliza a delimitação de temas na pesquisa fenomenológica como uma forma de encontrar significados da experiência vivida dos pesquisados.

A delimitação de temas (sua formulação e seu entendimento) não é um processo com regras limitadas, mas um ato livre de "ver" os significados (Van Manen, 1990, p. 79). O "olhar" do pesquisador sobre os dados definirá a forma como o texto fenomenológico será elaborado, delimitando assim a estrutura da experiência. Van Manen (1990, p. 88) apresenta várias considerações para ilustrar como o tema se relaciona com o que está sendo estudado. São elas:

a) *O tema é o meio para se chegar à ideia e* desvelar os significados da experiência vivida das pessoas entrevistadas.

b) *O tema dá forma ao que não tem forma.* Existem várias formas de compreender os significados de um fenômeno, e o tema ajuda a estabelecer ou expressar a sua essência.

c) *O tema descreve o conteúdo da ideia.* Uma boa formulação do tema parece tocar de alguma maneira o âmago da ideia que o pesquisador está tentando compreender.

d) *O tema é sempre uma redução da ideia.* Nenhuma formulação temática pode desvendar completamente o significado profundo, o mistério completo, os aspectos enigmáticos do significado.

Um tema tem força fenomenológica quando permite um processo de descrição fenomenológica (Van Manen, 1990). Essa descrição é interpretativa e ajuda a compreender o fenômeno pesquisado.

A fenomenologia como método de pesquisa em estudos organizacionais

285

A quarta e a quinta etapas da análise fenomenológica são fundamentais na delimitação da estrutura de significados das experiências vividas e envolvem a definição de uma estrutura para o agrupamento dos relatos das pessoas por tema em quadros temáticos (4ª etapa) e o preenchimento dos quadros temáticos (5ª etapa), que surgiu a partir de estudos dos procedimentos adotados por vários pesquisadores como Van Manen (1990), Bicudo (2000), Barrit *et al.* (2000) e Santos (2004).

Bicudo (2000) apresenta uma série de procedimentos para a análise fenomenológica e cita um exemplo de análise estrutural. Nesse exemplo, ela utiliza três colunas: a primeira indica o discurso na linguagem do sujeito, a segunda representa uma redução a unidades de significado e a terceira indica asserções articuladas do discurso. Barrit *et al.* (2000) destacam que existem várias formas para analisar materiais escritos de experiências vividas visando obter temas comuns. Os autores citam vários exemplos e também apresentam uma tabela com três colunas (Quadro 9.1). Na primeira são indicados os temas ou formas compartilhadas nos discursos; na segunda as afirmações que representam os próprios discursos; e na terceira coluna são indicadas às variações temáticas, ou seja, subtemas relacionados ao tema central.

Santos (2004, p. 130-137) realizou uma pesquisa sobre a privação do ato de amamentar de mães portadoras do vírus HIV e indica um exemplo de análise estrutural das descrições experienciais em um quadro com três colunas: a primeira indica os discursos na linguagem do sujeito significativo; a segunda a redução a unidades de significado e a terceira a convergência de unidades temáticas.

A partir da análise desses autores, foi desenvolvida uma estrutura para preenchimento dos quadros temáticos com a análise estrutural das descrições das experiências que contêm cinco colunas. Na primeira, são apresentados os discursos na linguagem das pessoas entrevistadas relacionados com a categoria temática correspondente. Essa linguagem é ingênua porque não foi analisada e refletida à luz do tema investigado (Bicudo, 2000, p. 92). Na segunda coluna são indicadas as unidades de significado, que, segundo Bicudo (2000, p. 81), "são unidades da descrição ou do texto que fazem sentido para o pesquisador a partir da interrogada formulada". A interrogação a que se refere a autora é realizada pelo pesquisador ao atribuir significados ao discurso na linguagem do sujeito. A terceira coluna indica as categorias abertas ou invariantes. As categorias abertas

[...] são constructos que apresentam grandes convergência de unidades de significado já analisadas e interpretadas. Indicam os aspectos estruturantes do fenômeno investigado e abrem-se à metacompreensão considerando a interrogação, o percebido, o analisado, o diálogo estabelecido na intersubjetividade autor/sujeitos/autores/região de inquérito. (Bicudo, 2000, p. 82.)

Na pesquisa, as categorias abertas ajudam a delimitar uma estrutura para a construção dos textos fenomenológicos. Bicudo (1994, p. 22) destaca que essas categorias são "abertas porque são dadas à compreensão e interpretação do fenômeno na região de inquérito investigada". A região de inquérito está associada a uma "situacionalidade" ou mundo-vida em termos de experiência vivida (Fini, 1994).

Ainda no quadro temático, foi incluída uma coluna indicando as redes de significado. A denominação "rede" foi adotada para ilustrar que os códigos (números) dos discursos, identificados na segunda etapa, mantêm uma ligação, pois integram uma categoria aberta (ver Quadro 9.1). Bicudo (2000) entende a rede como interligações entre categorias, mostrando o próprio tecido de sentidos percebidos e dos significados atribuídos. A rede envolve interligações entre discursos de uma mesma categoria. A autora ressalta que a rede "[...] não indica ordem lógica, nem hierarquia de valores. Pode ser interpretada a partir de qualquer ponto, porém este nunca é isolado, mas parte constituinte da rede" (p. 79). A delimitação da categoria aberta e da rede de significados cria uma teia com interligações. Cada ponto dessa teia expressa parte da experiência.

A última coluna do quadro temático contém as asserções articuladas do discurso, que são afirmações do pesquisador sobre o discurso como foi relatado ou sobre a sua unidade de significado. No Quadro 9.1, é indicado parte de um quadro temático do processo de análise proposto por Silva (2005), elaborado a partir de Van Manen (1990), Bicudo (2000), Barrit *et al.* (2000) e Santos (2004).

A construção de quadros temáticos já pode ser considerada uma atividade de interpretação, uma vez que procura delimitar uma estrutura para compreender o fenômeno e estabelece unidades de significado, a partir dos relatos das experiências de pessoas que participaram do estudo. Ao iniciar a análise fenomenológica de forma compreensiva interpretativa, a convergência de significados

A fenomenologia como método de pesquisa em estudos organizacionais

Quadro 9.1 Exemplo de análise estrutural das descrições experienciais de gerentes*

Discurso na linguagem do gerente	Unidade de significado	Categoria aberta	Rede de significados**	Asserções articuladas do discurso
Um conflito que me marcou como administrador do banco foi a necessidade de voltar a estudar por conta de uma mudança que aconteceu na organização e na própria economia como um todo... [GI.97].	A mudança na organização e na economia ocasionou um conflito marcante – necessidade de voltar a estudar.	Fator que gera conflito na prática gerencial.	GI.85, GI.93, GI.97, GI.101, GI.112 GI.115, GII.108, GII.228, GIII.73, GIV.104, GIV.126, GV.103.	As transformações no ambiente empresarial levaram o gerente a retomar os estudos.
Quando eu tô vindo aqui pro trabalho eu procuro, bom, agora eu tô indo trabalhar, vou me reconectar, bom, tenho que chegar lá no banco, eu tenho que fazer isso, fazer aquilo, encaminhar isso, encaminhar aquilo, procuro dar uma desligada, né, isso tem me ajudado bastante. Quando eu saio daqui, ao final do expediente, eu já vou me conectar com a vida lá na família. Bom, ficou pendente isso, tenho que fazer isso... [GIV.52].	A capacidade de reflexão sobre o que deve ser realizado no trabalho ajuda o gerente a se desligar do contexto da família.	Fator que minimiza o conflito.	GII.146, GII.147, GIII.89, GIII.90, GIII.145, GIII.146, GIII.148, GIV.52, GIV.136, GIV.138, GVI.243.	Uma das maneiras utilizadas pelo gerente para conciliar o trabalho e a família é procurar separar os dois contextos por meio de um processo mental de conexão com o mundo do trabalho e com a família.

* Esses discursos integram o tema "conflito entre a prática gerencial e as relações em família".
** Na coluna são indicados todos os códigos dos discursos vinculados à categoria aberta.

Fonte: Extraído de Silva, 2005.

entre os discursos em torno de uma unidade maior ilustra a natureza inter-subjetiva da pesquisa. No caso do exemplo anterior, são vários gerentes que percebem, por exemplo, *fatores que geram conflito na prática gerencial*, que é uma categoria aberta de um tema – *os conflitos entre a prática gerencial e as relações em família* – e existem alguns aspectos dessa experiência que guardam similaridade, complementaridade e até ambiguidade.

O preenchimento dos quadros temáticos ajuda a compreender o que é uma pesquisa embasada no método fenomenológico. Quando o pesquisador descobre unidades de significado e faz asserções a respeito, procura se manter fiel à experiência da pessoa que a relatou. Ele não está inferindo, mas descobrindo que unidade de significado está ali presente naquele discurso. A junção de todos os discursos de um quadro temático auxilia na redação do texto fenomenológico, que deve ser pautado por uma leitura forte (ver seção 9.6).

O texto resultante do processo de redução fenomenológica delimita uma estrutura que represente as experiências vividas de pessoas. O texto possibilita às pessoas que tiverem contato com ele refletir sobre o contexto da experiência e também sobre sua própria experiência.

Para entender o que é uma pesquisa fenomenológica, é importante estudar as bases epistemológicas do método, mas um fator determinante é a vivência da experiência, o processo de reflexão que ela proporciona ao pesquisador. Após a construção e o preenchimento dos quadros temáticos, a sexta etapa do método é a redação do texto fenomenológico, que será abordada nas próximas seções.

9.5 A escrita fenomenológica – revelando o fenômeno de forma compreensiva interpretativa

A elaboração do texto fenomenológico é uma atividade de escrita. Van Manen (1990, p. 126) indaga sobre o que é a escrita, e responde: "A escrita é uma atividade de produção. O escritor produz texto, e ele produz mais do que texto. O escritor produz a si próprio". É, portanto, um ato de interpretação.

A escrita fenomenológica deve ser capaz de transpor a mera descrição e ser carregada de interpretação. O ato de interpretação, segundo Evans (1999, p. 47), é um ato profundamente misterioso que não pode ser especificado no

A fenomenologia como método de pesquisa em estudos organizacionais

avanço ou redução a um sistema lógico, mas apenas ser revelado no fazer, na prática da hermenêutica em si mesma. Isso é tanto um desafio quanto uma dificuldade. A escrita é um ato reflexivo e hermenêutico, um movimento dinâmico em busca da compreensão.

Vale ressaltar que:

> [...] o método fenomenológico não estimula os pesquisadores a encontrarem a verdade definitiva. A fenomenologia é antes de tudo uma abordagem inacabada; o fenômeno investigado sempre poderá ser retomado sob nova investigação. (Carvalho e Vergara, 2002, p. 82.)

A escrita distancia o pesquisador da experiência vivida, mas por assim fazer permite descobrir as estruturas existenciais da experiência.

> A escrita cria uma distância entre o pesquisador e o mundo do qual as subjetividades da experiência diária se tornam o objeto da nossa consciência reflexiva. O domínio imediato do escritor é o papel, caneta ou teclado, por um lado, e a linguagem ou as palavras por outro lado [...]. (Van Manen, 1990, p. 127.)

Nesse processo, é preciso ter alguns cuidados e procurar concentrar a atenção na descrição e interpretação da experiência, evitando explicações causais, generalizações ou interpretações abstratas; é recomendável não enbelezar os relatos com frases caprichosas ou terminologia florida; e descrever eventos específicos, acontecimentos, uma experiência particular (Van Manen, 1990). Não há como verificar a validade das informações fornecidas pelas pessoas entrevistadas. O pesquisador precisa acreditar que aquilo que eles relataram realmente representa as suas experiências.

Van Manen (1990, p. 167-173) apresenta cinco possibilidades para organizar o texto da escrita fenomenológica – tematicamente, analiticamente, exemplificativamente, exegeticamente e existencialmente. Essas possibilidades não são exaustivas nem mutuamente exclusivas. Pode-se fazer uma combinação entre elas ou criar uma forma diferente para a organização da escrita. Na proposta aqui apresentada, foi sugerida a estrutura temática para delimitar um caminho para a redação dos textos fenomenológicos, mas isso não exclui outras possibilidades.

Os temas se configuram como guias orientadores para a escrita. A redação do texto fenomenológico é a última etapa da análise fenomenológica. Os quadros temáticos são fundamentais nessa etapa porque ajudam a delimitar uma estrutura para a redação dos textos. As categorias abertas auxiliam a estabelecer uma estrutura interna para a redação das seções de cada tema. O processo de transformação do quadro em texto é uma atividade que demanda tempo e dedicação. Durante a redação dos textos, é necessário reler os protocolos das entrevistas para manter uma relação entre a parte e o todo significativo do fenômeno, por isso o processo de análise é cíclico.

A redação dos textos é um processo de reflexão e também uma atividade de escrita e reescrita. É um percurso que envolve muitas idas e vindas aos protocolos das entrevistas e aos quadros temáticos, observando a ligação entre a parte e o todo que reflete, como destaca Van Manen (1990, p. 132), a "assinatura" pessoal do autor.

Uma das considerações de destaque na redação dos textos é o processo de interrogação dos "dados". Como cada pesquisador tem "um olhar" sobre o fenômeno que está sendo investigado, "a interrogação sobre o fenômeno não se esgota nunca, porque sempre haverá um outro sujeito para o qual ele se mostrará de uma maneira diferente. O fenômeno é, portanto, perspectival" (Fini, 1994, p. 26). Isso indica que se outro pesquisador trabalhar na elaboração dos textos a partir dos quadros temáticos da pesquisa, poderá delimitar uma estrutura diferente para compreender os significados, o que atribui um caráter polissêmico ao processo interpretativo.

Essa "liberdade" de construção do texto é singular, pois possibilita o uso da criatividade como um *bricoleur* usa a sua habilidade para adaptar materiais e ferramentas diversos (Coffey e Atkinson, 1996). A bricolagem é uma maneira de tornar a atividade de construção do texto mais divertida e criativa, sem perder o rigor e se distanciar das bases que fundamentam o método.

A escrita tende a nos orientar para longe de contextos particulares em direção a uma esfera mais universal. Enquanto tentamos capturar o significado das experiências vividas no texto escrito, em troca, o texto assume vida própria (Van Manen, 1990, p. 128). O pesquisador procura "dar vida" ao texto

A fenomenologia como método de pesquisa em estudos organizacionais **291**

a partir das falas das pessoas pesquisadas e também da análise compreensiva interpretativa dos discursos. Essa "vida" tem uma estrutura significativa para revelar e compreender o fenômeno. Para isso, é necessário manter uma relação forte e orientada.

9.6 Mantendo uma relação forte e orientada

A ciência humana fenomenológica é uma forma de pesquisa que requer muito rigor para manter a orientação para o fenômeno que está sendo investigado (Van Manen, 1990, p. 33). Para o autor, um pesquisador que procura compreender a experiência vivida precisa indagar (refletir, falar e escrever) de uma maneira forte e orientada. É a leitura forte e orientada que propicia o rigor necessário à pesquisa fenomenológica.

Ler os textos de uma maneira forte consiste em uma atividade interpretativa dos discursos que são interpretações dos significados presentes na vivência de um fenômeno específico. Para Evans (1999, p. 47-48), a leitura forte representa o coração hermenêutico do estudo. A redação dos textos fenomenológicos é uma etapa preparatória para a leitura forte. O autor ressalta que é difícil, talvez impossível, especificar em algumas palavras como alguém chega a uma leitura forte. A dificuldade apontada por Evans (1999, p. 48) talvez seja decorrente da especificidade e da natureza do fenômeno demandar um ato reflexivo do vivido. Não há uma fórmula para isso, mas é um esforço de imaginação criativa hermenêutica.

Para manter uma relação forte e orientada, o pesquisador não pode perder de vista a questão de pesquisa, pois é ela que irá orientá-lo na busca de significados. A leitura forte está intimamente relacionada com a interpretação. Uma interpretação é forte quando as experiências vividas se transformam em um texto que representa um modo de viver e uma maneira efetiva de agir.

A análise fenomenológica contribui para uma leitura forte e orientada para o fenômeno e nesse processo o pesquisador tem um papel fundamental. Para Fini (1994, p. 31), "o pesquisador fenomenológico busca sempre interpretar seus 'dados' a partir de um referencial filosófico que fundamenta sua reflexão, o seu pensar".

Evans (1999, p. 29-32) ressalta que as histórias se tornam recomendações para um estilo de vida, para uma maneira efetiva de como as pessoas devem agir. Assim, cada história deve ser lida como uma definição narrativa de um significado, e o que torna a leitura forte é o seu caráter reflexivo.

Apresentar uma pesquisa utilizando um texto reflexivo não envolve simplesmente apresentar achados, mas realizar a leitura de um texto que mostra o que ensina. A pessoa deve se encontrar com ele, passar por ele, sofrer com o texto, consumi-lo e também ser consumido por ele (Van Manen, 1990, p. 153).

Esse caráter reflexivo é alcançado a partir de um processo em que o pesquisador procura captar os significados presentes nas falas em um primeiro momento, para depois produzir o texto. A reflexão fenomenológica é um processo interpretativo e o pesquisador deve ser capaz de transcender seu próprio discurso. A leitura é forte quando o pesquisador consegue revelar o essencial do fenômeno.

Na minha experiência como pesquisador, pude perceber que manter uma leitura forte e orientada para o fenômeno requer conhecimento e rigor metodológico na trajetória da pesquisa. Nessa trajetória, a relação entre as partes e o todo no contexto da pesquisa é essencial.

9.7 A relação entre as partes e o todo no contexto da pesquisa fenomenológica

Manter uma relação entre as partes e o todo se torna mais evidente no processo de coleta das descrições da experiência vivida e na análise fenomenológica. No processo de redação dos textos fenomenológicos, a ligação entre a parte e o todo emerge naturalmente, uma vez que todo o processo de análise é pautado na relação entre uma unidade de significado, uma categoria aberta, uma rede de significados e um tema. Isso ocorre até no momento das asserções articuladas dos discursos.

Na escrita fenomenológica, vários discursos são agrupados objetivando estabelecer uma estrutura para a elaboração do texto. As partes vão formando um todo signficativo e representativo de um tema.

Van Manen (1990, p. 168) destaca que, se o pesquisador usa temas para organizar a escrita fenomenológica, o seu desafio é tratar cada um deles

A fenomenologia como método de pesquisa em estudos organizacionais

sistematicamente, apesar de um tema sempre implicar as dimensões de significado de outros temas. Durante a redação dos textos essa relação entre os temas está presente, o que torna a estrutura do fenômeno integrada e significante.

Nessa relação entre as partes e o todo existe uma perda entre o que foi relatado e o que foi vivido pelas pessoas que participam da pesquisa. Isso indica que a reflexão fenomenológica, por mais aprofundada, não consegue captar a essência do fenômeno na sua totalidade. Além da perda entre o vivido e o relatado, não é possível chegar à totalidade da essência em decorrência do processo de redução fenomenológica ocorrida na análise.

Como parte de um todo, o pesquisador vivencia cada etapa do processo de pesquisa e pode perceber os efeitos transformadores do estudo em sua consciência e em seu conhecimento sobre o tema. Para Van Manen (1990, p. 163), a pesquisa fenomenológica é uma forma de aprendizado profundo, levando a uma transformação da consciência, um aumento de percepção, da reflexão e do tato. É um processo sistêmico, mas singular, que ilustra experiências de pessoas de forma intersubjetiva. O todo e as partes são inseparáveis porque retratam experiências vividas que podem guardar certa familiaridade com a experiência de outras pessoas.

9.8 Considerações finais

O capítulo abordou a utilização da fenomenologia como uma estratégia de pesquisa. Nos estudos organizacionais, o desenvolvimento de pesquisas que utilizam o método fenomenológico no contexto das organizações ainda é escasso e espera-se que os aspectos abordados promovam uma reflexão sobre os pressupostos filosóficos e metodológicos da fenomenologia, gerando reflexões e dúvidas sobre a sua utilização nos estudos organizacionais.

A proposta apresentada delimita um caminho metodológico, passível de contribuições e críticas que contribuam para o avanço do conhecimento em torno de suas bases epistemológicas e metodológicas. A decisão sobre a utilização da fenomenologia requer do pesquisador alguns cuidados. O primeiro deles envolve a definição de uma questão de pesquisa capaz de auxiliá-lo na compreensão de um fenômeno. A questão de pesquisa não nasce como um questionamento sobre um problema, mas para compreender como as pessoas vivenciam um fenômeno. "A finalidade da pesquisa não deveria estar em acumular fatos do mundo existencial, mas em compreendê-los" (Coltro, 2000, p. 43).

Outro cuidado que o pesquisador deve ter, sobretudo no momento da coleta das descrições experienciais e em sua análise, envolve a estrutura de significado para a compreensão do fenômeno que não se encontra em uma fonte teórica externa, mas nos relatos das pessoas entrevistadas. Desses relatos irão emergir os significados das experiências vividas pelas pessoas entrevistadas.

A entrevista foi indicada como uma técnica de apoio ao pesquisador na condução de um estudo fenomenológico. Entretanto, existem outras possibilidades, como a adotada por Evans (1996) em seu estudo com diretores de escolas no Canadá. O autor solicitou que os dirigentes redigissem histórias que refletissem suas experiências diárias. De uma perspectiva fenomenológica, as histórias constituem os dados e foi a partir delas que Evans (1996) revelou os significados do que é ser um gestor educacional.

O ciclo de análise apresentado no capítulo tem como base os protocolos das entrevistas, mas também pode ser subsidiado por histórias redigidas pelas pessoas. O processo de codificação auxilia na delimitação de temas; a construção do texto fenomenológico é uma das tarefas mais difíceis de todo o processo porque requer do pesquisador um conhecimento profundo do método. Nesse momento, não se pode perder de vista a questão de pesquisa e também deve-se procurar fazer uma leitura forte, descrevendo de forma compreensiva interpretativa uma estrutura de significados que revele como as pessoas vivenciaram determinado fenômeno.

A relação entre as partes e o todo, sobretudo no momento da elaboração do texto a partir do quadro temático, é outro aspecto que ajuda o pesquisador a evitar inferências ou interpretações que distanciem a análise compreensiva do fenômeno em estudo. Os discursos de um quadro temático são extraídos de um protocolo de entrevistas e, apesar de sua aparente fragmentação, o mesmo não pode ser retirado do contexto. A unidade de significado do discurso ajuda a manter a relação forte e orientada para o fenômeno.

Uma dificuldade na condução do estudo, que é uma limitação do próprio método e também da natureza humana, é que nós não podemos ter as mesmas sensações das pessoas que vivenciaram uma experiência, como um sofrimento ou a dor da perda de um emprego. Existe uma perda entre o vivido e o relatado, mas o encontro entre pesquisador e a pessoa que participa do estudo pode ser rico em significados, desde que a relação seja pautada na confiança, no respeito e também na valorização do que está sendo descrito pela pessoa. Em alguns casos, conseguir confiança no primeiro encontro é difícil. Neste capítulo, foi sugerido o método de entrevista em profundidade proposto por Seidman (1997), uma vez que ele é pautado em três entrevistas que, além de contribuir para a criação de uma relação de confiança, suscitam um processo de reflexão no transcorrer de sua realização.

Durante o encontro com a pessoa entrevistada o pesquisador deve manter um olhar fixo e procurar se concentrar no relato das experiências como uma forma de evitar que pressupostos ou comparações com outras experiências vivenciadas "contaminem" seus pensamentos e interfiram na condução do processo. O pesquisador deve incorporar a figura de um espectador atento e sintonizado ao que está sendo relatado.

Os resultados de um estudo fenomenológico, materializado em um texto rico em significados, devem possibilitar uma conversação entre o leitor e o texto de modo que contribua para um processo de reflexão. A vivência da pesquisa fenomenológica leva o pesquisador a viver uma experiência única e singular, também rica em significados porque é vivida de forma intensa.

Referências

BARRIT, L.; BEEKMAN, T.; BLEEKER, H. e MULDERIJ, K. Analyzing phenomenological descriptions. Phenomenology + Pedagogy, v. 2, n. 1, p. 1-17, 2000.

BICUDO, M A. V. *Fenomenologia*: confrontos e avanços. São Paulo: Cortez, 2000.

_____. Sobre a fenomenologia. In: BICUDO, M. A. V. e ESPOSITO, V. H. C. (Org.). A pesquisa qualitativa em Educação: um enfoque fenomenológico. Piracicaba: Unimep, 1994, p. 15-22.

CARVALHO, J. L. F. e VERGARA, S. C. A fenomenologia e a pesquisa dos espaços de serviços. Revista de Administração de Empresas, São Paulo, v. 42, n. 3, p. 78-91, jul./set. 2002.

CHANLAT, J. F. (Coor.). *O indivíduo na organização*: dimensões esquecidas. Vol. 3. São Paulo: Atlas, 1996.

_____. *Ciências sociais e management*: reconciliando o econômico e o social. São Paulo: Atlas, 2000.

COFFEY, A. e ATKINSON, P. *Making sense of qualitative data.* Thousand Oaks (CA): Sage, 1996.

COHEN, M. Z. A. Historical overview of the phenomenologic movement. Image: *Journal of Nursing Sholarship*, n. 1, p. 31-34, 1987.

COLTRO, A. A fenomenologia: um enfoque metodológico para além da modernidade. In: *Caderno de Pesquisas em Administração*. São Paulo, v. 1, n. 11, 1º Trimestre/2000.

DARTIGUES, A. *O que é fenomenologia?* 7ª ed. São Paulo: Centauro, 199–.

ESPOSITO, V. H. C. Pesquisa qualitativa: modalidade fenomenológico-hermenêutica. Relato de uma pesquisa. In: BICUDO, M. A. V. e ESPOSITO, V. H. C. (Org.). A pesquisa qualitativa em Educação: um enfoque fenomenológico. Piracicaba: Unimep, 1994, p. 81-102.

EVANS, R. The pedagogic principal. Alberta (Canadá): Qual Institute Press, 1999.

FINI, M. I. Sobre a pesquisa qualitativa em Educação, que tem a fenomenologia como suporte. In: BICUDO, M. A. V. e ESPOSITO, V. H. C. (Org.). A pesquisa qualitativa em Educação: um enfoque fenomenológico. Piracicaba: Unimep, 1994, p. 23-33.

FORGHIERI, Y. C. (Org.). *Fenomenologia e psicologia.* São Paulo: Cortez, 1993.

HEIDEGGER, M. *Ser e tempo.* Vol. 1. 4ª ed. Rio de Janeiro: Petrópolis, 1993.

LYOTARD, J. F. A fenomenologia. São Paulo: Difusão Europeia do Livro, 1967.

MACHADO, O. V. M. Pesquisa qualitativa: modalidade fenômeno situado. In: BICUDO, M. A. V. e ESPOSITO, V. H. C. (Org.). A pesquisa qualitativa em Educação: um enfoque fenomenológico. Piracicaba: Unimep, 1994, p. 35-46.

MEINICKE, D. O medo na gerência. 2003. Dissertação (Mestrado em Engenharia de Produção) – Centro Tecnológico. UFSC, Florianópolis, 2003.

MERLEAU-PONTY, M. *Fenomenologia da percepção.* São Paulo: Martins Fontes, 1994.

MERRIAN, S. B. *Qualitative research and case study applications in education.* San Francisco (CA): Jossey-Bass, 1988.

MORGAN, G. Paradigm, metaphors, and puzzle solving in organization theory. *Administrative Science Quaterly*, v. 25, p. 605-622, 1980.

MOREIRA, D. A. *O método fenomenológico na pesquisa.* São Paulo: Pioneira Thomson, 2002.

MOUSTAKAS, C. *Phenomenological research methods.* California: Sage Publications, 1994.

NAPOLI, R. B. A hermenêutica de W. Dilthey. In: REIS, R. R. e ROCHA, R. P. *Filosofia hermenêutica.* Santa Maria: UFSM, 2000, p. 93-114.

PATRICIO, Z. M.; PINTO, M. D. S.; ESTRELA BRITO, S. L. e COLOSSI, N. Aplicação dos métodos qualitativos na produção de conhecimento: uma realidade particular e desafios coletivos para compreensão do ser humano nas organizações. In: 23º Encontro Anual da Anpad, 1999, Foz do Iguaçu. *Anais...* CD-ROM.

PATTON, M. Q. Qualitative Evaluation Methods. Beverly Hills: Sage, 1989.

REZENDE, A. M. Concepção fenomenológica da educação. São Paulo: Cortez, 1990.

RICOEUR, P. *Interpretação e ideologias.* Rio de Janeiro: Francisco Alves, 1977.

SANDERS, P. Phenomenology: a new way of viewing organizational research. *Academy of Management Review*, v. 7, n. 3, p. 353-360.

SANTOS, E. K. A. A expressividade corporal do ser-mulher/mãe HIV positiva frente à privação do ato de amamentar: a compreensão do significado pela enfermeira à luz da teoria da expressão de Merleau-Ponty. Tese (Doutorado em Enfermagem) – Centro de Ciências da Saúde. UFSC, Florianópolis, 2004.

A fenomenologia como método de pesquisa em estudos organizacionais

297

SCHULTZ, A. On phenomenology and social relations. Chicago: University of Chicago Press, 1970.

SEIDMAN, I. *Interviewing as qualitative research:* a guide for researchers in education and the social sciences. 2nd ed. New York: Teachers College Press, 1997.

SILVA, A. B. *A vivência de conflitos entre a prática gerencial e as relações em família.* Tese (Doutorado em Engenharia de Produção) – Programa de Pós-Graduação em Engenharia de Produção. UFSC, Florianópolis, 2005.

VAN MANEN, M. *Researching lived experience: human science for an action sensitive pedagogy.* London, Ontário:The Althouse Press, State University of New York Press, 1990.

Métodos de Coleta
e Análise de Material Empírico

PARTE III

| Capítulo 10 | **Entrevista qualitativa: instrumento de pesquisa e evento dialógico** |

Christiane Kleinübing Godoi
Pedro Lincoln C. L. de Mattos

Introdução

A entrevista é uma prática de pesquisa que mostra claramente a crise metodológica desenvolvida nas ciências humanas e sociais a partir de seu afastamento do paradigma moderno do empirismo e do *subjetismo moderno*[1]. O espaço privilegiado ocupado pela entrevista na discussão epistemológica pode ser atribuído, como sugerem Fontana e Frey (2000, p. 647), ao fato de os cientistas sociais costumarem reconhecer as entrevistas como encontros interacionais e que a dinâmica social da entrevista pode determinar a natureza do conhecimento gerado.

A vida humana é concebida pelo paradigma hermenêutico como um horizonte de possibilidades não decididas, restaurando a *dificuldade da vida* – alusão à expressão de Gadamer, *abertura da experiência*. Essa *insegurança*, observam Grün e Costa (2002, p. 96), pode ser considerada quase a antítese do método como *corretor*. Gadamer (2003) opera um deslocamento radical que vai da autoconsciência do sujeito à linguisticidade do ser humano, instituindo o caráter ontológico do *acontecimento linguístico*. A *ontologia gadameriana do evento da*

---

[1] Designação de Heidegger, na qual o estatuto do mundo se fundamenta na subjetividade humana e a filosofia passa a centrar-se na consciência.

compreensão renuncia definitivamente às pretensões de objetividade da ciência. Considerando o ato de objetivar um ato de poder excessivo, a hermenêutica de Gadamer recupera o caráter dinâmico do *compreender*, perdido ou suprimido tanto pela tradição empirista quanto pela metafísica ideacional ocidental. A expressão *evento* torna-se fundamental no interior do paradigma hermenêutico, uma vez que as experiências de verdade não são fatos puros – como crê o empirismo – nem experiências conceituais – na visão da metafísica. As verdades *acontecem* como *momento estético* ou *evento linguístico*.

Não chegamos, certamente, ao fim da crise epistemológica e, por isso, nosso tratamento do assunto se move em um terreno de formalismo, hibridismo e inovação. Não é possível sair da crise sem um duplo esforço: primeiro, o de analisar reflexivamente o formalismo técnico-instrumental da entrevista – entendendo-se aqui esse formalismo como a fixação excessiva da pesquisa na forma convencional de operar um processo sistemático de coletar informações – e o hibridismo ou incongruência de termos sobre essa prática; e segundo, o de ensaiar passos supostamente fora do paradigma de trabalho dominante, para recriar significados internos dessa ação comunicativa de pesquisa, mesmo que tais ensaios se apresentem ainda "soltos", desarticulados de outras práticas e necessitando de correções em sua ousadia. No meio desse duplo esforço, será possível entrever um ou outro pressuposto paradigmático próprio das ciências humanas e sociais, esperando que, na continuidade, novas práticas de pesquisa apareçam mais consistentes, distintas, claras, livres do débito histórico, embora em nada pretendendo substituir as práticas próprias da pesquisa empírica.

A intenção deste capítulo é, primeiro, identificar o discurso formal sobre a entrevista, como técnica e instrumento, alertando para o perigo de esvaziamento do significado e recaída na prática investigatória do formalismo – que se definiria, em geral, como uma forma simbólica que se desgarrou de seu significado original e sobrevive da rotina da prática. No tratamento prioritário da dimensão formal e em sua fixação autossuficiente nos manuais, se esconde um risco de esvaziamento da entrevista. O texto encontra, no entanto, sua intenção principal, quando reelabora para a entrevista um significado radicado na comunicação humana – *a entrevista como evento de intercâmbio dialógico* – que pode promover reformulação metodológica capaz de enriquecer a prática de pesquisa e construir novas situações de conhecimento. A afirmação

Entrevista qualitativa: instrumento de pesquisa e evento dialógico

da legitimidade metodológica desse significado é precedida de referência à concepção de ciência subjacente à crise por que passa a prática da entrevista qualitativa nas ciências sociais.

O argumento central é que o tratamento da entrevista como técnica tem um risco empobrecedor permanente – em que pese a necessidade de certas rotinas de prática a serem seguidas, especialmente por iniciantes na arte – e que é preciso, talvez por isso mesmo, chamar sempre a atenção dos pesquisadores para outras dimensões humanas da interação típica da entrevista, distanciando-se dessa forma de certo paradigma de trabalho acadêmico – hoje francamente em crise – em que as ciências sociais imitam as naturais. Um significado dialógico para a entrevista, contudo, não garante com certeza resultados diferenciados, pois não se trata de nova técnica em substituição às anteriores. Abre caminho novo, apenas. Nele, as perspectivas promissoras são grandes e os riscos de degradação também, tudo a depender do pesquisador. Entre a concepção e a prática, a arte da entrevista deve avançar de forma sempre aberta e imponderável. Nisso, aliás, consiste o saber da ciência.

Este capítulo analisa, primeiro, alguns dos elementos procedimentais inerentes à entrevista qualitativa; em seguida, discute a sua constituição como entrevista em profundidade; por fim, questiona os parâmetros de cientificidade tradicionalmente cobrados dos resultados de entrevistas, situando-as como *eventos discursivos complexos* sujeitos a critérios diferenciados de práxis e validação.

10.1 Entrevista qualitativa: tentativas (e riscos) de definição formal

É na década de 1930 que a entrevista começa a ser utilizada amplamente pelas ciências sociais nas tarefas de investigação (Cáceres, 1998, p. 270). A entrevista, formalmente reconhecida como tal, diferencia-se de algumas conversações da vida cotidiana, explanadas por Valles (1997, p. 180):

a) na entrevista, a participação do entrevistado e do entrevistador conta com expectativas explícitas: um de falar e o outro de escutar;

b) o entrevistador anima constantemente o entrevistado a falar, sem contradizê-lo (as resistências encontradas correntemente na conversação espontânea suprimem-se);

c) aos olhos do entrevistado, o encarregado de organizar e manter a conversação é o entrevistador (isso cria em geral uma ilusão de fácil comunicação que faz parecer breves as sessões prolongadas).

Na prática, há três modalidades principais de *entrevista qualitativa*:

a) a entrevista conversacional livre em torno de um tema, caracterizada pelo surgimento das perguntas nos contextos e no curso naturais à interação, sem que haja uma previsão de perguntas nem de reações a elas;

b) a entrevista baseada em roteiro, caracterizada pela preparação desse roteiro e por dar ao entrevistador flexibilidade para ordenar e formular as perguntas durante a entrevista;

c) a entrevista padronizada aberta, caracterizada pelo emprego de uma lista de perguntas ordenadas e redigidas por igual para todos os entrevistados, porém de resposta aberta (Patton, 1999).

Esclareceremos nossa posição a partir de uma análise de outro autor. Sierra (1998, p. 74) catalogou, nas diversas tradições das ciências sociais, sete tipos de entrevista em geral, construídos em função do grau de abertura e da diretividade das intervenções do entrevistador: a sessão clínica (psicanalítica ou psicológica); a entrevista não diretiva; a entrevista focalizada sobre temas precisos; a entrevista com respostas provocadas, porém livres em sua formulação; a entrevista com perguntas abertas, porém seguindo uma ordem precisa; a entrevista com perguntas listadas, mas sem ordem específica; e a entrevista com perguntas fechadas.

Esse mesmo autor se refere à variedade de designações utilizadas para termos afins (Sierra, 1998, p. 300): entrevista aberta, focalizada, intensiva, dentre outras, e diz que a expressão "entrevista em profundidade" chega, para alguns, a corresponder à "entrevista qualitativa", incluindo a entrevista focalizada e outras variantes. Ele, no entanto (1998, p, 299), considera a entrevista em profundidade como *um tipo* de entrevista qualitativa (ou aberta), distinguindo a entrevista focalizada como o outro tipo possível de entrevista qualitativa.

Para Sierra, a entrevista em profundidade é um tipo de entrevista no qual o objeto de investigação está constituído pela vida – experiências, ideias, valores e estrutura simbólica do entrevistado. Na entrevista focalizada, ao contrário, existe um tema ou foco de interesse predeterminado que orienta a conversação e atua como parâmetro na seleção dos entrevistados. Enquanto a entrevista focalizada pretende responder a questões muito concretas (tais como fatores mais influentes, efeitos mais percebidos, diferença de percepção entre os sujeitos), a entrevista em profundidade tende a construir um quadro geral e dinâmico da configuração vivencial e cognitiva do sujeito, independentemente de sua participação como ator (Sierra, 1998, p. 229).

Parece-nos que, na prática da investigação, o mais relevante não reside na nomenclatura associada à entrevista qualitativa, inclusive porque não há uma só, mas variações instrumentais, características de modos específicos de praticar a situação interativa.

Note-se que a condução do entrevistado por certas trilhas não implica a previsibilidade da conversação. O conteúdo conversacional permanece imprevisível e submetido às regras não fixadas de formação do sentido e da interpretação, mesmo que o movimento da conversação seja repetitivo e até redundante.

O centramento da entrevista sobre um tema específico, sobre o objeto da investigação, não nos parece incompatível com o aprofundamento acerca das experiências de vida, atitudes e valores dos sujeitos. A investigação centralizada sobre um tema, categorias e fatores, aliada à exigência de aprofundamento da manifestação dos fatores, de seu alcance para o mundo da vida do sujeito, caracterizam um acontecimento frequente na pesquisa social e humana de caráter qualitativo. No campo dos estudos organizacionais, especificamente, tematização e profundidade precisam estar juntas. Portanto, torna-se, por vezes, imprecisa a opção por uma dessas tipologias de entrevista.

Face à ideia básica de entrevista-conversação para fins de pesquisa, três condições nos parecem essenciais à entrevista qualitativa: que o entrevistado possa expressar-se a seu modo face ao estímulo do entrevistador, que a fragmentação e ordem de perguntas não sejam tais que prejudiquem essa expressão livre, e que fique também aberta ao entrevistador a possibilidade de inserir outras perguntas ou participações no diálogo, conforme o contexto e as oportunidades, tendo sempre em vista o objetivo geral da entrevista.

Assim, a entrevista em profundidade ficará fora do alcance do formalismo técnico.

Supostas sempre essas características, tomaremos neste capítulo a expressão "entrevista aberta" como sinônimo de "entrevista em profundidade", ou simplesmente "entrevista qualitativa", todas elas como *forma de realização de conversações com fins de pesquisa.*

Prosseguimos com outras referências à natureza da entrevista qualitativa na literatura.

O estilo especialmente aberto desta prática de investigação permite a obtenção de uma grande riqueza informativa; proporciona ao investigador a oportunidade de clarificação e seguimento de perguntas e respostas em uma interação direta e flexível. Além disso, tem a vantagem de gerar, na fase inicial de um estudo, pontos de vista, enfoques, hipóteses e outras orientações úteis para o desenvolvimento do projeto (Valles, 1997, p. 196). A prática da entrevista aberta se destina à obtenção de informações de caráter pragmático, de como os sujeitos diversos atuam e reconstroem o sistema de representações sociais e suas práticas individuais (Alonso, 1999, p. 73).

O fator tempo aparece como o inconveniente mais citado dessa prática (Valles, 1997, p. 196). As demais listas de desvantagens, não são, na realidade, limitações ou deficiências inerentes à prática da entrevista aberta, mas sim à costumeira agregação comparativa de desvantagens, ou seja, referências indiretas às vantagens das demais técnicas, um jogo lógico que nada acrescenta ao significado dessa forma de conversação. Com essa ressalva, seguem-se as "desvantagens" reunidas por Valles (1997, p. 196): a falta ou o excesso de *rapport* (mais do que da técnica, essa característica é dependente do investigador); a excessiva diretividade (advertida ou não) do entrevistador (da mesma forma, os excessos são pessoais, não intrínsecos à técnica); a falta de observação direta ou participada nos cenários naturais em que se desenvolva a ação (aqui é colocada como desvantagem uma característica pertencente a outra técnica); o fato de que a entrevista em profundidade não produz o tipo de informação de grupo (novamente uma característica que a técnica de entrevista nunca pretendeu atingir, mas que pertence às práticas de grupo de discussão). Os demais tipos de limitação citados sobre a entrevista aberta referem-se a aspectos da técnica que afetariam as condições de validação, por exemplo, a dependência

Entrevista qualitativa: instrumento de pesquisa e evento dialógico

da informação em relação à situação da entrevista, às características e à atuação do entrevistador e do entrevistado.

A criação de quadros comparativos de "vantagens e desvantagens", com base em características constitutivas de cada tipo de entrevista, a desvantagem de um sendo obtida diretamente da característica (e ao mesmo tempo vantagem) do outro, é uma prática comum à abordagem técnico-instrumental. A ausência de parâmetros lógicos na formulação dessas prescrições põe em dúvida o rigor de determinados dispositivos procedimentais da investigação qualitativa.

A questão da confiabilidade é a mesma discutida em outras práticas metodológicas discursivas. A entrevista aberta é um construto comunicativo, uma forma de produção e interpretação da informação através da análise dos discursos, e não um simples registro do que falam os sujeitos. Os resultados da entrevista qualitativa somente poderiam ser avaliados e validados na análise *enquanto* produções discursivas. A confiabilidade dos resultados da entrevista é definida como o grau no qual o achado é independente das circunstâncias ocasionais da pesquisa (Peräkylä, 1997, p. 203). Porém, em uma situação social em que o conhecimento é construído, em que o imprevisto e o insuspeito fazem parte do método, a dimensão central da validade envolve não o ocasional, mas a correspondência entre as produções geradas pela entrevista e o modelo teórico da pesquisa.

■ 10.2 Revendo alguns procedimentos metodológicos de praxe na entrevista qualitativa

A definição dos procedimentos metodológicos da investigação precisa ser feita, em parte, durante o planejamento do estudo, em parte, durante a própria execução do trabalho de campo. Uma vez presentes, de alguma forma, em todas as etapas da pesquisa, esses elementos encontram-se profundamente vinculados aos elementos metodológicos, nos quais buscam suporte de fundamentação e decisão. Também aqui não se trata de uma escolha livre e arbitrária do pesquisador dentre um conjunto de procedimentos disponíveis. As decisões procedimentais estão amarradas ao quadro teórico que define o objeto de estudo e à metodologia da pesquisa, e, portanto, à sua base epistêmica. Os procedimentos constituem a construção última do delineamento da pesquisa, mas cujas características paradigmáticas já estão esboçadas desde o princípio.

10.2.1 Quantas e quais pessoas entrevistar?

Uma das decisões metodológicas inevitáveis e, por vezes, incômoda no trabalho de investigação qualitativa e da entrevista é a decisão sobre quem, quantos e quantas vezes entrevistar. São interrogações associadas à seleção dos entrevistados, que não podem ser respondidas com fórmulas universais ou simples receitas, antecipa Valles (1997, p. 210). Não há, à disposição do pesquisador, no âmbito qualitativo, as habituais fórmulas matemáticas de cálculo do tamanho amostral para universos grandes ou pequenos, níveis de confiança, erro amostral ou cálculos de variância (Valles, 1997, p. 92).

A seleção dos entrevistados não se ajusta aos critérios da amostragem sociodemográfica, segundo a lógica de proporcionalidade e representatividade estatística, explica Sierra (1998, p. 312). As técnicas quantitativas fixam *a priori* o desenho amostral da pesquisa, enquanto na realidade da visão qualitativa o investigador está impedido de determinar previamente o número de entrevistas necessárias à sua investigação. "As amostras nos estudos qualitativos não estão geralmente pré-especificadas, senão que podem evoluir uma vez começado o trabalho de campo" (Valles, 1997, p. 93).

A definição dos participantes durante o processo de estudo, sem a preocupação da representatividade estatística, atribui ao pesquisador a flexibilidade de, tomando como base o desenvolvimento teórico do trabalho, voltar ao campo e ampliar o número ou aprofundar a conversação com os participantes. A evolução da compreensão analítica que dá consistência ao tema de investigação é, em última análise, o critério que orienta o trabalho de campo.

Alguns investigadores seguem o critério de entrevistar o maior número possível de pessoas relacionadas com o tema objeto de estudo a fim de cobrir ao máximo a diversidade (Sierra, 1998, p. 312), ou fazê-lo por aleatoriedade, práticas que parecem demonstrar um resquício do método amostral quantitativo. A ausência de parâmetros de avaliação não garante, nesses casos, a associação entre pessoas selecionadas e possibilidade de consecução dos objetivos da pesquisa, que passam pela compreensão das categorias teóricas.

Outra estratégia habitual para a definição da amostra teórica é o princípio de "saturação" ou de "redundância" definidos por Glaser e Strauss (1967, p. 61). Na visão desses autores, o pesquisador teria que julgar inclusive quantos grupos deveria amostrar para cada ponto teórico. O critério de julgamento para o encerramento da amostra de um grupo relacionado a uma categoria do estudo seria a saturação teórica da categoria. Saturação significa que, à medida que vá vivenciando casos similares, o investigador adquire confiança empírica de que não mais se encontram dados adicionais que possam contribuir para o desenvolvimento de propriedades da categoria. Quando uma categoria está saturada, o pesquisador sai de seu caminho para buscar grupos que revelem a diversidade dos dados tanto como seja possível, a fim de assegurar-se de que a saturação se embasa no conjunto mais amplo dos dados sobre a categoria (Glaser e Strauss, 1967, p. 61).

O critério de saturação teórica de Glaser e Strauss (1967, p. 61) imprime rigor ao processo de amostragem qualitativa, indiferente à aleatoriedade representativa da amostra estatística. A noção de redundância centra a amostra teórica, ou amostra discursiva, como chama Sierra (1998, 312), no espaço do confrontamento sistemático entre o campo e o desenvolvimento teórico. O processo de amostra teórica consiste em uma etapa da investigação que marca o constante movimento de aproximação e retorno entre a teoria e o campo realizado pelo pesquisador em direção à construção do objeto.

A partir da definição dos critérios de formação da investigação centrada na teoria (que responde aos questionamentos "a quem, quantos, quantas vezes"), há que se preocupar o pesquisador com a organização do processo de seleção, com a questão: como ter acesso aos selecionados? Sierra (1988, p. 312-313) sugere que o acesso aos entrevistados deve organizar-se através de uma técnica, denominada "bola de neve" pelas redes sociais naturais. A captura de sujeitos participantes da amostra se dá por meio de amigos, parentes, contatos pessoais e conhecidos. Visando evitar uma ruptura entre os momentos da vida cotidiana e a elaboração dos discursos na entrevista, o convite aos entrevistados deve ser precedido por um contato realizado através dos canais naturais nos quais o sujeito desenvolve sua atividade.

Considerando as características da metodologia inerente à pesquisa social, nos parece difícil supor em que espaço inserir-se-ia o pesquisador, na busca de entrevistados, que fosse completamente exterior ao mundo da vida e às redes sociais dos sujeitos. A não ser que os entrevistadores fossem captados de maneira aleatória, através de algum veículo de recrutamento da mídia, o que, além de parecer absurdo, descaracterizaria a não aleatoriedade da amostra teórica, torna-se praticamente impossível ao pesquisador fugir ao ambiente social do entrevistado, configurando como imprecisa e vaga a técnica da *bola de neve*.

A amostragem baseada na teoria, além do critério de saturação ou redundância, precisa levar em consideração, na seleção dos contextos, os aspectos ligados à acessibilidade e aos recursos disponíveis (Valles, 1997, p. 91). Note-se que critérios de acessibilidade já implicam que, ao planejar o processo de seleção dos sujeitos, o entrevistador precisa levar em conta as condições de aplicação da entrevista, que são preparadas pelo pesquisador antes do momento da entrevista, ou seja, durante a seleção dos participantes e o julgamento de sua viabilidade. Identificamos algumas precauções a serem tomadas visando a acessibilidade aos entrevistados e a continuidade das entrevistas: a viabilização do acesso ao espaço onde se encontram os sujeitos em potencial; a minimização do impacto da presença do pesquisador como sujeito externo ao ambiente social dos entrevistados; a redução da interferência do pesquisador no processo de atividades dos sujeitos; e a preparação de uma sistemática de continuidade da presença dos sujeitos à situação de entrevista.

O que Sierra (1998, p, 313) designou como "bola de neve" não caracteriza, então, exatamente a técnica de seleção de entrevistados, nem de viabilização do acesso. O que pode funcionar com o efeito de bola de neve reside antes e depois da técnica. A indicação de amigos, parentes, contatos pessoais pode funcionar como uma facilitação de abertura ao pesquisador ao espaço onde se encontram os sujeitos, o que, logicamente, não o livra da necessidade de preparação das condições de entrada no cenário social e aproximação dos participantes. Após a concretização das condições de aplicação da entrevista, instaurada a técnica de seleção de entrevistados e iniciadas as conversações, volta possivelmente a ter efeito o processo de bola de neve, uma vez que a relação de intersubjetividades presente nas entrevistas iniciais pode produzir a motivação e o interesse pelo processo por parte de sujeitos vinculados ao grupo social dos entrevistados, dentro dos limites geográficos da investigação.

Entrevista qualitativa: instrumento de pesquisa e evento dialógico

10.2.2 O relacionamento entrevistador-entrevistado: facilitação ou inibição

Sierra (1998, p. 313) acredita que a busca dos entrevistados nas redes sociais que configuram seu contexto de ação garantiria *a priori* uma disponibilidade para a interação conversacional. Através desse procedimento, o entrevistado mostraria uma vontade cooperativa. Além do equívoco de considerar a possibilidade de existência viável de um trabalho de entrevista que fosse exterior às redes sociais do entrevistado, o comentário ignora os reais inibidores da disposição dos entrevistados, que podem limitar a informação concedida ou, inclusive, impedir a entrevista.

Duas ordens de fatores inibidores são descritas por Valles (1997, p. 214). Os primeiros estão associados à própria falta de vontade, ou disponibilidade comportamental ou emocional: falta de tempo; a ameaça do *eu* (o temor de que a informação transcenda ou se volte contra si); a etiqueta (ou auto-censura psicossocial); o trauma (ou sentimento desagradável que se revive ao rememorar algumas experiências). O termo "trauma" está sendo tratado pelo autor no sentido comum e genérico, desprovido da pretensão da conceituação freudiana do termo. Note-se que, com exceção do fator denominado trauma, os demais estão associados diretamente ao ambiente social do sujeito, de tal forma que a presença da situação de entrevista no interior das redes sociais dos entrevistados estaria atuando como um potencializador dos fatores de inibição (principalmente os denominados ameaça ao *eu* e etiqueta) e não garantindo uma disponibilidade *a priori*. Não se trata, por certo, de tecer uma crítica à realização da entrevista dentro do contexto de ação dos entrevistados, mas sim de enxergar tanto este cenário de conversação, quanto a presença natural de inibidores de diversas ordens, como a única forma possível de entrevistar.

A outra ordem de fatores inibidores, relatada por Valles (1997, p. 214), é associada não a fatores comportamentais ou emocionais, mas à incapacidade relativa do entrevistado para comunicar a informação. São problemas relacionados com o esquecimento, a confusão cronológica, excesso de generalidade ou falta de realismo no relato. Sem dúvida que os inibidores de ambas as ordens descritas por Valles (1997) devem ser levados em conta, na medida do possível, no momento de escolher os entrevistados. Contudo, quando se trata do planejamento de um cenário essencialmente formado pelo discurso e seus efeitos, teriam então que ser previstos os atravessamentos da ordem: do desejo inconsciente; das determinações sociais; da constituição falha da linguagem; da incompletude da noção de sujeito; da amplitude do contexto discursivo; da cadeia de significantes que se deslocam; da produção de sentidos não fixados; da comunicação distorcida entre entrevistador e entrevistado; da influência da memória discursiva e da intertextualidade; da interpretação como construção. E não se esgotariam as variedades capazes de agravar a *insegurança* e a incerteza constitutivas de um processo de conversação.

A suposta minimização de inibidores em busca de uma disponibilidade eficiente precisa tomar cuidado para não esbarrar na própria noção de sujeito incompleto que fundamenta a visão qualitativa e não contradizer – através dos mecanismos prescritivos da técnica – os fundamentos metodológico-epistêmicos da linguagem e do discurso.

A função intersubjetiva da entrevista coloca o entrevistador como participante e construtor das produções discursivas na conversação. De tal forma que o êxito da entrevista (a qualidade e a quantidade da informação acessível à análise) não se fundamenta no desenho da investigação, senão na destreza e habilidade do entrevistador e da relação que mantenha com o entrevistado (Sierra, 1998; Holstein e Gubrium, 1997, p. 217). Por outro lado, o destaque da importância das características e habilidades comunicativas do entrevistador não gera a possibilidade de prescindir do desenho da investigação, sem o qual o entrevistador iniciante estaria perdido e sem um mapa de orientação.

10.2.3 Acordo inicial, roteiro e outros aspectos procedimentais

Ressaltada a função essencial do entrevistador, no sentido que pretende Sierra (1998, p. 317), ou seja, de transmissor de interesse, confiança, familiaridade, motivação e garantia de identificação ao seu interlocutor, há nos aspectos procedimentais da montagem do cenário da análise sociológica dos discursos detalhes ainda mais instrumentais e operacionais a serem levados em conta. Apesar de parecerem extremamente secundários, elementares e demasiadamente prescritivos, esses aspectos instrucionais fazem parte da constituição formal da entrevista e não podem ser ignorados pelo pesquisador iniciante.

Há na situação de entrevista uma espécie de acordo inicial, de "contrato", em que o entrevistador deve comprometer-se, desde o primeiro contato com o entrevistado, nos seguintes pontos: os motivos e as intenções da investigação; o anonimato, a logística, a devolução da informação (Sierra, 1998, p. 314).

Não há acordo entre os autores sobre a utilização, por parte do entrevistador, de um guia de entrevistas, como ferramenta reflexiva auxiliar, contendo a ordenação dos temas possíveis que podem aparecer na conversação. Sierra (1998, p. 316) e Holstein e Gubrium (1997, p. 203) prescrevem o uso do guia não como um protocolo estruturado de perguntas, e sim como uma lista de tópicos temáticos e áreas gerais. A elaboração deste guia teria a função de apoiar o entrevistador na recordação dos principais assuntos que devem ser questionados frente ao interlocutor.

Alonso (1998, p. 80) apresenta uma crítica ambígua em relação ao uso de guias de entrevistas e defende que a conversação se transforme em um sistema com equilíbrio instável, contrabalançada por sequências comunicativas que reflitam uma relação potencialmente conflitiva. Primeiro, o autor está de acordo que, na entrevista aberta, não basta a proposta pontual inicial, pois a informação inicial transmitida pelo entrevistador, uma espécie de regra geral da entrevista, catalisa um processo que, em seguida, se esgota e retorna ao equilíbrio. O entrevistador tem que atuar, através de movimentos discursivos sutis, para provocar o entrevistado a falar, evitando canalisar ou conduzir sua fala. Neste sentido, diz Alonso, "qualquer desenho prévio de suas intervenções – qualquer questionário ou guia – provocará o corte, e a fala do entrevistado se derramará no discurso do entrevistador".

Trata-se de uma defesa da entrevista em sua acepção realmente aberta, não referente às tipologias envolvidas com o grau de estruturação e abertura, tomando como base exclusivamente a presença ou ausência do roteiro. A habilidade do entrevistador reside em conduzir a fala, omitindo-se ao máximo em conduzir o sujeito, em emitir opiniões, independente do uso auxiliar de roteiros e guias. A técnica não prescreve, é prescrita. Mais uma vez, quem determina inclusive o modo de operacionalização da técnica é o objeto de estudo e a complexidade das suas categorias conceituais. O grau de subdivisão das categorias conceituais e sua manifestação na situação da entrevista, associado à capacidade de memorização, organização e habilidade do entrevistador são, em última instância, o determinante da necessidade de roteiros.

Além do roteiro, fazem parte da parafernália instrumental do entrevistador as gravações e as transcrições, que pretendem eliminar as imprecisões das anotações de campo e ampliar a possibilidade de acesso público dos resultados, com elevado detalhamento.

As gravações podem representar, como ressalva Sierra (1998, p. 320), um perigo na prática dos entrevistadores, em função de que a presença de um registro automático do falado pode tranquilizar excessivamente o entrevistador, no sentido de fazê-lo perder involuntariamente o interesse e a capacidade de atenção sobre o que diz o informante.

Só imaginariamente o entrevistado guia e organiza o *devir* de seus atos de fala, porém, em nenhum momento conhece as possíveis perguntas nem o objetivo final do entrevistador. Por sua vez, o entrevistador não sabe, antecipadamente, que perguntas resultam as mais adequadas e quais as possíveis reações do sujeito investigado às intervenções (Sierra, 1998, p. 307). Apesar de conhecer e manipular a tecnologia da entrevista, o investigador não tem controle sobre o desenvolvimento da conversação.

■ 10.3 Superando o formalismo: a entrevista como evento dialógico

Duas perspectivas usuais de entrevista em ciências sociais são analisadas por Alasuutari (1995): a perspectiva por ele designada como *fatual* – que estabelece uma divisão clara entre mundo/realidade externa, por um lado e, por outro, as afirmações que se possam fazer sobre ambos; e a perspectiva da *interação*.

A perspectiva fatual – cujos traços podem ser identificados nas recomendações e prescrições tradicionais sobre realização de entrevistas, apresentadas inclusive neste capítulo – envolve um método de *coleta de dados* que é olhado como um dos meios de gerar informação sobre o objeto de estudo. No entanto, a situação de interação – inseparável da própria entrevista – é definida como uma fonte potencial de *erro*, alerta Silveira (2002, p. 124).

Podemos estabelecer uma analogia entre as duas perspectivas de entrevista descritas por Alasuutari (1995) e duas tradicionais abordagens da entrevista, analisadas por Holstein e Gubrium (1995, p. 16). Estes observam que nós temos focalizado sobre *o que* da entrevista, os achados substantivos, e está na hora de prestarmos atenção ao *como*, aos contextos, às situações particulares, às nuanças, aos comportamentos, ao envolvimento das pessoas e outros aspectos sobre os quais as interações da entrevista têm lugar. Há uma equivalência entre a abordagem formal do *o que* e a perspectiva *fatual*; da mesma forma, a abordagem do *como* coincide com a perspectiva *interativa*.

As recomendações prescritivas e aquelas mais amplas pertencentes ao contexto da investigação – entrevistar as mesmas pessoas mais de uma vez, entrevistar várias pessoas sobre o mesmo fato – inserem-se na busca incessante de *limpar* a conversa dos traços da subjetividade, de *tirar a poeira* das hesitações dos mal-entendidos, das repetições, das fugas aos tópicos, dos subterfúgios discursivos, dos desencontros conversacionais, como se, retirado o indesejável invólucro de papel pardo da circunstância, chegássemos, enfim, à verdade. Na análise de Silveira (2002, p. 124), veracidade, honestidade do informante, engano, testemunho, informatividade são questões tradicionalmente implicadas nessa perspectiva. Tal positivação da entrevista em profundidade elimina justamente o que a ela interessa.

No que denomina de perspectiva da interação, Alasuutari (1995) concebe outra função da entrevista, afirmando que, em vez de nos concentrarmos na fala do respondente como fonte de informação, de *dados*, tomemos a situação de interação, por inteiro, como objeto de análise. Nesse sentido, tal perspectiva vai alguns passos além, perguntando como entrevistador e entrevistado coproduzem a entrevista em profundidade, ou seja, como sua interpretação e sua adaptação ao contexto particular são visíveis nas estruturas de interação ou nos conceitos que eles usam. Silveira (2002) salienta que esta perspectiva afugenta as ilusões de objetividade, formalismo e atemporalidade dos discursos, deixando existir apenas uma fala situada que alguém pode usar como dado (fenômeno), quando se tenta atribuir sentido aos fenômenos sociais e culturais, ou seja, sujeitos culturalmente constituídos, circunstancialmente situados, quer como entrevistadores, quer como entrevistados. A partir dessas reflexões, poderíamos nos dedicar a refletir sobre outras questões que não a fidedignidade, a imparcialidade, a exatidão e a autenticidade. Poderíamos pensar em outros critérios como jogos de linguagem, reciprocidade, intimidade, poder e redes de representações (Silveira, 2002, p. 125).

Através da imprevisibilidade de uma conversação e da criatividade relativamente indeterminada da fala, a virtude da entrevista qualitativa reside em abrir as portas da vida cotidiana ao estranhamento subjetivo e promover o questionamento das manifestações latentes no nível do verbalmente manifesto.

Nenhum enunciado pode ser entendido num vácuo discursivo. O cenário da entrevista qualitativa viabiliza a livre manifestação dos interesses, crenças, expectativas, lembranças, desejos e motivações dos sujeitos entrevistados em relação às informações temáticas que circulam.

> A função metodológica básica deste tipo de entrevista no contexto de uma investigação sociológica se limita – em nossa opinião – à reprodução do discurso motivacional consciente e inconsciente [...]. (Ortí 1986, p. 178-179.)

O objetivo mais interessante da entrevista qualitativa é a busca da produção de discursos motivacionais inconscientes (Sierra, 1998, p. 306).

A possibilidade de manifestação das *formações do inconsciente* no discurso tangencia a confusão entre uma situação de entrevista, como forma investigação, e uma sessão psicanalítica, extrapolando o papel do entrevistador para levá-lo além da atenção às manifestações discursivas espontâneas. Valles (1997, p. 183) vai buscar os antecendentes da entrevista aberta, justamente na sessão individual de psicanálise. "Através de recursos como o silêncio, o estímulo ou a clarificação retrospectiva, o entrevistador conduz o entrevistado a expressar o que sente, não apenas o que pensa e recorda (Sierra, 1998, p. 310)". Essa passagem, descrita por Sierra, do nível lógico-racional ao nível "sub-consciente" (*sic*), carece de fundamentos da teoria e da técnica psicanalítica, acerca da irrupção e manifestação das *formações do inconsciente*. Não é exatamente no campo da técnica instrumental que reside a articulação entre a psicanálise e a investigação social.[2]

---

[2] A discussão sobre as possibilidades de aproximação entre a psicanálise e a investigação social será aprofundada no Capítulo 13.

Entrevista qualitativa: instrumento de pesquisa e evento dialógico

A inacessibilidade da informação no caso de pessoas, fato marginalizado pelo paradigma cientificista da investigação distributiva, obrigou a investigação social a adotar técnicas de interação verbal já utilizadas com êxito pela prática psicanalítica e a psicologia de grupo (Cáceres, 1998, p. 297). Isso, como comenta Ibañes (1996), ao preço de ser necessário inverter a relação entre meios e fins, já que na cura psicanalítica o discurso é um meio, e na investigação social o discurso é um fim.

A entrevista qualitativa é comparada também à situação de confissão religiosa (Alonso, 1998, p. 85; Valles, 1997, p. 183), na qual o sujeito entrevistado é convidado à confidência, a participar de um ritual de descobrimento de si próprio e de análise do mundo social, reavaliando o espaço inconsciente de sua vida cotidiana. A analogia com a confissão praticada pela Igreja Católica e os deslizes por entre a técnica desenvolvida pela clínica psicanalítica sugerem que o estatuto da entrevista qualitativa não está suficientemente delimitado a ponto de garantir a vinculação consistente entre a prática de conversação e o espectro metodológico subjacente.

Alonso (1998) caracteriza a entrevista, na investigação social, como um processo comunicativo pelo qual um investigador obtém uma informação de uma pessoa – o informante –, termo emprestado do vocabulário básico da antropologia cultural. A linguagem silenciosa da entrevista, no dizer de Cáceres (1998, p. 287) – em geral, os códigos presenciais – são os elementos mais decisivos para que o entrevistador controle a comunicação. Assim, inferimos a natureza da relação afetiva a partir dos sinais, tais como a expressão facial, o olhar, a postura do corpo e os gestos. A entrevista serve para desvelar emoções, sentimentos e subjetividades. A comunicação não consiste somente em um mero intercâmbio informativo. A arte de perguntar e escutar afeta, em diversos níveis, as necessidades psicológicas dos indivíduos.

A pesquisa qualitativa, observa Demo (2000), corre o risco de enredar-se em contextos subjetivistas ou manipulativos, ao aproximar-se da tentação de dizer ou fazer qualquer coisa. Para que a fala de alguém se transforme em argumento, faz-se necessário um suporte metodológico. Depoimentos fortuitos, eventuais, superficiais ou soltos nada acrescentam, se a vida e a produção do discurso do entrevistado não puderem ser expostas em sua complexidade. Além disso, interessam depoimentos que atinjam em cheio a problemática em questão e cuja pertinência seja clara, e que sejam bem formulados do ponto de vista da consistência lógica.

O envolvimento do pesquisador, afirma Demo (2000), é fundamental na prática da entrevista. Nos métodos qualitativos, o pesquisador é necessariamente envolvido na vida dos sujeitos, visto que seus procedimentos de pesquisa baseiam-se em conversar, ouvir, permitir a expressão livre dos interlocutores. Tais procedimentos acabam por resultar num certo clima de informalidade, e o simples fato de os sujeitos poderem falar livremente a respeito de um tema colabora para diminuir o distanciamento entre pesquisador e pesquisados.

Alonso (1998) observa que a entrevista não é um simples registro, mas é a *arte do vínculo*: do vínculo bio-cognitivo (que une experiência e narração) e do vínculo comunicativo (que une o entrevistador e entrevistado). Para o autor, a entrevista é um jogo de estratégias comunicativas, uma invenção dialógica, um gênero discursivo, que antes de se submeter às regras da linguagem, submete-se aos usos, ao contexto e aos sujeitos como atores sociais.

A entrevista como forma de investigação, por sua constituição, é refratária a qualquer critério cientificista de definição da ferramenta metodológica, uma vez que:

a) não existe nenhuma regra fixa, nem sobre a forma de realizar a entrevista nem sobre a conduta do entrevistador;

b) toda entrevista é produto de um processo interlocutório que não se pode reduzir a uma constatação de hipóteses e ao critério de falseabilidade;

c) os resultados da entrevista por si mesmos não retêm a possibilidade de generalização indiscriminada nem tampouco de universalização (Alonso, 1998, p. 77).

A partir da visão crítica acerca da redução da entrevista aos seus elementos formais, e da consciência da técnica como ilusória, passamos a conceber a prática da entrevista como *evento comunicativo pleno*, *evento dialógico*, ou ainda, *evento discursivo complexo*, e a analisar as implicações dessa concepção.

Ao invés de presecrever o uso de entrevistas como método de obtenção de dados de pesquisa, Silveira (2002) propõe-se, baseado em Arfuch, a levar o leitor a olhar as entrevistas como *eventos discursivos complexos*, regidos pelo *intercâmbio dialógico*, seus participantes, sua vizinhança com a conversa cotidiana, o uso da linguagem e suas infrações. Trata-se de ir além da escuta do arrolamento das mazelas cotidianas e ouvir o que de previsível e de imprevisível tem esse jogo intersubjetivo da verdade – do coloquial ao formal, do chiste, do mal-entendido, da ironia ou da agressão.

O movimento do formalismo à prática discursiva na entrevista foi também vivenciado por Fontana e Frey (2000), ao examinarem as entrevistas, de diálogo estruturado a texto negociado, *evento negociado*. Pesquisadores qualitativos estão entendendo que as entrevistas não são instrumentos neutros de obtenção de dados, mas interações ativas entre duas ou mais pessoas, visando a negociação. O foco da entrevista é direcionado a conhecer *como as pessoas vivem* (o trabalho construtivo envolvido na produção do cotidiano) (Fontana e Frey, 2000, p. 646).

Holstein e Gubrium (1995) olham a entrevista como uma narrativa, vista como uma produção prática usada pelos membros da sociedade para realizar coerência em seus relatos. Podemos dizer, juntamente com Holstein e Gubrium (1995), Silverman (1993), Seidman (1991), Fontana e Frey (2000), que a entrevista é um *drama interpessoal* com um enredo desenvolvido. Essa afirmação é parte de uma ampla perspectiva de que a realidade é uma construção, uma realização interpretativa, que caracteiriza a *abordagem reflexiva da entrevista*.

Não há ingenuidade na situação de entrevista. Não se pode esperar que haja *encontros angelicais* entre dois sujeitos absolutamente divorciados de referências de hierarquia, de poder, de persuasão, ainda que posições de domínio, direção e supremacia sejam objeto constante de disputa (Silveira, 2002, p. 125). Tampouco podemos esperar, tal como em uma entrevista de história oral, que um desconhecido prostre-se diante nós e em trinta minutos nos conte as partes mais significativas de sua vida. É nesse terreno movediço entre o esperado e o inesperado, entre a repetição e a inovação, que enveredam os caminhos insuspeitados das entrevistas. "O encontro tem uma boa dose de acaso, nunca é de todo previsível" (Arfuchs *apud* Silveira, 2002, p. 127).

O acordo prévio que permite o encontro não se mantém necessariamente no curso da conversa. Esta pode se tornar, como todos já observamos alguma vez, e Grice (*apud* Silveira, 2002, p. 127) denomina, um campo de batalha. Campo de batalha ou não, seguramente o que o entrevistador mais teme são os silêncios, as fugas ao assunto, os subterfúgios, e eles acontecem tanto quanto os desvios de rota, o questionamento dos pressupostos das próprias perguntas.

Se as entrevistas não nos revelam as *verdades* que tanto buscamos, "o que fazermos com elas?", interroga-se Silveira (2002, p. 134). Buscamos no texto as distinções culturais que ele pressupõe, não como unidades estruturais ou essenciais, como codificações prévias da realidade, mas como formas em que as entrevistas concebem e constroem determinados fenômenos (Alasuutari, 1995).

A situação de entrevista constitui um jogo de interlocução em que um entrevistador *quer saber algo*, e propõe ao entrevistado um exercício de lacunas a serem preenchidas. Para esse preenchimento, supõe o entrevistador que os entrevistados saberão ou tentarão se reinventar como personagens – não personagens sem autor, mas personagens cujo autor coletivo são as experiências culturais, cotidianas, os discursos que atravessam e ressoam, em suas vozes. Para completar essa *arena de significados*, Silveira (2002, p. 134) anuncia a abertura do espaço para mais um personagem: o próprio entrevistador, que – fazendo falar de novo tais discursos – os relerá e os reconstruirá, a eles trazendo outros sentidos.

Na visão de entrevista como *evento negociado*, Fontana e Frey (2000) alertam que está na hora de considerar a entrevista como uma produção prática, e analisar o significado que é construído a partir da interseção da interação do entrevistador e do respondente. Precisamos olhar a concepção substantiva dos membros da sociedade, examinando as atividades construídas para produzir sentido à vida cotidiana e permanecer *reflexivos* sobre *como* as entrevistas são realizadas.

■ 10.4 Considerações finais

As visões mais tradicionais de entrevista como instrumento de pesquisa são permeadas por recomendações metodológicas que oscilam entre a preocupação com um clima propício à *abertura da alma* do entrevistado e a preocupação com a obtenção de dados relevantes, confiáveis, ricos para a pesquisa e o entrevistador. Assim, alinhavam-se as pistas de ação: seja empático, não sugira

Entrevista qualitativa: instrumento de pesquisa e evento dialógico

respostas, respeite o entrevistado, não o interrompa, não o intimide, estabeleça um clima de confiança, utilize uma linguagem próxima à dele eliminando palavras técnicas, eruditas ou, por outro lado, as de baixo calão, seja flexível, minimize a presença do gravador, procure falar menos do que ele, mas insista no que quer – tudo sob a égide de uma maior eficiência do partejar da palavra alheia e do direcionamento dessa palavra para os objetivos de captação de *dados fidedignos* (Silveira, 2002, p. 123).

Bogdan e Biklen (*apud* Silveira, 2002, p. 123) sintetizam a visão formalista: as pessoas que são entrevistadas tendem a oferecer uma retrospectiva dos acontecimentos. Podem, no entanto, ser ensinadas a responder de forma a satisfazer os interesses do entrevistador em relação a pormenores. Precisam ser encorajadas a elaborar. Ventríloquos da *própria alma*, da *própria memória*. Uma das questões epistemológicas a que somos conduzidos é: devem os entrevistados ser ensinados a buscar em seu repertório – efetivamente, (re)construir – o que os entrevistadores querem encontrar?

Entendemos, neste capítulo, as noções de dialogicidade e reflexividade – inerentes à concepção da entrevista como *evento negociado* – dentro dos princípios interligados do pensamento complexo de Morin (2001):

a) *dialogicidade*: princípio que permite manter a dualidade no seio da unidade; associa ao mesmo tempo termos complementares e antagônicos, tais como a ordem e a desordem. O diálogo na situação de entrevista não se caracteriza como necessariamente harmônico, linear, desprovido de conflito e da *distorção sistemática da linguagem*;

b) *recursividade*: representa a ruptura com a ideia linear de causa e efeito, de produto/produtor, de estrutura/superestrutura, uma vez que tudo o que é produzido retorna sobre aquilo que o produziu, formando um ciclo auto-constitutivo, auto-organizador e autoprodutor. Na prática conversacional da entrevista, entrevistador e entrevistado falam e são falados, produzem-se e são produzidos como sujeitos, através dos efeitos performativos da linguagem. A ênfase não recai sobre a consciência do entrevistador nem sobre o entrevistado, mas sobre o *texto* produzido;

c) *princípio hologramático*: representado pela ideia de que não apenas a parte está no todo, mas o todo está na parte; imobiliza o espírito linear, pois o movimento produtor do conhecimento se enriquece através do conhecimento das partes pelo todo e do todo pelas partes. Os resultados gerados pelo evento dialógico da entrevista são construídos pelo entrevistador e pelo entrevistado, de tal forma que a vida cotidiana do entrevistado está presente na entrevista, assim como o evento da entrevista passa a constituir um elemento de ressignificação da vida do entrevistado.

Todos os encontros e interações humanos compõem-se de três elementos básicos: as pessoas, as situações e as regras de interação (Valles, 1997, p. 178). O pesquisador realiza a entrevista conforme sua cultura, sensibilidade, conhecimento do tema e contexto espacial, temporal e social no qual está inserida a pesquisa.

A questão residual que surge da concepção da entrevista como *evento discursivo complexo* é sintetizada por Holstein e Gubrium (1997): "Para onde iremos a partir daqui?" Fontana e Frey (2000) compartilham com esses autores a concepção de que enquanto permanecemos comprometidos com a descrição empírica do cotidiano, estamos também observando os novos horizontes do pós-modernismo. A maioria dos métodos que usamos para estudar a complexidade do ser humano e sua vida sempre em mudança, na melhor das possibilidades, permite obter alguma compreensão de *como* eles constroem sua vida e as histórias que nos contam sobre ela. Concordamos com Silverman (1997), Fontana e Frey (2000), que precisamos parar de nos iludir de que o nosso método particular, seja ele qual for, é o que nos dá a chave para a compreensão.

Referências

ALASUUTARI, P. *Researching culture:* Qualitative method and cultural studies. London: Sage, 1995.

ALONSO, L. H. *La mirada cualitativa en Sociología.* Madrid: Fundamentos, 1998.

DEMO, Pedro. *Metodologia do conhecimento científico.* São Paulo: Atlas, 2000.

FONTANA, A. e FREY, J. H. The interview: from structured questions to negotiated text. In: DENZIN, N. K. e LINCOLN, Y. S. *Handbook of Qualitative Research.* London: Sage Publications, 2000.

GADAMER, H.-G. *Verdade e método.* Vol. 1. Petrópolis: Vozes, 2003.

GLASER, B. G. e STRAUSS, A. L. *The discovery of grounded theory.* Chicago: Aldine, 1967.

GRÜN, M. e COSTA, M. V. A aventura de retomar a conversação: hermenêutica e pesquisa social. In: COSTA, M. V. (Org.). *Caminhos investigativos I:* novos olhares na pesquisa em educação. Rio de Janeiro: DP&A, 2002.

HOLSTEIN, J. A. e GUBRIUM, J. F. Active interviewing. In: SILVERMAN, D. (Ed.). Qualitative researsch: theory, method and practice. London: Sage, 1997, Cap. 8.

IBAÑES *et al.* (Org.). *El análisis del realidad social.* Métodos y técnicas de investigación social. Madrid: Alianza, 1986.

MORIN, E. *O Método 1:* a natureza da natureza. Porto Alegre: Sulina, 2003.

ORTÍ, A. La apertura y el enfoque cualitativo o estrutural, la entrevista abierta y la discussión de grupo. In: IBAÑES *et al.* (Org.). *El análisis del realidad social.* Métodos y técnicas de investigación social. Madrid: Alianza, 1986.

PERÄKYLÄ, A. Reliability and validity in research based on tapes and transcripts. In: SILVERMAN, D. (Ed.). *Qualitative research:* theory, method and practice. London: Sage, 1997, Cap. 13.

SEIDMAN, I. E. *Interviewing as qualitative research.* New York: Teachers College Press, 1999.

SIERRA, F. Función y sentido de la entrevista cualitativa en investigación social. In: CÁCERES, L. J. G. (Coord.) *Técnicas de investigación en sociedad, cultura y comunicación.* México: Prentice Hall, 1998.

SILVEIRA, R. M. H. A entrevista na pesquisa em educação: uma arena de significados. In: COSTA, M. V. *Caminhos investigativos II:* outros modos de pensar e fazer pesquisa em educação. Rio de Janeiro: DP&A, 2002.

SILVERMAN, D. (Ed.). Qualitative researsch: theory, method and practice. London: Sage, 1997.

VALLES, M. S. *Técnicas cualitativas de investigación social:* reflexión metodológica y práctica profesional. Madrid: Síntesis, 1997.

Capítulo 11 — *Focus group*: instrumentalizando
o seu planejamento[1]

Mírian Oliveira
Henrique Freitas

Introdução

Como as pessoas consideram uma experiência, uma ideia ou um evento? A resposta a essa pergunta exige do pesquisador a aplicação de alguma técnica ou algum método que se aproxime da realidade de cada pessoa, o que pode ser feito mais adequadamente reunindo-as em grupos, criando condições ambientais de manifestação mais espontânea de cada uma e propiciando a interação de todas. Tal situação aponta o *focus group* (*FG*) como um a ser privilegiado na busca de resposta a essa questão.

A origem do *focus group* está na sociologia, mas hoje é amplamente utilizado no marketing e também tem crescido em popularidade em outras áreas. Dentro da ciência social, foi Robert Merton quem publicou o primeiro trabalho usando o *focus group;* mais tarde, Paul Lazarsfeld e outros introduziram esta técnica na área de marketing (Morgan, 1988).

O *focus group* é um tipo de entrevista em profundidade realizada em grupo, cujas reuniões têm características definidas quanto à proposta, ao tamanho,

---

[1] Este capítulo é uma versão atualizada do artigo publicado em Oliveira, Mírian; Freitas, Henrique. *Focus group, pesquisa qualitativa: resgatando a teoria, instrumentalizando o seu planejamento.* Revista de Administração da Universidade de São Paulo, São Paulo, v. 33, n. 3, p. 83-91, 1998.

à composição e aos procedimentos de condução. O foco ou o objeto de análise é a interação dentro do grupo. Os participantes influenciam uns aos outros pelas respostas às ideias e colocações durante a discussão, estimulados por comentários ou questões fornecidos pelo moderador (pesquisador ou outra pessoa). Os dados fundamentais produzidos por essa técnica são transcritos das discussões do grupo, acrescidos das anotações e reflexões do moderador e de outro(s) observador(es), caso exista(m).

As características gerais do *focus group* são (Krueger, 1994): envolvimento de pessoas; reuniões em série; homogeneidade dos participantes quanto aos aspectos de interesse da pesquisa; geração de dados; natureza qualitativa; e discussão focada em um tópico, que é determinado pelo propósito da pesquisa.

O *focus group* é recomendado para orientar e dar referencial à investigação ou à ação em novos campos; gerar hipóteses baseadas na percepção dos informantes; avaliar diferentes situações de pesquisa ou populações de estudo; desenvolver planos de entrevistas e questionários; fornecer interpretações dos resultados dos participantes a partir de estudos iniciais; e gerar informações adicionais a um estudo em larga escala.

Em algumas situações, o uso do *focus group* como técnica de coleta de dados não é recomendável, por exemplo, quando o assunto é constrangedor para os participantes; quando o pesquisador não tem controle sobre quais são os aspectos críticos do estudo; quando são necessárias projeções estatísticas; quando outra técnica pode produzir resultados com melhor qualidade ou mais economicamente; ou quando o pesquisador não pode garantir a confidencialidade da informação.

Segundo Morgan (1988), um teste para verificar a adequação de seu uso consiste em perguntar quão ativa e facilmente os participantes discutiriam o tópico de interesse da pesquisa. O uso do *focus group* é particularmente apropriado quando o objetivo é explicar como as pessoas consideram uma experiência, uma ideia ou um evento, visto que a discussão durante as reuniões é efetiva em fornecer informações sobre o que as pessoas pensam ou sentem ou, ainda, sobre a forma como agem.

O objetivo neste capítulo é descrever os potenciais usos do *focus group*, as suas vantagens e desvantagens, assim como discutir os aspectos relevantes para a condução de uma pesquisa com a sua utilização. Primeiro, serão abordadas as

Focus group: instrumentalizando o seu planejamento

vantagens e desvantagens do *focus group*. No tópico seguinte, será discutido o seu uso associado a outros métodos de pesquisa. Em seguida, serão apresentadas as etapas para a realização do *focus group* e algumas considerações finais.

11.1 *Focus group*: vantagens e desvantagens

Na pesquisa em gestão, especialmente em marketing, o *focus group* e outras técnicas qualitativas de coleta de dados são consideradas, com frequência, como utilizáveis preliminarmente ou como ferramenta exploratória, devendo seus resultados ser verificados por meio de um trabalho quantitativo, em uma amostra representativa. Do ponto de vista da ciência social, ele é utilizável pelo seu próprio conteúdo e como um complemento para métodos tanto qualitativos quanto quantitativos.

Atualmente, para a ciência social, as duas principais técnicas de coleta de dados qualitativos são a entrevista individual e a observação participante em grupos. O *focus group*, como uma entrevista em grupo, combina elementos dessas duas abordagens.

A aplicação da técnica *focus group*, neste caso, permite coletar dados em curto espaço de tempo e em quantidade adequada, embora não se possa argumentar com plena convicção sobre a espontaneidade das colocações emitidas pelos participantes. Apesar disso, algumas das informações registradas via *focus group* serão potencialmente de grande valia, visto que dificilmente seriam coletadas através da simples observação da realidade.

O *focus group* propicia riqueza e flexibilidade na coleta de dados, em geral, não disponíveis quando se aplica um instrumento individualmente, além do ganho em espontaneidade pela interação entre os participantes. Por outro lado, exige maior preparação do local, assim como resulta em menor quantidade de dados (por pessoa) do que se fosse utilizada a entrevista individual. No Quadro 11.1 são apresentadas vantagens e desvantagens do *focus group*, de forma geral, em relação às demais técnicas de coleta de dados.

Apesar das desvantagens enumeradas (especialmente quanto à espontaneidade e à dificuldade de reunião, assim como ao razoável esforço de preparação e de planejamento), a aplicação do *focus group* possibilita a coleta de dados interessantes, os quais aportam uma convicção ao pesquisador ou analista e lhe fornecem subsídios para a elaboração de hipóteses ou a construção de instrumentos ou mesmo de referenciais ou *frameworks* que permitirão avançar as investigações.

Quadro 11.1 Vantagens e desvantagens do *focus group*

Vantagens	Desvantagens
• Comparativamente, é fácil de conduzir.	• Não é baseado em um ambiente natural.
• Habilidade em explorar tópicos e gerar hipótese.	• Pesquisador tem menor controle sobre os dados gerados (no caso de existir
• Oportunidade de coletar dados a partir da interação do grupo, o qual se concentra no tópico de interesse do pesquisador.	um grupo de questões predefinidas ou uma forte necessidade de manter comparação entre as entrevistas).
• Alta validade dos dados (*face validity*), ou seja, além de o procedimento medir efetivamente o que se deseja, tem-se plena legitimidade e convicção ou crença nos dados coletados.	• Não é possível saber se a interação em grupo se reflete ou não no comportamento individual.
	• Os dados são mais difíceis de analisar. A interação do grupo forma um ambiente social e os comentários devem ser
• Baixo custo em relação a outros métodos.	interpretados nesse contexto.
• Rapidez no fornecimento dos resultados (em termos de evidência da reunião do grupo).	• Exige entrevistadores treinados cuidadosamente.
	• É difícil de reunir os grupos.
• Permite ao pesquisador aumentar o tamanho da amostra dos estudos qualitativos.	• A discussão deve ser conduzida em ambiente que propicie o diálogo.

Fonte: Elaborado a partir de Krueger (1994) e Morgan (1988).

11.2 Usos do *focus group* no desenho da pesquisa

O objetivo do *focus group* é obter o entendimento dos participantes sobre o tópico de interesse da pesquisa, não importando se é utilizado sozinho ou em conjunto com outras técnicas de coleta de dados, nem mesmo se busca

Focus group: instrumentalizando o seu planejamento

questões ou respostas. O *focus group* pode ser considerado um método de pesquisa com conteúdo próprio ou uma técnica de coleta de dados que pode ser usada em conjunto com outros métodos.

Como um método com conteúdo próprio, o *focus group* pode ser usado para explorar novas áreas de pesquisa e examinar questões de pesquisa bem conhecidas a partir da perspectiva dos participantes. Já em conjunto com outros métodos, ele também pode ser usado como uma pesquisa preliminar, para preparar questões específicas em um grande projeto ou como uma pesquisa para esclarecer resultados de outros estudos.

Cada vez mais os pesquisadores reconhecem as vantagens de associar métodos qualitativos e quantitativos (Freitas, Cunha Jr. e Moscarola, 1996; Stumpf e Freitas, 1996), resultando em misturas metodológicas que fortalecem o desenho da pesquisa. Nesse contexto, o *focus group* pode (Morgan, 1988; Krueger, 1994: Greenbaum, 1993):

- preceder um método quantitativo – auxilia o pesquisador a aprender o vocabulário e descobrir o pensamento do público-alvo, além de fornecer indícios de problemas especiais que podem ocorrer na fase quantitativa. Os estudos quantitativos que sucedem o *focus group* capacitam o pesquisador a fazer inferências bem focadas sobre determinada população;
- ser utilizado ao mesmo tempo que procedimentos quantitativo – quando o objetivo é a triangulação, ou seja, o uso de duas ou mais técnicas diferentes – de forma complementar – para uma mesma questão de pesquisa;
- suceder um método quantitativo – nesse caso, o *focus group* pode explorar ou esclarecer questões que tenham emergido na análise dos resultados do método quantitativo.

Enfim, pode-se afirmar que o posicionamento do *focus group* no desenho da pesquisa é definido pelo objetivo da sua aplicação. Merece, pois, ser precedido de reflexão sobre o papel que desempenhará no roteiro de estudo e sobre a expectativa de uso dos seus resultados. Com base na abordagem de Morgan (1988), são apresentados alguns dos motivos que podem levar à associação do *focus group* com a entrevista individual, a observação participante, a *survey* e o experimento.

O *focus group* pode contribuir para um projeto construído em torno de entrevista individual, especialmente na fase de planejamento do roteiro dessa entrevista. A ideia é usar um pequeno número de grupos exploratórios em estágio inicial da pesquisa para, mais tarde, orientar a construção das questões da entrevista. Essa situação apresenta maior utilidade quando o tópico ou a população não foram extensivamente estudados no passado, ou o pesquisador é novo na área.

Pode-se, também, utilizar a vantagem de tempo do *focus group* em relação à entrevista individual para comparar diferentes grupos de participantes. Uma rodada preliminar com *focus group* fornecerá a base da seleção dos grupos para as entrevistas mais detalhadas.

Outra forma de associar o *focus group* com a entrevista individual é conduzir os grupos como um adicional para as entrevistas. Tal atitude permitirá ao pesquisador explorar questões surgidas na análise das entrevistas visando esclarecer áreas que ainda apresentam pontos de vista obscuros.

O principal auxílio oferecido pelo *focus group* para um projeto baseado em observação participante é a percepção do pensamento dos membros do grupo concentrado sobre o tópico objeto da investigação, em tempo bem menor. Isso pode ser especialmente útil no início de um novo projeto, por fornecer experiências típicas da área e perspectivas do que será observado.

Quando o *focus group* for utilizado precedendo a observação participante, seu objetivo será auxiliar na decisão entre situações alternativas para a realização dessa observação. Por ser útil como um meio de implementar um método de comparação e facilita a escolha ou a decisão do pesquisador quanto à forma de trabalho a ser seguida.

No caso da utilização do *focus group* depois da realização de certa quantidade de observações participantes, seu objetivo será auxiliar na comparação das observações já registradas. Nesse caso, as reuniões devem ser feitas com os envolvidos em cada uma dessas situações de observação.

Na literatura especializada é recomendado o uso de *focus group* para auxiliar na concepção de questionários. Ele pode ajudar na construção desses questionários, fornecendo evidências de como os respondentes se posicionarão quanto ao tópico em questão. No entanto, seu uso mais importante em relação a uma *survey* é quando a antecede visando garantir, dentro do possível, que o pesquisador tenha um quadro completo do pensamento dos participantes.

O *focus group* pode também ser aproveitado em outras fases da pesquisa *survey*, além das fases preliminar e exploratória. Deve-se, nesse caso, ampliar o pré-teste necessário para avaliar o instrumento da pesquisa. Se os pesquisadores não estiverem familiarizados com o tópico objeto da investigação ou se a linguagem das questões for um problema, será então aconselhável montar um grupo para discussão dos itens cruciais do questionário antes do pré-teste em campo. A facilidade em detectar se os participantes entenderam a questão como o pesquisador a entende é uma das vantagens do uso do *focus group* para o pré-teste. O pré-teste com *focus group* não só possibilita identificar os problemas, mas também permite explorar, imediatamente, como resolvê-los.

Nos estágios mais avançados da *survey*, quando os dados já estiverem coletados e a análise tiver iniciado, o *focus group* poderá servir como uma forma adicional de coleta de dados, buscando explorar aspectos da análise. Isso pode ser especialmente importante quando os resultados constituem um quebra-cabeça para o pesquisador.

Embora praticamente inexista reconhecimento do potencial valor do *focus group* na pesquisa experimental, de fato constitui uma das aplicações-chave das pesquisas experimentais de Merton (*apud* Morgan, 1988). De forma análoga à associação com a pesquisa tipo *survey* no desenvolvimento das questões do instrumento, o *focus group* pode ser usado preliminarmente para definir manipulações da variável independente e medir as variáveis dependentes quando associado a um experimento.

O *focus group* também pode servir para fornecer efetivo substituto para a especulação, na tentativa de explicar resultados anormais. Outra vantagem de combinar o *focus group* com os experimentos está em aumentar a interpretação de como os efeitos induzidos de maneira experimental realmente operam. Como ocorre na combinação com outros métodos, o objetivo é comparar as interpretações do pesquisador e dos participantes sobre o evento.

11.3 Etapas para a realização do *focus group*

Neste tópico, serão abordadas questões do tipo como realizar o *focus group* e o que fazer com os dados produzidos por ele.

Pode-se dividir o *focus group* em três etapas: planejamento, condução das entrevistas e análise dos dados. O planejamento é crítico para o sucesso do *focus group*, pois nessa fase o pesquisador considera a intenção do estudo e os usuários da informação, além de desenvolver um plano que guiará o restante do processo da pesquisa, incluindo a elaboração das questões e a seleção dos participantes. A fase de condução consiste na moderação das reuniões. Após essas sessões, na fase de análise, são realizadas as transcrições, o tratamento dos dados e a elaboração do relatório.

▪ 11.3.1 Planejamento para a realização do *focus group*

Cuidados com o planejamento da atividade não garantem bons resultados, mas uma abordagem desatenciosa para o desenho e a execução muito provavelmente produzirá resultados inadequados. Os dois fatores mais comuns que afetam a habilidade de planejar o *focus group* são o orçamento e as restrições de tempo, mas existem outros menos óbvios (Morgan, 1988).

O planejamento começa pela reflexão sobre o propósito das reuniões e é seguido pela organização desses pensamentos de maneira lógica e sequencial. Nessa reflexão devem ser respondidas perguntas como:

> Por que tal estudo deveria ser conduzido? Que tipos de informações serão produzidos? Que tipos de informações são de particular importância para a pesquisa? Como essas informações serão utilizadas? Quem deseja essas informações? (Krueger, 1994.)

A partir da definição do propósito do *focus group*, passa-se ao detalhamento de aspectos relacionados com a sua realização:

> Como localizar os participantes? Considerar as pessoas em categoria única ou em diferentes categorias? Se optar por categoria única, imaginar como elas se sentirão: que cuidados devem ser tomados? São necessários incentivos? Quais? Onde seria o melhor local para a discussão? Quais seriam boas questões para serem feitas? Que tipo de pessoa deveria moderar as sessões? (Krueger, 1994.)

Focus group: instrumentalizando o seu planejamento

No planejamento do *focus group* deve-se desenvolver um plano cronológico, incluindo as atividades de desenvolvimento das questões, identificação das características dos participantes, obtenção da lista dos potenciais participantes, recrutamento dos participantes, realização das reuniões, *feedback* do planejamento, transcrição, análise e redação do relatório.

A seguir são abordados, com maior detalhe, aspectos relacionados ao planejamento do *focus group:* o número e o tamanho dos grupos, quem serão os participantes, nível de envolvimento do moderador, conteúdo da entrevista, seleção do local e coleta dos dados.

a) Quantidade e tamanho dos grupos

A quantidade de grupos é uma das primeiras questões do planejamento a ser discutida, por ser necessário pensar no grupo como a principal unidade de análise na pesquisa *focus group*. Isso é verdadeiro no sentido estatístico e, também, em termos de praticabilidade. Nas pesquisas da área de marketing, o número de grupos varia em função das reuniões estarem ou não produzindo novas ideias. Se o moderador pode antecipar com clareza o que será dito no próximo grupo, então a pesquisa está encerrada, o que normalmente ocorre após o terceiro ou quarto grupo ou sessão (Krueger, 1994; Morgan, 1988; Greenbaum, 1993).

É recomendável que os grupos tenham tamanho médio, isto é, sejam constituídos por seis a dez pessoas. Na definição do tamanho do grupo, deve-se ponderar que ele seja pequeno o suficiente para todos terem a oportunidade de partilhar suas percepções e grande o bastante para fornecer diversidade de percepções. Quando o número de integrantes exceder doze pessoas, é aconselhável dividir o grupo. Em grupos pequenos o pesquisador pode identificar o pensamento de cada participante sobre o tópico da pesquisa, embora corra o risco de ser menos produtivo e ter mais gastos. A dificuldade de gerenciamento do grupo aumenta quando ele é maior, normalmente exigindo envolvimento mais intenso do moderador que deve ter maior experiência para manter a disciplina e, principalmente, impedir o surgimento de conversas paralelas (Oppenhein, 1993; Morgan, 1988; Krueger, 1994: Mattar, 1994; Tull e Hawkins, 1993).

Pode-se dizer, em função desses argumentos, que os limites extremos para a quantidade de participantes por grupo seriam de quatro, no mínimo, e doze, no máximo. É adequado convocar cerca de 20% de pessoas a mais para haver garantia do número mínimo. Esse percentual pode variar dependendo de onde os grupos são conduzidos, quem são os participantes e quão vital é o tamanho do grupo para o desenho da pesquisa. Caso todas as pessoas convidadas para a sessão compareçam, considerando o recrutamento de número maior de participantes que o necessário, pode-se pedir a algumas (as excedentes) que respondam por escrito às questões do roteiro, em outra sala. Isso desconsiderando o caso de se dispor de condições para a realização de sessões em paralelo, seja por falta de infraestrutura, seja por falta de moderador preparado para tal, seja ainda porque o grupo não seria formado adequadamente com aqueles excedentes.

b) Participantes

A escolha de quem participará do estudo deve ser feita conforme o propósito da pesquisa. Além disso, deve ser considerada a necessidade de segmentar os participantes em categorias, por fatores como, por exemplo, localização geográfica, idade, tamanho da família, *status*, sexo, dentre outros. Uma alternativa para a obtenção da resposta à questão de misturar ou não as categorias é a utilização de um grupo misto para pré-teste: se os participantes não diferirem significativamente, existirão então poucos argumentos para separar os grupos. O conselho mais apropriado a respeito de tal aspecto é: cada participante deve ter algo a dizer sobre o tópico da pesquisa e sentir-se confortável para falar com os outros. Contudo, isso não significa que os participantes devam ter a mesma perspectiva, o que tornaria a discussão improdutiva.

Na seleção dos participantes salienta-se o viés da amostra, que não será generalizável. Morgan (1988) aconselha o pesquisador a "concentrar-se naqueles segmentos da população capazes de fornecer informações mais significativas". Dessa forma, o pesquisador deve ter o cuidado de não interpretar os resultados obtidos como sendo representativos do universo. Outra decisão a tomar é sobre a utilização de pessoas estranhas ou conhecidas em um mesmo grupo. A regra geral diz ser melhor trabalhar com estranhos. Normalmente, as pessoas que se conhecem, socialmente ou do trabalho, apresentam dificuldades em se concentrar imediatamente no tópico da pesquisa e essa condição pode, também, inibir ou restringir suas percepções (comentários).

O recrutamento dos participantes pode consumir bastante tempo quando forem usadas populações especializadas ou desenhos experimentais. Deve

Focus group: instrumentalizando o seu planejamento

ser desenvolvido um questionário para o recrutamento dos participantes. Esse instrumento deve ter de quatro a seis questões de caráter eliminatório, ou seja, que identifiquem se a pessoa convidada possui ou não as características indispensáveis para participar das sessões.

c) Nível de envolvimento do moderador

O nível de envolvimento do moderador é sempre tratado como um *continuum*. Em um dos extremos ele é baixo, desempenhando o moderador pequeno papel, fazendo a discussão do grupo progredir e observando para que seus comentários, na medida do possível, sejam não diretivos; e no outro é alto, quando o moderador controla os tópicos discutidos e a dinâmica da discussão.

Os pesquisadores devem identificar o que querem obter com o material das entrevistas e, então, decidir sobre o envolvimento do moderador segundo esses objetivos. O baixo envolvimento é importante quando os objetivos enfatizam a pesquisa exploratória e também quando incluem a análise de conteúdo. Alternativamente, os altos níveis de envolvimento são mais apropriados quando existe forte agenda a ser cumprida, como comparar o pensamento de novos grupos participantes com o que tem sido encontrado em sessões prévias. Se os objetivos da pesquisa não forem uma resposta definitiva, a atenção deverá ser direcionada para os prós e contras de cada intensidade de envolvimento (Morgan, 1988).

O problema mais comum do alto envolvimento é que o viés do moderador produzirá dados que reproduzirão esse viés. Um ponto a favor do alto envolvimento é a facilidade de interrupção das discussões não produtivas, promovendo a discussão do tópico de maior interesse do pesquisador. O alto envolvimento também tem a característica de assegurar que alguns tópicos desejados sejam abordados. Finalmente, permite ajustes na discussão, dependendo do nível de homogeneidade dos participantes.

Quanto ao baixo envolvimento do moderador, a maior vantagem é a facilidade para a avaliação do interesse dos próprios participantes, mostrando se eles organizam naturalmente suas discussões em torno das mesmas coisas relevantes para o pesquisador. A maior desvantagem do baixo envolvimento é que esses grupos, por serem relativamente desorganizados em seu conteúdo, são mais difíceis de analisar, o que é ainda mais evidente em grandes grupos.

Implícito em toda essa discussão está o uso de um ou mais moderadores para conduzir as sessões. Embora seja preferível, com o propósito de comparação, a utilização de um único moderador, isso não é possível nem desejável em grandes projetos. Nesse caso, é aconselhável que a primeira ou as duas primeiras sessões sejam conduzidas por um moderador sênior e assistida pelos demais, e que esse moderador sênior assista à primeira sessão dos demais moderadores (Krueger, 1994).

O pesquisador deve refletir sobre o grau de envolvimento do moderador, pois se estiver pensando em um formato altamente estruturado deve optar por entrevistas individuais; e se o formato for altamente não estruturado a escolha deve ser por observação participante.

d) Conteúdo da entrevista

Merton (*apud* Morgan, 1988) apresenta quatro aspectos a serem observados na entrevista de *focus group*: abordar o máximo de tópicos relevantes; fornecer dados tão específicos quanto possível; promover interação que explore os sentimentos dos participantes em alguma profundidade; e levar em conta o contexto pessoal usado pelos participantes para gerar suas respostas.

Os tópicos da discussão devem ser cuidadosamente predeterminados e sequenciados, com base na análise da situação. O objetivo aqui é construir uma entrevista que cubra o tópico particular, enquanto fornece observações que satisfaçam a ampla demanda de um efetivo *focus group*. A restrição mais evidente ao conteúdo da entrevista é a duração da sessão: entre uma e duas horas. Seria interessante planejá-la para uma hora e trinta minutos, mas dizer aos participantes que durará duas horas.

Para a condução das sessões pode ser elaborado um guia de tópicos ou um roteiro de questões. No guia de tópicos devem ser listados aspectos ou questões formados apenas por palavras ou frases que lembrem ao moderador o tópico de interesse. Essa forma parece mais espontânea para os participantes, bem como mais adequada quando o moderador for o mesmo para todas as sessões (pois as formas diferenciadas de abordagem podem causar vieses nos resultados). O roteiro de questões deve apresentar uma sequência das mesmas (frases completas), para que se possa obter o exato conteúdo desejado, o que permite análise mais eficiente por eliminar

Focus group: instrumentalizando o seu planejamento

diferenças de linguagem; é mais apropriado quando forem vários os moderadores das sessões.

Para o *focus group* com alto envolvimento do moderador seria útil organizar os tópicos da discussão em um roteiro que ele deverá seguir em ordem similar para todos os grupos, como em uma entrevista individual. A estrutura imposta pelo roteiro de discussão é valiosa para a análise da interação do grupo e para as comparações entre os grupos na fase de análise da pesquisa. Um bom roteiro cria uma progressão natural entre os tópicos, com alguma sobreposição entre os mesmos – uma divisão artificial da discussão frustraria o propósito de usar a sessão em grupo. Um valor adicional do roteiro seria assegurar consenso entre os vários membros do time de pesquisa com relação aos tópicos a serem cobertos e ao nível de detalhe.

O roteiro deverá ser preparado a partir de uma lista de questões a serem respondidas, as quais deverão ser organizadas em grupos de tópicos e ordenadas em uma sequência lógica. O moderador deverá tomar cuidado para não seguir de modo rígido a ordem predeterminada dos tópicos no roteiro, pois isso seria uma abordagem imprópria para o *focus group*.

Durante a introdução, o moderador deverá fazer uma breve apresentação dos tópicos de discussão e colocar algumas regras básicas, como, por exemplo: uma pessoa falará por vez, não deverão existir conversas laterais, todos deverão ser encorajados a falar, dentre outros. O grupo deverá ser comunicado que a sessão será gravada ou filmada. A discussão deverá começar com a autoapresentação de cada participante, o que também servirá como quebra-gelo. Os retardatários poderão causar problemas, por isso uma regra simples é não incluir os que chegarem após o término das apresentações.

A etapa seguinte será a discussão propriamente dita. A transição das apresentações para as discussões dependerá do nível de envolvimento do moderador (Morgan, 1988):

- baixo envolvimento do moderador – ele deverá apresentar o primeiro tópico, que será seguido por discussão não estruturada até a introdução do segundo tópico, e assim sucessivamente;
- alto envolvimento do moderador – nesse caso, o roteiro torna-se muito importante. O tópico inicial introduzido pelo moderador será fundamental

para o início da discussão e deverá ser de cunho geral. A partir da discussão dos participantes, o moderador terá condições de criar situações para a introdução dos demais tópicos estabelecidos no roteiro.

O encerramento da sessão também diferirá conforme o nível de envolvimento do moderador:

- baixo nível de envolvimento do moderador – o simples fato de o moderador retornar à discussão dará a ideia de fechamento;
- alto nível de envolvimento do moderador – uma das formas poderá ser o pedido para que cada participante faça uma declaração final.

A qualidade das respostas estará diretamente relacionada com a qualidade das questões. As perguntas são a essência da entrevista do *focus group*. Elas deverão parecer espontâneas para os participantes, apesar de terem sido cuidadosamente selecionadas e elaboradas tendo em vista a informação esperada. Uma entrevista típica de *focus group* incluirá aproximadamente doze questões, as quais poderão ser de vários tipos, cada uma com um propósito próprio. Tais questões podem ser classificadas nas seguintes categorias (Krueger, 1994):

- questões abertas – a primeira rodada de perguntas da sessão poderá ser feita a todos, de forma a permitir uma resposta rápida (10 a 20 segundos), e permitirá identificar as características que os participantes têm em comum;
- questões introdutórias – introduzem o tópico geral da discussão e fornecem aos participantes oportunidades para refletir sobre experiências anteriores;
- questões de transição – essas questões movem a conversação para as questões-chave que norteiam o estudo;
- questões-chave – direcionam o estudo e, normalmente, sua quantidade varia entre duas e cinco questões. São as que requerem maior atenção e análise;
- questões finais – fecham a discussão, considerando tudo o que foi dito até então. Permitem aos participantes considerar todos os comentários partilhados na discussão, bem como identificar os aspectos mais importantes. Exemplo: "De todas as necessidades que nós discutimos, qual a mais importante para vocês?";

Focus group: instrumentalizando o seu planejamento

- questões-resumo – o moderador deverá fazer um resumo, em dois ou três minutos, das questões-chave e boas ideias que emergiram da discussão. Depois disso, deverá perguntar aos participantes: "Esse foi um resumo adequado?";
- questão final – questão padronizada perguntada ao final do *focus group*. Em seguida à questão-resumo, o moderador deverá fazer uma breve explanação sobre o propósito do estudo e, então, colocar: "Nós esquecemos algo?" e "Que conselho vocês teriam para nós?" (essa finalização tem particular importância nas primeiras de uma série de sessões).

O uso prévio de *brainstorming* com colegas e usuários da informação poderá ser útil para a obtenção de questões e as variações no vocabulário. O teste-piloto do roteiro do *focus group* deverá ocorrer da seguinte forma:

- especialistas deverão revisar o questionário (lógica e sequência para a obtenção da informação desejada);
- algumas pessoas do público-alvo deverão comentar as questões. Tais pessoas não poderão participar das sessões posteriomente;
- a primeira sessão poderá servir como teste piloto – caso não sejam feitas alterações significativas, ela poderá ser considerada na análise;
- a pergunta final de cada sessão "Nós esquecemos algo?" também poderá auxiliar nesse sentido, principalmente nas primeiras sessões.

e) Seleção do local e coleta dos dados

O *focus group* tem sido conduzido com sucesso em vários locais, como restaurantes, salas de hotéis, prédios públicos, dentre outros. Contudo, alguns aspectos deverão ser observados para a escolha do local: ser de fácil localização pelos participantes; não propiciar distrações externas ou internas (grandes janelas envidraçadas, música, dentre outros); facilitar a adequada disposição dos participantes; e possuir sistema de áudio ou vídeo.

Os participantes deverão ser acomodados ao redor de uma mesa, dispostos na forma de "U", com o moderador sentado à cabeceira, de frente para todos. O nome de cada participante deverá ficar visível para os demais. Se a sessão for filmada, a câmera deverá estar atrás do moderador. A gravação pode ser considerada a principal forma para a obtenção dos dados, por isso é fundamental assegurar a sua qualidade. A utilização de vídeo apresenta vantagens e desvantagens, mas seu principal propósito é a identificação de quem está falando e para quem (Krueger, 1994; Morgan, 1988; Greenbaum, 1993).

O moderador e o assistente do moderador (observador) deverão fazer suas anotações durante a sessão, assim como gravar suas impressões logo após ela tiver terminado. Esse material, apesar de não fazer parte dos dados da sessão, auxiliará a interpretação do pesquisador. A discriminação entre o que interessa aos participantes e o que de fato eles acham importante é um dos aspectos a ser considerado pelo pesquisador. Segundo Morgan (1988), "o comprometimento na discussão de um tópico é uma boa indicação de que os participantes acham isso interessante, mas não necessariamente que eles pensam que isso é importante".

■ 11.3.2 Condução das sessões do *focus group*

Para a condução das sessões são necessárias poucas horas, duas por dia ou cinco por semana; mais do que isso é desaconselhado. Muitas pessoas têm a ilusão de que entrevistar é tarefa simples, mas requer disciplina mental, preparação e habilidade para a interação em grupo. Muito do sucesso do *focus group* depende das boas questões formuladas aos respondentes escolhidos adequadamente.

Outro ingrediente essencial é a habilidade do moderador (entrevistador) com a função de moderar ou guiar a discussão, razão pela qual recebe esse nome (Krueger, 1994). A efetiva liderança é essencial para que o grupo atinja o objetivo proposto. O moderador deverá ter a necessária habilidade para guiar o processo de grupo, não sendo suficiente estar em harmonia com a proposta da pesquisa.

Poderá ser utilizado um moderador assistente (observador), que terá mais condições de fazer as anotações do que o moderador. Sua função será observar e registrar a discussão sem intervir, a não ser quando solicitado pelo moderador. O moderador deverá colocar as questões do roteiro e, ao mesmo tempo, memorizar o ponto de vista de cada participante, aspecto fundamental para a condução da reunião e para o seu fechamento.

Focus group: instrumentalizando o seu planejamento | **341**

O moderador não poderá assumir uma posição de poder ou influência; na verdade, deverá encorajar todos os tipos de comentários – positivos e negativos. O entrevistador (moderador) não poderá fazer julgamentos sobre as respostas, devendo tomar cuidado com a linguagem para não comunicar aprovação ou reprovação. Não é tarefa fácil.

O objetivo do *focus group* poderá ser a sugestão de ideias, o esclarecimento de opções potenciais, a recomendação do curso de uma ação, entre outros. Surgirão dificuldades na condução do *focus group* quando existir ambiguidade em torno de seu objetivo. A falta de clareza na definição da proposta do grupo poderá resultar em confusão, frustração, equívocos, perda de tempo e resultados inadequados.

A introdução da discussão, incluindo as boas-vindas aos participantes, a visão geral do tópico, as regras da reunião e a primeira questão deverão seguir padrão idêntico nas diversas sessões. Na fase de convite ou no início da sessão, os participantes deverão ser informados sobre o porquê daquela sessão estar ocorrendo, como a informação será usada e quem está interessado nela.

A sessão do *focus group* é mais facilmente conduzida quando os participantes apresentam homogeneidade em certos aspectos, como nível cultural, faixa etária, dentre outros. Segundo Krueger (1994), a existência de homogeneidade entre os participantes deve ser reforçada pelo moderador na introdução da discussão em grupo. Uma frase que poderá ser utilizada na introdução, para evidenciar esse aspecto, é a seguinte:

> Nós convidamos pessoas com experiências similares para partilhar suas percepções e ideias sobre este tópico. Vocês foram selecionados porque possuem certos aspectos em comum, os quais são de particular interesse para nós. (Krueger, 1994.)

Raramente o termo *focus group* é utilizado nas sessões ou durante o recrutamento dos participantes, uma vez que pode inibir a espontaneidade. Os participantes poderão informar seus dados sociodemográficos ao se apresentarem para a sessão. Um coquetel antes das sessões do *focus group* poderá auxiliar na sua condução, propiciando a descontração dos participantes e dando início à sua integração.

11.3.3 Análise dos dados obtidos com o *focus group*

As transcrições e a análise são trabalhos lentos. Dependendo do número de grupos, da disponibilidade dos participantes e do tipo de análise pretendida para as transcrições, esse período poderá ser longo. Essa tarefa é dificultada ainda mais quando a discussão em grupo é conduzida várias vezes – normalmente um mínimo de três – com tipos específicos de participantes, para a identificação de tendências e padrões na percepção dos mesmos. Cuidadosa e sistemática análise das discussões fornece sinais e percepções de como um produto, um serviço ou uma oportunidade é percebido.

A análise deverá ser sistemática, verificável e focada no tópico de interesse e com nível de interpretação apropriado. Cada sessão produz aproximadamente de 50 a 70 páginas de transcrições e mais 10 a 15 páginas de notas de campo. Na análise, deve-se considerar as palavras e os seus significados; o contexto em que foram colocadas as ideias; a consistência interna, a frequência e a extensão dos comentários; a especificidade das respostas; e a importância de identificar as grandes ideias.

Os resultados obtidos com o *focus group* serão válidos se o método tiver sido usado para um problema adequado à investigação. Tipicamente, o *focus group* tem alta *face validity* (mede o que se propõe a medir e há convicção ou crença nos dados coletados), as pessoas colocam suas percepções sobre o tópico, o que pode não ser tão facilmente conseguido em uma entrevista individual ou em outra forma de coleta de dados (Krueger, 1994).

Os pesquisadores descrevem os resultados do *focus group* como exploratórios e não adequados à projeção para a população. São duas as formas básicas de análise dos dados do *focus group*: qualitativa ou resumo etnográfico e sistemática codificação através da análise de conteúdo.

Na abordagem etnográfica são relevantes as citações diretas da discussão do grupo, enquanto na análise de conteúdo é valorizada a descrição numérica dos dados. Salienta-se que essas duas formas de análise não são conflitantes, mas complementares, ainda que maior ênfase seja dada à análise de conteúdo. Durante a análise não se deverá ter em mente que a unidade de análise é o grupo. Duas estratégias poderão ser adotadas para a análise: inicialmente, procede-se à análise de um ou dois grupos detalhadamente, desenvolvendo hipóteses e esquemas de

Focus group: instrumentalizando o seu planejamento   **343**

codificação que serão aplicados aos dados dos demais grupos; ou um pesquisador examina o grupo e outro se concentra na diferença entre as discussões.

O processo cíclico de desenvolver hipóteses e esquemas de codificação é maior em *focus group* não estruturados. Nesse caso, os tópicos não serão previamente determinados na forma de um roteiro e, consequentemente, a discussão poderá ser conduzida para qualquer outro tópico ou para certo tópico (que poderá ser abordado em qualquer ponto da transcrição).

No relatório da pesquisa torna-se mais evidente a semelhança do *focus group* com outras técnicas de coleta de dados qualitativas, em virtude da inexistência de regras rígidas para a sua confecção. O relatório é composto, normalmente, por um conjunto de citações, resumos das discussões e tabelas e mapas ou esquemas, os quais contêm as informações básicas obtidas em cada um dos grandes tópicos da discussão.

▪ 11.4   Considerações finais

O *focus group é* uma ferramenta da pesquisa qualitativa cuja aplicação é útil principalmente nas ciências sociais. Tem sido usado em áreas como gestão, marketing, decisão e sistemas de informação, entre outras. Como suas características gerais podem ser destacadas: a integração de pessoas; a sequência de sessões; a obtenção de dados qualitativos; e o foco em um tópico.

Esta técnica de coleta de dados pode ser utilizada isoladamente ou associada a outros métodos, o que permite reforçar um desenho de pesquisa. As três fases em que normalmente se divide são o planejamento, a condução e a análise, destacando-se como de fundamental importância o cuidadoso planejamento. Deve-se considerar a possibilidade de não utilização do pesquisador como moderador das sessões, em virtude da experiência e, principalmente, das habilidades requeridas para tal atividade.

Neste capítulo, procurou-se enfocar principal e detalhadamente a fase de planejamento do *focus group*, de forma a instrumentalizar os pesquisadores que desejarem aplicar essa técnica de coleta de dados qualitativa em seus estudos. Uma experiência de aplicação do *focus group* em área multidisciplinar, envolvendo gestão, sistemas de informação, decisão, saúde, prontuários dos pacientes de um hospital e gestão da prescrição e da assistência médica foi relatada por Stumpf e Freitas (1996).

Elaborou-se uma lista de recomendações que devem ser especialmente consideradas quando da etapa de planejamento para a etapa de condução de *focus group*, resumidas no Quadro 11.2.

O planejamento envolve todas as etapas, mas é imprescindível na etapa de condução das sessões. Contudo, como já dito anteriormente, somente isso não é suficiente para o sucesso da pesquisa. A etapa de condução exige um grande esforço para operacionalizar o planejamento e finalmente obter os dados desejados para posterior análise.

Quadro 11.2 Recomendações para a etapa de planejamento do *focus group*

Aspectos	Recomendações
Equipe	• Na condução das sessões é necessário que, além do moderador, outra pessoa esteja presente para auxiliar e observar.
Cronograma	• Considere uma folga que permita redistribuir as atividades no tempo, em função de imprevistos.
Orçamento	• Tenha presente que este valor é uma previsão que pode sofrer alterações, para mais ou para menos, quando as atividades efetivamente comecem a ocorrer.
Moderador	• Se for possível, faça uma simulação com o moderador; claro que isso demanda tempo e recursos, mas a possibilidade de perder uma reunião poderá significar maior prejuízo. • Reflita sobre quais são os reflexos em sua pesquisa, caso o moderador necessite ser substituído, e que providências podem ser tomadas para evitar problemas.
Grupo	• Tenha em mente qual a importância da composição do grupo para sua pesquisa e o que pode ser feito para assegurar a presença do número necessário de pessoas. • Considere que o telefonema na véspera auxilia a obter a presença na reunião, mas não garante que isso ocorra.

(continua)

Focus group: instrumentalizando o seu planejamento

(continuação)

Aspectos	Recomendações
	• Considere qual o critério de seleção dos participantes, não esquecendo que um ponto indispensável é o interesse do participante em contribuir; não basta ele comparecer na reunião, é preciso que tenha algo a partilhar e ainda queira partilhar.
Conteúdo	• A validação do roteiro da entrevista é vital para o sucesso da reunião, tanto na forma que ele atinge o propósito da pesquisa, quanto no vocabulário e na estrutura das colocações por parte do moderador. • Validar o roteiro na primeira reunião significa a possibilidade de perder a primeira reunião.
Seleção do local e coleta dos dados	• As condições apropriadas do local para realização das reuniões são indispensáveis. • O equipamento para coleta dos dados é um ponto crucial; economia neste aspecto pode significar uma grande perda nos dados a serem obtidos. Todo o cuidado neste aspecto não será excessivo. • A ficha sociodemográfica (dados gerais) pode ser de grande ajuda para a análise e não demanda grande esforço. Mas é claro que depende sempre do objetivo da pesquisa.
Convite	• Elabore uma lista dos possíveis participantes. • O protocolo de convite auxilia, mas questões podem surgir por parte dos potenciais participantes. Nesta tarefa, utilize pessoas que possam responder às dúvidas dos potenciais participantes sobre a pesquisa. • Não conte com aqueles participantes que ficaram de dar retorno; nem sempre eles o farão. • Mostre porque o potencial participante deveria estar interessado em participar e não somente porque você está interessado em sua pesquisa.

Referências

FREITAS, H. M. R.; CUNHA Jr.; M. V. M. e MOSCAROLA, J. Pelo resgate de alguns princípios da análise de conteúdo: aplicação prática qualitativa em marketing. Encontro Anual da Associação Nacional dos Programas de Pós-graduação em Administração, 1996. *Anais...* Angra dos Reis: Anpad, set. 1996.

GREENBAUM, T. L. *The handbook for focus group research.* New York: Lexington Books, 1993.

KRUEGER, R. A. *Focus group:* a practical guide for applied research. 2nd ed. Thousand Oaks: Sage Publications, 1994.

MATTAR, F. N. *Pesquisa de marketing.* Vol 1. São Paulo: Atlas, 1994.

MORGAN, D. L. *Focus groups as qualitative research.* Beverly Hills: SAGE Publications, 1988.

OPPENHEIN, K. N. *Questionnaire design, interviewing and attitude measurement.* New York: St. Martin's Press, 1992.

STUMPF, M. K. e FREITAS, H. M. R. A gestão da informação em um hospital universitário: em busca da definição do *patient core record* do Hospital de Clínicas de Porto Alegre. Encontro Anual da Associação Nacional dos Programas de Pós-graduação em Administração, 1996. *Anais...* Angra dos Reis: Anpad, set. 1996.

TULL, D. S. e HAWKINS, D. I. *Marketing research:* measurement & method. New York: Macmillan Publishing, 1993.

| Capítulo 12 | Análise de entrevistas não estruturadas: da formalização à pragmática da linguagem[1] |

Pedro Lincoln C. L. de Mattos

▓ Introdução

A entrevista não estruturada – aquela em que se deixa ao entrevistado a decisão pela forma de construir a resposta (Laville; Dione, 1999, p. 188-190) – tem sido cada vez mais utilizada na pesquisa de administração, ainda que o velho e bom questionário, uma entrevista (completamente) estruturada, continue firme no ranking dos métodos... Mas certa preferência por aquele tipo de entrevista, quer guiada por um roteiro de perguntas, quer não, não deve ser entendida como sinal de inadequação da metodologia quantitativa à área. É possível que isso se explique, segundo vários autores, pelo fato de que muitos problemas e fenômenos das relações que permeiam as organizações escapam ao pesquisador quando expressos em números e estatísticas. Outra causa pode ser vista também na chegada, à academia de administração, de métodos como a etnografia (antropologia) e etnometodologia (sociologia), ligados a áreas mais experientes em trabalhos com processos não quantitativos.

Pode ser que o caminho tenha sido este: como que um afastamento do paradigma metodológico dominante na área. Nisso, contudo, pode haver

---

[1] Texto anteriormente publicado, com ligeiras alterações, na *Revista de Administração Pública – RAP* (EBAP/FGV Rio de Janeiro), v. 39, n. 4, jul.-ago. 2005, p. 823-847, sob o título: "A entrevista não estruturada como forma de conversação: razões e sugestões para sua análise".

certo risco para a competência em criar conhecimento estruturado sob relações numéricas e de associação probabilística, que constroem, com utilidade comprovada, versões de conjuntos maiores de fenômenos sociais. Nas ciências sociais aplicadas, há necessidade de se reescrever o sentido das metodologias ditas "quantitativas" de análise, que usam linguagem formal, tanto quanto o de outras metodologias que, podendo compor-se com as primeiras, servem-se da diversidade e maior riqueza da própria linguagem natural. É dessa necessidade que falavam Guba e Lincoln (1994, p. 116) ao mencionarem um metaparadigma. Nessa perspectiva, o uso de entrevistas não estruturadas passa também por fase de transição.

Há certo consenso – e aqui se parte desse pressuposto – de que elas servem a pesquisas voltadas para o desenvolvimento de conceitos, o esclarecimento de situações, atitudes e comportamentos, ou o enriquecimento do significado humano deles. Isso tem extensões poderosas na geração de teorias e decisões práticas, e não se confunde com outro tipo de utilidade, a generalização indutiva, propiciada pela estatística.

A procura intensa da estatística como estratégia de pesquisa convergiu, ao longo de quase cinquenta anos, para o estruturalismo funcionalista e deu origem à chamada "análise de conteúdo" que já no início da década de 1980 atingia grande grau de qualidade e sofisticação (Krippendorff, 1980). Contudo, traz preocupação certa "tecnicisação" dessa estratégia (a análise de conteúdo), especialmente através de *softwares*, que hoje já constituem segmento específico, os CAQDAS (*computer assisted qualitative data analysis software*), às dezenas, com orientação de mercado específica (Fielding, 1995).[2] Se, por um lado, permitem a multiplicação da produção acadêmica e facilitam a vida de mestrandos e pesquisadores menos experientes, podem, por outro, representar um risco de substituir significados originais por conceitos "pré-moldados".[3] Certos estudos de análise sintática e de contagem de palavras, se submetidos

---

[2] O autor agradece a Jorge Correia Neto informações sobre os CAQDAS, parte de trabalho em elaboração que contém interessantes resenhas entre recursos desses *softwares*, especialmente um estudo comparativo, de sua autoria, entre os dois mais cotados, o ATLAS/ti e o NUD.IST.

[3] Veja-se o Capítulo 15 que trata das possibilidades, limitações e armadilhas do uso dos *softwares* CAQDAS na pesquisa qualitativa.

a olhar crítico e sem interesse no mundo comercial do *software*, podem trazer descrédito à "análise qualitativa". Levam a pensar sobre o que se pode fazer – inclusive em nome da ciência – com as palavras dos outros... Laurence Bardin (2002), comentada adiante, antevia o problema.

A proposta deste capítulo é que a análise de entrevistas muito ganharia por uma aproximação à análise pragmática da linguagem, e a razão principal a favor disso é que a entrevista não estruturada ou semiestruturada realmente é *uma forma especial de conversação*. Em tal interação linguística, não é possível ignorar o efeito da presença e das situações criadas por uma das partes (o "entrevistador") sobre a expressão da outra (o "entrevistado"). E mais: há sempre um significado de ação para além do significado temático da conversação. Os atores, principalmente o entrevistado, "fazem" ali muita coisa – e o sinalizam – enquanto articulam perguntas, respostas ou interferem nelas. Ora, é falso interpretar o que alguém "disse" sem se perguntar também o que, na ocasião, "deu a entender", o que sinalizava para além do que dizia, enfim, o que também fazia ao responder tais e tais perguntas. Isso é o "sentido pragmático" da entrevista, que se detalhará adiante.

A intenção aqui é, por um lado, oferecer, de imediato, mais uma alternativa à prática de pesquisa na academia de administração. Por outro, a razão deste texto tem a ver com convicção do autor de que metodologia é sistematização de práticas na solução de problemas de pesquisa. Está a serviço das situações. É preciso deixar que o pesquisador, no envolvimento com seu problema singular, crie, teste e aperfeiçoe procedimentos, inclusive, então, os sugeridos adiante. O pesquisador iniciante, com natural insegurança, corre sofregamente para "ferramentas" técnicas que resolvam o que imagina complicado – e às vezes o preciosismo acadêmico dá razões para isso – e que deem ao seu trabalho resultados precoces, compensando baixa criação conceitual com alta qualidade formal. Cabe, pois, ser sóbrio na iniciação ao método e dizer também àquele pesquisador iniciante: "experimente assim, para ver o que você consegue..."

Na sequência deste artigo, procura-se precisar bem seu escopo restrito. Depois, elabora-se um argumento sobre o que possa estar acontecendo com a "análise de conteúdo", dialogando com texto de Bardin, antológico sobre o assunto. Lembra-se, em seguida, onde estaria um "divisor de águas" a separar a análise de conteúdo da análise pragmática da conversação. Passa-se a uma interpretação da entrevista como conversação e a conceitos básicos para sua análise, na ótica adotada, para chegar-se, finalmente, à sugestão de procedimentos para análise interpretativa de entrevistas não estruturadas. Reconhece-se, de entrada, que aquele penúltimo ponto mereceria, em outra ocasião, a contribuição de colegas da área de linguística para seu melhor tratamento.

■ 12.1 Qual o exato escopo deste ensaio metodológico?

Nosso problema metodológico é *como saltar legitimamente* da fala de um entrevistado e, em seguida, de vários deles, para um significado interpretativo. (Uma visão positivista da metodologia de pesquisa diria, coerentemente: "como passar dos dados objetivos, pela análise, às interpretações e conclusões?") Isso é precedido ou, pelo menos, intermediado, por um trabalho de organizar (no sentido pleno do termo) as informações resultantes das entrevistas, para que seja possível proceder a inferências maiores, inclusive à luz de teorias supostamente pertinentes ao caso. De forma mais restrita, a nossa questão está exatamente naquele trabalho, e seu caráter problemático reside no fato de que ele não pode estar dissociado da própria produção, pelo pesquisador, do novo significado interpretativo, afinal, sua criação pessoal. Assim, estamos diante de um verdadeiro problema metodológico, não apenas tecnológico ou de rotina de trabalho.

É claro que essa não é uma questão apenas processual. Aí está uma (ou *a*) questão epistemológica de fundo: como proceder ao conhecimento? Simplesmente toda a questão filosófica e científica que permeia, há séculos, a nossa cultura ocidental. Após amplos debates no campo da filosofia e da sociologia do conhecimento, havidos na segunda metade do século 20, a questão do método nas ciências sociais se coloca assim: produzir, com auxílio de linguagem precisa, uma compreensão própria, estruturada e estável da realidade – inclusive a social – *ou*, renunciando a essa possibilidade, construir uma leitura linguisticamente consistente e útil sobre ela. O pesquisador trabalha para "captar" bem a realidade *ou* para falar bem e de forma útil a respeito dela? Hoje, essa questão vem primeiro, embora haja inúmeras outras cruciais para os que se dedicam a produzir conhecimento justificável. Pelo escopo anterior, discutir isso não é o objeto

Análise de entrevistas não estruturadas: da formalização à pragmática da linguagem

próprio deste artigo, *por mais que tal opção torne restrita sua contribuição*. Mas o leitor perceberá facilmente por que trilha ele avança e, adiante, a seção "Um divisor de águas" se encarregará de fazer uma ligação mínima com tal problema epistemológico central.

Há, sim, na questão específica deste artigo, dois imperativos inseparáveis, mas que, por parecerem irreconciliáveis, tornam-se geradores de todas as dificuldades dos pesquisadores: criar significados (ou, para outros, "captar fielmente"); garantir objetivação em todo o trabalho. A reconciliação está na concepção pragmática e dialogal da linguagem produzida na entrevista. A objetivação torna-se possível porque a linguagem é um fenômeno social (fatos, atos de fala, algo identificável e ocorrente entre pessoas), e seu significado só surge desta relação. Assim, para produzir entendimento autêntico, ou seja, pertinente e sustentável em relação ao que enuncia, o pesquisador tem que jogar com os fatos da relação linguística. A compreensão exige a prática da objetivação. Ademais, que não se separem criação e expressão, porque, em nível da ação, elas não existem separadas: não existe criação sem expressão (que é a linguagem) e a expressão é sempre criação histórica, mesmo que não seja original.

Note-se, mais uma vez: há aqui uma opção metodológica. Ela, inclusive, deixa de lado, pela dificuldade de objetivação, o método fenomenológico que a *epoké*, se justificável, viabilizaria. Isso não significa que este autor rejeita a fenomenologia. Declara, apenas, sua convicção presente de que ela gera um tipo de discurso literário muito específico, com dificuldades de participar das discussões sobre o significado de fatos sociais – ainda que possa ser formulado com alta qualidade científica e possa gerar estratégias de grande riqueza e utilidade.

Até aqui, em prolegômenos já se disse o bastante. Passemos ao aprofundamento do objeto definido.

■ 12.2 O que tem acontecido à análise de conteúdo? Um "diálogo" com L. Bardin

O manual *Análise de conteúdo* (2002) da professora Laurence Bardin, da Universidade Paris V, é amplamente usado e reconhecido em toda a área de ciências humanas e sociais. Após historiar "os aperfeiçoamentos materiais e as aplicações abusivas de uma técnica que funciona há mais de meio século" (p. 13), a autora dedica um capítulo fundamental da obra (Capítulo II) à definição da análise de conteúdo, e diz:

> Recapitulemos: a análise de conteúdo aparece como um conjunto de técnicas de análise das comunicações, que utiliza procedimentos sistemáticos e objetivos de descrição do conteúdo das mensagens. [...] A intenção da análise de conteúdo é a inferência de conhecimentos relativos às condições de produção (ou, eventualmente, de recepção), inferência esta que recorre a indicadores (quantitativos ou não). (2002, p. 34.)

Em que consistem as técnicas e como se dá a inferência?

> O primeiro passo pode ser denominado *análise categorial*. Esta pretende tomar em consideração a totalidade de um texto, passando-o pelo crivo da classificação e do recenseamento, segundo a frequência da presença (ou da ausência) de itens de sentido. [...] É o método das *categorias*, espécie de gavetas ou rubricas significativas que permitem a classificação dos elementos de significação constitutivos da mensagem. (2000, p. 36-37, grifos da autora.)

Estes elementos são chamados "unidades de codificação" ou "de registro" e podem ser

> [...] a palavra, a frase, o minuto, o centímetro quadrado. A aspecto exato e bem delimitado do corte tranquiliza a consciência do analista. [...] A técnica consiste em classificar os diferentes elementos nas diversas gavetas segundo critérios susceptíveis de fazer surgir um sentido capaz de introduzir certa ordem na confusão inicial. (2002, p. 37.)

Esses critérios, é claro, são as próprias "categorias de fragmentação da comunicação, para que a análise seja válida" (p. 36) e que, definidas pelo analista, devem obedecer a regras: serem homogêneas, exaustivas, exclusivas, objetivas e pertinentes ao conteúdo (p. 36).

Análise de entrevistas não estruturadas: da formalização à pragmática da linguagem

A autora diz que "este procedimento é simples, se bem que algo fastidioso quando feito manualmente" (p. 37). Isso deve ser notado. Cabe agora retornar à visão de conjunto, à perspectiva deste artigo. Diz Bardin:

> De um modo geral, pode dizer-se que a sutileza dos métodos de análise de conteúdo corresponde aos objetivos seguintes:
>
> – *a ultrapassagem da incerteza*: o que eu julgo ver na mensagem estará lá efetivamente contido, podendo esta visão, muito pessoal, ser partilhada por outros? Por outras palavras, será a minha leitura válida e generalizável?
>
> – o *enriquecimento* da leitura [...] pela descoberta de conteúdos e de estruturas que confirmam (ou infirmam) o que se procura demonstrar a propósito das mensagens. (2002, p. 29, grifos da autora.)

O que parece ter acontecido à análise de conteúdo, considerando que Bardin escreve após décadas de prática? Duas observações devem ser feitas.

A primeira confronta a recente multiplicação de *softwares* de análise de conteúdo, em circuito comercial, com o que, bem antes disso, advertia a autora:

> Isto ["a atitude de vigilância crítica"] sem que se caia na armadilha: construir por construir, aplicar a técnica para se afirmar de boa consciência. Sucumbir à magia dos instrumentos metodológicos, esquecendo a razão de seu uso. Com efeito, da necessidade pertinente do utensílio à justificação do prestígio do instrumento-*gadget*, medeia apenas um passo [...] Daí esta "falsa segurança dos números" de que fala P. Bourdieu. (2002, p. 28-29.)

É bem possível que em muitos casos, exatamente pela padronização dos *softwares*, que elimina o "efeito-fastídio" da classificação a que se refere a autora, aquele "passo" tenha sido dado... Talvez tal passo seja o resultado de uma hiperespecialização da análise.

A segunda observação: prevalece, na prática, uma conciliação estranha entre "o rigor e a descoberta" (título da seção à página 28). A análise exaustiva "satisfaz as consciências" que precisam saber-se seguras contra uma "projeção da própria subjetividade" (p. 28), mas só se completa na "descoberta dos conteúdos", *um salto não objetivável*, ou como diz a autora "uma função heurística: a análise de conteúdo enriquece a tentativa exploratória, aumenta a propensão à descoberta. É a análise do conteúdo 'para ver o que dá'" (p. 30). Diz ela ainda: "Metodologicamente, confrontam-se ou completam-se duas orientações: a verificação prudente ou a interpretação brilhante" (p. 29). Ora, a conjunção "ou" – no contexto da frase, a tradução deveria ter sido "e" – não faz bem ao juntar verificação e salto interpretativo. Ou este se apoia naquela, por inferência lógica, e aí deixaria de existir enquanto produto heurístico, ou resulta injustificável, aberto a ilações gratuitas. A experiência de *insights* criativos de milhares de pesquisadores que procedem daquela forma não justifica objetivamente o método. Nada contra os *insights*; a questão é querer que a processualística da categorização os justifique, quando, no máximo, os ocasiona, ficando eles "no ar". A "conciliação" insatisfatória mantém-se, inclusive, porque, a seguir, em seu texto, a autora discorre sobre "inferência de conhecimentos" (p. 38-43), que é uma categoria lógico-objetiva, como "a intenção maior da análise". Afinal, reaparece aqui o que foi chamado "salto indutivo" (Gewandsznajder, 1989, p. 41-44), fragilidade lógica do empirismo (assumido pelo positivismo), e que Popper, seguindo a crítica de Hume e de outros filósofos, contestou logicamente (Popper, 1975a, p. 27-31; Popper, 1975b, p. 98-101).

12.3 "Um divisor de águas" ao analisar entrevistas

A propósito da análise de entrevistas, e pensando em alternativas à análise de conteúdo, duas perguntas precisam ser feitas:

a) O que leva tão longe a necessidade de objetividade?
b) Onde reside, na comunicação humana, o significado?

12.3.1 A prática da objetividade

A primeira pergunta nos põe diante de um preceito básico da pesquisa positivista: só fatos, em si, devem ser considerados. O sujeito conhecedor não deve "existir" no texto científico. O trabalho da análise é, indiretamente, "tirá-lo de cena" exatamente pela objetivação total do resultado da observação, no caso, a entrevista. O entrevistador apenas faz perguntas, fica de fora, e toda a investigação se volta para o objeto de interesse, as respostas do personagem em cena, para quem as câmeras se voltam, o entrevistado. Fatos são o que ele diz, o que fica gravado. A análise racional deles, preferencialmente em linguagem formal e clara, leva ao conhecimento objetivo, que pode assim tornar-se produto, eventualmente manipulado, aplicado e reproduzido (Guba e Lincoln, 1984, Capítulo 1).

Ora, como já é, hoje, consensual, inclusive entre as ciências empíricas (Santos, 2000, p. 60-80), que a ficção de um conhecimento "sem a marca" cultural de seu autor, embora possível, para fins práticos e tecnológicos, não se harmoniza com a ideia de ciência racionalmente sustentável, e que os "fatos" também recebem codificação pessoal e social, resta redefinir o conceito de objetividade. Aliás, foi no reconhecimento do declínio fatal do paradigma moderno de conhecimento, fundado na consciência do objeto, que Habermas (1997) elabora o paradigma da comunicação humana, gestado nos últimos dois séculos.

Não se fala em objetividade por causa do objeto, embora tenha a ver com ele. Fala-se nela por causa do diálogo intersubjetivo, para que o conhecimento se construa e se aperfeiçoe socialmente e as pessoas se entendam racionalmente. Só neste sentido, e não naquele, é que se diz que as teorias científicas são peças objetivas (Morin, 1999, p. 40; Gewandsznajder, 1998, p. 19). Por mais que se aperfeiçoe, a linguagem não representará a realidade, a recriará (Glasersfeld, 1998, p. 76). A representação da realidade é, justamente, um dos padrões básicos de construção exercidos pela linguagem (Rorty, 1994).

O ponto para onde a questão da objetividade nos faz retornar, inclusive reconhecendo ali uma motivação da miragem objetivista, é certa intenção básica da comunicação humana: a argumentação. No fundo, quem investiga procura argumentos e espera poder comunicá-los. Tudo o que se pode fazer é produzir evidências para um público a quem o pesquisador-autor se dirige. Ele argumenta. A ciência moderna, inclusive o empirismo, surgiu de uma longa tradição ocidental que tem origem na retórica, e foram trabalhadas pacientemente bases ("lugares") para apoiar a argumentação (Perelman e Olbrechts-Tyteca, 1999).

A linguística tem mostrado que a argumentatividade é essencial à construção da linguagem (Ducrot, 1987). No que diz respeito à conversação, diz Ingedore Koch:

> Quando interagimos através da linguagem (quando nos dispomos a jogar o "jogo"), temos sempre objetivos, fins a serem atingidos: há relações que desejamos estabelecer, efeitos que pretendemos causar, comportamentos que queremos ver desencadeados, isto é, pretendemos *atuar* sobre o(s) outro(s) de determinada maneira, obter dele(s) determinadas reações (verbais ou não verbais). É por isso que se pode afirmar que o uso da linguagem é essencialmente argumentativo: pretendemos orientar os enunciados que produzimos no sentido de determinadas conclusões (com exclusão de outras). Em outras palavras, procuramos dotar nossos enunciados de determinada força argumentativa. (1998, p. 29, grifo da autora.)

O que acontece, então, com a análise de conteúdo em sua procura obsessiva – e frustrada, a julgar pelas observações, acima, sobre texto de Bardin – da objetividade? Essa técnica estruturalista erige em regra definidora e princípio epistemológico aquilo que, de fato, é regra social. A objetividade da comunicação é regra básica na prática das comunidades científicas, de todos os credos filosóficos, e "lugar" sempre presente na comunicação ordinária. No caso dos diálogos de entrevistas cabe, primeiro, procurar o jogo de linguagem do entrevistado (face ao entrevistador) em torno do valor objetividade; e segundo, na análise que dele faz o pesquisador, promover um tratamento do fenômeno comunicativo tal que se produza uma interpretação compreensível e defensável perante o auditório dos pares. Essa é a razão e o limite da objetividade.

12.3.2 Onde procurar o significado?

Desde meados do século 19 a questão do significado da linguagem vem ocupando lugar central na filosofia e na metodologia. É forçoso atentar para o

Análise de entrevistas não estruturadas: da formalização à pragmática da linguagem 357

fato de que, trate do que tratar, a ciência só pode fazê-lo no limite da linguagem, seja formal (as lógicas e matemáticas), seja natural. Pensamos linguagem, construímos nossa vida social pela linguagem. A ciência não avança mais sem uma resposta para a questão da linguagem. Deve carregar tal resposta na bagagem de seu método e restringir a ela o que diz sobre objetos e problemas. Construindo sobre o trabalho de lógicos e matemáticos do século 19, como G. Frege, o positivismo lógico trouxe uma resposta satisfatória para a ciência moderna, no início do século 20. Mas, desde então, uma mudança radical tem-se operado entre os que desenvolvem a tradição do conhecimento sobre o conhecimento (Oliveira, 1996). A linguagem não é o veículo de um significado imaterial produzido de forma autônoma pela mente, como pensou Aristóteles, não o retém e transporta consigo como seu conteúdo.

Diferentemente, ela é uma prática cultural-simbólica que se transmite e impõe pelo hábito. Wittgenstein (1996) firmou bem a linguagem na categoria de ação. Seguimos regras de significar; praticamos, com os outros, interações por linguagem, "jogos de linguagem" (p. 53); internalizamos e sofisticamos imensamente esses "jogos". De muitas formas somos socialmente treinados em praticar significados com linguagem. Assim, diz Wittgenstein, o significado é um uso (p. 43) e são absolutamente inumeráveis (p. 35) as formas de compor jogos de linguagem, simplesmente porque são ações humanas no fluxo incessante da vida (p. 35). Só aproximadamente e temporariamente se repetem os significados, mesmo que possam ser descritos como "famílias" (p. 52).

Wittgenstein, que rompeu, isolado, com a teoria tradicional do significado, inclusive com a semântica de Frege, altamente credenciada, estimulou, uma década depois, grande número de investigações teóricas sobre a linguagem, que se desenvolviam quase em paralelo, e vieram a ser agrupadas, depois, sob a denominação de "pragmática da linguagem". Uma dessas tendências, no campo da filosofia da linguagem, mereceu especial desenvolvimento, tanto entre filósofos quanto entre linguistas: a Teoria dos Atos de Fala, iniciada por J. L. Austin (1990, original de 1965) e enriquecida, entre outros, por J. Searle. Da Teoria dos Atos de Fala cabe, por enquanto, destacar a tríplice dimensão de todo ato de fala: exprime-se uma intenção em relação ao ouvinte ("ato ilocucionário") enquanto se exprime um significado semântico convencional ("ato locucionário") e, com isso, pelas consequências imediatas e implícitas no que se disse, várias outras ações estão ali sendo, de fato, praticadas ("atos per-locucionários"). As duas primeiras dimensões são mais estudadas por Searle (1969), que exprimiu a unidade delas pela relação *F(p)*, em que "F" é a força (ato) ilocucionária e "p" a proposição gramatical (ato locucionário).

Metodologicamente, não devemos armar-nos com moldes rígidos – categorias nas quais enquadrar os significados das falas que nos chegam, em entrevistas, por exemplo –, mas fixar-nos primeiro na ação em curso; alguém produziu agora tal ação significante: qual terá sido ela? O que fez ele ali, de um ponto de vista pragmático-semântico? Que contextos mais amplos podem também estar, ali mesmo, significados pelo(s) falante(s), e, enfim, que contextos significativos podemos nós mesmos, pesquisadores, justificadamente produzir em ação comunicativa a outros ouvintes?

Assim, marcam-se diferenças. A análise de conteúdo ignora sistematicamente a dimensão pragmática da linguagem. O significado não está "contido", como que sob invólucro, nas palavras e proposições. Escandindo-as nada se encontrará, a não ser o próprio elemento linguístico, monemas (não mais fonemas, que desapareceram quando a entrevista foi reduzida a texto) e formas sintáticas – cujo estudo também poderia interessar, mas aí o "jogo de linguagem" já seria outro (tomar como objeto a própria linguagem). Então, é mais próprio dizer que, na técnica de análise de conteúdo e, *a fortiori*, na chamada "análise léxica" (Freitas e Janissek, 2000), tem-se justamente aquilo que o objetivismo queria evitar: uma releitura subjetiva dos fatos da comunicação. Tem-se uma criação linguística do pesquisador que armou o esquema de categorias e, depois de triturar a autenticidade do texto oral, sentiu-se livre e confiante para projetar-se nos dados e criar sua versão da entrevista. Pode até ser uma boa versão, sua *expertise* pode levá-lo intuitivamente a expressar aspectos relevantes do significado, certamente convencerá os que acreditam nos mesmos métodos, mas nessa operação ter-se-á perdido o elo com a realidade, e subsistirá a pergunta: o que quis o entrevistado significar?

12.4 A entrevista como conversação e sua análise

12.4.1 Uma inter-ação linguística

Antes de tudo, é preciso entender a situação que se cria quando alguém, que se apresenta sob credencial de instituição de pesquisa, aborda outra pessoa para distingui-la com atenção especial e fazer-lhe perguntas cujas respostas supostamente se tornarão informação ou opinião em trabalho científico. Há pessoas que se sentem como "aparecendo na TV", outras constrangidas como em um interrogatório judicial. Em tal momento, aquelas pessoas são diferentes, vivem papéis diferentes de suas vidas ordinárias, e, mesmo transitório, o relacionamento que se cria é único, tomará matizes diversos ao longo da entrevista. Muita coisa será percebida subliminarmente pelos atores ali envolvidos (entrevistador e entrevistado) sobre o outro. Evidentemente a maioria dessas percepções não chegará a alcançar consciência clara, e muito menos verbal, mas será suficiente para provocar leves reações e comportamentos linguísticos, de parte a parte, que determinarão o verdadeiro significado das respostas do entrevistado e o rumo de sua fala.

A perspectiva teórica da pragmática da linguagem nos deixa atentos ao que ali se faz. Convencionalmente, supõe-se que o entrevistador apenas entreviste e que o entrevistado apenas responda sobre fatos, de seu conhecimento, de que foi ator ou testemunha, ou sobre suas crenças, opiniões, convicções. Contudo, por que não se intenta observar como reage a tal ou tal pergunta? O que será mais revelador sobre sua real convicção? Será ele (ou sua memória) realmente confiável? Sem dúvida, há uma tendência a que, semanticamente, atos locucionários possam ser registrados "pelo valor de face" ("ele contou isso, disse aquilo"). Por que, porém, o relato tomou essa forma, salientou esses detalhes em preferência a outros, ou a opinião foi assim formulada – enfeitada, dissimulada, improvisada, usada como argumento a favor ou contra alguém imaginado, ausente, ou representado pelo pesquisador etc.? A dimensão simbólica do que se diz é mais forte que a semântica, e o significado é uma resultante global do ato de fala.

Da parte do entrevistador, um gesto de concordância ou compreensão, uma expressão facial de atenção especial (ou, ao contrário, de falha de atenção), uma breve expressão de incentivo, uma simples pergunta de acompanhamento ("Como assim?", "Pode explicar melhor?", "Pode dar um exemplo disso?"), qualquer coisa alterará as conexões ocultas do face a face. De simples "informante", que se supunha, alguém de repente está aí como confidente. Mesmo autores ligados à sociologia funcionalista falam da "arte de entrevistar" (Kidder, 1987, p. 34). Da parte do entrevistado, o interesse, a disposição a revelar detalhes, a ponderação das opiniões, o envolvimento etc., afetarão o pesquisador que o entrevista.

A entrevista de sucesso sempre evolui para certo diálogo. De quantas formas e com quantas finalidades pode dar-se esse diálogo? O planejamento cuidadoso de cada entrevista definirá o que dela se espera, mas, mesmo quando realizada em série padrão, cada entrevista é singular e pode trazer surpresas para o interesse maior da pesquisa.

12.4.2 Elementos de análise da conversação

A entrevista é um diálogo. Específico, mas diálogo, algo do gênero "conversação", pelo qual a linguística se interessa.

> Segundo proposta do alemão H. Steger, poderíamos lembrar que é possível distinguir dois tipos de diálogo [...]:
> (a) Diálogos *assimétricos*: em que um dos participantes tem o direito de iniciar, orientar, dirigir e concluir a interação e exercer pressão sobre o(s) outro(s) participante(s). É o caso das entrevistas, dos inquéritos e da interação em sala de aula.
> (b) Diálogos *simétricos*: em que os vários participantes têm supostamente o mesmo direito à autoescolha da palavra, do tema a tratar e de decidir sobre o tempo. As conversações diárias e naturais são o protótipo dessa modalidade. (Marcuschi, 2003, p. 16, grifos do autor.)

A lembrança da entrevista como forma de conversação, "uma interação assimétrica" (Koch, 1998, p. 71), permite falar dela com categorias de análise desenvolvidas para compreender o que se passa nas conversações em geral.

Análise de entrevistas não estruturadas: da formalização à pragmática da linguagem

É o caso da organização sequencial, da estrutura de tópicos e da distinção entre textos e macrotextos.

A conversação e, no caso, a entrevista, se desenrola por "turnos" de participação alternada. Há regras e incidentes na organização dos turnos.

> A regra geral básica da conversação é: *fala um de cada vez*. Pois, na medida em que nem todos falam ao mesmo tempo (em geral um espera o outro concluir) e um só não fala o tempo todo (os falantes se alternam), é sugestivo imaginar a distribuição de turnos entre os falantes como um fator disciplinador da atividade conversacional. Com isso *a tomada de turno* pode ser vista como um mecanismo-chave para a organização estrutural da conversação. (Marcuschi, 2003, p. 19.)

Alguns tipos de conversação se estruturam por "pares adjacentes" (pergunta-resposta, convite-aceitação/recusa, acusação-defesa/justificativa, cumprimento-cumprimento, pedido de desculpa-perdão) e há características daí decorrentes, como a de que a primeira parte seleciona o próximo falante, determina sua ação e coloca o ponto relevante para a transição de turno (Marcuschi, 2003, 35).

> Quando um participante tenta tomar o turno fora do momento adequado, fala-se de um *assalto ao turno*, que pode ser eficaz ou não. Nesses momentos ocorre normalmente o fenômeno da *sobreposição de vozes*. (Koch, 1998, p. 71, grifos da autora.)

Isso faz lembrar que uma entrevista, mesmo sendo uma conversação assimétrica, inclui momentos de simetria, como em um diálogo corrente, momentos às vezes importantes para seu aprofundamento ou redirecionamento. Os conceitos de "pausa", "silêncio", "hesitação", "reparações e correções", entre outros, podem ajudar a esclarecer momentos significativos na entrevista. Por outro lado, o conceito de "turno nuclear em andamento" (Galembeck, 1996, p. 127), aquele que constitui o núcleo da conversação, leva a fixar sobre o entrevistado o foco do diálogo, mesmo que o entrevistador detenha o poder de iniciar, interromper, dar direcionamento temático e encerrar o diálogo.

A organização tópica da conversação é importante em uma entrevista. "Quando se fala, fala-se de alguma coisa, isto é, os parceiros têm sua atenção centrada em um ou vários assuntos. [...] Na linguagem comum, tópico é, portanto, aquilo sobre que se fala" (Koch, 1998, p. 72). Tende a haver certa hierarquização entre os tópicos, embora isso seja vacilante e de identificação bastante relativa. Mas, por ser uma distinção útil, a autora introduz denominação:

> Para evitar confusão, podemos denominar os fragmentos de nível mais baixo de segmentos tópicos; um conjunto de segmentos tópicos formará um subtópico; diversos subtópicos constituirão um quadro tópico; havendo ainda um tópico superior que englobe vários tópicos, ter-se-á um supertópico. (Koch, 1998, p. 72.)

A análise de uma entrevista pode beneficiar-se do conceito de "macroato de fala", que decorre da existência de planejamento e representação global nas sequências de atos de fala (Van Dijk, 1980, p. 132-144). A um macroato de fala corresponde, na conversação, um macrotexto. Se toda conversação inclui um planejamento, uma entrevista, com mais razão. A propósito, no trecho supracitado Van Dijk começa com o exemplo simples de um telefonema entre dois amigos, em que o primeiro necessita de algo do segundo, e esse objetivo leva a detalhes.

A pergunta que inicia novo tópico gera um novo macrotexto. Mesmo sem a participação do entrevistador, o entrevistado "planeja" sua resposta, na medida em que tende a dá-la por partes, contextualizá-la, prepará-la, justificá-la argumentativamente. Contudo, em textos orais, isso não se faz de forma ordenada. É possível que o macroato de fala surja no começo, no meio ou no fim da entrevista, ou pode até ocorrer que, dada a sua natureza, fique nas entrelinhas.

Ora, o macroato de fala corresponde ao ato ilocucionário principal (no caso exemplificado anteriormente, ele seria o pedido de um amigo ao outro, e o posicionamento deste de atendê-lo ou não), e responde à pergunta: "o que o entrevistado realmente quis dizer?" Isso não pode deixar de ser identificado objetivamente – mostrando, no caso, os indicadores verbais ou não verbais – pelo pesquisador a cada pergunta, e em torno desse macroato se disporá

Análise de entrevistas não estruturadas: da formalização à pragmática da linguagem

o que também pode ser relevante ou claramente estar descontextualizado e, portanto, ser incidental, descartável.

12.4.3 O momento decisivo da interpretação

A diferença fundamental entre linguagem oral e linguagem escrita (Olson, 1997, 107-130; Koch, 1998, p. 68-70) torna a transcrição da entrevista um momento quase perigoso – aí poderá perder-se o significado pragmático e central da fala do entrevistado. A análise linguística tem convenções apropriadas para reduzir esse risco (Koch, 1998, p. 137-138). Mas é recomendável que a interpretação se faça com o auxílio da própria gravação oral.

No momento da interpretação, o entrevistador não pode "sumir" de cena. Por princípio, aliás, a metodologia tem que incluir o sujeito pesquisador (Ricoeur, 2000). O próprio momento da interpretação tem que incluir uma dimensão reflexiva. A interpretação "começará" já durante a própria entrevista, espontaneamente – é preciso estar advertido para o fato e guardar-se para o momento da análise. Aí, será mantida também uma espécie de atenção à formação da própria convicção sobre o caso em análise (Gould, 1995). Essa consciência reflexa cresce com a experiência, e é essencial à superação do que Gaston Bachelard chama de "obstáculo epistemológico" (1996, p. 17-28). Será importante, às vezes, que o pesquisador observe, através da gravação, o próprio desempenho durante a entrevista: sentirá logo suas intervenções oportunas ou suas interferências inadequadas, personalistas, afetando a formação do significado ali em elaboração pelo entrevistado.

Uma última palavra sobre a interpretação de cada unidade textual, que geralmente é a resposta a uma pergunta, embora possa ocorrer "aglutinamento de respostas" ou "respostas retardadas" (dadas, de fato, mais adiante, em outra pergunta). David Olson (1997) discorre sobre a articulação dos três níveis da interpretação (p. 133-138): o sintático, o semântico e o pragmático. Deve-se acentuar que nas conversações é preciso começar pelo terceiro; tentar fazê-lo trabalhando com o segundo, e deste, possivelmente (para os linguistas indispensavelmente) indo ao primeiro. Anteriormente, tentou-se mostrar que não é sustentável e pode ser vicioso o que a análise de conteúdo faz, quando se fixa no primeiro para trabalhar no segundo, e esquece o terceiro.

Enfim, toda interpretação é uma recriação. Cada pesquisador-autor tem sua ótica e seus objetivos para a peça que pretende produzir. Haverá, em certo momento, um "desprender-se" do texto do entrevistado. Tudo o que se pode exigir é que isso se faça com evidência argumentativa plenamente objetiva e justificável.

■ 12.5 Sugestões para a análise de entrevistas

Na seção "Qual o exato escopo deste ensaio metodológico?", procurou-se deixar claro que nosso problema geral era a passagem legítima das falas dos entrevistados para a produção do significado, criação própria do pesquisador, e que tal problema, de fundo epistemológico, passava por um trabalho preparatório, mesmo que indissociável, de organização e agregação de informações oriundas das entrevistas – sempre considerada a situação de *uma série delas,* compondo investigação empírica de um mesmo ponto. O foco passava, portanto, a colocar-se naquele trabalho organizativo, que envolve algum nível de padronização de ações. As últimas seções procuraram acentuar que essas ações ou procedimentos devem moldar-se por uma concepção sustentável sobre o que vem a ser a produção de significados na conversação, estando a entrevista neste gênero. A partir de agora, passa-se a sugerir algo sobre elas, com uma preocupação: não podem ir além de sua função de procedimento vestibular e facilitador.

■ 12.5.1 Advertência para um risco

Mesmo assim, preocupa fazer sugestões de procedimentos e roteiros práticos. Não se nega determinada validade a isso, adverte-se, porém, quanto a certo mal-entendido que redundaria em formalismo, problema que já foi objeto de crítica e preocupação na estrutura de dissertações e teses (Mattos, 2002). Em metodologia, o mal-entendido consiste em pensar que a essência do trabalho de pesquisa está na prática correta; no caso, pensar que no cumprimento consciente de um bom roteiro está o sucesso da análise do material colhido na entrevista. O roteiro prático passa então a ser o plano em que a ação do pesquisador se desenrola. Os pesquisadores juniores (e muitos senio-

Análise de entrevistas não estruturadas: da formalização à pragmática da linguagem

res) tendem a fazer assim, e até a pensar que se algum *software* se encarregasse desse roteiro, melhor ainda.

Por isso, propor agora "sugestões de prática" é, no mínimo, um grande risco. Por que correr esse risco? Para incentivar alternativas metodológicas. Trata-se de apoiar os primeiros passos, que se espera continuados em passos livres. O método, propriamente, alternativo à análise de conteúdo, já foi proposto nas seções anteriores; e não há formas bem previsíveis nem uma melhor forma de executá-lo. Embora raramente o confessem, tudo o que manuais de metodologia podem dizer com pertinência é: "costuma-se fazer dessa maneira. Resolva você no seu caso".

Só deve olhar para um mapa quem sabe para onde ir e tem condições de decidir por onde. Na maturidade do pesquisador, o domínio básico das ações substantivas que permeiam o processo é o que alimenta a capacidade de atender à variedade de casos. E aquele domínio não se adquire sem a prática tentativa e reflexiva. Assim, também na metodologia científica andar se aprende andando em uma variedade de terrenos e situações, embora isso realmente só aconteça se tal prática for reflexiva (Alvesson e Sköldberg, 2001) e se for possível reforçar um núcleo central de convicções e habilidades, que, no caso de competências linguísticas, é a intuição do jogo de linguagem cabível ao conjunto da ação.

▬ 12.5.2 O nível de análise que interessa aqui

Há graus de aprofundamento da análise dos significados produzidos em uma entrevista. Consideram-se dois tipos ou níveis de análise em que seria possível buscar evidências a partir do próprio uso da linguagem: a análise do significado semântico-pragmático da conversação e a análise linguística.

a) O primeiro nível procura a compreensão dos *significados de macrotextos* ("significado nuclear"), unidades maiores de resposta com seus desdobramentos em uma ou mais perguntas; dos *significados incidentais relevantes*, digressões e outros elementos mal contextualizados na fala, mas de alto interesse; e, ainda, dos *significados de contexto*, pressupostos ou implicados em cada resposta ou emergentes da relação de várias respostas.

Métodos de coleta e análise de material empírico

b) O segundo nível exige análise linguística para produzir evidências em maior detalhe, observando operadores argumentativos, marcadores de pressuposição, indicadores modais e atitudinais, e tempos verbais. Apesar de enriquecer os mesmos aspectos do significado, anteriormente distinguidos, este nível de análise exige competências de análise linguística do discurso, aqui não pressupostas.

Somente o primeiro deles (letra *a*), *a análise do significado semântico-pragmático da conversação*, é considerado aqui, por dois motivos:

1) mantém-se a intenção original deste artigo: estimular, de imediato, a prática, confiando em que ela própria será o maior estímulo para o aperfeiçoamento do pesquisador;
2) a análise detalhada, por elementos textuais (letra *b*), limita fortemente o número de entrevistas.

E a tradição em administração é tentar captar e integrar a diversidade, seja de campos organizacionais, seja de estratégias e opinião de gestores, o que exige número maior de entrevistas.

12.5.3 Um modelo de apoio em cinco fases

Considerando a variedade imprevisível de delineamentos de pesquisa, aqui se apresenta apenas modelo de referência sobre procedimentos de organização e análise de *conjuntos de entrevistas*, realizadas com mesmo objetivo. Vamos falar de cinco fases, uma estrutura de ações que, em sequência, *prepara, suporta e ajusta* o trabalho substantivo, que é a interpretação – aporte único, inalienável e criativo do pesquisador. Após isso, seguir-se-ia a integração redacional do texto acadêmico.

12.5.3.1 Fase 1: Recuperação

É preciso primeiro recuperar, em sentido amplo, o momento da entrevista; transcrever o que foi gravado, depois de ouvir a fita atentamente, fazendo

Análise de entrevistas não estruturadas: da formalização à pragmática da linguagem 367

anotações preliminares, de memória, sobre significados que parecem emergir de alguns momentos especiais e que ficarão no aguardo da análise. Os textos das várias entrevistas, com todas as anotações de referência (local, hora, circunstâncias especiais etc.) devem estar à disposição para serem trabalhados juntamente com a gravação oral. Quanto mais próxima da entrevista for feita a recuperação dela, melhor.

12.5.3.2 Fase 2: Análise do significado pragmático da conversação

A análise básica do texto de entrevista é feita em duas "demãos" e uma revisão delas.

a) A primeira "demão" de leitura e audiência do texto é dirigida a observar como se desenrolou *o contexto* pragmático do diálogo, como a responder à pergunta: o que aconteceu ali entre aquelas duas (ou mais) pessoas; ou o que foi acontecendo ao longo da entrevista? Como o assunto foi se desenvolvendo? Onde parece terem ocorrido "pontos altos" e momentos de "ausência"? Que respostas "transbordaram" para outras, deixando-se advertência para, no passo seguinte (b), verificar a construção composta do significado? Sugerem-se anotações de *fatos*, à margem do texto (é bom que seja impresso com ampla margem lateral).

b) A segunda "demão" de leitura e audiência do texto é dirigida a observar, *pergunta-resposta a pergunta-resposta*, os fatos *do texto* pragmático-semântico ("F(p)"), como a responder três perguntas básicas:

b.1) A primeira sobre *o significado nuclear da resposta*. "O que, então, ele(ela) teria respondido e que fatos de linguagem (expressões orais ou não) poderiam deixar isso evidente?" Pode ser que não se chegue logo a algo claro ou que se tenha que descer ao nível sintático do texto (como as frases foram armadas, os verbos e os conectivos usados), para voltar depois ao nível pragmático-semântico. Sugerem-se anotações sobre os fatos de linguagem, inclusive citações textuais, que servirão, mais tarde, na redação do texto de análise.

b.2) A segunda, sobre os *significados incidentes* – que não surgiram na linha direta da resposta à pergunta, mas são relevantes para os objetivos da pesquisa. "Que mais posso colher de importante ou revelador nessa resposta?" Sugerem-se anotações, à parte das anteriores, sobre os fatos de linguagem, inclusive citações textuais, que servirão mais tarde, na redação do texto de análise.

b.3) A terceira, sobre *as suposições implícitas a respeito do contexto* (organizacional, técnico, cultural, econômico, estratégico etc.) relevante ao tópico. Sugerem-se anotações, à parte das anteriores, sobre os fatos de linguagem, inclusive citações textuais, que servirão mais tarde, na redação do texto de análise.

c) Após essas tarefas de análise básica das entrevistas, cabe fazer uma revisão do que nelas foi colhido, apenas com o intuito de melhorar a qualidade do material anotado, pois, salvo o caso de recusa de validação, a partir daqui o pesquisador deixará de trabalhar com os textos e gravações originais, só eventualmente vindo a recorrer a eles. Um grande volume de material é então posto de lado.

12.5.3.3 Fase 3: Validação de fatos verbais

Pelo menos o significado nuclear da resposta a cada pergunta, tal como entendido pelo pesquisador, deve ser validado pelo próprio entrevistado em seu aspecto semântico ("Eu entendi que o senhor/senhora respondeu 'assim' – ou 'isso' – a tal pergunta: estou certo?"). O material pode ser remetido ao entrevistado como citação textual ("assim"), ou, preferencialmente, sob a forma de paráfrase ("isso") – uma frase do pesquisador que exprima substantivamente o mesmo, porém da forma como ele a entendeu.

A validação se destina a firmar ou infirmar o fato ou o ponto de início da análise, e não visa as elaborações do pesquisador sobre ele. Se o entrevistado não assume a autoria da afirmativa e a retifica, a Fase 2 é refeita neste ponto específico, ou é simplesmente suprimida.

Cabe ainda, sobre a validação, mencionar o caso de fatos relatados pelo entrevistado. A validação então será externa: em outra fonte (documental, por exemplo) ou em entrevista de natureza complementar, específica, com outra pessoa, e não mais submetida à análise semântico-pragmática da conversação, aqui descrita.

12.5.3.4 Fase 4: Montagem da consolidação das falas

A montagem da consolidação de falas visa instrumentar a fase seguinte, de análise de conjuntos, criando uma "matriz de consolidação". É preciso promover uma visualização de conjunto para as observações colhidas na fase anterior, porque é importante aproximar relatos, opiniões e atitudes dos entrevistados. A consolidação consiste na transcrição dos dados colhidos, pelo menos os da análise dos significados nucleares das respostas (12.5.3.2) para uma matriz de dupla entrada: em uma os entrevistados, possivelmente aproximados por características de estratificação, em outra as perguntas. Na interseção, as respostas, que são as unidades textuais básicas de análise. Deve-se usar folha de papel (ou tabela eletrônica) a maior possível, mas certamente as anotações referentes aos significados incidentes (b2) e as suposições implícitas a respeito do contexto (b3) terão, na célula adequada, apenas chamada para folha suplementar. Se possível, deve-se deixar ampla coluna à direita e em baixo da matriz para anotações, na fase seguinte.

12.5.3.5 Fase 5: Análise de conjuntos

Como anunciado na fase anterior, este é o momento mais importante para a produção de resultados gerais da análise: primeiro, visualizando os fatos de evidência relativos a cada entrevistado, no conjunto das suas respostas, quando se identificarão "respostas retardadas" ou "antecipadas"; segundo, visualizando os fatos de evidência relativos a cada uma das perguntas; terceiro, "pairando meditativamente" sobre todo o conjunto das entrevistas. Fazem-se marcações de destaque sobre significados de fala que valem individualmente e sobre os que formam sentidos novos, quando vistos em conjunto. Registram-se na coluna da extrema direita ou na inferior, conforme o caso, as *observações conclusivas* sobre conjuntos e subconjuntos. Em folhas complementares ficarão as observações conclusivas sobre os destaques individuais. A ligação entre observações conclusivas e fatos de linguagem (expressões), no entanto, em hipótese alguma podem ser perdidas. Nessa fase, que é rica de argumentos e inspirações, já podem começar redações parciais do texto acadêmico, cuja elaboração, de forma sistemática, se seguirá à análise.

12.5.4 O julgamento de pares sobre consistência da análise

É prática de alguns grupos de pesquisa submeter a pares, sistematicamente e como parte dos procedimentos de análise, certas observações conclusivas do pesquisador, antes que este se sinta autorizado a redigir seu texto, funcionando a praxe como "validação da interpretação". (Não nos referimos aqui à técnica de opinião de "juízes" no estabelecimento de escalas e categorias de análise.) Que haja confronto de percepções, é válido e inspirador. No entanto, não faz sentido "*validar* interpretações", porque os fatos não comportam nunca interpretação única. Entre outros pontos em que pode haver contribuição de colegas ao texto – e isso sempre houve e haverá – a questão central consiste no exame da argumentação que funda precisamente *aquela* interpretação do pesquisador. Essa, sim, é submetida a pares quando concluído o texto, como parte normal das instituições acadêmicas de publicação e apresentação de trabalhos em simpósios, desejavelmente pelo sistema *blind review*.

12.6 Considerações finais

Este artigo chama a atenção para a questão metodológica na área de administração. Temos multiplicado esforços e exigências formais na nossa produção acadêmica visando uma "maioridade científica" e o reconhecimento de pesquisadores de áreas próximas e de maior tradição. As insuficiências naturais ao crescimento por tentativa e erro têm-se localizado na chamada "metodologia alternativa" ao padrão da sociologia positivista, prevalente entre nós e que faz uso de procedimentos de análise estatística, já consagrados. Não devem estes ser abandonados, apenas revisto o seu uso para problemas de pesquisa específicos. A questão da qualidade para as demais metodologias converge, a nosso ver, para a forma e a convicção epistemológica com que se faz uso de um instrumento fundamental: a entrevista não estruturada. Seguindo a tradição das ciências sociais aplicadas, para investigar nosso tema recorremos às pessoas. Mas como tratar o que trazemos de volta em mãos? Cedo descobrimos que estamos diante de problema metodológico muito mais complexo que o padrão prevalente, confiado à regularidade das relações matemáticas.

Análise de entrevistas não estruturadas: da formalização à pragmática da linguagem

Nas tentativas de sistematizar a experiência, costumamos recorrer aos manuais. Mas os manuais de análise de entrevistas não estruturadas nos oferecem de volta padrões estruturalistas e formalizantes. Talvez por seus pressupostos sobre o que seja objetividade, sobre o lugar do próprio pesquisador no processo ou sobre a natureza do ato humano linguístico, idealmente sentem-se mais confortáveis com relações estáveis na compreensão dos fenômenos. De volta a algoritmos! Falar de algoritmos é entrar em cheio no campo tecnológico dos sistemas de informação, solução adequada para as pressões por expansão da produção acadêmica e do número de dissertações em menor tempo. Essa está parecendo ser a história dos nossos envolvimentos com a chamada "análise de conteúdo".

Nesse artigo se tentou argumentar a favor da aplicabilidade de conceitos metodológicos de duas outras disciplinas à análise de entrevistas não estruturadas: a pragmática da linguagem, um campo originado na filosofia, mas hoje quase transdisciplinar, e a análise linguística do discurso, em sua vertente associada à pragmática.

O que faz a ligação íntima daquelas disciplinas com nossa questão premente (a de análise de entrevistas não estruturadas) é o conceito de conversação. A entrevista não estruturada, supostamente feita face a face, é um diálogo, uma situação de interação e, diante disso, é menos relevante a simetria de participações do que a tendência a que os significados se devam fortemente à força da presença do interlocutor. Habermas tem insistido na "mutualidade" congênita da comunicação humana (1990, p. 69-77). A conversação humana vem sendo estudada sistematicamente há mais de cinquenta anos pela linguística e pela pragmática da linguagem.

No afã de mostrar a fecundidade de uso dos conceitos desses dois campos, este artigo, ao seu final, se propôs (arriscadamente) a enfrentar o desafio da prática de pesquisa em administração. A estruturação da pesquisa é atividade ao mesmo tempo criativa, criteriosa e apoiada em experiência anterior. No caso de análise de entrevistas não estruturadas – campo a cuja complexidade anteriormente se aludiu –, aqui se fazem *sugestões*. Os procedimentos descritos encontrarão desde o momento de sua leitura potencial conflito com experiências de outros pesquisadores, que nelas confiam. Sustento, no entanto, que são válidos em sua relação com os conceitos de onde se deduzem, e que podem ser úteis como inspiração, ou como simples contribuição ao nosso esforço atual de aprendizagem por tentativa e erro.

Referências

ALVESSON, M. e SKÖLDBERG, K. *Reflexive methodology*: new vistas for qualitative research. London: Sage Publications, 2001.

AUSTIN, J. L. *Quando o dizer é fazer*. Porto Alegre: Artes Médicas, 1990.

BACHELARD, G. *A formação do espírito científico*: contribuição para uma psicanálise do conhecimento. Rio de Janeiro: Contraponto, 1996.

BARDIN, L. *Análise de conteúdo*. Lisboa: Edições 70, 2002.

DUCROT, O. *O dizer e o dito*. Campinas (SP): Pontes, 1987.

FIELDING, N. Choosing the right qualitative software package. CAQDAS *Networking Project, Data Archive Bulletin*, n. 58, May 1995.

FREITAS, H. e JANISSEK, R. *Análise léxica e análise de conteúdo*: técnicas complementares sequenciais e recorrentes para exploração de dados qualitativos. Porto Alegre: Sphinx, Sagra Luzzatto, 2000.

GALEMBECK, P. de T. Simetria e assimetria em textos conversacionais. In: MAGALHÃES, I. (Org.). *As múltiplas faces da linguagem*. Brasília: UnB, 1996.

GEWANDSZNAJDER, F. *O que é o método científico?* São Paulo: Pioneira, 1989.

GLASERSFELD, E. von. A construção do conhecimento. In: SCHNITMAN, D. F. (Org.). *Novos paradigmas, cultura e subjetividade*. Porto Alegre: Artes Médicas, 1996.

GOULD, S. J. Researcher introspection as a method in consumer research: Applications, issues and implications. *Journal of Consumer Research*, v. 21, n. 4, p. 719-722, march. 1995.

GUBA, E. e LINCOLN, I. *Naturalistic inquiry*. New York: Sage, 1984. Capítulo 1.

_____. Competing paradigms in qualitative research. In: DENZIN, N. K. e LINCOLN, I. S. *Handbook of qualitative research*. London: Sage, 1994.

HABERMAS, J. *Teoria de la acción comunicativa*: complementos y estudios previos. 3ª ed. Madrid: Cátedra, 1997.

_____. *Pensamento pós-metafísico*: estudos filosóficos. Rio de Janeiro: Tempo Brasileiro, 1990.

KIDDER, Louise H. (Org.). *Métodos de pesquisa nas relações sociais*. Vol. 2, 2ª ed. São Paulo: EPU, 1987.

KOCH, I. G. V. *A inter-ação pela linguagem*. 4ª ed. São Paulo: Contexto, 1998. (Repensando a língua portuguesa.)

KRIPPENDORFF, K. *Content analysis*: an introduction to its methodology. London: Sage, 1980.

MARCUSCHI, L. A. *Análise da conversação*. 5ª ed. São Paulo: Ática, 2003.

MATTOS, P. L. C. L. A estruturação de dissertações e teses em administração: caracterização teórica e sugestões práticas. *Revista de Administração Contemporânea* – RAC, v. 6, n. 3, p. 175-198, 2002.

MORIN, E. *Ciência com consciência*. Rio de Janeiro: Bertrand Brasil, 1996.

OLIVEIRA, M. A. de. *Reviravolta linguístico-pragmática na filosofia contemporânea*. São Paulo: Loyola, 1996.

OLSON, D. R. *O mundo no papel*. As implicações conceituais e cognitivas da leitura e da escrita. São Paulo: Ática, 1997.

PERELMAN, C. e OLBRECHTS-TYTECA, L. *Tratado da argumentação*: a nova retórica. São Paulo: Martins Fontes, 1999.

POPPER, K. R. *A lógica da pesquisa científica*. São Paulo: Cultrix, 1975a.

_____. *Conhecimento objetivo*: uma abordagem evolucionária. São Paulo: Edusp, Itatiaia, 1975b.

RICOEUR, P. *Teoria da interpretação*. Lisboa: Edições 70, 2000.

RORTY, R. *A Filosofia e o espelho da natureza*. Rio de Janeiro: Relume-Dumará, 1994.

SANTOS, B. de S. *A crítica da razão indolente*: contra o desperdício da experiência. Vol. 1. São Paulo: Cortez, 2000.

SEARLE, J. *Speech acts*. Cambridge: CUP, 1969.

VAN DICK, T. A. *Texto y contexto*. Semántica y pragmática del discurso. Madrid: Cátedra, 1980.

WITTGENSTEIN, L. *Investigações filosóficas*. São Paulo: Nova Cultural, 1996.

Capítulo 13 Perspectivas de análise do discurso nos estudos organizacionais[1]

Christiane Kleinübing Godoi

▨ Introdução

Enfocando os processos sociais como processos de produção de signos, a visão qualitativa em ciências sociais tem como uma de suas escolhas mais habituais a análise do discurso. Van Dijk (2004, p. 9) ressalta que recentemente diversas disciplinas das ciências humanas e sociais têm demonstrado interesse crescente no estudo do discurso. Haidar (1998, p. 118) atribui a ascensão da análise do discurso dentro do campo das ciências sociais e das ciências da linguagem a duas razões principais: o caráter interdisciplinar das ciências sociais entre si e em complementaridade com a linguística, associado à importância dos discursos em qualquer prática humana; e a valorização crescente nas ciências sociais da dimensão pragmática inerente à análise do discurso.

Embora tenha sido originariamente vinculada à filosofia da linguagem, a análise do discurso constitui hoje um complexo metodológico fragmentado em diversas escolas e tendências epistemológicas diversas. A complexidade do campo da análise do discurso é atribuída ao seu caráter essencialmente interdisciplinar,

---

[1] Texto anteriormente publicado, com algumas alterações, na Revista Eletrônica de Gestão Organizacional – Gestão. Org, Pernambuco, v. III, n. 2, p. 95-109, 2005, com o título: "Análise do discurso na perspectiva da interpretação social dos discursos: possibilidades abertas aos estudos organizacionais".

com raízes e desenvolvimentos em disciplinas das ciências humanas e sociais, como a linguística, a semiótica, os estudos literários, a antropologia, a sociologia, a teoria da comunicação, a psicologia social e cognitiva e a inteligência artificial.

No entanto, além da diversidade constitutiva, há – sob a denominação de análise do discurso – numerosas linhas analíticas, tendências e modelos distintos que, pretendendo instaurar-se como hegemônicos ou exclusivos, não situam a si próprios no contexto histórico e epistemológico das ciências da linguagem e acabam por produzir uma ausência de clareza, não apenas acerca da vinculação dos modelos entre si e com as disciplinas originárias, mas em torno da compreensão do que seja esse tipo crucial de análise qualitativa.

Um exemplo dessa multiplicidade dissonante é o próprio conceito de discurso – categoria chave nos desenvolvimentos teóricos diversos – que, entretanto, não está unificado, como já mostrava Maingueneau (1976, p. 11) ao analisar algumas das acepções mais relevantes do conceito. Maingueneau (1976) constantemente discute a dificuldade que tem a análise do discurso em definir o seu objeto. Abril (1994, p. 429) acredita que essa diversidade, longe de desalentar o projeto de uma análise do discurso sistematizada, pode ser o seu principal motor.

A análise do discurso apresenta assim definições muito variadas, desde a definição mais genérica de Brown e Yule (1993, p. 1) – "a análise do uso da língua" – às concepções mais atuais de Van Dijk (1990, p. 15) – "o estudo do uso real da linguagem, por locutores reais em situações reais". Maingueneau (1997b, p. 3) observa que, sobretudo, nos países anglo-saxônicos, muitos autores identificam, em maior ou menor grau, a análise do discurso com a análise conversacional, abrangendo um domínio mais vasto do que o da conversação no sentido estrito, incluindo aspectos não verbais da comunicação. A partir dessa identificação, a análise do discurso ultrapassaria os limites da análise das interações verbais, definindo-se como uma atividade fundamentalmente interacional.

Quanto aos principais modelos de análise do discurso – sem pretender abarcar um inventário completo –, Haidar (1998, p. 141) catalogou 34 modelos, considerados principais, dentro de dez tendências diferentes. Dentre os modelos mais conhecidos, estão o modelo transformacional de Chomsky (tendência americana); o modelo da filosofia, de Austin e Searle (tendência britânica); os modelos pragmático, de Habermas, e hermenêutico, de Gadamer (tendência alemã); e os modelos da escola francesa de análise do discurso.

Perspectivas de análise do discurso nos estudos organizacionais

A partir do desenvolvimento histórico e da consideração das diferentes direções da análise do discurso, Van Dijk (1990, p. 43) elabora a seguinte caracterização atual baseada na integração dos novos desenvolvimentos da análise do discurso:

a) transdisciplinariedade (a focalização inicial sobre a linguística foi ampliada especialmente para as ciências sociais);
b) descrição textual e contextual (os métodos formais de descrição textual foram complementados com a descrição das dimensões cognitivas, sociais e culturais do uso da linguagem);
c) interesse pela fala da cotidianeidade (do interesse pelos textos fixos e escritos aos tipos orais e dialógicos da fala);
d) interesse pela multiplicidade de gêneros do discurso (não mais restritos apenas à conversação e ao relato, mas incluindo outros gêneros discursivos, tais como o discurso oficial, as entrevistas e a publicidade);
e) abertura da base teórica (especialmente à gramática formal, à lógica e à inteligência artificial).

A caracterização de Van Dijk (2005) acerca da análise do discurso contemporânea oportuniza metodologicamente a utilização da análise do discurso no cenário dos estudos organizacionais.

O discurso não pode ser analisado no vácuo contextual, lembra Lakoff (2005), e é inerente à vida social (Grimshaw, 2005). Por sua vez, o espaço metodológico ao qual se dedicam os estudos organizacionais é transpassado pelas práticas discursivas escritas, faladas e interacionais (Girin, 1990; Broekstra, 1998). O discurso no cenário organizacional vem sendo, nos últimos anos, tomado como objeto de estudo (Weestood e Linstead, 2001; 1998; Thatchenkery, 2001; Woodilla, 1998).

Diante da postura atual de abertura transdisciplinar, reagem os linguistas:

> [...] ao meu ver, talvez fosse necessário explicar a presença de não linguístas em tarefas desta natureza. Mas isto, evidentemente, se deve à minha concepção do que seja uma análise do discurso, em resumo, uma tarefa, antes de mais nada, linguística. (Possenti, 2001, p. 31.)

A análise do discurso na França é, sobretudo – desde cerca de 1965 – assunto de linguistas, de historiadores e de alguns psicólogos, reforça Maingueneau (1997. p. 11). A superação da exclusividade reivindicada pelos linguistas permite a reflexão no campo das ciências sociais sobre a ampliação da base teórica e metodológica da análise do discurso para os estudos organizacionais, incorporando os aspectos cognitivos, culturais e sociais da linguagem.

Ainda que o amplo inventário construído por Haidar (1998) nos sirva de referencial orientador, não procederemos uma utilização completa de todos os modelos catalogados. Optamos – pela sinteticidade e abrangência epistemológica – por uma aproximação à variedade de abordagens e modelos de análise do discurso em três perspectivas básicas propostas por Alonso (1998). Focalizaremos neste artigo a descrição e a análise de cada uma destas perspectivas – a informacional-quantitativa (análise do conteúdo), a estrutural-textual (análise semiótica) e a social-hermenêutica (interpretação social dos discursos). Um evidente destaque é concedido à terceira perspectiva, uma vez que a via analítica dos discursos que se está buscando no campo organizacional distancia-se em essência das primeiras vias (análise do conteúdo e análise semiótica), em virtude de não pretendermos desenvolver uma análise interna de textos, e sim uma reconstrução dos sentidos dos discursos e dos interesses dos sujeitos na organização. Este artigo pretende contribuir para a delimitação do espaço metodológico-epistemológico da análise do discurso nos estudos organizacionais, constituindo-se como um ensaio teórico, reflexivo e conceitual, desprovido da pretensão de sistematizar ou prescrever a utilização do método.

Por ser interpretativa, a prática da análise do discurso não pode ser reduzida a uma série de passos ou procedimentos técnicos aplicados mecanicamente (Billig, 1997, p. 39). A análise do discurso não é uma metodologia como as demais, é uma ampla e teórica abordagem transdisciplinar. A inexistência de regras sistemáticas de condução e a desvinculação, tanto da fixação do sentido quanto da arbitrariedade da interpretação, constituem elementos em comum entre a análise do discurso e a prática psicanalítica – motivo que nos leva a recorrer à teoria psicanalítica naquilo em que ela possa se aproximar, detalhar e ampliar a compreensão da metodologia da análise do discurso, notadamente sobre o desenvolvimento em torno do fenômeno da interpretação discursiva.

Perspectivas de análise do discurso nos estudos organizacionais

■ 13.1 As primeiras perspectivas da análise do discurso: análise do conteúdo e análise semiótica

A primeira perspectiva de análise do discurso é considerada correlata da análise do conteúdo, e assim designada, uma vez que é nesta dimensão que se desenvolvem os métodos de análise do conteúdo (Barelson, Laswell e Osgood *apud* Alonso, 1998). Não há uma independência metodológica, portanto, entre a metodologia de análise do conteúdo e a de análise do discurso. A denominação *análise do conteúdo* é, portanto, sinônimo da perspectiva informacional-quantitativa de análise do discurso, ainda que Ibáñes (1986) mencione a análise do conteúdo como uma dupla vertente analítica, que se abre em: a análise quantitativa do conteúdo manifesto; e a análise qualitativa do conteúdo latente.

A perspectiva informacional-quantitativa é a mais imediata, descritiva, quantitativa e exploradora da dimensão manifesta dos textos. Através da busca de distâncias ou proximidades semânticas, o texto é convertido em um espaço de frequências, de repetições e associações entre palavras, tornando-se alvo do arsenal de ferramentas estatísticas (Alonso, 1998, p. 189). Trata-se de uma análise de relações e de correlações geradoras de cadeias semânticas que não são mais do que o correlato linguístico das cadeias estatísticas (Valles, 1997, p. 97). A explicação, por sua vez, não é outra senão a geração de um sistema de relações e correlações externas entre as categorias proliferadas pelo próprio sistema de contagem e medida. (Alonso, 1998, p. 191).

A palavra é a unidade central e básica desta análise de conteúdo, e o texto é reduzido a um conjunto acumulado de palavras desprovidas de significado simbólico, uma vez que o que se pretende é uma operação aditiva. Inclusive, como lembra Valles (1997, p. 97), a condição para que a palavra se converta em sinal é a perda de qualquer sentido múltiplo, plurissignificativo ou polissêmico.

Para a análise do conteúdo, não há sujeito na leitura do texto; não há interpretação, senão descrição e objetivação dos componentes. A pretensão declarada de objetividade do processo permite-se desconsiderar a subjetividade do analista e os elementos contextuais. Como denuncia Alonso (1998, p. 98), este nível explícito de dimensão semântica exclui totalmente a dimensão pragmática. A distinção mais conhecida entre sintaxe, semântica e pragmática é retomada por Julio (1998, p. 7): a sintaxe estuda a relação mútua entre os signos; a semântica analisa a conexão entre os signos e os objetos a que se aplicam; e a pragmática se ocupa da relação existente entre os signos e os usuários. "As relações dos signos com seus interpretes", diria Morris (*apud* Brown e Yule, 1993, p. 47) sobre a pragmática. As regras que especifiquem que combinações de expressões são corretas e quais não constituem o objeto da sintaxe; a que entidades se referem certas expressões, como significam outras e quando dizemos coisas verdadeiras ou falsas são o objeto semântico; e como influem os falantes da língua e os contextos de usos na hora de fazer coisas com palavras caracterizam os estudos pragmáticos (Frapolli e Romero, 1998, p. 21-22).

Substituindo a imprecisão constitutiva da linguagem por uma suposta precisão forjada, a análise do conteúdo produz a perda da dimensão subjetiva e relacional da linguagem, em que reside toda a sua profundidade e espessura. Ao negligenciar o processo de produção social do sentido, essa primeira perspectiva da análise do discurso converte-se em um conjunto de referências lexicométricas e demonstra uma vontade simplificadora do fenômeno da linguagem. Em princípio, poderíamos situar a análise do conteúdo como bordeando o limite entre o qualitativo e o quantitativo. Alonso (1998, p. 193), em sua rigorosa crítica a essa abordagem, por ele denominada informação sem comunicação, entende que por sua lógica e por sua sistemática de atuação, trata-se de um método eminentemente quantitativo aplicado sobre algo que é radicalmente qualitativo: a linguagem.

A segunda perspectiva de aproximação à análise do discurso nomeada por Alonso (1998, p. 189) – a estrutural-textual – surge como alternativa ao modelo informacional-quantitativo, constituído por um bloco de perspectivas "etiquetadas" como semiótica textual, semiótica discursiva, semiótica estrutural, sócio-semiótica ou análise semiótica dos discursos. Esse conjunto semiótico apresentou-se, por vezes, sob um caráter unidisciplinar (é o caso da chamada Escola de Paris). Porém, uma segunda versão do projeto semiótico combinou as perspectivas da investigação narratológica (Greimas, Bremond, Genette) das teorias da enunciação (Bakhtin, Benveniste, Ducrot), da semântica da cultura (Lotman, Uspenski), dos enfoques pragmáticos da filosofia analítica (Wittgenstein, Austin, Grice, Searle, Strawson), da teoria do texto

(Van Dijk, Petöfi) e da sociologia fenomenológica (Goffman, Garfinkel, Cicourel) (Abril, 1994, p. 430).

A diversidade encontrada dentro da perspectiva estrutural de análise do discurso e a dispersão de seus modelos, envolvendo escolas e autores reconhecidos dentro da análise semiótica, não são fatores impeditivos da crítica acerca da essência do trabalho estruturalista em análise do discurso que, como generaliza Alonso (1998, p. 196), tende a ser sempre a mesma. Desde Saussure e Propp, até Barthes, Todorov, Kristeva, Greimas e um largo etcetera, há uma tentativa em comum de encontrar isomorfismos ou equivalentes estruturais em línguas, fenômenos, textos ou até, inclusive, sociedades (Alonso, 1998, p. 196).

Há que reconhecer, no entanto, a existência de dois momentos dentro da análise semiótica dos discursos. Um primeiro momento é identificado com a aproximação saussureana, centrado no signo e desconsiderador tanto do enunciado quanto da enunciação e do discurso. Confinada ao âmbito das mensagens, a semiótica dos códigos (Abril, 1994, p. 430) busca a dissecação dos textos em unidades mínimas de sentido. Uma vez que a enunciação foi submersa, os sujeitos da enunciação passam a ser simples reprodutores do sistema de articulação de signos. Pela dissociação entre os elementos do discurso e os da intersubjetividade e intertextualidade, a análise estrutural acaba por constituir-se em uma variação sofisticada da análise do conteúdo.

A semiótica contemporânea, entretanto, engendra um segundo momento diferenciado dentro da história da análise semiótica dos discursos marcadamente transpassada pela dogmatização dos signos. Ao colocar em questão o conceito de signo (considerado ingênuo e atomístico), a semiótica atual deixa deliberadamente o plano dos signos para se ocupar de sistemas de significação complexos (formado pelos elementos constituintes dos signos, em especial o significado) e provoca o que se chamou de "crise do signo" (Lozano, 1999, p. 15).

O trabalho inovador de dissociação entre a semântica e sua relação anteriormente obrigatória com o signo foi realizado por Hjelmslev (*apud* Courtés, 1997, p. 38), que atribuiu autonomia e estatuto de disciplina à semântica. A partir daí, passou-se à delimitação progressiva da ciência da significação que, na convicção de Courtés (1991, p. 38), constitui a finalidade da semiótica. A semiótica, a partir da irrupção semântica, passa a ser uma "prática especializada de leitura" (Abril, 1994, p. 429). A ampliação da prática semiótica para a análise da significação dos textos em que interatuam sujeitos assinala um distanciamento não somente em relação à vertigem dos signos, mas também, como pretende evidenciar Lozano (1999, p. 247), em relação à euforia do desmascaramento ideológico que caracterizava a semiótica dos anos 1960, referindo-se a Foucault (1987) e Pêcheux (1990), fundamentalmente. A semiótica atual deslocou a ênfase dos significados ideológicos para a análise das condições de produção, circulação e recepção dos discursos, tal como aparece nos trabalhos de Verón (1990) sobre a produção do sentido.

Não há dúvidas quanto à importância da linguística estrutural para a configuração do campo da análise do discurso, de tal forma que os estudos atuais de análise do discurso, ao se constituírem, já têm que enfrentar a polêmica com a análise semiótica. Entretanto, a pretensão hegemônica e imperialista da análise semiótica dificulta a adoção de uma postura integradora. Por outro lado, torna-se inevitável o recebimento, no interior dos estudos organizacionais, da influência dos autores da linguística estrutural e da semiótica contemporânea, em virtude do lugar que ocupam no desenvolvimento das ciências da linguagem.

13.2 A terceira perspectiva da análise do discurso: a interpretação social dos discursos

Alonso (1998) estabelece um distanciamento crítico rigoroso em relação ao imperialismo do modelo linguístico e semiológico de análise do discurso que, por sua hegemonia, acabou por tornar inexplorada a "via concreta da análise sociológica dos discursos" (1998, p. 187). A análise do discurso em seus usos sociológicos não é uma análise interna de textos, nem linguística, nem psicanalítica, nem semiológica; não se busca com ela encontrar qualquer tipo de estrutura subjacente da enunciação, nem uma sintaxe combinatória que organize unidades significantes elementares. O que se trata de organizar é a reconstrução dos sentidos dos discursos em sua situação – micro e macrossocial – de enunciação. Antes que uma análise formalista, trata-se nesta análise sócio-hermenêutica – guiada pela fenomenologia, pela etnologia e pela teoria crítica da sociedade – de encontrar um modelo de representação e de compreensão do texto concreto em seu contexto social e na historicidade de suas proposições, desde a reconstrução dos interesses dos atores que estão implicados no discurso (Alonso, 1998, p. 188).

Encontramo-nos assim diante da terceira perspectiva de aproximação da análise do discurso – a social-hermenêutica – também denominada análise sociológica dos discursos, interpretação social dos discursos ou ainda etnolinguística do discurso. Aqui não interessará a quantificação nem a significação – preocupações primeiras das abordagens anteriores –, mas sim as relações de produção do sentido, o estudo dos discursos e suas determinações e motivações. "O sentido é o ligamento interno do texto" (Lozano, 1999, p. 33), e é justamente a consideração desse aspecto processual que permitirá a desistência da busca da significação em unidades textuais estáticas pouco interessantes aos relatos da vida organizacional.

A análise sociológica dos discursos não é uma análise quantitativa do conteúdo, concebida como uma soma de significados predeterminados de palavras, nem uma análise estrutural de textos realizada em um plano sintático ou semântico, mas uma análise contextual, na qual os argumentos tomam sentido em relação com os atores que os enunciam (Alonso, 1998, p. 212). Pelo fato de não estar focalizada nas funções imanentes ao texto, a análise sociológica dos discursos desprende-se do texto e opera um deslocamento do objeto focalizado pela análise do discurso para a busca das regras de coerência que estruturam o universo dos discursos nas organizações.

Como categorias linguísticas distintas, texto e discurso necessitam ser compreendidos em suas características diferenciais para permitir o entendimento do objeto e do modo de funcionamento da análise social do discurso. Com a ressalva da pluralidade conceitual dessas categorias inerente à própria multiplicidade de tendências da análise do discurso. A definição de texto e discurso (Silverman, 2000) corresponde ao lugar de importância atribuído por determinada perspectiva a cada categoria de análise. Por exemplo, o discurso não poderia ter a mesma conceituação na análise semiótica estrutural, em que desempenha uma função de mero produto, enquanto o texto é o processo, o lugar de produção do sentido, e na escola francesa, em que os papéis se invertem e o discurso passa a estar associado ao processo de produção e a ocupar o lugar principal.

Se o texto é uma materialização linguística, um objeto, o espaço do enunciado, o discurso é a prática reflexiva da enunciação (Alonso, 1998, p. 201). Os textos são os suportes de um conjunto de discursos diferentes. Um texto pode ser atravessado por vários discursos, porque os discursos não são mais que as "linhas de coerência simbólica com as quais representamos, e nos representamos, nas diferentes posições sociais" (Alonso, 1998, p. 201).

Considerando que tudo em um texto emana do enunciador, este se confunde com o próprio texto (Lozano, 1999, p. 113), entretanto, a noção de enunciação e enunciado viabiliza, na prática da análise do discurso, a escuta e a percepção dos momentos de presença do sujeito no texto. Permite também a identificação dos *discursos vazios*, para utilizar uma analogia com os conceitos lacanianos de fala plena e fala vazia – esta última sendo aquela que se reduz ao enunciado e produz o apagamento do sujeito no discurso. Como sintetiza Lozano (1999, p. 93), compete à análise da enunciação tudo aquilo que no texto indica a atitude do sujeito com relação ao enunciado.

Os conceitos de enunciado e enunciação são devidos a Benveniste (1974), que rompeu com as dicotomias estruturais saussureanas (fala e língua; significado e significante; sintagma e paradigma). Benveniste (1974) incorporou a subjetividade aos estudos linguísticos, através da noção de enunciação (ato de produzir um enunciado). Já não se trata das entidades dicotômicas, senão de duas posições na operação que supõe a passagem da língua ao discurso, explica Lamíquiz (1994, p. 28). A enunciação é a colocação em discurso da língua por um sujeito (Lozano, 1999, p. 90; Lamíquiz, 1994, p. 28). É justamente a partir dos estudos sobre enunciação que a análise do discurso organizacional se desenvolve.

No uso da metodologia da análise do discurso no campo organizacional são constantemente identificados discursos permeados pela enunciação (que, na realidade, não se desvincula do enunciado) e, por outro lado, discursos nos quais o sujeito busca esconder-se, sufocando a enunciação e pouco contribuindo para os objetivos da investigação. A análise dos discursos faz sentir a necessidade de ir além do discurso manifesto, de considerar a possibilidade de que nem sempre o que as pessoas dizem é o que elas sentem e vivem.

Para compreender como é possível dizer algo mais do que o que se diz literalmente (enunciado), e identificar o sujeito no discurso (enunciação), há que apelar às informações de fundo, às informações mutuamente compartilhadas pelos interlocutores sobre os fatos, ou seja, considerar os elementos de um item constitutivo da interpretação: o contexto. O próprio fato de que o pesquisador se interesse pela dimensão expressiva e pragmática exige a relação das propriedades do discurso com aspectos diferentes do contexto interacional ou estrutural em que o discurso foi produzido. Além disso, uma vez que não se trata, nas interpretações, de estabelecer uma *clínica do texto*, submetendo o discurso a interpretações de caráter estritamente psicanalítico, à revelia da existência de uma história de conversações anteriores e da presença do sujeito no momento da validação da interpretação, o contexto organizacional passa a ser o principal referencial do investigador na prática da interpretação.

Em função da transparência ou opacidade desses níveis da subjetividade no discurso, é que os enunciados apresentam, na formulação de Brandão (1991, p. 75), uma dupla face: um *direito* e um *avesso* que são indissociáveis. Ao analista cabe decifrá-los não só no seu *direito*, relacionando-os a sua própria formação discursiva, mas também no seu *avesso*, perscrutando a face oculta em que mascara a rejeição do discurso de seu outro – o caráter inconsciente da enunciação no discurso.

A formalidade do texto e seu atravessamento por entradas subjetivas, organizacionais e sociais caracteriza dualidade constitutiva da linguagem (Brandão, 1991, p. 11). O discurso é o lugar da constituição da subjetividade, do desejo e da contradição natural do sujeito; opostamente, o texto é "o âmbito dentro do qual as frases perdem sua ambiguidade" (Lozano 1999, p. 36).

O que analisamos, portanto, no trabalho de investigação nas organizações são discursos, e não textos. Nos estudos organizacionais o que interessa não é o estilo textual, nem a busca da estrutura subjacente do texto, mas a atuação deste "complexo fenômeno cognitivo e social que chamamos discurso" (Alonso, 1999. p. 332). Mediante a incorporação dessa visão pragmática, a interpretação social dos discursos declara o seu interesse não pelo que os textos formalizam, mas por aquilo que os discursos fazem e de que são constituídos os discursos. Ainda que a semântica como relação das frases com os estados de coisas que significam não possa se opor, como lembra Lozano (1999, p. 91), à pragmática como relação das frases com quem as usam e interpretam. Brown e Yule (1993, p. 13), por sua vez, confessam apelar ao enfoque pragmático, procurando evitar o perigoso extremo de recorrer à perspectiva individual (ou idiossincrática) na interpretação de cada fragmento discursivo, referindo-se criticamente à postura hermenêutica. Essa visão performática dos discursos inerente à análise sociológica dos discursos é o que justifica o espaço mais adiante destinado neste ensaio à Teoria dos Atos da Fala.

O que se percebe é que, entre os autores da análise do discurso contemporânea, tais como Van Dijk (2005), Heller (2005), Norrick (2005), há posições diferenciadas por ocasião das associações entre a pragmática, a semântica e a hermenêutica. Mas há um consenso com relação à aproximação entre a análise do discurso e a pragmática. Existe um acordo de que a análise sociológica dos discursos não deve ocupar-se diretamente da sentença em si, da relação dos signos entre si ou com o que eles designam (campos da sintaxe e da semântica), mas da localização pragmática da sentença, da produção e dos efeitos dos enunciados em um determinado contexto do discurso. Verón (1990) assinala que a presença do social na linguagem somente é localizável mediante a passagem da semântica à pragmática (relação dos signos com os seus usuários, com o contexto da situação de fala).

Fazer análise do discurso implica necessariamente fazer sintaxe e semântica, porém consiste basicamente em fazer pragmática. Tanto em análise do discurso, quanto em pragmática, o objetivo é descrever o que fazem as pessoas quando usam a linguagem, e explicar os aspectos linguísticos dos discursos como os meios empregados nessa atividade. A análise sociológica dos discursos, em sua dimensão pragmática, investiga regularidades sociais e não "leis" formais; encontra referências a contextos, mais que universais, linguísticos e antropológicos; opera por analogia e interpretações locais e não por protocolos genéricos; e tenta descobrir as regularidades encontradas nas realizações linguísticas que empregam as pessoas para comunicar esses significados e intenções (Brown e Yule, 1993).

Essa questão da busca por regularidades no discurso – também objeto de divergência entre os autores – merece ser alvo de questionamento dentro da análise do discurso. Brown e Yule (1993) postulam insistentemente que o papel do analista reside em descobrir regularidades em seus dados e descrevê--las. "Não só estamos dispostos a buscar regularidades, senão que tendemos a perceber as mesmas" (1993, p. 89). A intenção de sistematização, padronização e controle daquilo que, por sua natureza é disperso, contraditório e diferente, parece ser uma versão qualitativa da análise do conteúdo, atormentada com a frequência e a regularidade.

O que diferencia a análise sociológica dos discursos da análise do conteúdo – em que o sujeito é dissolvido no objetivismo dos sinais –, e da análise estrutural – em que o sujeito fica suspendido na interpretação objetivada – é exatamente a recuperação do sujeito no texto. Postular que o discurso é atravessado pela unidade do sujeito é incorrer em uma impossibilidade epistemológica, a partir do momento em que se trabalha, nas ciências da linguagem, com uma noção de sujeito dividido, fragmentado e que reflete no discurso a sua dispersão constitutiva. O que há no discurso não são regularidades, e sim dispersão, diferenças e descontinuidade dos planos de onde o sujeito fala. No dizer de Possenti, "considero o discurso uma máquina de produzir sentidos" (2001, p. 154).

Brandão (1991, p. 30), coerente com as características de sua obra, atravessada pelas consequências das determinações da ordem da ideologia e do desejo inconsciente sobre o discurso, discorda que a análise do discurso deva buscar a unidade de todas as formações discursivas de uma conjuntura. Os discursos, como define Alonso (1998, p. 58), são uma complexa expressão de níveis da consciência.

A análise das estruturas e funções do discurso se dá através do relato das trocas discursivas sobre os episódios informais em que os fenômenos psicológicos motivacionais são trazidos à existência (Harré, 1997, p. 27): "É através do discurso que construímos a forma da experiência pessoal, às vezes chamada subjetividade" (p. 39).

Além das irregularidades provenientes das características do sujeito e da produção do sentido, há ainda outras fontes referenciais de incertezas na análise dos discursos, oriundas do que se denomina contexto discursivo. A linguagem não é examinada em abstrato, como um fenômeno isolado, mas sempre em relação a uma situação, seja ela social, organizacional, psicológica e interativa, ou seja, o produto linguístico nunca é exclusivamente código, senão que é o "código em situação" (Rodrígues, 2000, p. 50). Esse conteúdo experiencial, ideacional ou situacional do discurso é denominado contexto.

Contexto é o mundo físico, social e organizacional que interage com o texto para criar o discurso (Cook, 1990, p. 156). Um contexto de situação apropriado ao estudo linguístico põe em relação as seguintes categorias:

a) as características relevantes dos participantes, considerando sua ação verbal e sua ação não verbal;

b) os objetos relevantes;

c) o efeito da ação verbal (Firth, 1964, p. 182).

O contexto, então, é a dimensão mais ampla do texto, suporte das interpretações, que envolve as subjetividades, as ações, os objetos e os efeitos discursivos. O contexto é criado pelo próprio texto para constituir o discurso. A importância atribuída ao contexto pelas análises do discurso de caráter pragmático amplia a possibilidade de interpretação do discurso (e transformação do contexto), mas não garante o encontro de objetivações e regularidades, ao contrário, amplia o campo de incertezas. Abril (1994, p. 428), inclusive, considera a noção de contexto como sumamente vaga. Marcado tanto por entradas subjetivas quanto institucionais e sociais, o contexto organizacional constitui o cenário intersubjetivo da conversação, que amarra os elementos definidos como embasadores da interpretação e assinala a diferença entre a interpretação social dos discursos e as demais perspectivas da análise do discurso.

A concepção performática, incorporada pela análise sociológica dos discursos, na qual o discurso é considerado fundamentalmente como um ato, ou uma série de atos (cognitivos ou de outro tipo), encontra suas origens na Teoria dos Atos da Fala – tradição gerada, dentro da filosofia da linguagem, por Wittgenstein (1989) e Austin (1970). Além dos formuladores, a Teoria dos Atos da Fala passaria a ter Searle (1980) como representante mais destacado e sistematizador da teoria. A Teoria dos Atos da Fala realizou o deslocamento da função essencial da linguagem da representação à ação. Estranhamente, estudiosos contemporâneos da filosofia da linguagem, como Frapolly e Romero (1998, p. 27), insistem na capacidade de representação como função essencial da linguagem.

Elaboramos um relato sintético envolvendo as construções iniciais da Teoria dos Atos da Fala e assinalando os dois momentos da formulação austiniana dos atos. Austin (1970) sistematiza uma dupla classificação dos atos linguísticos. Distingue, inicialmente, dois tipos gerais de uso da linguagem ou de sentenças: o *constatativo*, em que sentenças são usadas para descrever fatos e representar o real; e o *performativo*, no qual se realiza a ação através do proferimento de uma sentença. O locutor não apenas descreve e constata fatos, mas ao enunciar a sentença já está, de fato, executando a ação. Reduzindo todos os atos aos performativos, uma vez que "nos próprios constatativos está incluso um fazer que permanece quase sempre não dito" (Ricoeur, 1991, p. 57), o próprio Austin (1970) ultrapassa essa distinção. Surge, então, uma nova classificação, designando três dimensões dos atos da fala: o ato locucionário, que vem a ser o proferimento de uma sentença de língua; o ato ilocucionário, que consiste no ato de fazer algo através desse proferimento; e o ato perlocucionário, que diz respeito às consequências geradas por um ato de fala. Com a passagem da primeira à segunda classificação, Austin não mais elabora uma tipologia dos atos possíveis, mas declara a necessária presença das três dimensões – locucionária, ilocucionária e perlocucionária – em um mesmo ato de fala.

A segunda formulação de Austin (1970), apesar de encontrar correspondência nos atos da formulação inicial, engendra em cada ato da fala três subatividades analiticamente discerníveis. Ainda que seja na força ilocucionária que resida o núcleo do ato de fala, dizer é fazer algo não só da ordem das ações, mas da ordem dos sentimentos e pensamentos a que a fala se reporta. A ilocução implica a produção de resultados extralinguísticos, tais como convencer, desanimar, assustar, surpreender alguém, compreendidos como efeitos perlocucionários. A interpretação de um discurso como ato de fala (ou uma série de atos de fala) está embutida dentro de uma interpretação de todo o processo de interação entre os participantes da conversa (Van Dijk, 2004, p. 18). A Teoria dos Atos da Fala exerce, portanto, inegável influência sobre o pensamento linguístico contemporâneo.

■ 13.3 Análise do discurso e teoria psicanalítica. Sobre a interpretação do discurso na investigação social

A linguagem constitui um terreno em comum ao sujeito, à investigação social e à teoria psicanalítica. A aproximação entre noções ou conceitos da teoria psicanalítica e a pesquisa em ciências sociais remonta, entretanto, a uma história de deformações e distorções dos conceitos freudianos. O revisionismo psicanalítico dos autores culturalistas, na tentativa de sociologizar as categorias psicanalíticas, diluiu os conceitos psicanalíticos no social. A psicanálise foi tomada como um saber passível de ser anexado às ciências sociais. Pretendia-se operar a junção do psíquico e do social somente depois de banalizar a ambos, gerando o que Recio (1995, p. 487) denominou o mal-entendido psicanalítico nas ciências sociais.

A postura de integração de Recio (1995) entre a psicanálise e o campo da investigação social foge às perspectivas reducionistas, pois não se trata, na verdade, de estabelecer uma disciplina como melhor do que a outra e sim como pertencente a planos "hierárquicos" diferentes. Para Recio (1995, p. 487), tanto a psicanálise quanto a linguística são teorias gerais (não regionais, específicas) das ciências sociais porque, a partir delas, se pode dar conta do social. Outros saberes como a semiologia, a antropologia, a história das mentalidades, ou a própria investigação sociológica de textos e discursos, assim como os estudos organizacionais, podem remeter-se à linguística e à psicanálise, enquanto a linguística ou a psicanálise não são abordáveis a partir desses saberes.

Não se trata, portanto, de propor uma anexação da psicanálise à análise do discurso, mas a partir do campo da investigação sociológica do discurso recorrer à teoria psicanalítica naquilo em que ela possa se aproximar, detalhar e ampliar a compreensão da metodologia da análise do discurso, fundamentalmente no que se refere ao aprofundamento da noção de interpretação.

Recio (1995, p. 482) sugere que a relação da psicanálise com a linguística, especificamente, seja pensada em duas modalidades: a linguagem é a condição do inconsciente e o inconsciente é a condição da linguística. À linguística caberia interpretar aquilo que Barthes alguma vez denominou "formas laicas do inconsciente" (*apud* Abril, 94, p. 457). "O inconsciente é estruturado como uma linguagem" (Lacan, 1988, p. 75). A partir desse aforismo, Lacan inaugura a análise linguística como método apropriado para o estudo do inconsciente, não precisamente porque o material psicanalítico seja verbal, senão porque a linguística oferece o melhor modelo disponível para explicar as estruturas e as leis desse material. Entretanto, o inconsciente linguístico não coincide com o inconsciente freudiano (Godoi, 2004). Alonso (1998, p. 210) limita a análise sociológica dos discursos ao espaço do latente, não do inconsciente. Considerando que os sujeitos não são inconscientes de suas práticas discursivas, e sim que não reconhecem, em sua totalidade, os efeitos e as ações gerados pelos discursos, a análise sociológica dos discursos focalizar-se-ia sobre as funções latentes dos discursos na vida social.

O fato de o sistema inconsciente utilizado pelos linguistas, semiólogos ou antropólogos não ser o sistema inconsciente de Freud (1982b), faz surgir uma preocupação, relatada por Pereña (1994, p. 445), por exemplo, de que a aproximação da psicanálise da análise do discurso possa implicar violentar os limites da prática clínica, uma vez que já não se faz psicanálise, senão outra coisa distinta. Trata-se de uma preocupação típica, ainda que responsável, da mentalidade regional descrita anteriormente, onde a psicanálise é que precisa envolver-se de precaução epistemológica, pois será aplicada, deslocada a outro campo. A direcionalidade da aproximação entre a análise do discurso e a psicanálise, para não incorrer em um conjunto de equívocos epistemológicos, precisa ter como ponto de partida o saber específico, ou seja, a análise do discurso. O saber específico remete-se ao saber, ou aos saberes, gerais, buscando referências para o aprimoramento conceitual, para a ampliação de sua capacidade interpretativa e, inclusive, para repensar seus limites e posicionamentos epistemológicos.

Ao criticar os modelos de análise do discurso que só se preocupam com a dimensão do explícito e não consideram a dimensão do implícito, Haidar (1998, p. 140) expõe o princípio da economia da linguagem, quer dizer, a ideia de que os discursos sempre devem manejar muitos pressupostos, muitos implícitos que deem conta de vários aspectos por inferência, sem que seja necessário enunciá-los verbalmente. As dimensões explícita e implícita são constitutivas de qualquer discurso. O explícito é o dito no discurso, o que se encontra verbalizado na superfície discursiva; o implícito é o sentido que se infere e que tem como suporte o dito explicitamente (Haidar, 1998, p. 139).

Todo discurso contém elementos excluídos do campo da dizibilidade. Os implícitos e os silêncios discursivos constituem o substrato mais importante da análise do discurso, uma vez que estão associados à produção do sentido discursivo. Os implícitos, mencionados por Haidar (1998, p. 140), distinguem-se dos silêncios discursivos descritos por Pêcheux (1990). Enquanto o implícito corresponde a uma inferência sobre o explícito, a um prolongamento de sentido latente, os silêncios discursivos, que em Pêcheux (1990) estão associados aos processos de esquecimento gerados por um efeito ideológico, correspondem à zona do excluído, do proibido, dos tabus do discurso.

A exclusão do campo inconsciente como espaço de atuação da análise do discurso não dilui a possibilidade de articulação entre a psicanálise e a análise do discurso. Afirmar que se trata, em análise do discurso e em psicanálise, do mesmo objeto seria um grave equívoco, com prejuízos para ambas as regiões, além de incorrer na estratégia de anexação epistemológica. Análise do discurso e psicanálise possuem estatutos epistemológicos distintos, objetos de estudo concebidos diferentemente e práticas metodológicas distintas. A aproximação torna-se possível em função dos seguintes fatores e condições:

a) em virtude de ser a análise do discurso um campo transdisciplinar que mantém fronteiras não só com a psicanálise, mas com disciplinas das humanidades, como a sociologia, a antropologia e a história;
b) em função da possibilidade de compatibilização da noção de sujeito das duas regiões;
c) por manterem ambas a prática do discurso como nível de análise privilegiado;
d) em virtude de terem a interpretação como núcleo técnico fundamental.

A psicanálise questiona a unicidade significante da concepção homogeinizadora da discursividade. Em consequência da concepção de sujeito dividido estruturalmente entre consciente e inconsciente, a psicanálise busca a sua forma de constituição na diversidade de uma "fala heterogênea" (Brandão, 1991, p. 54). O discurso social-organizacional, por sua vez, é uma suplência ilusória da heterogeneidade constitutiva do sujeito, uma prótese concebida para encobrir o desajuste estrutural entre linguagem e sujeito. Há no discurso social um projeto de unidade de sentido, como explica Pereña (1994, p. 468), de homogeneidade da significação, e paradoxalmente existe consciência de sua condição metafórica, quer dizer, da imprevisibilidade do sentido.

Essa lógica discursiva supõe a condição de falta, de não completude do sujeito. A individuação, entretanto, na busca por produzir consensos interpelativos, pode sofrer variações que se manifestam através dos mecanismos descritos por Maingueneau (1976): mascaramento (o sujeito busca apagar de seu discurso as marcas que permitirão classificá-lo em determinado grupo ou atribuí-lo a determinada ideologia); simulação (o sujeito toma o vocabulário de um grupo que não é o seu para produzir um discurso do seu grupo);

Perspectivas de análise do discurso nos estudos organizacionais

393

conveniência (é um mecanismo no qual há um acordo entre o locutor e os destinatários, então o sujeito utiliza um vocabulário que o classificará como pertencente a determinado grupo, porém a utilização é para ironizar, para atacar, para negar).

No mecanismo da conveniência, o sujeito da enunciação toma o lugar de outro sujeito para destruir ou desqualificar o discurso do outro. Entre os mecanismos de mascaramento e simulação aparece uma lógica contraditória. No primeiro, o sujeito, em um mecanismo denegatório, exclui o outro, e no segundo, por meio de uma identificação imaginária, incorpora o discurso do outro como seu. Os mecanismos de encobrimento do sujeito produzidos na linguagem revelam a própria essência da individuação. O sujeito, no ato de enunciar, surge e desaparece, se constitui e se apaga no campo do outro.

A natureza da linguagem é da ordem do mal-entendido, do equívoco, produzido pela ambiguidade da palavra, pela polivalência de significações e pela ausência de um sentido fixo. A inexistência de uma relação imediata e obrigatória entre um significante e um significado determina a polissemia e a abertura de sentido do discurso, uma vez que é a relação de um significante a outro significante (articulados na cadeia) que engendra a relação do significante ao significado no processo de construção do sentido.

O mecanismo significante está na emergência das formações do inconsciente. Como dizia Lacan, "o que se chama o inconsciente é o significante em ação" (1988, p. 81). Ricoeur referia-se ao inconsciente como o "involuntário absoluto", no entanto, suas obras mais tardias já não mais reconhecem o inconsciente como involuntário, mas como portador de um sentido que se oferece à decifração (Ricoeur, 2001, p. 32).

A formação do sentido inerente ao processo de interpretação do discurso (Gubrium e Holstein, 2000) não está ligada a uma injeção de sentido atribuída pelo analista do discurso, tal como se o sentido já estivesse dado *a priori*, mas a uma abertura de sentido à cadeia significante. Alonso (1998, p. 220) ressalva que a interpretação, como leitura de sentido, não está aberta a qualquer sentido, mas apenas aos que se derivam de seus atores como precipitação de circunstâncias sociais e pessoais.

"Compreender é interpretar. E interpretar é voltar a expor o fenômeno com a intenção de encontrar seu equivalente" (Sontag, 1984, p. 19). Interpretar o discurso é estabelecer seu sentido através de um processo permanente de decomposição e recomposição (Alonso, 1998, p. 220). A interpretação é o descobrimento do sentido, porém não de uma maneira arbitrária, de imposição do eu sobre qualquer realidade, senão de encontro intersubjetivo entre o sujeito como gerador de sentido e o mundo da vida organizacional em que se encontra como limite dos significados (Alonso, 1998, p. 212).

A função de produção do sentido pertence simultaneamente ao investigador, ao sujeito e ao contexto organizacional. É a visão construtiva do investigador que narra e reconstrói o discurso. Não se trata, porém, de um subjetivismo puro, mas de um "subjetivismo objetivado socialmente". Os próprios discursos e contextos é que constituem os limites e os princípios de validação da interpretação, os objetivadores da subjetividade. Os limites da interpretação, portanto, são definidos pelos próprios objetivos da investigação. Assim, a validação da interpretação depende da coerência argumentativa; da razão, da consistência e da honestidade do teórico; da adequação à comunidade em que se realiza; dos objetivos sociais da interpretação. Ainda que, em última instância, seja o sujeito quem atribui o sentido do discurso, uma vez que o analista do discurso está na posição de ouvinte que formula interpretações que podem ou não ter sentido, a validação da interpretação está associada à sua capacidade de reconstrução do campo de forças sociais que deu lugar à investigação. Trata-se de um duplo enfoque pragmático: a pragmática dos discursos sociais, a pragmática da estratégia de investigação (Alonso, 1998).

Pelo fato de ter um acesso limitado ao que o sujeito pretende expressar em um fragmento de discurso, qualquer informação ou implicação identificada terá o caráter de uma interpretação, ou seja, constituirá um processo de inferência através da qual se pode chegar à interpretação dos enunciados e das relações entre eles (Brown e Yule, 1993, p. 56).

A própria noção de texto, definida por Brown e Yule (1993, p. 31), como o registro verbal de um ato comunicativo, ou seja, a representação escrita de um texto falado, já implica um processo de caráter essencialmente subjetivo presente na percepção e na interpretação de cada texto, uma vez que indivíduos diferentes prestam atenção a aspectos diferentes dos textos. Na análise dos textos produzidos, criamos abstrações e pontos de vista e acreditamos na existência do que Schutz (*apud* Brown e Yule, p. 31) chamou de reciprocidade

Perspectivas de análise do discurso nos estudos organizacionais

de perspectiva, quer dizer, supomos que os leitores compartilham a mesma compreensão.

Brown e Yule se dedicam ao problema que enfrentam os analistas do discurso no momento da elaboração de transcrições dos textos falados, utilizando, quase invariavelmente, convenções inerentes à linguagem escrita. Se o analista decide transcrever em itálico uma palavra para assinalar, por exemplo, que o falante elevou o tom e a intensidade de sua voz, está levando a cabo uma interpretação do sinal acústico, uma interpretação que, em sua opinião, tem um efeito equivalente ao sublinhado que emprega um escritor para indicar ênfase. Em certo sentido, o analista cria o texto que os outros lerão. Na criação da versão escrita do texto falado recorre a modos convencionais de interpretação que, em sua opinião, compartem outros falantes da língua (1993, p. 30-31).

A produção da versão escrita de um texto falado já é, portanto, uma interpretação. A análise do discurso – através de suas pressuposições de que os significados compartilhados são necessários à validação da interpretação e de que os fatos discursivos são construídos no espaço da intersubjetividade – representa um exemplo concreto da visão construtivista em pesquisa qualitativa e da realidade da construção do objeto nos estudos organizacionais.

O caráter construtivo das elaborações textuais amplia a responsabilidade do analista que precisa já ter construído um modelo interpretativo que lhe sirva de guia na montagem do texto escrito. Essa diagramação do mapa conceitual, como diz Sierra (1998, p. 332-333), conduzirá o analista desde as primeiras leituras da transcrição, em que se procede a identificação dos elementos nucleares do discurso, até a captação do significado manifesto, através da demarcação dos conceitos fundamentais, aqueles que têm valor substantivo associado ao tema da investigação. Esses conceitos constituem o campo das categorias construídas pelo investigador. O modelo interpretativo acompanha todo o processo analítico-interpretativo até o resultado final da investigação que não será mais do que uma "narração sobre a narração do entrevistado, uma interpretação da interpretação do entrevistado" (Sierra, 1998, p. 333). O relato final é uma reinterpretação do discurso do sujeito transpassada pelas categorias da investigação e pelas inevitáveis concessões à categoria do desejo do analista.

A orientação da análise do discurso pelo modelo conceitual da investigação não é o mesmo que a subordinação dos enunciados a leis, estatísticas ou linguísticas. No espaço da interpretação – mescla de suspeita e escuta – trata de penetrar nos significados para os sujeitos dos enunciados, buscando a prioridade da prática sobre o código; da função sobre a estrutura; do contexto sobre o texto; do latente sobre o inconsciente; da intencionalidade da mensagem sobre a arbitrariedade dos signos (Ricouer, 1996, p. 151; Alonso, 1998).

A construção aproximativa entre a análise do discurso e a psicanálise não pretende gerar a impressão de que o investigador social faz interpretação psicanalítica em seus estudos. Recio (1994, p. 487-488) recorda que existe uma diferença entre teoria e interpretação psicanalítica. Portanto, não se trata de realizar interpretação psicanalítica na investigação social, não há transposições teóricas ou instrumentais de um campo ao outro do saber. Demarcados os campos de intersecção, mantidas as semelhanças e diferenças entre estatutos identitários, e respeitados os limites epistemológicos, o que se pretende é oportunizar a convivência entre teoria psicanalítica e investigação nas organizações.

Ao propor que a relação entre a psicanálise e a investigação social situe-se exclusivamente na reflexividade e não na instrumentalidade, Recio (1994, p. 448) acaba incorrendo, em virtude da preocupação com a vulgarização psicanalítica – que, por certo, não se revela à toa –, na mentalidade regional como se fosse possível a anexação entre um saber geral e um saber específico. Não se corre o risco de uma psicanálise aplicada à pesquisa organizacional, por uma impossibilidade fundamentalmente determinada pela diferenciação entre objetos de estudo, no entanto, pode-se avançar os limites da reflexividade, uma vez que a prática instrumental não é desconectada dos valores, pressupostos e categorias definidas pelo investigador. Ainda mais, quando a instrumentalidade reside no ato da interpretação completamente contaminada pelo mapa conceitual. Reflexão, interpretação e compreensão encontram-se intimamente vinculadas e, ao delimitarem o terreno da investigação, arrastam consigo o substrato das influências conceituais (mais ou menos explícitas) do investigador. Como propõe Ricoeur (1988, p. 133 e ss.), o modelo fenomenológico hermenêutico que estamos desenhando não está preocupado com a constituição dos enunciados, mas se coloca no plano da fundamentação dos enunciados, da intenção, do sentido e da motivação.

13.4 Considerações finais

No presente momento, é difícil estabelecer distinções precisas no campo de estudos do discurso, que parece cada vez mais se caracterizar como um campo interdisciplinar independente (Van Dijk, 2004, p. 11). Este ensaio pretendeu detalhar e diferenciar as diversas linhas metodológico-epistemológicas de fundamentação da análise do discurso, utilizando as perspectivas de aproximação propostas por Alonso (1998). Ignorar as diferenças entre essas perspectivas, reduzindo-as todas a uma única análise do discurso, contribui ou para a "postura de supremacia" do linguístico sobre o social, ou para a "postura de vale tudo" (Morgan, 1983) no campo metodológico; em ambos os casos, revela o desprezo pelos fundamentos epistemológicos da análise do discurso em ciências sociais.

A análise das três perspectivas de aproximação à análise do discurso traz a percepção de que, apesar da multiplicidade de abordagens, perspectivas e modelos de análise do discurso, com seu arsenal de categorias, conceitos e ferramentas, faz falta uma visão integrada que, sem precisar romper com a estrutura epistemológica de cada visão, possibilite uma aproximação menos fragmentada do discurso e das categorias da investigação social que habitam o discurso.

Na análise do discurso não se pode fazer um só tipo de análise (Alzaga, 1998, p. 95). A proposta de abertura das possibilidades de análise esbarra no problema do atravessamento epistemológico em que se pode incorrer nas tentativas integradoras, uma vez que, entre perspectivas diferentes de análise do discurso – o quantitativo, o semiológico e o sociológico –, provavelmente haverá incompatibilidades ontológicas e epistemológicas.

Há propostas integradoras que parecem respeitar os limites da compatibilidade e da coerência epistêmica, como é o caso da perspectiva desenvolvida por Van Dijk (1990; 2004; 2005), que pretende uma aproximação entre o discursivo, o cognitivo e o social; a abordagem de Haidar (1998) que, ao centrar-se sobre a escola francesa de análise do discurso, não se fecha à integração de elementos de outras tendências como a linguística textual, os modelos argumentativos, as teorias da narração e as teorias do sujeito.

Esta posição de abertura teórico-metodológica exige por parte do investigador, além da precaução epistemológica, a atenção aos seguintes aspectos:

visão global e histórica das perspectivas e modelos, situados em planos epistemológicos; atenção ao trabalho de redefinição das categorias quando retiradas
de sua região de origem e, simultaneamente, preservação do conceito original;
e consciência acerca do grau de integração possível entre as perspectivas.

O delineamento metodológico de um trabalho comprometido com o
objeto organizacional e com as características do objeto não pode ignorar, por
exemplo, as contribuições da linguística estrutural no que se refere à busca de
estruturas subjacentes ao texto. Essa lógica que se opera na análise estrutural
pode ser utilizada, como ressalva Alonso (1998, p. 202), para complementar a
perspectiva da interpretação social dos discursos. A possibilidade de complementaridade representa um grau mínimo de integração, longe de uma fusão
de abordagens que, como já foi apontado, situam-se em dimensões epistemológicas distintas.

Dada a complexidade e a pluralidade do discurso nos estudos organizacionais, a sua análise demanda a utilização de metodologias de pesquisa
sofisticadas, capazes tanto de interpretar as mensagens explícitas quanto de
desvendar os sentidos ocultos, os silêncios, as omissões. A busca da significação oculta não implica a crença em um único sentido, em uma única
verdade. O foco de interesse é a construção de procedimentos capazes de
transportar o olhar-leitor para compreensões menos óbvias, mais profundas,
através da desconstrução do literal, do imediato (Cabral, 1999). A análise do
discurso desloca a atenção dos investigadores para a escuta das falas cotidianas nas organizações.

O aprofundamento da base metodológico-epistemológica da análise do
discurso permite-nos ampliar a liberdade de construção dos elementos metodológico-técnicos, sem nos rendermos à "ditadura do método" (Morin, 2001;
Demo, 2001), pois o método só pode se construir durante a pesquisa (Morin,
2003, p. 36). Uma vez que a análise do discurso é formada por um conjunto de
conhecimentos – conceitos, técnicas e concepções sobre o discurso e o sujeito,
herdados de diferentes disciplinas –, a ferramenta fundamental da investigação, como lembra Alonso (1998, p. 15), passa a ser a capacidade interpretativa
do investigador. A interpretação é, ao mesmo tempo, um diálogo com o texto
e com os outros, daí o cuidado de não se incorrer no oposto da receita técnica,
a arbitrariedade interpretativa.

Referências

ABRIL, A. Análisis semiótico del discurso. In: DELGADO, J. M. e GUTIÉRREZ, J. (coords.) *Métodos y técnicas cualitativas de investigación en Ciencias Sociales.* Madrid: Sintesis, 1994, Cap. 16.

ALONSO, L. H. *La mirada cualitativa en Sociología.* Madrid: Fundamentos, 1998.

ALZAGA, B. R. Grupos de discussão. Da investigação social à investigação reflexiva. In: CÁCERES, L. J. G. (Coord.) *Técnicas de investigación en sociedad, cultura y comunicación.* México: Prentice Hall, 1998.

AUSTIN, J. L. *How to do things with words.* London: Oxford University Press, 1970.

BENVENISTE, E. *Problemas de linguística general.* México: Sieglo XXI, 1974.

BILLIG, M. Rhetorical and discoursive anallysis: how families talk about the royal family. In: BRANDÃO, H. H. N. *Introdução à análise do discurso.* Campinas: Unicamp, 1991.

BROEKSTRA, G. An organization is a conversation. In: GRANT, D.; KEENOY, T. e OSWICK, C. *Discourse and organization.* London: Sage, 1998.

BROWN, G. e YULE, G. *Análisis del discurso.* Madrid: Visor Libros, 1993.

CABRAL, A. C. A. A análise do discurso como estratégia de pesquisa no campo da administração: um olhar inicial. In: XXIII Encontro da Anpad. *Anais...* Foz do Iguaçu, 1999.

CHIA, R. e KING, I. The language of organization theory. In: WEESTOOD, R. e LINSTEAD, S. *The language of organization.* London: Sage, 2001.

COURTÉS, J. *Análisis semiótico del discurso:* del enunciado a la enunciación. Madrid: Gredos, 1997.

DEMO, P. *Pesquisa e informação qualitativa.* Campinas (SP): Papirus, 2001.

FERNANDEZ, J. J. A. *Filosofia y analisis del lenguaje.* Madrid: Cincel, 1985.

FERRARA, A. Una teoría ampliada de los actos de habla: condiciones de adequación para actos subordinados en sequencias. In: FERRARA, A. *et al. Textos clássicos de pragmática.* Madrid: Arco Libros, 1998.

FIRTH, J. R. *Papers and linguistic.* London: Oxford University Press, 1964.

FOUCAULT, M. *Arqueologia do saber.* Rio de Janeiro: Forense Universitária, 1987.

FRAPOLLI, J. F. e ROMERO, E. *Una aproximación a la filosofía del lenguaje.* Madrid: Sintesis, 1998.

FREUD, S. *Recalcamento.* E. S. B. Rio de Janeiro: Imago, 1982a.

_____. *O inconsciente.* E. S. B. Rio de Janeiro: Imago, 1982b.

GIRIN, J. Problèmes du langage dans les organisations. In: CHANLAT, J. F. (Coord). *L'Individu dans l'organisation.* Presses de l'Université Laval & Éditions Eska, 1990.

GODOI, C. K. As organizações como formações do inconsciente: contribuições da teoria psicanalítica aos estudos organizacionais. Eneo – Encontro de Estudos Organizacionais, 3, 2004. Atibaia. In: *Anais...* Atibaia: Anpad, 2004.

GRIMSHAW, A. Discourse and sociology: Sociology and discourse. In: SCHIFFRIN, D.; TANNEN, D. e HAMILTON, H. E. (Ed.). *The handbook of discourse analysis.* Oxford: Blackwell, 2005.

GUBRIUM, J. F. e HOLSTEIN, J. A. Analysing interpretative practice. In: DENZIN, N. K. e LINCOLN, Y. S. *The handbook of qualitative research.* 2nd ed. London: Sage, 2000.

HARDY, C.; LAWRENCE, T. B. e PHILLIPS, N. Talk and action: conversations and narrative in interorganizational collaboration. In: GRANT, D.; KEENOY, T. e OSWICK, C. *Discourse and organization.* London: Sage, 1998.

HAIDAR, J. Análisis del discurso. In: CÁCERES, L. J. G. (Coord.) *Técnicas de investigación en sociedad, cultura y comunicación*. México: Prentice Hall, 1998.

HARRÉ, R. An outline of the main methods for social psychology. In: HAYES, N. (Ed.). *Qualitative analysis in Psychology*. London: Psychology Press, 1997, Cap. 2.

HELLER, M. Discourse and interaction. In: SCHIFFRIN, D.; TANNEN, D. e HAMILTON, H. E. (Ed.). *The handbook of discourse analysis*. Oxford: Blackwell, 2005.

JULIO, M. T. Introducción. In: FERRARA, A. *et al. Textos clássicos de pragmática*. Madrid: Arco Libros, 1998.

LACAN, J. *Escritos*. Buenos Aires: Siglo XXI, 1988.

LAKOFF, R. T. Nine ways of looking at apologies: the necessity for interdisciplinary theory and method in discourse analysis. In: SCHIFFRIN, D.; TANNEN, D. e HAMILTON, H. E. (Ed.). *The handbook of discourse analysis*. Oxford: Blackwell, 2005.

LAMÍQUIZ, V. *El enunciado textual*: análisis lingüístico del discurso. Ariel: Barcelona, 1994.

LAPLANCHE, J. e PONTALIS, J. B. *Diccionario de psicoanálisis*. Barcelona: Labor, 1979.

LOZANO, J. *Análisis del discurso*: hacia una semiótica de la interacción textual. Madrid: Catedra, 1999.

MAINGUENEAU, D. *Initiation aux méthodes de l'analyse du discurse: problèmes et perspectives*. Paris: Hachette, 1976.

_____. *Novas tendências em análise do discurso*. Campinas (SP): Pontes/Unicamp, 1997a.

_____. *Os termos-chave da análise do discurso*. Lisboa: Gradiva, 1997b.

MORGAN, G. (Ed.). *Beyond method: strategies for social research*. California: Sage, 1983.

MORIN, E. *Os sete saberes necessários à educação do futuro*. São Paulo: Cortez, 2001.

_____. *O método 1*: a natureza da natureza. Porto Alegre: Sulina, 2003.

NORRICK, N. R. Discourse and semantics. In: SCHIFFRIN, D.; TANNEN, D. e HAMILTON, H. E. (Ed.). *The handbook of discourse analysis*. Oxford: Blackwell, 2005.

PÊCHEUX, M. Análise automática do discurso. In: GADET, F. e HAK, T. *Por uma análise automática do discurso*: uma introdução à obra de Michel Pêcheux. Campinas (SP): Unicamp, 1990.

PEREÑA, F. Formação discursiva, semântica y psicanálise. In: DELGADO, J. M. Y. e GUTIÉRREZ, J. (Coord.) *Metodos y tecnicas cualitativas de investigación en ciencia sociales*. Madrid: Sintesis, 1994, Cap. 17.

POSSENTI, S. *Discurso, estilo e subjetividade*. São Paulo: Martins Fontes, 2001.

RECIO, F. Análisis del discurso y teoria psicanalítica. In: DELGADO, J. M. e GUTIÉRREZ, J. (Coord.). Metodos y teécnicas cualitativas de investigación en ciencias sociales. Madrid: Sintesis, p. 225-240, 1994.

REED, M. Organizational analysis as discourse analysis: a critique. In: GRANT, D.; KEENOY, T. e OSWICK, C. *Discourse and organization*. London: Sage, 1998.

RICOEUR, P. Acte d'Investitura de Doctor Honoris Causa al Professor Dr. Paul Ricoeur. Barcelona: Universitat Ramon Llull, 2001.

_____. *El discurso de la acción*. Madrid: Catedra, 1988.

_____. *O si-mesmo como um outro*. Campinas: Papirus, 1991.

RODRÍGUES, C. F. *Linguística pragmática y análisis del discurso*. Madrid: Arco Libros, 2000.

SEARLE, J. R. *Actos de habla*: un ensayo de filosofia del lenguage. Madrid: Catedra, 1980.

Perspectivas de análise do discurso nos estudos organizacionais

SIERRA, F. Función y sentido de la entrevista cualitativa en investigación social. In: CÁCERES, L. J. G. (Coor.). *Técnicas de investigación en sociedad, cultura y comunicación*. México: Prentice Hall, 1998.

SILVERMAN, D. Analysing talk and text. In: DENZIN, N. K. e LINCOLN, Y. S. *The handbook of qualitative research*. 2nd ed. London: Sage, 2000.

SONTAG, S. *Contra la interpretación*. Barcelona: Seix Barral, 1984.

THATCHENKERY, T. J. Mining for meaning: reading organizations using hermeneutic philosophy. In: WEESTOOD, R. e LINSTEAD, S. *The language of organization*. London: Sage, 2001.

VALLES, M. S. *Técnicas cualitativas de investigación social*: reflexión metodológica y práctica profesional. Madrid: Síntesis, 1997.

VAN DIJK, T. A. *La noticia como discurso*: compreensión, estructura y producción de la información. Barcelona: Paidós, 1990.

_____. *Cognição, discurso e interação*. São Paulo: Contexto, 2004.

_____. Critical discourse análisis. In: SCHIFFRIN, D.; TANNEN, D. e HAMILTON, H. E. (Ed.). *The handbook of discourse analysis*. Oxford: Blackwell, 2005.

VERÓN, E. *A produção de sentido*. São Paulo: Cultrix, 1990.

WESTOOD, R. Appropriating the other in the discourses of comparative management. In: WEESTOOD, R. e LINSTEAD, S. *The language of organization*. London: Sage, 2001.

WITTGENSTEIN, L. *Investigações filosóficas*. São Paulo: Nova Cultural, 1989.

WOODILLA, J. Workplace conversation: the text of organizing. In: GRANT, D.; KEENOY, T. e OSWICK, C. *Discourse and organization*. London: Sage, 1998.

Capítulo 14 Análise da narrativa

Mário Aquino Alves
Izidoro Blikstein

▧ Introdução

Já é lugar-comum falar da importância da comunicação para as empresas, e o ensino da administração proclama que a comunicação é a ferramenta básica para propiciar visibilidade interna e externa à empresa, à medida que possibilita não só a produção e distribuição, mas também a recepção de informações que circulam dentro e fora da organização.

Ao zelar pela qualidade dos diversos fluxos de informação que circulam interna e externamente na organização, a comunicação empresarial procura, portanto, produzir um discurso estratégico, qual seja o de gerar um efeito positivo nos acionistas, nos *stakeholders,* nos clientes, no mercado e na sociedade, de modo a preservar a identidade e a imagem da instituição. Numa primeira instância, tal discurso deve ser, a princípio, transparente e explícito. Mas na prática ocorre que, para gerar efeitos positivos e obter a adesão do destinatário, o enunciador acaba por construir uma história ambígua, em que se desenvolve uma relação polêmica entre o que se diz e o que se pratica, o dito e o não dito, a voz explícita e a voz implícita. Essa obsessão pelo efeito positivo e, consequentemente, pela imagem sempre favorável da organização é o que se pode denominar de *Síndrome de John Wayne* – o herói imaculado e imbatível (Blikstein, 2003).

Efeitos morais, como a *Síndrome de John Wayne*, são percebidos pelos inúmeros relatos, entrevistas, documentos oficiais, vídeos promocionais que se podem levantar dentro de uma organização. Trata-se dos artefatos que conduzem histórias com um fundo moral que revelam os valores esposados de uma organização, mas que, sob o tratamento da semiótica, revelam também os significados ocultos que são transmitidos pela organização. E esses significados se apoiam em *narrativas*.

Como observou Roland Barthes:

> [...] a narrativa é uma prodigiosa variedade de gêneros da comunicação humana: mitos, lendas, fábulas, contos, novelas, épicos, histórias, estórias, tragédias, dramas, comédias, pinturas, vitrais pintados, cinema, histórias em quadrinhos, notícias, conversas e outros [...]. (1966, p. 1-2.)

É na nuance dos textos contidos nesses gêneros que a narrativa releva sua plenitude, a partir de uma análise semiótica-linguística.

A análise semiótica-linguística da narrativa parte do pressuposto de que esta grandeza, representada pelo texto em si, mais esconde do que mostra, porque se atém ao geral, e não ao particular, ao "pequeno", onde de fato o discurso e a narrativa mostram suas potencialidades e seus significados.

O que se pretende neste capítulo é conduzir o leitor ao entendimento do conceito de narrativa e das possibilidades de um quadro de referências semiótico-linguísticas para a sua análise. Dessa forma, na primeira parte do texto, serão apresentados os conceitos de narrativa e discurso, tratando de suas similaridades e diferenças. Na segunda parte, serão apresentadas as características da narrativa imersas no *corpus* teórico da semiótica-linguística, com maior ênfase sobre suas funções e tipos. Na terceira parte, tratar-se-á da análise da narrativa a partir da abordagem semiótica-linguística – a *narratologia* –, considerando as maneiras de identificação de narrativas e formas de análise, a partir de alguns exemplos retirados da mídia.

14.1 O conceito de narrativa em uma abordagem semiótica-linguística

O conceito de narrativa emerge no campo de estudos da Linguística Geral no próprio conceito de discurso, de onde se origina a própria narrativa. Assim, faz-se necessário primeiro entender o que é o discurso, como esse conceito foi conduzido para o campo da linguística, para, em seguida, tratar-se da narrativa.

O termo *discurso* apresenta três conotações distintas (Dubois *et al.*, 1995). Primeiro, o discurso é a linguagem posta em ação, ou seja, é a língua assumida pelo falante, sendo, portanto, sinônimo de fala. Segundo, o discurso é uma unidade igual ou superior à frase; é constituído por uma sequência que forma uma mensagem com começo, meio e fim, sendo, portanto, sinônimo de enunciado. Terceiro, de acordo com a linguística moderna, o termo "discurso" diz respeito a qualquer enunciado – ou seja, "toda combinatória de elementos linguísticos provida de sentido" (Fiorin, 1993, p. 80) – superior à frase, considerado do ponto de vista das regras de encadeamento das sequências de frases.

Antes do desenvolvimento das formas contemporâneas de análise do discurso, a oposição enunciado/discurso marcava simplesmente a oposição linguístico/extralinguístico. A linguística incidia apenas sobre os enunciados que, reagrupados em um *corpus*, ofereciam-se à análise. As regras do discurso – isto é, os processos discursivos que justificam o encadeamento das sequências de frases – eram remetidas a outros modelos e a outros métodos, em particular a toda perspectiva que levasse em consideração o falante. Dentre esses outros métodos, destacou-se a psicanálise como um campo privilegiado do tratamento do discurso.

Foi Émile Benveniste (1974) quem conduziu o discurso para o campo da linguística. Segundo Benveniste (1974), a frase – a unidade linguística – não mantém com as outras frases as mesmas relações que as unidades linguísticas de um outro nível mantêm entre si. As frases não constituem uma classe formal de unidades que se opõem entre si. Com a frase, deixa-se o domínio da língua como um sistema isolado de signos; passa-se ao domínio do discurso, em que a língua funciona como instrumento de comunicação. É nesse domínio que a frase, deixando de ser um último termo, torna-se uma unidade: a frase é a unidade do discurso (Benveniste, 1974).

Definido o discurso, passa-se para o conceito de narrativa. Seguindo a tradição da linguística francesa, narrativa pode ser definida "como o discurso que se refere a uma temporalidade passada (ou imaginada como tal) com relação ao momento da enunciação" (Dubois *et al.*, 1998, p. 427). Portanto, num primeiro momento, pode-se entender a narrativa *como o discurso que trata das ações que ocorreram no passado.*

Porém, a mesma tradição linguística entende que a narrativa pode ser também colocada em oposição ao discurso, oposição essa que se coloca em relação à identificação do sujeito do discurso. Para Benveniste (1974), a narrativa representa o grau zero da enunciação: tudo se passa como se não houvesse falante; os acontecimentos parecem ser contados por si próprios. Por outro lado, o discurso caracteriza-se por ser um enunciado que supõe a existência de um falante (locutor) e um ouvinte (interlocutor); além disso, é objetivo do locutor influenciar o comportamento do interlocutor. Desse modo, a existência de, pelo menos, dois sujeitos no discurso parece ser importante para caracterizá-lo como tal; as narrativas somente seriam caracterizadas pela ausência de um falante ou de um receptor identificado.

Segundo Seymor Chatman (1978), esta diferença entre a narrativa e o discurso, que corresponde à distinção demonstrada por Aristóteles entre *mythos* e *logos*, foi antes desenvolvida pelos formalistas russos, que distinguiam a fábula (sucessão de eventos) e a trama (a transformação criativa desses eventos pelo autor da narrativa). O entendimento dessa dicotomia levou à formulação de uma nova dicotomia proposta por semióticos contemporâneos como Chatman (1978) e Todorov (1980): a narrativa compreende duas estruturas concomitantes: *a história*, que é a sucessão de eventos (ações e acontecimentos) combinada aos existentes (personagens, lugares etc); e *o discurso*, que é a maneira pela qual o conteúdo é transmitido. Assim, a história é *o que* a narrativa mostra, enquanto o discurso corresponde a *como* é mostrada.

Essa coexistência das duas estruturas foi assimilada por outros autores que, ao caracterizarem o discurso como arranjos "formadores" ou "fundadores" de sentidos nas pessoas (Maingueneau, 1993; Van Dijk, 1998; Orlandi, 1999) apontam para a ideia de que a narrativa é um caso particular de discurso. Isso significa que as formas de análise da narrativa se complementam com as formas de análise do discurso.

Análise da narrativa

14.1.1 A narrativa e suas funções

O linguista William Labov (1972) definiu a narrativa como "um método de recuperar a experiência passada pela combinação de uma sequência verbal de causas a uma sequência de eventos, os quais (infere-se) realmente aconteceram" (p. 359-360). Percebe-se, portanto, como o fator temporalidade é importante para caracterizar a narrativa.

Porém, como salienta Tzvetan Todorov (1980), não só a narrativa apresenta essa característica, mas também a descrição. O que diferencia esses dois tipos de enunciado é o tipo de temporalidade. Enquanto a descrição pura e simples apresenta certa continuidade entre os acontecimentos, a narrativa apresenta descontinuidade. Portanto, pode-se entender a narrativa *como o encadeamento cronológico e às vezes causal de unidades descontínuas* (Todorov, 1980).

Essa noção de descontinuidade da narrativa foi trabalhada pelos formalistas russos, especialmente Vladimir Propp (1997), que nos seus estudos sobre a estrutura dos contos de fada russos desenvolveu o conceito de *função*. Partindo do entendimento do conto como narrativa, cada uma das ações presentes no enunciado, quando vistas sob a perspectiva de sua utilidade para a narrativa, são funções.

> Se lermos todas as funções, umas após as outras, veremos que uma função decorre em função da outra por uma necessidade lógica e artística. Vemos que nenhuma função exclui a outra. Pertencem todas ao mesmo eixo e não a vários eixos. (Todorov, 1980, p. 63.)

Cada função é independente da outra, embora situadas em um mesmo plano semântico. Sua única inter-relação é a da sucessão. Assim sendo, em uma história de crianças como a fábula *Branca de Neve e os sete anões*, de Jacob Grimm e Wilhelm Grimm, percebem-se as seguintes funções:

a) O equilíbrio inicial, quando a princesa Branca de Neve vive feliz no castelo, convivendo com sua madrasta (a rainha).
b) A rainha pergunta ao espelho mágico quem é a mais bela entre as mulheres.
c) Quebra do equilíbrio com a cólera da madrasta em relação à beleza da enteada.

d) Ordem da rainha para que Branca de Neve seja assassinada.

e) Fuga de Branca de Neve para a floresta e seu esconderijo na casa dos sete anões.

f) Branca de Neve passa a cuidar da casa dos sete anões.

g) A rainha descobre que Branca de Neve ainda vive e cria um plano para matá-la.

h) Rainha se disfarça em velha vendedora de maçãs.

i) Anões recomendam a Branca de Neve que não abra a porta para estranhos.

j) Velha oferece maçã a Branca de Neve, que come um pedaço e perde os sentidos.

k) Anões perseguem a velha (madrasta), que cai no precipício e morre.

l) Anões velam o corpo de Branca de Neve na floresta.

m) O belo príncipe aparece e, com um beijo, acorda Branca de Neve.

n) O príncipe e Branca de Neve se casam, estabelecendo um novo equilíbrio.

Nem todas as funções são meras sucessões umas das outras. Algumas possuem a faculdade de transformar o rumo da narrativa. São as chamadas *funções de transformação*. Dificilmente pode-se encontrar uma narrativa que apresente apenas acontecimentos em sequência. A narrativa só atinge seus plenos objetivos quando tem o poder de transformar pelo menos uma das diferentes sequências. As funções *e* e *f*, por exemplo, mostram a mudança da condição de "princesa que habita feliz o castelo" de Branca de Neve para "a jovem infeliz que se esconde na floresta como empregada doméstica da casa de pobres anões trabalhadores". Toda sociedade cria um conjunto coordenado de representações, um imaginário através do qual ela se reproduz e que designa em particular o grupo a ele próprio, distribui as identidades e os papéis, expressa as necessidades coletivas e os fins a alcançar (Ansart, 1978). Fazendo um paralelo com a análise que Vladimir Propp (1997) fez das raízes históricas do conto maravilhoso – história que mostra uma sequência de acontecimentos que remetem à fantasia e à magia –, as narrativas não são isoladas do conjunto das instituições sociais. Pelo contrário, elas nascem nesse conjunto e – simultaneamente – o constituem. As narrativas, portanto, têm a função de constituir os sistemas imaginários e simbólicos de uma sociedade (Berger e Luckmann, 1987).

Análise da narrativa

Além disso, as estruturas narrativas oferecem muitas oportunidades de variações e combinações que podem elevá-las ao status de *estratégias* na criação de significados e na estruturação de discursos que constituem um universo simbólico. "Os esquemas resultantes da estratégia narrativa constituem a instância a partir da qual os discursos são gerados" (Barros, 1988, p. 44). Portanto, a narrativa pode encobrir uma *função estratégica* estruturante de outros elementos simbólicos que dão coesão ao imaginário social.

A função simbólica de uma narrativa pode ser analisada a partir de sua capacidade de realçar aspectos importantes para a manutenção de um determinado universo simbólico. A esta capacidade Todorov (1980) deu o nome de potência da narrativa. Há dois tipos de potência: *formadora e evocadora*. A potência *formadora* é a aptidão que uma transformação tem de formar, por si só, uma sequência narrativa. É a potência formadora que permite a criação de sentido de uma narrativa. A função *j* da história de Branca de Neve mostra tipicamente o potencial formador desta narrativa ("não confie em estranhos"). Já a potência *evocadora* diz respeito a uma função que, embora pudesse ser retirada da sequência narrativa sem prejuízo da sua compreensão, acaba se tornando um emblema da história, tornando-a particular. No exemplo de Branca de Neve, a função *b* mostra claramente este potencial (o diálogo entre o espelho e a rainha é emblemático de toda a história).

Ainda sobre funções da narrativa, Roland Barthes (1966) identificou as *funções* e os *indícios* como as unidades mínimas da narrativa. Barthes descreveu as funções como "unidades de conteúdo que mantêm uma correlação sintagmática (de sentido) com outras unidades, representando todo o percurso de uma ação" (1966, p. 19-20) e são caracterizadas como unidades *distributivas*. Ainda segundo Barthes (1966), as funções se definem em dois tipos:

a) *cardinais*: funções que são as unidades da narrativa que constituem o núcleo das mesmas e se caracterizam pela apresentação de uma ação que cria uma alternativa para o prosseguimento do fluxo narrativo;
b) *catalisadoras*: funções menos importantes da narrativa, mas preenchem os espaços vazios entre as demais funções.

As outras unidades mínimas da narrativa são os indícios que correspondem às unidades integrativas do texto. Os indícios se dividem em:

a) *índices* são as unidades que se referem ao caráter de um agente da narrativa, a um sentimento, à atmosfera ou a uma filosofia;

b) em menor importância os *informantes*, que são as unidades que servem para identificar a narrativa no tempo e no espaço.

Voltando ao exemplo de *Branca de Neve e os sete anões*, seriam funções cardinais dessa narrativa as funções *d, j, k, m* e *n*. Já as funções *e, f, g* e *l* são funções catalisadoras cuja importância é menor na narrativa. Os itens *b, c, f, h* e *i* são índices, enquanto *a* é um informante.

Essa caracterização de Roland Barthes (1966) é importante para o desenvolvimento da própria análise da narrativa.

▪ 14.1.2 Os tipos de narrativas e sua condição ideológica

Uma vez compreendida a capacidade da narrativa de criar sentidos em um universo simbólico por meio de suas funções, é necessário compreender os diferentes tipos de narrativa e os tipos de significado que elas são capazes de produzir (Todorov, 1980).

Se uma narrativa apresenta uma sucessão de acontecimentos combinada por funções transformadoras de *caráter negativo* (sucessões e alterações de estado pela negação), pode-se dizer que se trata de uma *narrativa mitológica*. Trata-se de um tipo de narrativa mais simples que procura mostrar como os fatos foram sendo desencadeados. O caráter didático desse tipo de narrativa está localizado na identificação dos fatos e das personagens. Sua potencialidade maior é a evocadora. Esse tipo de narrativa conta a história.

Já uma narrativa cuja sucessão de acontecimentos tenha uma importância menor do que a percepção que se tem deles, do grau de conhecimento que se tem ou que se pode adquirir deles, pode ser considerada uma *narrativa gnoseológica* (ou *epistemológica*). O que se busca nela é o "predomínio qualitativo ou quantitativo de certas transformações" (Todorov, 1980, p. 66). No filme *Cidadão Kane*, de Orson Welles, já se sabe que Charles Foster Kane morreu (é mencionado logo no início); a sequência de fatos que levam à morte pouco importa; o que importa mesmo é saber *o que significa Rosebud*. Aqui a sua potencialidade maior é formadora. Portanto, esse é um tipo de narrativa que traz o conhecimento da história.

Por fim, há narrativas cuja organização remete não a uma ordem mitológica ou a uma ordem gnoseológica, mas sim a uma ordem abstrata que liga as ideias. Trata-se de narrativas *ideológicas* (Todorov, 1980). O que é interessante nesse tipo de narrativa é que ele é formado por funções que se referem à uma ordem abstrata que é anterior à existência da narrativa. Em outras palavras, a narrativa tem função de "ilustrar" uma ordem ideológica preexistente. Na fábula *A cigarra e a formiga*, a sequência de acontecimentos e o seu desfecho são conduzidos para que uma ideologia ("o trabalho precede o prazer") seja confirmada. Sua potencialidade maior, portanto, é evocadora. Nesse tipo de narrativa, a história "carrega" intrinsecamente uma moral ideológica preexistente.

Esta tipologia de narrativas apresentada por Todorov (1980), assim como os tipos ideais de dominação descritos e analisados por Max Weber (1969), não compreende tipos puros e estanques. No limite, as narrativas podem apresentar os três tipos simultaneamente.

É preciso notar que, independente de ênfase, toda narrativa é por constituição ideológica. Uma narrativa se caracteriza, entre outras coisas, pelo seu caráter impessoal, pela não existência (aparente) de um sujeito-locutor. Dessa maneira a narrativa transcorre como algo naturalizado cuja origem transcende o tempo e o espaço, bem como suas condições materiais de produção. A narrativa apresenta os acontecimentos de uma maneira *reificada* (Luckács, 1971), atendendo a uma função ideológica (Giddens, 1979).

Portanto a narrativa, como qualquer discurso, não é uma entidade autônoma, mas condicionada por uma malha de vários sentidos. Tal afirmação vai ao encontro do que Edward Lopes (1978), ao procurar traçar as linhas gerais da análise do discurso, chama de postulado do caráter oculto do significado: o discurso e a narrativa não possuem um único sentido, mas vários.

> Tudo se passa como se, assim como a floresta esconde a árvore, uma pluralidade de sentidos ocultasse um sentido único. Objetos alegóricos, a floresta e o discurso seriam modos de manifestação figurativa de um "não saber" que é eminentemente perturbador. (Lopes, 1978, p. 3.)

O discurso assume, então, um caráter incômodo.

Procurar o sentido de uma narrativa é uma das formas encontradas pelas pessoas para manifestar um desejo de dominação ou de contradominação. Analisados, um a um, dentre todos os modos de dominação que o ser humano forjou ao longo dos séculos para relacionar-se com seu próximo, nenhum é mais eficiente do que a manipulação dos sentidos. Aquele que manipula os sentidos do discurso transforma-se no árbitro todo-poderoso da comunidade para a qual define o que venha a ser valor e antivalor; é ele quem assinala os objetivos a ser perseguidos pelo grupo, dita as regras de comportamento que hão de dirigir a ação singular dos indivíduos na tentativa de realização de seus valores, pune e recompensa (Lopes, 1978, p. 4).

Sendo assim, os discursos e as narrativas incorporam textos que dizem respeito a interesses relacionados ao poder. "Por mais que o discurso seja aparentemente bem pouca coisa, as interdições que o atingem revelam logo, rapidamente, sua ligação com o desejo e com o poder" (Foucault, 1996, p. 10). Compreendendo ideologia como um conjunto de significados – ideias – que expressam a prática de um determinado grupo social em uma instituição, significados esses relacionados a um interesse concreto de poder; pode-se afirmar que é pelo discurso – também por narrativas – que a ideologia se manifesta.

A relação entre discurso e ideologia fica mais próxima quando são analisados os conceitos de formações ideológicas e formações discursivas (Fiorin, 1993). Uma formação ideológica pode ser compreendida como o conjunto de representações das práticas institucionais de um grupo social, de suas ideias, revelando a compreensão que cada grupo tem do mundo. Uma vez que não existem ideias fora da linguagem, esta formação ideológica não existe fora da linguagem. Por este motivo, a cada formação ideológica corresponde uma formação discursiva.

> É com essa formação discursiva assimilada que o homem constrói seus discursos, que ele reage linguisticamente aos acontecimentos. Por isso, o discurso é mais o lugar da reprodução que o da criação [...]. (Fiorin, 1993, p. 32.)

Análise da narrativa

14.1.3 Dialogismo, polifonia, silêncio e intertextualidade na narrativa

Observado o caráter ideológico da narrativa a partir de seus tipos e aproximando a discussão da constituição ideológica da narrativa da própria noção de ideologia como constituinte do discurso, é necessário entender como alguns dos elementos essenciais do próprio discurso também estão presentes na narrativa.

a) Dialogismo

Para Bakhtin (1979), a verdadeira substância da língua é constituída "pelo fenômeno social da interação verbal, realizada através da enunciação e das enunciações" (p. 109). O ser humano só pode ser compreendido em sua relação com o outro. Desta forma, pode se arguir que as palavras não são monológicas, mas dialógicas (Bakthin, 1979), ou seja, incorporam em seus significados as lógicas de diferentes campos, não apenas do campo linguístico.

Quanto ao dialogismo, esse traço é apresentado como a condição constitutiva dos sentidos dos enunciados linguísticos. E foi a partir da noção de dialogismo que Bakhtin conseguiu elaborar sua teoria da polifonia (Bakhtin, 1979).

Caberia aqui uma objeção: na medida em que pode abrigar níveis de sentido diversos, suscitando, então, diferentes leituras de uma mesma mensagem, será que essa condição dialógica e polifônica não desfiguraria o modelo clássico da comunicação (emissor, código, mensagem, receptor, entendimento e retroalimentação)?

Ocorre que tal modelo é um truísmo insuficiente para explicar o funcionamento da narrativa e do *discurso* na comunicação, pois estes vão além de *transmissão de informações de um emissor para um receptor*. É oportuno lembrar agora Émile Benveniste (1974), cujas observações sobre a função do discurso permitem compreender o alcance da natureza dialógica proposta por Bakhtin (1979).

Segundo Benveniste (1974), o discurso se caracteriza por uma enunciação, a qual supõe um enunciador e um destinatário (ou enunciatário, e não apenas um mero receptor); pela intenção do enunciador em gerar um efeito no destinatário, a fim de obter a sua colaboração ou resposta desejada.

b) Polifonia

Em *Problemas da poética de Dostoievski* (1981), Bakhtin traçou uma distinção entre duas categorias de textos. A primeira categoria se refere aos textos, principalmente da literatura popular, que apresentam uma conotação carnavalesca, ou seja, o autor parece vestir uma série de "máscaras" diferentes. Esses são os chamados *textos polifônicos*, nos quais cada "máscara" corresponde a uma voz e todas as vozes "falam" ao mesmo tempo, sem que haja a preponderância de uma delas.

Na primeira orientação, a palavra é "pluriacentuada": vários acentos contraditórios se cruzam no seu interior e o seu sentido é constituído pelo e no entrecruzamento. Isso significa dizer que o enunciado em um discurso dialógico se constrói em um emaranhado de "fios dialógicos vivos", ou seja, outros discursos que, intertextualmente, se localizam no interior do próprio discurso. "O discurso se tece polifonicamente, num jogo de várias vozes entrecruzadas, complementares, concorrentes, contraditórias" (Brandão, 1994, p. 53).

A segunda categoria se refere aos textos, principalmente os chamados textos dogmáticos, em que apenas uma voz fala: são textos monológicos, nos quais mesmo que haja várias consciências presentes, são todas obras do narrador (um grande exemplo é o monólogo de Hamlet, na peça homônima de Sheakespeare). Os textos monológicos negam qualquer existência fora de si mesmos; não há alteridade.

Aqui a interlocução é um fator específico para que o discurso se torne dialógico, uma vez que todo discurso depende da relação bivocal entre emissor e receptor. No momento do enunciado, o locutor inicia um "diálogo" com o discurso do receptor, que não é apenas um mero decodificador, mas um agente ativo capaz de proferir um "contradiscurso", mesmo que esse discurso ainda não tenha sido dito ou esteja oculto. A questão do não dito e o do oculto será mais bem trabalhada por Ducrot (1987).

c) Silêncio e intertextualidade

É evidente que o efeito deve ser positivo ou favorável para que o destinatário produza a resposta desejada pelo enunciador. O dialogismo e a polifonia permitem ao enunciador conduzir (ou não) o destinatário de forma velada, sutil, implícita, para o efeito e a resposta desejados. Os ingredientes

Análise da narrativa

geradores do efeito positivo (ou negativo) residem justamente no *avesso*, no *não dito*, no *intertexto*.

Surge neste ponto a *função conativa* da linguagem, tal como foi proposta por Roman Jakobson (2000), no conhecido modelo das seis funções da linguagem: referencial, emotiva, conativa, metalinguística, fática e poética. A natureza dialógica (Bakhtin, 1979) e a função geradora de efeitos (Benveniste, 1974e) parecem estar contempladas pela função conativa, cujo objetivo básico é obter a resposta do destinatário. Tal resposta pode ser obtida por estratégias coercitivas e autoritárias (ordens, uso do imperativo "faça!"). O dialogismo e a polifonia permitem, contudo, que a adesão do destinatário se realize de modo mais implícito, sutil, "inconsciente".

É por esse itinerário teórico que se desemboca no conceito de persuasão. É oportuno lembrar que, etimologicamente, *persuadir* – a mesma origem da palavra *suave* – significa "convencer de modo doce, suave". Pelo exposto, a função do discurso e da narrativa é, então, persuadir o destinatário, isto é, convencê-lo de forma suave, sutil, o que pode tornar a persuasão uma forma velada de *manipulação*. Em última análise, o discurso tem a função de *fazer crer* e, consequentemente, *fazer fazer*.

Parece evidente que universos simbólicos e seus significados sejam formados por mecanismos linguísticos aparentes, ou seja, por aquilo que é verbalizado, é escrito, é dito. Ocorre, porém, que o que não é dito tem também uma importância fundamental na construção dos significados. O conteúdo não dito tem sido objeto de análise de alguns linguistas, destacando-se o trabalho de Oswald Ducrot (1987).

No seu trabalho, Ducrot (1987) procurou fazer uma diferenciação entre o pressuposto e o subentendido. Em uma frase como "o carro parou", existe um pressuposto (não dito) de que o carro estava em movimento, uma vez que o carro não poderia parar se não estivesse em movimento. Portanto, aquilo que é posto (o dito) traz consigo necessariamente um pressuposto (não dito). Mas por que motivo "o carro parou"? O que fez o carro parar é o subentendido (não dito). Não se tem certeza dos motivos da parada do carro. Tudo vai depender do contexto.

Em análise de discurso, além do pressuposto e do subentendido, há outras noções que encampam o não dizer: a noção de ideologia, a noção de formação discursiva e a noção de interdiscurso (Orlandi, 1999). Tanto ideologia quanto formações discursivas já foram mencionadas no presente trabalho anteriormente. Já interdiscurso remete à questão da interdiscursividade (ou intertextualidade). A interdiscursividade (intertextualidade) é o processo de incorporação de um discurso em outro, seja para reproduzir o sentido incorporado seja para transformá-lo (Fiorin, 1994).

Há outra forma de se trabalhar o não dito na análise de discurso. Trata-se do silêncio (Orlandi, 1993). Diferentemente do que se imagina, o silêncio – que muitas vezes pode ser confundido com a ausência de palavras – não é o momento da não significação. Pelo contrário, pode ser pensado como a respiração da significação, lugar de recuo necessário para que se possa significar, para que o sentido faça sentido.

O silêncio pode ser compreendido como a iminência de sentido. Esta é uma das formas de silêncio que a pesquisadora Eni Orlandi (1993) chama de *silêncio fundador* – silêncio que indica que o sentido pode sempre ser outro. Nas formas discursivas irônicas, por exemplo, expressões de ambiguidade são silêncios fundadores. Um republicano conhecido e convicto que, diante de mais um escândalo da família real, ergue um brinde e diz: "Nada como a monarquia!" Há nesta frase um silêncio fundador marcado pelo tom irônico do brinde. O seu real significado está além do que é posto. O silêncio fundador é a possibilidade do sujeito trabalhar sua contradição constitutiva, que permite mostrar que um discurso sempre remete a outro.

Mas o silêncio não se limita ao caráter fundador. Há outras formas de silêncio que atravessam as palavras, "que 'falam' por elas, que as calam" (Orlandi, 1999, p. 83). Existe o silenciamento (ou política do silêncio) que se divide em *silêncio constitutivo* e *silêncio local*. No silêncio constitutivo utiliza-se uma palavra ou expressão no lugar de outra. Por exemplo, dizer "não culpado" significa não dizer "inocente". Já o silêncio local é a censura, a proibição de dizer em uma certa conjuntura. "É o que faz com que o sujeito não diga o que poderia dizer: numa ditadura não se diz a palavra ditadura não porque não se saiba, mas porque não se pode dizê-lo" (Orlandi, 1999, p. 83).

As palavras se acompanham de silêncio e são elas mesmas atravessadas de silêncio. Este atravessar corresponde ao momento de interdiscursividade de um discurso. No caso de uma narrativa, é o seu ponto de inflexão, ou seja, o

Análise da narrativa

ponto onde a narrativa sofre a sua transformação, onde ela cria novos sentidos gerando novas narrativas. O trabalho do silêncio se situa justamente nos *efeitos de sentido*.

> Falar em "efeitos de sentido" é pois aceitar que se está sempre no jogo, na relação das diferentes formações discursivas, na relação entre os diferentes sentidos. Daí a necessidade do equívoco, do sem-sentido, do sentido do outro e, consequentemente, do investimento em "um" sentido. (Orlandi, 1993, p. 21-22.)

O silêncio possui uma dimensão política interessante para a sua compreensão. Se é pelo silêncio que se pode compreender a mudança de sentido de um discurso (ou de uma narrativa) e, como se sabe, o discurso é também a *práxis*, o silêncio carrega um potencial estratégico para a ação. Pode-se dizer, portanto, que o silêncio é, também, uma estratégia.

A *estratégia de silêncio* fica bastante evidenciada quando se analisam as distinções que Lyotard (1983) propõe para o silêncio. Partindo de uma concepção negativa do silêncio, diz que o silêncio substitui uma negativa. E o que o silêncio nega seria uma das quatro instâncias que constituem um universo de frases: o destinatário, o referente, o sentido e o emissor (Lyotard, 1983). Dessa maneira, o silêncio em uma narrativa seria entendido da seguinte forma: este assunto não é do seu interesse; este assunto não existe; este assunto não tem significado algum; esse caso não é do meu (do emissor) interesse.

Todas essas instâncias dizem respeito a uma estratégia discursiva de inclusão ou exclusão de sujeitos e sentidos em uma narrativa. Portanto, sua formulação é constitutivamente política. No que diz respeito à narrativa, o silêncio corresponde a uma função cardinal (Barthes, 1966) e a uma função simbólica evocadora (Todorov, 1980).

14.2 Narratologia: a análise narrativa propriamente dita

Normalmente, quando se fala da forma pela qual os textos devem ser interpretados na literatura em administração, diz-se uma grande inverdade: a análise do discurso e a análise da narrativa são apenas tipos de análise de conteúdo. Normalmente, a análise de conteúdo é um procedimento semiqualitativo que procura criar categorias tópicas sobre um texto a partir de uma forma de verificação de frequência de termos ou conceitos (Bardin, 1977). Esse está longe de ser um procedimento do entendimento das nuanças de um texto, quer seja um discurso, quer seja o seu caso particular: a narrativa. A análise da narrativa – e também a análise do discurso – procura entender o texto por sua totalidade, pela sua "grandeza", partindo de suas peculiaridades.

Feita esta observação, deve-se então apresentar o que é a *narratologia*.

A narratolologia corresponde à designação dada por Todorov (1969) à análise da narrativa; trata-se da disciplina que, dentro do campo pluridisciplinar que trata da análise do discurso, ocupa-se de entender.

Segundo Roland Barthes (1966), a narratologia se desenvolve a partir de três níveis hierárquicos: o nível das funções e dos indícios; o nível da ação; e o nível da comunicação. Uma vez que as funções e os indícios, que correspondem ao nível mais baixo da narratologia, foram explicados anteriormente, resta explicar os outros níveis.

O nível da ação corresponde à integração de funções e indícios em uma sintaxe funcional de ações por meio das personagens. A análise das personagens registra a participação de cada uma nas esferas de ação definidas por três grandes roteiros da conduta humana, presentes ao universo narrativo, que para Barthes (1966) são: desejar, comunicar e lutar. O nível da comunicação entre o narrador e o destinatário é aquele pelo qual o narrador estabelece uma conexão persuasiva junto ao destinatário. Observe-se aqui uma questão essencial para a narratologia: estes níveis hierárquicos estão totalmente integrados, implicando sempre uma análise total da narrativa. O exemplo a seguir ilustra uma maneira de se fazer narratologia.

14.2.1 Exemplo de narratologia

Em entrevista realizada no final de seu mandato, o então presidente Fernando Henrique Cardoso, quando indagado sobre como se sentia "[...] nas vésperas de passar a faixa presidencial para um líder operário [...]", declarou:

Análise da narrativa

> Eu acho que é isso o que me *deixa mais contente*. Quer dizer, *naturalmente, qualquer outro* que fosse eleito eu teria uma satisfação *imensa*, [...] mas é claro que há *um significado especial* em passar para um líder operário, para um homem que vem de lutas sindicais, um homem que eu conheci nos anos 70, quando havia ainda uma ditadura e nós estivemos juntos em muitas campanhas, de modo que isto a mim *me dá, eu diria, uma emoção*. Eu espero *com ansiedade* o momento em que o *mundo todo vai ver*, mesmo que *seja inabitual* que uma pessoa com formação acadêmica, como a que eu tive, chegasse à Presidência, *mais inabitual* ainda que a faixa seja transmitida a um líder operário, e verão *que mais inabitual* ainda que será feito com esse espírito brasileiro que é *de cordialidade*. (*Folha de S.Paulo*, Caderno Especial, 29/10/2002, p. 3.)

Aparentemente, o sentido do texto é bem claro e não deixa margem a dúvidas: o presidente se diz contente, e até emocionado, por passar a faixa presidencial não a um mero candidato eleito, mas, em especial, a um líder operário, sindicalista e ativista político que lutou contra a ditadura. No entanto, uma releitura atenta conduz à detecção, nas dobras dessa mesma narrativa, de significados implícitos que podem conferir-lhe um sentido bem diferente.

Em primeiro lugar, apesar de usar muito a primeira pessoa, o relato é efetivamente uma narrativa, por tratar de uma história que se integra à trama da "passagem da faixa a um operário". Há uma forte presença de uma função *evocadora*, onde cada unidade da narração tem uma força própria. Com efeito, basta observar a abundante recorrência de adjetivos, advérbios e expressões superlativas, com que o sujeito do discurso valoriza o gesto de "passar a faixa", que corresponde à função *cardinal* desta narrativa. Exemplos: "[...] é isso que me deixa mais contente [...]"; "[...]eu teria uma satisfação imensa [...]"; "[...] isto a mim me dá, eu diria, uma emoção [...]"; "[...] espero com ansiedade [...]".

Esse investimento superlativo parece reiterar o pressuposto básico de que "passar a faixa" é, habitualmente, uma atitude eufórica do presidente, que teria, *naturalmente*, uma *satisfação imensa* com *qualquer* candidato. Esse gesto, todavia, agora se torna magnânimo, na medida em que o eleito é *especial* ou, mais ainda, *inabitual*. Além de líder operário e sindicalista, o eleito é: "[...] um homem que eu conheci nos anos 70 [...] quando havia ainda uma ditadura [...] e nós estivemos juntos em muitas campanhas [...]".

E aqui é operado o segundo nível da narratologia, o nível das personagens e do seu protagonismo na narrativa. O sujeito do discurso coloca-se, assim, como tão *especial* quanto o líder operário. E não só *especial* mas, sobretudo, *inabitual*, pois não é usual que "[...] uma pessoa de formação acadêmica, como a que eu tive, chegasse à Presidência [...]" Mas há algo *mais inabitual ainda*, que *o mundo todo vai ver*, a saber, a transmissão da faixa será feita "[...] com esse espírito brasileiro que é de cordialidade [...]" Eis, talvez, o pressuposto-chave desse enunciado: o mundo inteiro é testemunha de que, ao transmitir a faixa, o presidente, tão excepcional quanto o sucessor, é sobretudo democrata, "magnânimo e cordial".

Cabe uma pergunta: por que reiterar de forma tão superlativa a excepcionalidade e, principalmente, a cordialidade do gesto? Talvez porque a transmissão do cargo a um *inabitual* adversário político não seja *naturalmente* cordial. Esse poderá ser, então, o outro sentido do texto: o presidente é sempre cordial e sua cordialidade é exaltada pela ausência da *não cordialidade*.

E aqui se trabalha o terceiro nível da narratologia, que é o nível da comunicação. E fica bem ilustrado o princípio fundamental da análise semiótico-linguística do discurso: todo enunciado poderá ser lido em seu "direito" ou em seu "avesso". A transmissão da faixa ao eleito não é o tema central: o eixo do discurso é, em última análise, a oposição (cordial *versus* não cordial). Há, portanto, um diálogo entre dois textos e duas vozes *(cordialidade *versus* não cordialidade). Dialogismo, intertextualidade e polifonia estão na própria essência do conceito de discurso, tal como foi proposto por Mikhail Bakhtin (1979): para constituir seu discurso, o enunciador tem de, inevitavelmente, levar em conta outros discursos que estarão em oposição dialógica com o seu próprio.

Pelo exposto, nenhuma narrativa é, em princípio, totalmente autônoma, monológica e monofônica. Suportada por toda uma intertextualidade, a narrativa não é *dita* por uma única voz, mas por muitas vozes, geradoras de textos que se entrecruzam no tempo e no espaço, a tal ponto que, muitas vezes, se faz necessária "uma escavação" semiótico-linguística para recuperar a significação profunda dessa polifonia. A tarefa semiótica será, então, detectar a rede de *isotopias* (ou eixos semânticos, como é o caso de cordialidade *versus*

Análise da narrativa

não cordialidade) que governam as vozes, os textos e, finalmente, a narrativa e o discurso.

Tal escavação revelará como o sentido primeiro de um enunciado nem sempre corresponde necessariamente (e, em certos campos, como o político, quase nunca) à significação profunda do intertexto em que se teceu a narrativa e o discurso. Em outros termos, a narrativa parece tratar do referente X, quando, na verdade, o tema é o referente Y, oculto nas malhas da intertextualidade. É a ilusão referencial. O enunciador leva o destinatário a dois níveis de decodificação: um no plano da superfície, em que se capta o referente X (ilusório); outro na estrutura profunda do intertexto, em que se absorve, "inconscientemente", o referente Y, correspondente às verdadeiras intenções do enunciador.

A condição da narrativa e do discurso tende a ser, destarte, intertextual, dialógica e polifônica.

14.2.2 A narrativa no contexto das organizações

No interior das organizações, as narrativas coexistem e competem com outras formas de criação de sentido (*sensemaking*). Uma pessoa ou um grupo que procura entender uma ação ou um evento pode perfeitamente se ater a explicações puramente racionais que não necessitam de um suporte de histórias com cronologia, personagens e trama; outros atos podem ser explicados por regras burocráticas ou regulatórias que prescindem de um fundo moral (Gabriel, 2004). Aliás, até se difunde que as organizações não são espaços de criação de narrativas, pois são espaços de racionalidade, não havendo lugar para "histórias". Trata-se de uma inverdade: a literatura sobre cultura organizacional, desde os anos 1980 derrubou a ideia de que organizações não são espaços de "histórias". Pelo contrário, há autores, inclusive, que afirmam ser as organizações em si mesmas "grandes histórias", narrativas de sucesso ou fracasso.

Há também aqueles que argumentam que as dinâmicas de tempo e espaço desse período de modernidade tardia não permitem que as narrativas ocupem o mesmo espaço de significação e estruturação do universo simbólico que ocupavam nas sociedades tradicionais, uma vez que as narrativas não se completariam, mas se apresentariam como fragmentos, "proto-histórias", que pouco conduziriam personagens e tramas (Gabriel, 2000.)

As narrativas que emergem nas organizações contemporâneas são semelhantes às narrativas que se encontram em outros campos da atividade humana. Assim, também as organizações são espaços preenchidos por "histórias não construídas e fragmentadas a serem capturadas por uma criação de sentido (*sensemaking*) de retrospectiva" (Boje, 2001, p. 3). Ou seja, a narrativa é um processo que se constrói *a posteriori*, capaz de gerar diferentes teias de significados, diferentes caminhos de interpretação (Weick, 1995). A ideia de que o "pequeno" conduz ao "grande" está impecavelmente sintetizada na frase "Deus se esconde nos detalhes", de Flaubert e Warburg, citada em epígrafe de artigo de Carlo Ginzburg (1991). No artigo, Ginzburg (1991) aponta o paralelismo entre Sherlock Holmes, Freud e o crítico de pintura Giovanni Morelli, ressaltando o fato de que Freud ficara impressionado com o método interpretativo de Morelli, baseado na apreensão de detalhes marginais e irrelevantes enquanto chaves reveladoras. Para Morelli, o pormenor insignificante é revelador na medida em que, como dificilmente pode ser falsificado ou camuflado (já que não é premeditado), pode conduzir à revelação do conjunto a que pertence.

Assim, a narratologia contemporânea localiza estas narrativas não mais em contadores de histórias, ou em longos escritos, mas em pequenos textos e em fragmentos das mensagens de mídia social: reportagens, anúncios publicitários, comentários políticos e econômicos, biografias etc.

Por outro lado, como afirma Yiannis Gabriel (2004), as narrativas existem nas organizações e têm uma importância fundamental como criadoras de espaços simbólicos nos quais a hegemonia dos fatos, da informação e da racionalidade técnica pode ser desafiada ou posta em segunda ordem. Este seria o domínio do que o autor chama de *organização não administrada*, a dimensão da organização onde as fantasias e as emoções podem encontrar abrigo em construções simbólicas irracionais (histórias, fofocas, piadas, caricaturas e outros) (Gabriel, 2004).

De qualquer forma, ainda há um espaço do campo hegemônico das organizações para a criação de histórias e narrativas oficiais, normalmente com um forte propósito mercantil, tanto para o público externo quanto para o público interno. Aqueles que detêm o poder procuram sempre "ditar" seu próprio sentido sobre os outros por meio da propaganda, das biografias autorizadas, dos slogans, logotipos, enunciados sobre missão e valores, imagens, websites,

Análise da narrativa

comunicação oficial... Mesmo assim, essas formas de narrativa oficial são passíveis de uma análise que revele os seus significados ocultos, suas contradições, suas *antinarrativas* (Boje, 2001).

a) O caso da empresa Alfa

A Alfa, empresa responsável pela administração do turismo da cidade de Campinas, recebeu a seguinte carta de uma cliente insatisfeita com o atendimento.

> [...] liguei para a Alfa e pedi o telefone de uma empresa de turismo de Campinas. Fui atendida por um senhor de nome Manuel, que não está classificado nem para atender porta, quanto mais telefone. Pois bem, pedi-lhe o nome da empresa e, antes de verificar na listagem ou computador [...] ele já disse que o nome não estava certo. Retruquei que era impossível ele saber, pois não havia consultado nenhuma lista. Daí ele disse para ligar mais tarde, pois a pessoa que poderia me atender estava ocupada e não iria parar de fazer o que estava fazendo. A Alfa não é um órgão que tenta passar imagem de perfeição e ajuda ao turismo?

Eis a resposta de Alfa:

> Esclarecemos que o funcionário citado não exerce a função de prestar informações ao público. Trata-se, na verdade, de um servente de idade avançada, tido, mesmo entre os seus colegas, como uma pessoa rústica. Assim, ao mesmo tempo em que lamentamos o ocorrido, informamos à leitora que todas as providências já foram tomadas no sentido de evitar a repetição desse condenável incidente. Lembramos, ainda, que todos os funcionários do Centro de Atividades Descentralizadas (Cade) fazem questão de primar pela cortesia e pelo bom atendimento. (*O Estado de S. Paulo*, Caderno Cidades, "São Paulo Reclama", 26.3.1994, p. 2.)

Numa primeira leitura, percebe-se o empenho do enunciador em desfazer a má impressão e gerar um efeito positivo, por meio da menção explícita aos funcionários do Cade (nome longo e sofisticado), que primam pela cortesia. Se os funcionários da Alfa atendem bem, quem será o culpado pelo "condenável" incidente? O servente Manuel, é claro. E o enunciador constrói um diálogo polêmico: cortesia da Alfa *versus* rusticidade de Manuel. Essa rusticidade é explicada por tratar-se de *um servente de idade avançada*. No avesso do discurso, o sentido mais profundo é instaurado pela oposição discriminatória e preconceituosa entre juventude/cortesia/competência *versus* velhice/grosseria/incompetência. Nesse caso, a almejada imagem de perfeição é "arranhada" pelo pressuposto de que a causa da incompetência é a velhice rabugenta.

O discurso poderia ser monofônico e transparente – "*Erramos*" –, mas na tentativa de mostrar cortesia e eficiência, os gestores demonstram preconceito, truculência e ineficiência.

b) O caso da empresa Beta

Em razão de reportagem em que se questionava a pureza da água distribuída pela empresa Beta, essa organização, para defender seu produto e sua própria imagem, publicou a seguinte nota oficial na imprensa:

> A Beta [...] vem mais uma vez a público, para garantir a qualidade da água que distribui a mais de 24 milhões de pessoas e afirmar que estão equivocadas as informações contidas em reportagem sobre a presença de germes na água distribuída para a população. Essas afirmações poderão induzir, inadvertidamente, ao consumo de água em fontes alternativas e não controladas, nem pela Beta nem pela vigilância sanitária, o que representa riscos concretos à saúde pública. A Beta é uma empresa que prima pela qualidade da água que distribui e, por isso, teve todos os seus laboratórios certificados pela ISO 9002. A presença do protozoário *criptosporidium* é um fato comum em águas de abastecimento, em todo o mundo. Em vários países, os cientistas estão fazendo pesquisas sobre as melhores técnicas para detectar e eliminar esse germe das águas para distribuição. Essas pesquisas ainda não estão concluídas, nem mesmo nos Estados Unidos, onde a rigorosa EPA – Agência América Ambiental – ainda não definiu os padrões mínimos aceitáveis da presença do *criptosporidium*. São Paulo coloca-se ao lado das grandes nações ao apoiar pesquisa realizada

Análise da narrativa

> pela Universidade [..] As amostras que serviram como base para a pesquisa [...] indicam valores totalmente idênticos àqueles encontrados nas águas distribuídas nas cidades dos Estados Unidos, Canadá e outros países. (*O Estado de S. Paulo*, Nota Oficial, 18/3/2000, p. 1.)

Parece que, se a Beta pretendia gerar um efeito positivo, o resultado foi exatamente o contrário dessa intenção, por várias razões: há uma flagrante contradição *em negar a presença de germes* e, depois, afirmar que estão sendo feitas pesquisas "[...] *para eliminar esse germe* [...]". Os dois fragmentos revelam duas funções simbólicas transformadoras em contradição na mesma narrativa: não há germes, mas os germes serão eliminados. Qual delas prevalece? Em uma sequência narrativa, a última função prevalece. Portanto, sempre houve germes e a empresa mentiu. A mentira elimina o caráter persuasivo do nível discursivo da narrativa, abalando por completo toda a credibilidade do narrador.

A verdadeira qualificação da empresa não é a outorgada pela ISO 9002, mas está baseada no pressuposto de que, ao conter os mesmo germes que se encontram nas águas americanas e canadenses, a Beta está no mesmo nível das empresas de Primeiro Mundo. *Os germes de Primeiro Mundo* são os indícios que suplementam uma função catalisadora dessa narrativa (localiza geograficamente a empresa Beta no Primeiro e no Terceiro mundos). Ocorre que, uma vez eliminada a credibilidade do narrador, como se percebeu anteriormente, esvazia-se o indício.

Outro pressuposto é que a Beta não é rigorosa, uma vez que o *avesso* do discurso qualifica como rigorosos os Estados Unidos e a Agência América Ambiental. Essa qualificação se produz por meio de duas expressões não muito perceptíveis numa primeira leitura, quase *não ditas* (embora tenham sido ditas): "[...] nem mesmo os Estados Unidos [...]" e "[...]onde a rigorosa EPA [...]" Essas duas "pequenas" e "rápidas" expressões instauram, na verdade, a oposição fundamental do texto, escondida no intertexto: Primeiro Mundo competente *versus* Terceiro (?) Mundo incompetente.

Ao partir dessas expressões "fugazes" para chegar aos grandes pressupostos da narrativa, parece possível demonstrar o alcance do método da semiótica, que consiste em decifrar o "grande" através do "pequeno", pois o que realmente interessa à semiótica não é o visível, mas o inteligível.

14.3 Considerações finais

Espera-se que se tenha logrado o objetivo de apresentar ao leitor os elementos necessários para um entendimento semiótico-linguístico da análise de uma narrativa e de seus potenciais para o desenvolvimento de uma pesquisa qualitativa das organizações.

As narrativas são elementos importantes na criação dos sentidos e dos conteúdos simbólicos no interior das organizações e no seu ambiente, não apenas no que diz respeito aos conteúdos simbólicos dos discursos hegemônicos dentro das organizações, mas como formas de emergência de conteúdos simbólicos de resistência e contra-hegemônicos. Embora por razões específicas este capítulo tenha privilegiado as narrativas hegemônicas, duas observações devem ser feitas:

a) mesmo as narrativas hegemônicas revelam as contradições do discurso oficial, antinarrativas que são passíveis de ser reveladas em um exercício de narratologia;

b) a análise das narrativas contra-hegemônicas é ainda um campo de pesquisa pouco explorado pelos pesquisadores, principalmente no contexto brasileiro.

Por se mostrar quase sempre como um enunciado impessoal, a narrativa merece melhor atenção em sua análise, para que se fuja das armadilhas convencionais da "análise de conteúdo" que não permite uma análise mais aprofundada dos meandros e das dobras dos significados ditos e não ditos nas narrativas. Provou-se que a narrativa é um enunciado cujas características a colocam não apenas como um caso particular do discurso, que se submete às regras gerais de sua constituição e, portanto, de sua análise, mas também possui características distintivas próprias, como seus tipos e funções e seus diferentes níveis de análise.

Deve-se ainda esclarecer pontos que não foram tratados ao longo deste capítulo, mas que são essenciais para compreender as escolhas feitas para a confecção deste trabalho.

Em primeiro lugar, a análise da narrativa sob a perspectiva semiótico-linguística, assim como outros métodos qualitativos, é extremamente dependente da capacidade de interpretação do analista, em especial do seu repertório. O que são fixos são os instrumentos de análise. Destarte, o resultado de uma análise não tem a pretensão de encerrar um único caminho interpretativo de uma história ou de uma trama, mas de mostrar possibilidades de análise. O que se espera é justamente romper com as armadilhas que encerram as interpretações unívocas e totalitárias de um enunciado narrativo que é ideológico por condição.

Em segundo lugar, a análise da narrativa sob a perspectiva semiótico-linguística não exclui a possibilidade de ser aplicada concomitantemente a outras modalidades de pesquisa, mesmo pesquisas de caráter quantitativo. Pelo contrário, há possibilidades de trabalhos multimétodos e de triangulação multiparadigmática nos quais a narratologia tem potenciais enormes para a geração de teorias.

Por fim, a análise da narrativa sob a perspectiva semiótico-linguística não encerra outras possibilidades no campo da análise da narrativa. Pelo contrário, reconhece-se que este seja um campo multidisciplinar: a antropologia, a psicologia cognitiva, a psicanálise e outras disciplinas têm também amplos potenciais para desvendar a formação e os efeitos das estruturas narrativas no contexto organizacional

Referências

ANSART, P. Ideologias, conflitos e poder. Rio de Janeiro: Jorge Zahar, 1978.

BAKHTIN, M. Marxismo e filosofia da linguagem. São Paulo: Hucitec, 1979.

_____. Problemas da poética de Dostoievski. São Paulo: Forense Universitária, 1981.

BARDIN, L. Análise de Conteúdo. Lisboa: Edições 70, 1977.

BARROS, D. L. P. Teoria do discurso: fundamentos semióticos. São Paulo: Atual, 1988.

BARTHES, R. Introduction à l'analyse structurale des récits. Communications, v. 8, 1966, p. 1-27.

BENVENISTE, E. Problèmes de linguistique générale. Paris: Gallimard. 1974.

BERGER, P. L. e LUCKMANN, T. A construção social da realidade. Petrópolis: Vozes, 1985.

BLIKSTEIN, I. Dialogismo e intertextualidade nas comunicações administrativas: Análise linguístico-semiótica. Cognitio: Revista de Filosofia, v. 4, n. 2, 2003.

BOJE, D. Narrative methods for organizational & communication research. London: Sage, 2001.

BRANDÃO, H. Introdução à análise do discurso. Campinas: Unicamp, 1994.

CHATMAN, S. Story and discourse. Ithaca: Cornell University Press, 1978.

DUBOIS, J.; GIACOMO, M.; GUESPIN, L.; MARCELLESI, C.; MARCELLESI, J. B. e MEVEL, J. P. Dicionário de linguística. São Paulo: Cultrix, 1995.

DUCROT, O. *O dizer e o dito*. Campinas: Pontes, 1987.

ECO, U. e SEBEOK, T. *O signo de três*. São Paulo: Perspectiva, 1991.

FIORIN, J. L. *Linguagem e ideologia*. São Paulo: Ática, 1993.

_____. Polifonia textual e discursiva. In: BARROS, D. L. P. e FIORIN, J. L. *Dialogismo, polifonia, intertextualidade:* Em torno de Bakhtin. São Paulo: Edusp, 1994.

FOUCAULT, M. *A ordem do discurso*. São Paulo: Loyola, 1996.

GABRIEL, Y. Narratives, stories and texts. In: GRANT, D.; HARDY, C.; OSWICK, C. e PUTNAM, L. *The sage handbook of organizational discourse*. London: Sage, 2004.

_____. *Storetelling in organizations:* facts, fictions, fantasies. Oxford: Oxford University Press, 2000.

GIDDENS, A. *Central problems in social theory*. London: MacMillan, 1979.

GINZBURG, C. Chaves do mistério: Morelli, Freud e Sherlock Holmes. In. ECO, U. e SEBEOK, T. *O signo de três*. São Paulo: Perspectiva, 1991.

GRUMBACH, J. Para uma tipologia dos discursos. In: KRISTEVA, J. *Língua, discurso, sociedade*. São Paulo: Global, 1983.

JAKOBSON, R. Linguística e comunicação. São Paulo: Cultrix. 2000.

LABOV, W. *Language in the inner city*. Philadelphia: Pensylvannia University Press, 1972.

LOPES, E. *Discurso, texto e significação*. São Paulo: Cultrix, 1978.

LUCKACS, G. *History and class consciousness*. Cambridge (Ma): MIT Press, 1971.

LYOTARD, J. F. *Le differend*. Paris: Minuit, 1983.

MAINGUENEAU, D. *Novas tendências em análise do discurso*. Campinas: Unicamp, 1993.

ORLANDI, E. P. *As formas do silêncio:* no movimento dos sentidos. Campinas: Unicamp, 1993.

_____. *Análise de discurso:* princípios e procedimentos. Campinas: Pontes, 1999.

PEIRCE, C. S. *Semiótica*. São Paulo: Perspectiva. 1999.

PROPP, V. *As raízes históricas do conto maravilhoso*. São Paulo: Martins Fontes, 1997.

TODOROV, T. *Grammarie du Decameron*. The Hague: Mouton, 1969.

_____. *Os gêneros do discurso*. São Paulo: Martins Fontes, 1980.

VAN DIJK, T. *Ideology:* a multidisciplinary approach. London: Sage, 1998.

WEBER, M. *Economia y sociedad*. Ciudad del México: Fondo de Cultura Mexicano, 1969.

Capítulo 15 ## Softwares em pesquisa qualitativa

Rodrigo Bandeira-de-Mello

▓ Introdução

A utilização de *softwares* como apoio à análise de material empírico em pesquisas qualitativas é crescente. Pesquisadores beneficiam-se de ganhos em eficiência na manipulação de dados qualitativos pelo computador. Por outro lado, a má utilização dessa tecnologia pode trazer prejuízos à pesquisa.

Neste capítulo, discutem-se as possibilidades e limitações do uso de *softwares* na pesquisa qualitativa. O objetivo é analisar as vantagens dessa ferramenta, consciente de suas limitações, fundamentando a argumentação na literatura especializada e na minha experiência pessoal com o uso de *softwares* em projetos de pesquisa.

A discussão centraliza-se em um grupo de *softwares* conhecido por Computer-Assisted Qualitative Data Analysis Software – CAQDAS –, ou análise de dados qualitativos assistida pelo computador. Seguindo a proposta metodológica do livro, apresenta-se a aplicação de um programa, o Atlas/ti, como apoio à operacionalização do método da *grounded theory*.

15.1 Um pouco de história

A utilização de computadores em pesquisa qualitativa não é novidade. Desde a introdução dos processadores de texto e do surgimento de programas como o QUALOG e o The Ethnograph, em meados da década de 1980, diversos *softwares* foram desenvolvidos graças ao avanço da tecnologia da informação (Kelle, 2002).

A comunidade acadêmica participou ativamente desse processo. Um dos trabalhos pioneiros sobre avaliação dos *softwares* foi o de Tesch (1990). A autora apontou que o uso do computador como apoio às análises qualitativas era considerado um elemento estranho e fortemente associado às pesquisas quantitativas. Tesch (1990) atribuiu esse resultado ao mau entendimento dos pesquisadores sobre as possibilidades da utilização produtiva do computador.

Já para Lee e Esterhuizen (2000), as conclusões de Tesch (1990) também podem ser atribuídas ao ceticismo dos pesquisadores em relação a uma ideia pouco testada e comprovada. De fato, nos anos 1980, os computadores não eram o que se podia chamar de "amigáveis": o mecanismo tradicional de cortar e organizar, manualmente, segmentos de textos impressos em papel parecia ser mais eficiente.

O desenvolvimento dos computadores pessoais motivou a produção de *softwares* mais eficientes. A internet contribuiu para disseminar informações aos usuários: comunidades virtuais de pesquisadores-usuários e de programadores alimentam listas de discussão e publicações avaliativas dos *softwares* existentes. Os pesquisadores tornaram-se mais conscientes das reais potencialidades e limitações dessa tecnologia. Atualmente, o uso de computadores na análise qualitativa parece ser socialmente aceito pela academia (Lee e Esterhuizen, 2000) e a habilidade em utilizá-los, um importante ativo do pesquisador (Fielding e Lee, 1998).

No âmbito do Brasil, a própria iniciativa deste livro é fruto da necessidade de atender a uma demanda reprimida por informações, experiências e avaliações. Provavelmente, estamos ainda em uma fase semelhante àquela que Tesch (1990) descreveu: de experimentação.

Softwares em pesquisa qualitativa

■ 15.2 Uma proposta de classificação dos *softwares*

Na literatura, encontram-se diferentes esquemas classificatórios (Wolfe e Gephart; Johnson, 1993; Alexa e Zuell, 1999). O Departamento de Ciências Sociais da Universidade de Loughborough organiza em quatro grupos o que denomina *softwares* para análise textual. Os grupos são classificados em função de suas finalidades principais:

a) buscar, organizar, categorizar e registrar interpretações;
b) calcular estatísticas de texto e concordâncias;
c) desempenhar análises quantitativas de conteúdo;
d) *softwares* híbridos que desempenham funções dos demais grupos.

O Quadro 15.1 ilustra alguns exemplos.

Quadro 15.1 Exemplos de *softwares* disponíveis para análise textual

Finalidades principais	Exemplos
Busca, categoriza, organiza e registra interpretações.	Atlas/ti, The Ethnograph, HyperRESEARCH, Kwalitan, MAXqda, N6, Nvivo, Qualrus.
Calcula estatísticas de texto e concordâncias.	CatPac, Concordance, MonoConc/ParaConc, T-LAB, VBPro.
Faz análise quantitativa de conteúdo.	Coan, Diction, General Inquirer, Prospéro, SphinxSurvey (Lexica), TextQuest.
Programas híbridos.	AQUAD, Code Miner, TextPack.

Fonte: Departamento de Ciências Sociais – Universidade de Loughborough.

Neste capítulo, abordo somente o primeiro grupo, denominado comumente Qualitative Data Analisys – QDA Software, ou Computer-Assisted Qualitative Data Analysis Software – CAQDAS.

Em face da diversidade existente, os *softwares* CAQDAS também podem ser classificados em função de suas finalidades principais. Uma das classificações mais referenciadas é a tipologia de Weitzman e Miles (1995), que organiza os programas em cinco grupos ou famílias. O Quadro 15.2 apresenta uma descrição sucinta, e não exaustiva, de cada grupo e alguns exemplos de programas.

Quadro 15.2 Famílias de programas propostas por Weitzman e Miles (1995)

Finalidade	Descrição	Exemplos
Programas localizadores de texto (text retreivers)	Localizam segmentos de texto e apresentam seu contexto (concordâncias). Mostram coocorrências de texto em uma distância especificada. Permitem associar comentários do pesquisador ao texto.	Sonar Professional, Text Collector, ZyINDEX.
Programas gerenciadores de bases textuais (textbase managers)	Organizam o texto, geralmente em campos e registros. Alguns são mais flexíveis, permitindo variação das estruturas dos campos ao longo dos registros.	Microsoft Access®, FileMaker Pro®, askSam, FolioViews e TEXTBASE ALPHA.
Programas que codificam e reapresentam o texto (Code-and-retreive programs)	Códigos são associados a segmentos de texto nos dados coletados. Permitem recuperar esses segmentos para cada código criado, também por meio de busca booleana.	HyperQual2, Kwalitan, QUALPRO, Martin, Data Collector.
Programas geradores de teoria a partir de códigos (code-based theory builders)	Permitem tratar os códigos criados na análise como elementos constitutivos, ou building blocks, de uma teoria.	AFTER, AnSWR, AQUAD, Atlas/ti, Code-A-Text, NUD*IST, Nvivo, QCA, The Ethnograph, winMAX.
Programas geradores de redes conceituais (conceptual network builders)	São frequentemente encontrados tanto como características dos programas do tipo geradores de teoria, como desenvolvidos especificamente para esse fim. Permitem a visualização da teoria na forma de redes semânticas, formada por nós e links.	Inspiration, MetaDesign, Visio, MECA, Atlas/ti.

Fonte: Adaptado de Weitzman e Miles (1995).

Softwares em pesquisa qualitativa

A classificação de Weitzman e Miles (1995) não é mutuamente exclusiva. Alguns *softwares*, como o Atlas/ti, estão em mais de um grupo. Nas demais seções deste capítulo, analiso especificamente o grupo de programas CAQDAS, geradores de teoria a partir de códigos. Esse grupo é mais abrangente: desempenha, de forma satisfatória, as funções dos *softwares* dos outros grupos, com exceção de algumas versões de programas que não geram redes conceituais.

15.3 CAQDAS: possibilidades e limitações

Quais são os ganhos em utilizar um programa CAQDAS? Há riscos associados? O que não é possível de ser executado por um programa CAQDAS? Qual programa devo utilizar em função das características do meu projeto de pesquisa? Dúvidas como essas são cada vez mais frequentes entre potenciais usuários. Não pretendo fornecer respostas a todas elas, mas discutir alguns pontos fundamentais.

Primeiro, um esclarecimento: programas CAQDAS não executam análise qualitativa. Kelle (2002) salienta que a compreensão do significado do texto – como no sentido de *Verstehen* (Abel, 1948; Moran, 2002), por exemplo – é uma atividade exclusiva do elemento humano; pelo menos para o nível atual da tecnologia existente! Por isso, a denominação "programas de análise qualitativa" pode causar confusão. Prefiro referir-me a "programas de apoio a análise qualitativa", como implica o termo CAQDAS.

Então, o que um programa desses efetivamente faz? Nos processos de interpretação e de compreensão subjacentes à análise qualitativa há uma grande carga de tarefas mecânicas associadas ao gerenciamento da base de dados e dos elementos construídos pelo pesquisador durante o processo de análise. Um programa CAQDAS atenua essa carga. O Quadro 15.3 apresenta as principais funções desempenhadas por alguns dos programas disponíveis.

É esperado que a execução das funções descritas no Quadro 15.3 possa gerar os seguintes benefícios (Weitzman, 2000; Lee e Esterhuizen, 2000; Lacey e Luff, 2001):

a) consistência;

b) velocidade e flexibilidade;

c) eficiência na representação dos resultados.

A possibilidade de tornar a verificação das interpretações do pesquisador mais rápida e eficiente gera ganhos em consistência. Isso é possível por meio das ferramentas de busca – da ocorrência das categorias e suas interrelações. Além disso, o gerenciamento do trabalho de um grupo de pesquisadores permite a checagem dos resultados por pares, uma forma de melhorar a validade dos resultados em alguns métodos de pesquisa. Se as tarefas mecânicas de um processo de análise qualitativo estão automatizadas, o pesquisador dispõe de mais tempo para dedicar-se ao processo interpretativo e à descoberta.

A automatização de tarefas mecânicas também permite ganhos em velocidade. Não nos referimos à velocidade de análise, mas à possibilidade de redução do prazo de execução do projeto como um todo – reduz-se o tempo gasto em atividades que não agregam valor. Consequentemente, alterações de curso poderiam ser conduzidas com menor prejuízo ao cronograma do projeto. O pesquisador fica estimulado a testar novos caminhos, a explorar novas possibilidades interpretativas, e o projeto ganha em flexibilidade.

A representação dos resultados de uma pesquisa qualitativa é ponto crítico na avaliação da sua qualidade pela comunidade científica. O que, e como representar os achados, considerando-se as limitações editoriais de espaço, é sempre uma questão pertinente aos pesquisadores. Alguns programas CAQDAS possuem interfaces gráficas para a visualização dos códigos e das relações, além de produzirem relatórios que podem servir tanto de apoio ao pesquisador sobre o que inserir em seu relatório final de pesquisa, como instrumento para possível escrutínio público.

Mesmo com benefícios, programas CAQDAS não são uma panaceia. Possuem limitações, presentes de maneira latente, pois não são nítidas para o usuário menos experiente, que corre o risco de não considerá-las em seu projeto e prejudicar a qualidade da pesquisa. O pesquisador deve evitar cair nessas armadilhas.

No restante desta seção, sintetizo seis armadilhas frequentemente mencionadas pela literatura especializada (Weitzman, 2000; Lee e Esterhuizen, 2000; Lacey e Luff, 2001; Kelle, 2002).

Softwares em pesquisa qualitativa

435

Quadro 15.3 Funções principais dos programas CAQDAS

Função	Descrição
Armazena e gerencia os dados	Projetos de pesquisa qualitativa utilizam vários tipos de dados: textos, sons, figuras e vídeo. O programa mantém todas as fontes de dados organizadas a critério do pesquisador, permite editar os documentos, buscar uma fonte específica e fundir a base de dados de diferentes projetos.
Faz codificações e associações	Associa segmentos de dados a códigos conceituais, ou categorias, criados pelo pesquisador para posterior recuperação e utilização em futuras associações. O relacionamento entre códigos, para uma construção de teoria ou ordenação conceitual, é definido pelo pesquisador. Alguns *softwares* permitem associar segmentos de dados entre si, formando hiperlinks.
Busca e recuperação da informação e seu contexto	A análise dos dados é facilitada pelas ferramentas de busca: permitem checar insights e localizar passagens ou segmentos de texto. Em alguns programas, as buscas seguem lógicas complexas. A reapresentação dos dados, como resultado da busca, é feita em seu contexto: o local de onde o segmento de dados foi "extraído" fica visível, de modo que o pesquisador pode interpretar seus achados sem perder o contato com o contexto dos envolvidos.
Auxilia o desenvolvimento da teoria gerada	O pesquisador pode registrar seus achados, suas interpretações e insights em notas de análise, organizadas a seu critério. As associações entre os códigos podem ser visualizadas graficamente por meio de redes semânticas ou árvores de hierarquia. Alguns programas possuem interface com pacotes estatísticos e gerenciam o trabalho de múltiplos pesquisadores no mesmo projeto.
Auxilia a redação dos relatórios finais	Permite confeccionar um série de relatórios: a criação dos códigos por ordem cronológica, seus relacionamentos e notas de análise; a relação de todos os códigos e segmentos de texto associados, dentre outros.

Fonte: Adaptado de Alexa e Zuell (1999), Weitzman (2000) e Lacey e Luff (2001).

A primeira armadilha: o pesquisador pode perder o contato com a realidade dos dados. O processo de codificação – associação de segmentos de dados a um código, ou categoria, criado pelo pesquisador – é um processo de corte, de fratura dos dados. Segmentos de dados são, de certa forma, extraídos do seu contexto e agrupados a outros segmentos em torno de um conceito, ou ideia comum, que representa o código criado. Esse procedimento faz uma "fratura múltipla" dos dados e distancia as partes umas das outras: o pesquisador pode perder o contato com a essência dos dados e com a realidade dos sujeitos investigados.

A influência dos programas CAQDAS no conceito de *closeness*, ou proximidade dos dados, é frequentemente discutida na literatura. Em um desses estudos, Gilbert (2002) identificou empiricamente três aspectos do distanciamento que ocorrem à medida que os usuários se familiarizam com o *software*:

a) *divisão tactil-digital:* refere-se à adaptação do usuário em trabalhar diretamente na tela do computador – ler, registrar e visualizar os dados e análises;
b) *armadilha da codificação:* a facilidade obtida com a prática das ferramentas do *software* pode paralisar o usuário pelo excesso de códigos e impedi-lo de distanciar-se adequadamente dos dados e de inferir sobre sua essência; e
c) *mudança metacognitiva:* o usuário desenvolve um processo de trabalho alinhado às possibilidades do programa – a atenção reflexiva é direcionada para os processos disponíveis pelo *software* e não para a descoberta da essência dos dados.

A segunda armadilha produz o mesmo efeito prejudical que a perda de contato do pesquisador com a realidade dos sujeitos: a facilidade de criar códigos e gerenciar uma base de dados mais ampla também pode induzir o pesquisador a uma análise superficial. Isso ocorre quando há sobrevalorização da codificação em detrimento da descoberta. O pesquisador pode, involuntariamente, passar da codificação referencial para a codificação factual, típica das análises de conteúdo quantitativas – ele se aliena do fenômeno investigado e reifica os códigos criados (Seidel e Kelle, 1995). Em prejuízo do projeto geram-se códigos difusos, relacionados aos dados apenas de forma factual, sem denotar um significado, necessariamente, e sim um artefato do pesquisador (Kelle, 2002). A automatização da tarefa de gerenciar um grande número de códigos também pode acarretar um volume de informações maior do que o pesquisador pode suportar. Nesse caso, ocorre paralisia por excesso de informação e a tendência de uma análise superficial aumenta.

Apesar de alguns programas disponíveis atenuarem os problemas gerados pelas duas primeiras armadilhas – reapresentação do código junto ao contexto dos dados, visualização gráfica das associações, possibilidade de registrar interpretações e notas de análise –, cabe ao pesquisador balancear entre o trabalho interpretativo, de construção do significado, e o trabalho mecânico da codificação. Em função do método de pesquisa utilizado, ele deve questionar qual é a importância do contexto dos dados e em qual distância ele deseja se manter.

A terceira armadilha diz respeito à orientação metodológica: um programa CAQDAS não é metodologicamente neutro. Geralmente, ele possui um certo viés do grupo de acadêmicos que o desenvolveu. Porém, os melhores programas são flexíveis o suficiente para acomodar diferentes considerações epistemológicas. Cabe ao pesquisador saber adaptar essa flexibilidade às suas preferências, não se deixar guiar pelos recursos do programa e manter-se fiel às suas escolhas metodológicas (Weitzman, 2000).

A dificuldade em se avaliar a relação custo-benefício do uso de um programa CAQDAS representa a quarta armadilha. Há custos de preparação da base de dados e de aprendizado: se não considerados, podem inviabilizar o projeto. Em geral, as novas versões dos *softwares* convergem mídias diferentes – transcrições de entrevistas e notas de campo, trechos de aúdio e vídeo, e figuras – para formar a base de dados do projeto. Essas fontes devem ser compatíveis com os formatos utilizados pelo programa. Com relação ao custo do aprendizado, usuários iniciantes devem dedicar grande parte de seu tempo e energia para aprender os recursos do programa. Com a experiência, esse aprendizado torna-se mais eficiente; contudo, projetos de pesquisa com prazos mais restritos, como as dissertações de mestrado, podem não se beneficiar desse efeito da experiência.

Uma possível solução é a construção de um grupo de usuários formado por pesquisadores mais experientes e novatos. A dinâmica do grupo permitiria a troca de experiências e a socialização do conhecimento, acelerando o aprendizado. Por outro lado, o uso de programas CAQDAS em projetos de pesquisa com múltiplos autores pode potencializar possíveis tensões entre os envolvidos. Esta é a quinta armadilha.

Há *softwares* que permitem gerenciar coautoria, definir níveis de acesso e identificar o trabalho analítico de cada participante. Isso torna o processo analítico e interpretativo de cada pesquisador mais claro e passível de escrutínio por seus pares. A checagem por pares deve ser utilizada de forma produtiva pelo líder do projeto; todos os participantes devem estar conscientes disso e dispostos a rever suas interpretações. Caso contrário, a coautoria pode ser contraproducente.

Finalmente, a sexta armadilha: um programa CAQDAS não transforma um pesquisador incompetente em competente. O elemento humano é fundamental, desde a coleta até a análise dos dados. O programa apenas gerencia o processamento mecânico. Diferentemente dos pacotes estatísticos, é o pesquisador quem "processa" os dados. Não há muito o que o *software* possa fazer para um pesquisador incompetente que analisa uma entrevista malfeita.

Benefícios, limitações potenciais e armadilhas. O pesquisador deve compreender essas peculiaridades dos programas CAQDAS antes de investir na sua utilização. Lee e Fielding (1991), há quase quinze anos, sintetizaram a visão que muitos pesquisadores tinham dessa tecnologia. Os programas CAQDAS sofrem da "síndrome de Frankstein": têm boa intenção, mas sua incompreensão contribui para a formação de uma imagem negativa.

Apesar dos avanços nas duas últimas décadas, parece que essa metáfora ainda explica boa parte da história. Contudo, seria igualmente ingênuo acreditar que um programa CAQDAS é neutro – não possui efeitos no método de pesquisa – ou tem forte efeito determinista na condução do projeto (Weitzman e Miles, 1995).

É preciso aproveitar o crescente número de usuários para criar uma imagem positiva dessa tecnologia e evitar a frustração e o consequente ceticismo. Isso só será possível com a devida capacitação dos usuários.

15.4 Uma aplicação do Atlas/ti como apoio à *grounded theory*

Nesta seção, apresento um exemplo de aplicação de um programa CAQDAS: o uso do Atlas/ti na geração de teoria substantiva pela *grounded theory*. A intenção não é impor um método – iria de encontro aos seus princípios de flexibilidade metodológica. A *grounded theory* oferece um conjunto de procedimentos, desenvolvidos a partir da prática de pesquisadores experientes – mas, em sua essência, permanece flexível. Seguir qualquer roteiro preestabe-

Softwares em pesquisa qualitativa

lecido não é garantia de desenvolver uma teoria substantiva de qualidade. O discernimento do pesquisador, seu envolvimento e sensibilidade teórica determinarão a consistência e a relevância dos resultados da pesquisa.

O Capítulo 8 deste livro discute os fundamentos da *grounded theory* e como uma teoria substantiva emerge dos dados. O objetivo desta seção, ao relatar nossa experiência com o Atlas/ti, é ilustrar a prática da pesquisa, ou seja, como o método das comparações constantes, a amostragem teórica, a sensibilidade teórica, a saturação teórica e a quebra e análise de dados, conceitos comuns à *grounded theory* são operacionalizados.

15.4.1 O *software* Atlas/ti

O Atlas/ti foi desenvolvido no contexto de um projeto multidisciplinar (1989-1992) na Universidade Técnica de Berlim. A sigla Atlas, em alemão, *Archiv fuer Technik, Lebenswelt und Alltagssprache*, pode ser traduzida por "arquivo para tecnologia, o mundo e a liguagem cotidiana". A sigla "ti" significa text interpretation ou interpretação de texto.

O objetivo do projeto era desenvolver uma ferramenta que pudesse apoiar o "interpretador humano" na atribuição de significado ao texto, e não automatizar o processamento (Muhr, 1991). O projeto promoveu interações entre profissionais das ciências da computação, linguístas, psicólogos e futuros usuários, visando aumentar as potenciais áreas de aplicação do *software* no âmbito da pesquisa qualitativa em ciências sociais.

Strübing (1997) e Lonkila (1995) argumentam que a *grounded theory* se apresenta como um paradigma adequado para orientar os *softwares* CAQDAS, pois ambos devem ser orientados para o processo. O Atlas/ti foi largamente influenciado pela *grounded theory*, mas desenvolvido para permitir flexibilidade ao usuário em adaptá-lo às suas escolhas metodológicas, sendo aplicável a uma série de estratégias de pesquisa (Muhr, 1991; Strübing, 1997).

A *grounded theory*, desenvolvida a partir das experiências de pesquisas empíricas de Anselm Strauss e Barney Glaser, constitui um estilo de pesquisa fundamentado nos dados. Apesar da linha straussiana oferecer um conjunto de técnicas de pesquisa, o princípio fundamental é a flexibilidade no processo de pesquisa: cada pesquisador pode desenvolver seu próprio processo e escolher as técnicas mais apropriadas a ele. No Atlas/ti, quatro princípios norteiam os procedimentos de análise pelo pesquisador:

a) *visualização:* gerenciamento da complexidade do processo de análise, mantendo o contato do usuário com os dados;
b) *integração:* a base de dados e todos os elementos contruídos na análise são integrados em um único projeto, a unidade hermenêutica;
c) *casualidade (serendipity):* promove a descoberta e os *insights* casualmente, isto é, sem a busca deliberada por aquilo que foi encontrado;
d) *exploração:* a interação entre os diferentes elementos constitutivos do programa promove descoberta e *insights.*

O lançamento da primeira versão ocorreu em 1993 e a migração para o Windows, em 1994. A versão atual é a 5.0, lançada em 2004. A versão 4.1, primeiro *release* de 1997, foi utilizada para ilustrar este capítulo.

15.4.1.1 Elementos constitutivos

A aplicação do Atlas/ti envolve a criação e o gerenciamento de elementos constitutivos (*objects*) básicos que servirão de apoio à construção da teoria. O Quadro 15.4 sintetiza os principais elementos.

Códigos, citações, notas de análise e documentos primários podem ser conectados entre si e essas conexões visualizadas nos esquemas gráficos. Códigos conectados somente a citações possuem fundamentação empírica, mas não são abstratos. Códigos que estão conectados a códigos empíricos, mas não a citações, são códigos abstratos, ou de segunda ordem. Uma teoria substantiva com densidade conceitual é formada por conexões ou associações entre códigos abstratos.

Glaser (1978) apresenta 18 possibilidades de conectores entre códigos. Já em Strauss e Corbin (1998), a relação é simplificada e formam o que os autores denominam de paradigma de codificação: condições causais, intervenientes, consequências e estratégias de ações/interações. Contudo, o Atlas/ti permite que o pesquisador customize as relações em função de suas interpretações. O Quadro 15.5 apresenta uma sugestão de conectores e seus respectivos símbolos nos esquemas gráficos (o programa também permite a customização dos símbolos).

Softwares em pesquisa qualitativa

Quadro 15.4 Principais elementos constitutivos do Atlas/ti

Elementos	Descrição
Unidade hermenêutica (*Hermeneutic unit*)	Reúne todos os dados e os demais elementos.
Documentos primários (*Primary documents*)	São os dados primários coletados. Em geral, são transcrições de entrevistas e notas de campo, mas suportam figuras e aúdio (a versão atual suporta imagens, audio e vídeo). Os documentos primários são denominados Px, sendo x o número de ordem.
Citações (*Quotes*)	Segmentos de dados, como trechos relevantes das entrevistas que indicam a ocorrência de código. Sua referência é formada pelo número do documento primário onde está localizada, seguido do seu número de ordem dentro do documento. Também constam da referência as linhas inicial e final, no caso de texto.
Códigos (*Codes*)	São conceitos ou categorias gerados pelas interpretações do pesquisador. Podem estar associados a uma citação ou a outros códigos para formar uma teoria ou ordenação conceitual. Sua referência é formada por dois números: o primeiro refere-se ao número de citações ligadas ao código; e o segundo, ao número de códigos associados. Os dois números representam, respectivamente, seu grau de fundamentação empírica (*groundedness*) e de densidade teórica (*density*).
Notas de análise (*Memos*)	Descrevem o histórico da pesquisa. Registram as interpretações do pesquisador, seus *insights* ao longo do processo de análise.
Esquemas gráficos (*Netview*)	Essa ferramenta auxilia a visualização do desenvolvimento da teoria e atenua o problema de gerenciamento da complexidade do processo de análise. São representações gráficas das associações entre os códigos. A natureza dessas relações é representada por símbolos, descritos no Quadro 15.5.
Comentário (*Comment*)	Todos os elementos constitutivos podem ter comentários. Eles devem ser utilizados pelos pesquisadores para registrar informações sobre seus significados, bem como registrar o histórico da importância do elemento para a teoria em desenvolvimento.

Fonte: Bandeira-de-Mello (2002).

Quadro 15.5 Conectores de códigos e seus símbolos

Símbolos	Descrição das relações
Ph	O código-origem é a categoria principal do fenômeno estudado.
*}	O código-origem é propriedade da categoria (código-destino).
isa	O código-origem é um tipo, ou forma, do código-destino. É definido por um padrão de variação dimensional ao longo das propriedades da categoria (código destino).
=>	O código-origem (condição causal) causa a ocorrência do código-destino.
=>!	O código-origem (condição interveniente), quando presente, modifica os efeitos da condição causal.
[ ]	O código-origem é uma parte que compõe juntamente com outras partes o código destino.

Fonte: Bandeira-de-Mello (2002).

A Figura 15.1 apresenta o esquema gráfico da teoria substantiva da mudança estratégica de pequenas empresas construtoras, desenvolvido por Bandeira-de-Mello (2002); Bandeira-de-Mello e Cunha (2004), e utilizada para exemplificar o uso do *software*. A categoria central foi denominada *coping*. Os demais códigos são abstratos, pois não possuem citações ligadas a eles e estão relacionados a outros códigos. Por exemplo, o código "estratégias" possui nove códigos associados.

No exemplo, a "percepção do risco pelos credores" influencia a "percepção do risco pelo mercado"; e ambos formam o ambiente externo à organização. O ambiente interno é composto por duas categorias: "contexto estrutural interno" e "percepção dos dirigentes". *Coping* é a forma como a empresa administra o risco de seu negócio, definida pelas características do ambiente externo e do ambiente interno. As estratégias da empresa, por sua vez, são determinadas pela forma de administrar o risco pela empresa.

Os esquemas gráficos, juntamente com as notas de análise (*memos*), conferem tangibilidade ao processo. Nas notas, o pesquisador pode registrar o histórico do seu processo de análise, interpretações e resultados das comparações.

As notas de análise são o principal instrumento para futuras auditorias no processo de pesquisa utilizado, e por isso o pesquisador deve ser claro e ter em mente que outras pessoas, ao lerem seus apontamentos, devem ser capazes de seguir o mesmo caminho trilhado. É útil que o pesquisador crie uma nota específica para registrar o roteiro seguido e esquematize graficamente a ordem em que as principais notas foram criadas. Uma sugestão para gerenciamento das notas é classificá-las de acordo com sua finalidade: microanálise (MA), codificação aberta (OC), codificação axial (AC), codificação seletiva (SC) e amostragem teórica (AT). As notas podem ter mais de uma classificação e são comuns aquelas que registram microanálises e amostragens teóricas a serem feitas.

Figura 15.1 Exemplo de um esquema gráfico

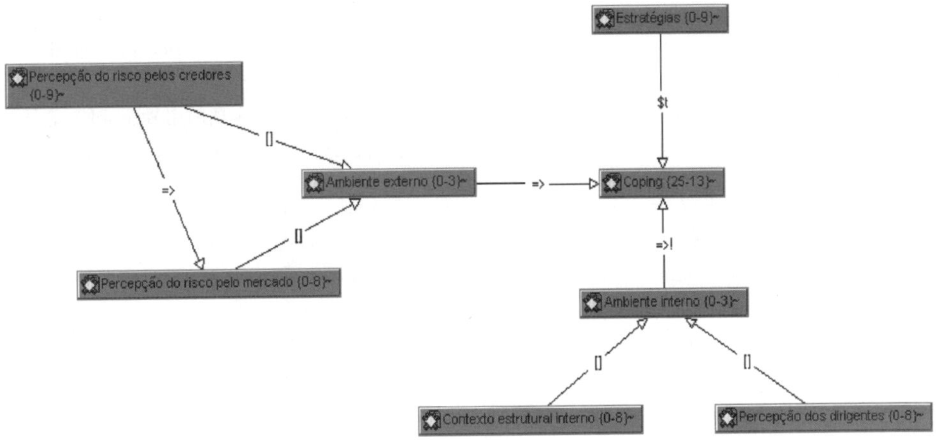

Fonte: Bandeira-de-Mello (2002).

15.4.2 Utilizando o Atlas/ti na geração de teoria substantiva

O processo de geração de teoria a partir dos dados, subjacente ao método da *grounded theory*, envolve um processo de idas e vindas entre o nível dos dados e o nível dos conceitos abstratos. Indutivamente, o pesquisador abstrai interpretações sobre os dados e delas deduz hipóteses explanatórias. Essas hipóteses devem ser "verificadas" ou validadas empiricamente. Esse processo segue a lógica da "inferência abdutiva" (Haig, 1996; Wirth, 1998). Um programa CAQDAS deve dar suporte a esse processo (Strübing, 1997). O Quadro 15.6, mostra como o Atlas/ti contribui na operacionalização da geração de teoria.

Quadro 15.6 Correlação entre as características da *grounded theory* e do Atlas/ti

Características da *grounded theory*	Características do Atlas/ti
Não há regras restritivas para o processo de análise. Existem orientações gerais desenvolvidas ao longo da prática de pesquisa. Pesquisadores são enconrajados a desenvolver seu próprio processo.	Acomoda diferentes e divergentes estilos de trabalho. Permite que o pesquisador crie seus procedimentos e gerencie seu trabalho a partir da combinação dos elementos constitutivos.
Ênfase no processo cooperativo de pesquisa. Projetos com múltipla autoria são desejados para enriquecer os *insights* com um leque mais amplo de interpretações e minimizar idiossincrasias.	O gerenciamento do trabalho cooperativo possibilita identificar e comparar o trabalho de seus membros individualmente. Atribui níveis de acesso e permite o trabalho simultâneo dos pesquisadores envolvidos no projeto.
A lógica abdutiva implica a oscilação entre conclusões tiradas dos dados, teste das hipóteses derivadas dessas conclusões e o refinamento das hipóteses em função de divergências encontradas durante o teste.	A criação e o gerenciamento de códigos e conectores são flexíveis e customizados. A base de dados pode ser expandida ao longo do processo, o que proporciona mais eficiência na validação e no refinamento das hipóteses. A geração de relatórios com o histórico do processo analítico aumenta a transparência do projeto.
O aspecto mecânico da codificação envolve, basicamente, a interconexão de códigos e entre códigos e segmentos de texto. Já o aspecto interpretativo desenvolve-se em três etapas – aberta, axial e seletiva – não lineares e não sequenciais.	Comentários feitos a cada código permitem a rápida identificação de seu significado e como ele se altera ao longo da pesquisa. A visualização gráfica das conexões e a apresentação dos indicadores da ocorrência dos códigos no contexto da base de dados impedem que o pesquisador perca contato com a realidade dos envolvidos. O gerenciamento das notas de análise permite avaliar o processo ao longo das três etapas.

(continua)

Softwares em pesquisa qualitativa

(continuação)

Características da *grounded theory*	Características do Atlas/ti
O modelo "conceito–indicador" implica comparações constantes entre segmentos de dados (indicador), até que se forme um conceito (código) e a posterior conexão entre os indicadores e os códigos, e até que se identifiquem propriedades e dimensões desse conceito.	O processo de codificar e recuperar as informações permite que o pesquisador rapidamente visualize o contexto dos indicadores do código. A alteração das conexões pode ser feita por vários atalhos ao longo do processo de análise.
A saturação de conceitos e teorias, ao longo do processo abdutivo, implica a validação empírica dessa teoria e a acomodação de novas variações na teoria em desenvolvimento.	Ferramentas permitem a construção de lógicas de busca (queries), armazenadas em "supercódigos" para facilitar sua utilização. As lógicas de busca permitem representar as relações hipotéticas da teoria em desenvolvimento na base de dados.
A validação de teorias substantivas existentes em um novo projeto permite aumentar seu poder explicativo.	Ferramentas de exportação e importação de elementos constitutivos possibilitam a fusão de diferentes projetos.

Fonte: Adaptado de Strübing (1997).

Para sintetizar o processo de geração de teoria por meio do Atlas/ti, vejamos três operações básicas:

a) codificar e rotular;
b) microanálise dos dados;
c) identificação e validação de categorias.

Apesar de apresentadas de forma linear, essas operações se sobrepõem e o fluxo do processo admite recursividade.

15.4.2.1 Codificando e rotulando

Antes de inciar o processo de codificação, o pesquisador deve eleger uma entrevista, ou outro tipo de documento primário, que julgue a mais completa para servir de fonte inicial de exploração de dados.

À medida que a entrevista é lida, o pesquisador identifica os segmentos de dados – citações, objetos e eventos – e os conecta a códigos. Essa etapa de codificação aberta exige boa dose de criatividade e capacidade de abstração, pois o rótulo, ou nome, do código deve representar o significado inferido nos dados, uma ideia ou conceito. Novos segmentos são comparados aos anteriores para estabelecer conexões com códigos existentes ou para a criação de novos códigos – é importante que os códigos sejam comentados, ressaltando-se as suas características e os critérios que fazem de uma citação candidata a ser conectada a ele.

O processo de codificação é uma abstração que remete o pesquisador do nível dos dados específicos do caso para o nível dos conceitos. A Figura 15.2 é um exemplo do esquema gráfico do Atlas/ti. Nela, há quatro citações e uma nota de microanálise (MA) – conectadas ao código "alta dependência do mercado".

Figura 15.2 Exemplo de codificação

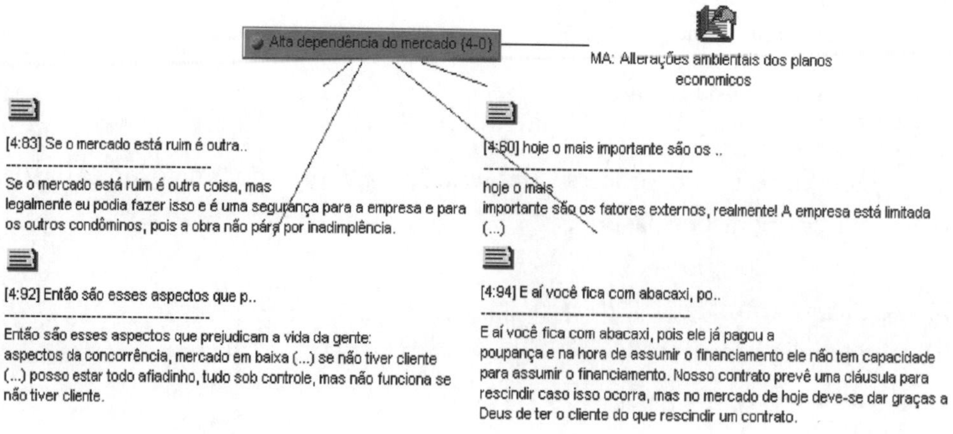

Fonte: Elaborado a partir de Bandeira-de-Mello (2002).

Com relação ao rótulo do código, três dicas. A primeira é a possibilidade de associar um adjetivo para facilitar a posterior dimensionalização. A segunda, o rótulo deve ser geral e não específico do caso (com exceção dos códigos *in vivo* cujo rótulo é fornecido diretamente pelo próprio entrevistado). E, finalmente, o rótulo utilizado deve referir-se ao tema ou à ideia que a citação representa.

15.4.2.2 Desdobrando os dados: a microanálise

Ainda na etapa da codificação aberta, a técnica de microanálise dos dados é importante para a qualidade da teoria em desenvolvimento. Em essência, a microanálise consiste de técnicas – questionamentos e comparações – reveladoras das possibilidades de interpretação dos significados dos dados. É o ponto de partida da codificação e fornece indicativos tanto sobre possíveis categorias como sobre seus inter-relacionamentos. Questionamentos e comparações sensibilizam o pesquisador e desdobram (*unpack*) os dados na busca de possíveis interpretações e classificações, atenuando a distorção ou bias introduzido pelas pressuposições do pesquisador.

A microanálise é uma atividade contemplativa, especulativa, e serve de apoio à codificação aberta e axial. Evita o que Glaser (1992) denomina "superdimensionamento da codificação", ao criticar a linha straussiana da *grounded theory*, e uma das armadilhas dos programas CAQDAS. O pesquisador pode exercitar a microanálise para uma palavra, passagem ou ideia do texto e registrá-la em uma nota de análise.

A Figura 15.3, que amplia a Figura 15.2, mostra elementos relacionados a uma nota de microanálise denominada "alterações ambientais dos planos econômicos": duas citações (4:31 e 4:32), nove códigos diversos; e três outras notas de microanálise.

A rede de notas de análise é um instrumento para identificar categorias e gerenciar o grande volume de códigos criados em decorrência da microanálise e da codificação aberta: cada nota ou grupo de notas pode representar um tema, e os temas são candidatos a categorias.

Os códigos criados podem ser agrupados em torno desses temas. Essa ordenação preliminar possibilita a posterior localização de segmentos de dados que indicam a ocorrência de aspectos diversos das categorias – futuramente eles indicarão propriedades e dimensões dessas categorias. É importante lembrar que, nas fases iniciais da codificação, o pesquisador não tem condições de identificar o fenômeno principal, por isso, manter uma rede de notas auxilia a emergência da teoria e a sensibilidade teórica do pesquisador. Durante as microanálises, o pesquisador faz uma série de questionamentos sobre o que está por trás dos dados. O Quadro 15.7 mostra um exemplo de nota de microanálise sobre o código *in vivo* rotulado "caixa-preta", termo utilizado pelo entrevistado B. A nota foi construída durante o processo de desenvolvimento da teoria substantiva de administração do risco, para explicar a mudança estratégica de pequenas empresas contrutoras de edificações.

Figura 15.3 Microanálise e a construção da rede de notas de análise

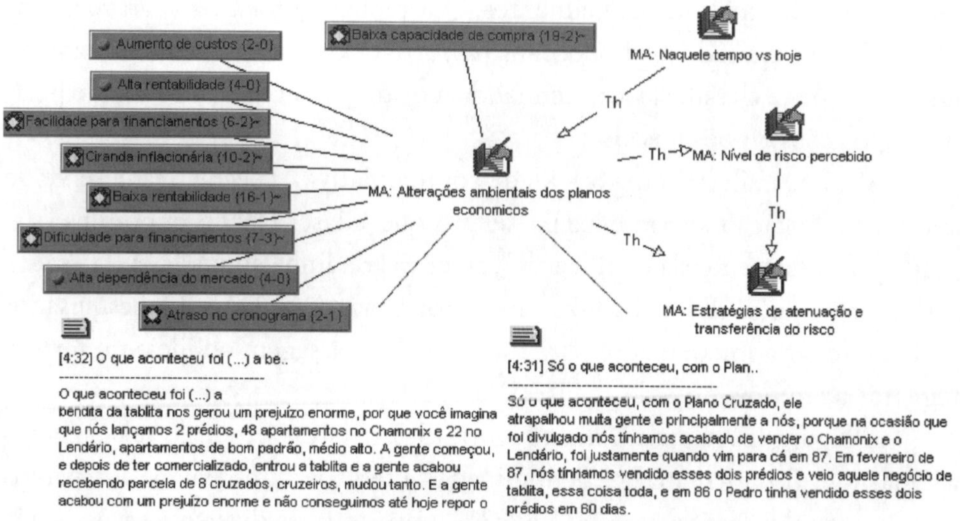

Fonte: Elaborado a partir de Bandeira-de-Mello (2002).

As comparações feitas na microanálise permitem que o conhecimento prévio do pesquisador possa ser utilizado nas análises de forma segura, sem forçar preconcepções aos dados. Todos os *insights* sobre possíveis categorias e propriedades são mantidos provisórios até que sejam validados nos dados.

Softwares em pesquisa qualitativa

449

Quadro 15.7 Exemplo de nota de microanálise

Microanálise para o código *in vivo* "caixa-preta"

O que o entrevistado B quis dizer com "caixa-preta" quando se referiu ao modo como o cliente percebe o tipo de operação da construção civil? Fazendo uma comparação "close-in" e aproveitando a metáfora do próprio entrevistado, quais são as características da caixa-preta de um avião?

1. Algo cujo conteúdo não se conhece *a priori*, que é inviolável (incerteza).
2. Quando aberta, revela muitas coisas (surpresa).
3. Quando abre, o desastre já aconteceu (prejuízo). Uma caixa-preta deve revelar surpresas, nada que se conheça *a priori* mas só depois do desastre.

No caso da aquisição do imóvel, o cliente se depara com uma caixa- preta com as propriedades listadas anteriormente.
Do ponto de vista do cliente da incorporação imobiliária: O que pode ser "surpresa"?

1. Turbulências na economia, em virtude das influências do governo e seus planos econômicos (histórico dessa turbulência).
2. Uma proposta orçamentária e de produto que não condiz com a realidade.
3. Regimes de construção fundamentados em contratos malfeitos, que não preveem todos os desembolsos.

O que pode ser "incerteza"?

1. Dúvidas quanto à idoneidade da construtora.
2. Falta de informação acerca da economia.
3. Prazo de construção longo.
4. Incertezas quanto à própria capacidade financeira (do cliente).
5. Prazo de financiamento longo.
6. Falta de experiência na aquisição de imóveis.

O que pode ser "prejuízo"?

1. Atraso no cronograma.
2. Chamadas de capital não previstas.
3. Aumento dos índices de correção.
4. Problemas de financiamento e hipoteca das unidades junto ao banco.

Essas propriedades devem guiar minhas amostragens.

Fonte: Elaborado a partir de Bandeira-de-Mello (2002).

15.4.2.3 Descobrindo e validando categorias e suas relações

A identificação e a dimensionalização de categorias são o objetivo da codificação aberta. É uma ruptura epistemológica, na medida em que se passa do nível dos dados para o nível da abstração teórica. Os exercícios de microanálise registrados e organizados na rede de notas de análise proporcionam a sensibilidade teórica necessária para iniciar o processo de redução e identificação das categorias.

Uma categoria representa um fenômeno e é definida em propriedades e dimensões. As propriedades são códigos abstratos para permitir validação em outros casos e aumentar a capacidade de modificação da teoria. Os códigos existentes, ligados a um mesmo tema, podem vir a indicar a categoria em si ou manifestações de suas propriedades. No exemplo do Quadro 15.7, "surpresa", "incerteza" e "prejuízo" podem ser três propriedades que definem uma categoria relacionada à atitude de compra cuja ocorrência na forma de uma "caixa-preta" foi observada nos dados.

Um vez identificadas as propriedades, o pesquisador deve procurar por incidentes ou padrões de ocorrência da categoria. É um processo de volta aos dados orientada pela amostragem teórica. Cada incidente deve ser classificado ao longo das dimensões das propriedades: é a comparação incidente-incidente. O resultado é uma categoria com propriedades bem definidas e padrões de ocorrência efetivamente encontrados nos dados. Esse processo garante fundamentação empírica e parcimônia na explicação do fenômeno que representa a categoria. O Quadro 15.8 ilustra o processo.

A relação transitiva é particularmente importante por afetar a forma como o Atlas/ti recupera informações sobre as categorias e denotar uma relação hierárquica entre os códigos. No Quadro 15.8, "mercado confiante" e "mercado cético" são formas de "percepção do risco pelos clientes", ou padrões de ocorrência da categoria. O pesquisador deve informar ao Atlas/ti que essas relações existem: os códigos referentes às formas e à categoria devem ser conectados entre si.

Softwares em pesquisa qualitativa

Quadro 15.8 Exemplo de identificação e validação de categorias

---

Descobrindo e validando propriedades de risco percebidas pelo mercado

Acredito que o fenômeno de percepção do risco pelo cliente tem como consequência as ações no mercado que são condições na determinação da postura das empresas em administrar o risco do seu negócio. Quais são as propriedades e as dimensões do fenômeno de percepção do risco pelo cliente? Comparando "close-in": como nós percebemos através dos sentidos e atribuímos significado?

1. Experiência passada.
2. Valores praticados no meio social em que vivemos.
3. Informações de outras pessoas que nos tornam predispostos.
4. Tipo de canal sensorial.
5. Velocidade de resgate da memória sobre o significado do percepto mental.

No caso dos dados da entrevista B, quais são as propriedades e dimensões que caracterizam padrões ou tipos de percepção do cliente? Focalizando a questão do risco, tenho interesse em saber que condições são favoráveis ou não para o negócio das construtoras. Logo, os tipos "is a" interessantes para a minha teoria podem ser:

1. Favorável.
2. Desfavorável.

Mas favorável a quê? A ter mais retorno com menos risco? Acho melhor rever essas tipificações. Que tal mercado confiante ou mercado cético?
Nesse raciocínio a pergunta deveria ser: O que significa uma percepção favorável? (alta, baixa ou o quê?) Depois, categorizando para o paradigma devo identificar sob que condições, estratégias e consequências ocorrem em razão de determinados tipos de percepção.
As propriedades da categoria percepção do risco pelos clientes podem ser (provisoriamente):

1. Características do regime de construção em relação à parcela de risco da operação que é incorrido pelo cliente.
2. Aversão ao financiamento.
3. Valor da imagem da marca da empresa.
4. Valor do conhecimento pessoal dos donos da empresa.
5. Imagem da indústria devida à atuação das suas firmas (idônea ou não).
6. Desconfiança quanto à segurança do empreendimento que se manifesta na resistência em adquirir o imóvel na planta.

Organizando as propriedades analiticamente:

Regime (REG)
CONCEITO: a parcela de risco da operação que o cliente está disposto a incorrer devido às características do regime de execução do produto.
ALTO (+): está disposto a incorrer em grande parte do risco.
BAIXO (–): não se dispõe a incorrer em grandes riscos na operação de compra de um imóvel.

(continua)

(continuação)

Financiamento (FIN)
CONCEITO: a disposição do cliente de participar de um financiamento bancário.
ALTO (+): está disposto a participar como mutuário de um financiamento bancário.
BAIXO (–): não está disposto a participar como mutuário de um financiamento bancário e prefere dever direto à construtora.

Imagem (IMAG)
CONCEITO: quanto o cliente valoriza a imagem da empresa, sem necessariamente conhecer os donos, numa transação com a empresa.
ALTO (+): o cliente valoriza a imagem da empresa.
BAIXO (–): o cliente não valoriza a imagem da empresa.

"Endereço" (END)
CONCEITO: aproveitando um "in vivo code", refere-se ao valor dado pelo cliente ao conhecimento pessoal da empresa e seus donos.
ALTO (+): o conhecimento dos donos da empresa ("o cliente sabe que tem endereço") é importante.
BAIXO (–): o conhecimento pessoal da origem da empresa não é importante.

Cronograma (CRON)
CONCEITO: refere-se ao momento em que o cliente decide adquirir o produto, ou seja, em que fase do cronograma: por exemplo, na planta, na estrutura ou no acabamento.
ALTO (+): o cliente está disposto a adquirir o imóvel somente nas fases mais adiantadas da obra, resistindo à venda na "planta".
BAIXO (–): O cliente está disposto a adquirir o imóvel nas fases iniciais, sendo a venda "na planta" facilmente concretizada pela empresa.

Agora, neste mesmo memo irei validar as propriedades. Na entrevista B, codificarei para o código "percepção do risco pelo cliente" e, depois, como fiz na C, buscarei criar os tipos "is a" e dar a fundamentação empírica (groundedness) devida.

DESCOBRINDO TIPO "IS A": COMPARAÇÕES INCIDENTE-INCIDENTE

A propriedade IMAG não teve nenhuma menção direta, e porque não quis fazer muitas inferências, mas ater-me à citação, decidi não apontá-la. Mas não vou desconsiderá-la, pois sei que nas outras entrevistas terei evidências para ela. Acredito que essa propriedade terá dimensão alta para a percepção mercado cético associada com baixo valor para END.

Como resultado da comparação incidente-incidente, utilizando as propriedades provisórias, identifiquei dois agrupamentos com variações dimensionais semelhantes: mercado confiante e mercado cético.

(continua)

Softwares em pesquisa qualitativa

(continuação)

GRUPO: mercado confiante
CARACTERÍSTICAS: Esta forma de perceber o risco significa que os clientes estão dispostos a incorporar uma parcela significativa do risco da operação quando aceitam ser condôminos ou, em um grau menor, cotistas em incorporações a preço de custo. Observando o contexto das citações, observa-se facilmente que o endereço da firma importa, e que, devido às características desse tipo de obra, os clientes adquirem o imóvel ainda no projeto ou nas fases iniciais.

VARIAÇÕES DIMENSIONAIS DOS INCIDENTES NA ENTREVISTA B:

REF	REG	FIN	IMAG	END	CRON	OBSERV./CONTEXTO
164	+			+	-	cond fechado
171	+			+	-	explica o cond fech e inc a preço de custo
155	+			+	-	desmoraliza mecado de cond fech
169	+			+	-	problemas do cond fech- villa adriana pos-encol
170	+-	+-		+	-	inc a prec de custo é um REG menor que cond fech

GRUPO: mercado cético
CARACTERÍSTICAS: Neste tipo de percepção do risco, o mercado não está disposto a assumir o risco da incorporação nem está disposto a assumir financiamento bancário. A aquisição do imóvel ocorre nas fases mais adiantadas do cronograma.

VARIAÇÕES DIMENSIONAIS DOS INCIDENTES NA ENTREVISTA B:

REF	REG	FIN	IMAG	END	CRON	OBSERV./CONTEXTO
156	-	-				cliente quer financ direto hoje
167	-	-	+	-	+	oportunistas e aventureiros estragam o mercado
172	-	-			+	hoje, cliente quer financ direto
157	-	-				cliente não quer financiamento de banco
086	-			+		cliente não compra a custo, volta ao inc prec fech

Fonte: Elaborado a partir de Bandeira-de-Mello (2002).

O *software* fornece três conexões de naturezas diferentes: transitiva, simétrica e assimétrica. A conexão entre uma categoria e seus padrões de ocorrência deve ter natureza transitiva – as características de percepção do risco estão presentes nas formas de percepção do risco. Dessa forma, se o pesquisador desejar visualizar as ocorrências da categoria percepção do risco pelos clientes, o Atlas/ti apresenta a ocorrência de todas as formas da categoria associadas pelo conector "isa". Como a categoria é um código abstrato, sem conexões diretas com os dados, sua verificação empírica ocorre por meio de suas conexões transitivas. A Figura 15.4 mostra um esquema gráfico com essas relações.

Figura 15.4 Relações transitivas "is a" dos padrões de ocorrência da categoria

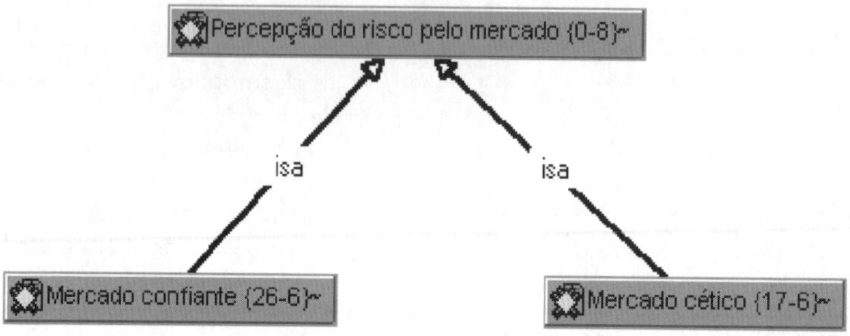

Fonte: Elaborado a partir de Bandeira-de-Mello (2002).

As relações simétricas são recursivas, associações entre variáveis que se afetam mutuamente ou simplesmente correlacionadas. Já a relação de natureza assimétrica não é recursiva e o fluxo é unidirecional – A causa B e B não causa A. Graficamente, uma conexão assimétrica é representada por uma seta, enquanto a outra, por uma linha unindo os dois códigos.

Com algumas categorias estabelecidas, o pesquisador provavelmente dispõe de material suficiente para estabelecer hipóteses provisórias. Hipóteses descrevem relações entre categorias e códigos abstratos, e formam a teoria substantiva. Indícios dessas relações entre categorias são revelados pelos exercícios de sensibilização e pelas microanálises. Isso implica uma constante revisão da rede de notas de análise.

Softwares em pesquisa qualitativa

As hipóteses são provisórias até que sejam validadas empiricamente: o pesquisador seleciona intencionalmente amostras da ocorrência das categorias relacionadas; é a amostragem teórica. A ferramenta *query* do Atlas/ti operacionaliza o processo de busca dessa amostra. A busca por indicadores de códigos relacionados entre si pode ser feita a partir das seguintes lógicas: booleana, por hierarquia, por sobreposição e por proximidade. Os operadores (Quadro 15.9) podem ser utilizados de forma isolada ou composta, na forma de expressões de busca.

Quadro 15.9 Operadores de busca (Ferramenta *query*)

Lógica	Operadores
Booleana	Citações para o código A ou código B.
	Citações exclusivas do código A ou do código B.
	Citações que não são do código A.
Hierarquia (relações transitivas)	Citações do código A e todos os seus subtermos.
	Citações do código A e do seu termo ascendente.
	Citações dos subtermos do código A e seus "primos".
Sobreposição	Citações do código A contidas no código B.
	Citações do código A que contêm o código B.
	Citações do código A em que aparecem sobreposição de citações do código B.
	Citações do código A em que aparecem sobrepondo citações do código B.
Proximidade	Citações do código B subsequentes às citações do código A em um número de linhas especificado.
	Citações do código A precedentes às citações do código B em um número de linhas especificado.
	Citações concorrentes para os códigos selecionados.

Kelle (2002) e Huber e García (1991) sugerem algumas orientações para a validação das proposições:

a) a proposição não deve ser validada a partir do mesmo material empírico da qual foi gerada;
b) as proposições devem ser empiricamente testáveis; para isso devem ser precisas e identificáveis nos dados;
c) as categorias devem denotar, de maneira confiável e [relativamente] estável, fenômenos relevantes;
d) o pesquisador deve levar em consideração os casos negativos para reespecificar propriedades e relações.

15.4.2.4 Integrando e refinando a teoria

Ao longo do processo de análise, o pesquisador deve inferir qual é a categoria central do estudo – o conceito que integra as demais categorias. Enquanto reflete sobre essa integração, o pesquisador refina hipóteses, aprimora validações empíricas e submete a teoria a testes empíricos, buscando falhas em sua lógica.

Isso exige um grande esforço de integração e recuperação das informações. Em síntese, a integração da teoria pode ocorrer da seguinte maneira:

a) Descobre-se a categoria central, usando as técnicas da redação da história ou revisando as notas e os diagramas (Strauss e Corbin, 1998). A ideia é que o esquema teórico principal seja abstrato e parcimonioso. A categoria central também pode ser definida por propriedades e dimensões ou simplesmente representar uma ideia central ou fenômeno.
b) Refina-se a teoria, buscando incoerências lógicas ou proposições sem fundamentação empírica ou densidade.
c) Valida-se a teoria utilizando os operadores de busca descritos no Quadro 15.9.

Softwares em pesquisa qualitativa

■ 15.5 Considerações finais

Há vantagens e riscos associados ao uso de *softwares* como apoio à pesquisa qualitativa. A aplicação de programas CAQDAS traz uma série de benefícios: consistência nos resultados, velocidade, flexibilidade, além de contribuir para a transparência do processo de análise. Por outro lado, encerra armadilhas nas aparentes vantagens do "processamento" por computador. O discernimento entre possibilidades e armadilhas é de responsabilidade do pesquisador, que deve compreender a divisão de tarefas entre a máquina e o "interpretador humano".

A esta altura, o leitor poderia perguntar: afinal, qual é o melhor *software*? Apesar de haver programas para todos os gostos, não há um *software* que resolva todos os problemas possíveis, para todas as finalidades. Os melhores programas permitem flexibilidade para acomodar diferenças ontológicas e epistemológicas inerentes aos métodos de pesquisa qualitativa (Weitzman, 2000).

Lacey e Luff (2001) desenvolveram um estudo comparativo de três programas: o NUD*IST e o Nvivo, ambos da QSR, e o Atlas/ti, três *softwares* "concorrentes" com pontos fortes distintos. Para uma revisão da história de desenvolvimento desses *softwares*, sugerimos o texto de Richards (2002) sobre o NUD*IST e o Nvivo, e os artigos de Muhr (1991) e Strübing (1997) para o Atlas/ti. O Quadro 15.10 apresenta uma síntese comparativa, adaptada do trabalho de Lacey e Luff (2001).

Qualquer tentativa de revisão de *softwares* desatualiza-se rapidamente. Por isso, neste capítulo, não entrei em detalhes específicos sobre as ferramentas de cada programa, mas preferi abordar questões conceituais, relevantes para uma análise crítica pelo pesquisador.

O avanço das ciências da computação deve contribuir para melhorar a eficiência e a qualidade das pesquisas qualitativas: novas tecnologias, como a inteligência artificial, poderiam auxiliar o pesquisador na atribuição de sentido ao texto? As novas versões dos programas atuais possibilitariam "fazer melhor" ou "fazer diferente" do que se faz hoje? O computador poderá transformar o pesquisador, ou pelo menos, o "jeito" de se fazer pesquisa? O computador poderá substituir o pesquisador? Não temos respostas a essas perguntas. Muitas delas parecem impossíveis na realidade de hoje. Mas o futuro nos reserva surpresas!

Métodos de coleta e análise de material empírico

Quadro 15.10 Comparativo entre o NUD*IST, Nvivo e o Atlas/ti.

Aspectos	QSR NUD*IST	QSR Nvivo	Atlas/ti
Desenvolvimento	Australiano, do início dos anos 90. Versão atual: N6.	Australiano, uma derivação do NUD*IST. Lançado em 1999. Versão atual: Nvivo 2.	Alemão, desenvolvido em 1993, a partir de um projeto interdisciplinar. Versão atual: 5.0.
Pontos fortes	Largamente utilizado e bem desenvolvido. Ideal para codificação e organização estruturada de dados. Possui boa interface com o SPSS.	Combina o melhor do NUD*IST com mais flexibilidade e interface amigável. Inclui hiperlinks com a internet.	Tem flexibilidade para o desenvolvimento indutivo de teorias. O ambiente de trabalho permite visualização permanente do contexto.
Pontos fracos	Não tem ferramentas gráficas e a capacidade de modelagem limita-se a uma estrutura hierárquica.	Mantém-se essencialmente hierárquico, mas é um pouco mais flexivel que o NUD*IST.	A interface dos comandos não é amigável e é dúbia. A terminologia não é muito clara.
Aplicações	Projetos grandes, com dados de entrevistas e necessidade de ordenação conceitual.	Projetos que utilizam fontes de dados visuais, da web, como também entrevistas transcritas.	Projetos de grounded theory e outras análises em profundidade.

Fonte: Adaptado de Lacey e Luff (2001).

Referências

ABEL, X. The operation called Verstehen. *The American Journal of Sociology,* v. 54, n. 5, p. 211-218, 1948.

ALEXA, M. e ZUELL, C. *Commonalities, differences and limitations of text analysis software: the results of a review.* 1999. Disponível em: http://193.175.239.100/Publikationen/Berichte/ZUMA_Arbeitsberichte/99/99_06.pdf. (Acesso em ago. 2005.)

BANDEIRA-DE-MELLO, R. Uma teoria substantiva da adaptação estratégica a ambientes turbulentos e com forte influência governamental: o caso das pequenas construtoras de edificações. 2002. 372 f. Tese (Doutorado em Engenharia de Produção) – Curso de Pós-graduação em Engenharia de Produção, UFSC, Florianópolis.

BANDEIRA-DE-MELLO, R. e CUNHA, C. Administrando o risco: uma teoria substantiva da adaptação estratégica de pequenas empresas a ambientes turbulentos e com forte influência governamental. *Revista de Administração Contemporânea.* v. 8, ed. Especial, 2004.

FIELDING, N. e LEE, R. *Computer analysis and qualitative research.* London: Sage, 1998.

GILBERT, L. Going the distance: 'closeness' in qualitative data analysis software. *International Journal of Social research Methodology,* v. 5, n. 3, p. 215-228, 2002.

GLASER, B. *Theoretical sensitivity.* Mill Valley (CA): Sociology Press, 1978.

_____. *Basics of grounded theory analysis.* Mill Valley (CA): Sociology Press, 1992.

HAIG, B. Grounded theory as scientific method. In: NEIMAN, A. (Ed.). *Philosophy of Education 1995.* Urbana: Univeristy of Illinois Press, 1996.

HUBER, G. e GARCÍA, C. Computer assistance for testing hypotheses about qualitative data: the software package AQUAD 3.0. *Qualitative Sociology,* v. 14, n. 4, p. 325-347, 1991.

KELLE, U. Análise com auxílio de computador: codificação e indexação. In: BAUER, M e GASKELL, G. (Ed.). *Pesquisa qualitativa com texto, imagem e som:* um manual prático. Petrópolis: Vozes, 2002.

LACEY, A. e LUFF, D. *Qualitative data analysis.* London: Trent Focus, 2001.

LEE, R. e FIELDING, N. Computing for qualitative research: options, problems and potential. In: FIELDING, N. e LEE, R. (Ed.). *Using computers in qualitative research.* London: Sage, 1991.

LEE, R e ESTERHUIZEN, L. Computer software and qualitative analysis: trends, issues and resources. *International Journal of Social Research Methodology,* v. 3, n. 3, p. 231-243, 2000.

LONKILA, M. Grounded Theory as an emerging paradigm for computer-assisted qualitative data analysis. In: KELLE, U. (Ed.). *Computer-aided qualitative data analysis:* theory, methods and practice. London: Sage, 1995.

MORAN, D. *Introduction to phenomenology.* 2nd ed. London: Routledge, 2002.

MUHR, T. ATLAS/ti: a ptototype for the support of text interpretation. *Qualitative Sociology,* v. 14, n. 4, 1991.

RICHARDS, T. An intellectual history of NUD*IST and Nvivo. *International Journal of Social Research Methodology,* v. 5, n. 3, p. 199-214, 2002.

SEIDEL, J. e KELLE, U. Different functions of coding in the analysis of textual data. In: KELLE, U. (Ed.). *Computer-aided qualtiative data analysis:* theory, methods and practice. London: Sage, 1995.

STRAUSS, A. e CORBIN, J. *Basics of qualitative research:* techniques and procedures for developing Grounded Theory. 2nd ed. Thounsand Oaks: Sage Publications, 1998.

STRÜBING, J. Computer tools for Grounded Theory: Introducing Atlas/ti for Windows 95. In: KLAR, R. e OPITZ, O. (Org.). *Classification and knowledge organization*: Proceedings of the 20th Annual Conference of the Gesellschaft Fur Klassifikation E. V. Springer: Berlim, 1997.

TESCH, R. *Qualitative research*: analysis types and software tools. New York: Falmer Press, 1990.

WEITZMAN, E. Software and qualitative research. In: DENZIN, N e LINCOLN, Y. *Handbook of qualitative research*. 2nd ed. Thousand Oaks: Sage, 2000.

WEITZMAN, E. e MILES, M. *Computer programs for qualitative data analysis:* a software source-book. Thousands Oaks: Sage, 1995.

WIRTH, U. Abductive inference. In: BOUISSAC, P. (Org.). *Encyclopedia of semiotics*. Oxford University Press, 1998.

WOLFE, R.; GEPHART, R. e JOHNSON, T. Computer-facilitaded qualitative data analysis: potential contributions to management research. *Journal of Management,* v. 19, n. 3, p. 637-660, 1993.